Maud Mannoni
Ein Ort zum Leben

Maud Mannoni hat ein Buch geschrieben, in dessen Mittelpunkt Bonneuil steht, jenes Projekt für »systemgestörte« Kinder und Jugendliche, das sie und ihre Mitarbeiter während der letzten Jahre in der Nähe von Paris geschaffen haben. Bonneuil will kein Modell sein – das betont Maud Mannoni immer wieder; aber es will anregen zu anderen Versuchen am Rande der Gesellschaft. In Bonneuil legt jeder – Kinder, Erzieher und Eltern – das Stück eines Weges zurück, und hier wird berichtet von dem Weg, den das Projekt von Bonneuil als Ganzes in den letzten Jahren zurückgelegt hat.

Maud Mannoni, geboren 1923, studierte Psychiatrie und Kriminologie in Antwerpen und Brüssel. Von Françoise Dolto wurde sie in die Kinderanalyse eingeführt und entwickelte, als sie 1948 nach Paris ging, ein zunehmendes Interesse am Werk Jacques Lacans. Bisher sind in deutscher Sprache von ihr erschienen: *Das zurückgebliebene Kind und seine Mutter* (1972), *Der Psychiater, sein Patient und die Psychoanalyse* (1973), *»Scheißerziehung«. Von der Antipsychiatrie zur Antipädagogik* (1976).

Maud Mannoni

Ein Ort zum Leben

Die Kinder von Bonneuil, ihre Eltern und das Team der »Betreuer«

Mit Beiträgen von Robert Lefort, Roger Gentis und den Mitarbeitern von Bonneuil

Aus dem Französischen von Grete Osterwald

Syndikat

Titel der Originalausgabe: *Un lieu pour vivre. Les enfants de Bonneuil, leurs parents et l'équipe des »soignants«,* © Editions du Seuil, 1976

CIP-Kurztitelaufnahme der Deutschen Bibliothek

Mannoni, Maud
Ein Ort zum Leben: d. Kinder von Bonneuil, ihre Eltern u. d. Team d. Betreuer / mit Beitr. von Robert Lefort, Roger Gentis u. d. Mitarb. von Bonneuil. – 1. Aufl. – Frankfurt am Main: Syndikat, 1978.
Einheitssacht.: Un lieu pour vivre ⟨dt.⟩
ISBN 3-8108-0065-1

Motiv: Malerei eines Kindes aus Bonneuil
Umschlag nach Entwürfen von Rambow, Lienemeyer und van de Sand
Satz und Druck: Poeschel & Schulz-Schomburgk, Eschwege
Buchbinderische Verarbeitung: Klemme & Bleimund, Bielefeld
Printed in Germany
ISBN 3-8108-0065-1

Für Annette, zu ihrem Gedächtnis

Inhalt

Danksagung

Wir danken J. Chevanne und Frl. F. Serbource (von der DDASS von Val-de-Marne), die uns durch ihre Unterstützung geholfen haben, einen schwierigen Moment zu überwinden.

Das Arbeitsministerium, Françoise Giroud und Simone Veil waren uns durch ihren Beistand eine wertvolle Stütze; ohne sie hätte unser Experiment außerhalb des bestehenden Rahmens nicht fortgesetzt werden können.

Der Bürgermeister von Bonneuil, Bernard Ywanne, hat uns den Zugang zu verschiedenen Unterkunfts- und Wohnmöglichkeiten wesentlich erleichtert und so die Entstehung von Empfangsstätten für die Nacht innerhalb des örtlichen Milieus ermöglicht; auf diese Weise trug er auch zur Überwindung der Segregation bei.

Ninette Corvin ermöglichte uns mit der Schenkung ihres Hauses in Campneuseville die Einrichtung einer weiteren Empfangsstätte im ländlichen Milieu.

Schließlich gilt unser Dank auch dem Krankenhaus Henri Mondor (in Créteil, Dr. Duizabo), dem Professor André Bourguignon (vom Krankenhaus Albert Chenevier, Créteil) und ihren Mitarbeitern.

Die vorliegende Arbeit wurde unterstützt vom Institut national de la Santé et de la Recherche médicale (Subvention vom CRL Nr. 76.4.048.6).

Außer denjenigen, deren Namen und Beiträge im Text dieses Buches erwähnt werden, sollen hier alle die genannt werden, die sich an der Arbeit von Bonneuil beteiligt haben und derzeitig zu den Mitarbeitern gehören: Francis Colas, Sylvie Chenal, Marie-France Danjoy, Jean-Louis Dujeux, Jean-Michel Dreux, Liliane Hégy, Gérard Main, Hélène Marchadier, Robert Petry, Michel Polo, Martine Rosati, Denise Simon, Gilles Van Hove, Roselyne Verboomen, Barbara Aptekman, Anastasia Belitsi, Muriel Cliquet, Annie Grosser, Claude Halmos, Sylvia Jarrion, Jean-Marc Knaebel, Robert Lefort, Annie Lohéac, Bruno und Nathalie Mannoni, Maud Mannoni, Bernadette Masse, Régine Mougin, Marina Polo, Marie-José Richer, Bernadette Sauzin, Florence Stévenin und Alain Vanier.

Danken wollen wir auch all denen, die Bonneuil in freiwilliger Mitarbeit einen Teil ihrer Zeit zur Verfügung stellen: Jean Cahors, Lilia Chabbi,

Monique Coltat, Batsheva Fenster, Michel Gomart, Éric Guillot, Jacqueline Guérin, Mireille Lejeune, Dominique Paoli, Hélène Picot, Georges Roussos und Guy Seligmann; den Freunden in der Provinz, den Handwerkern aus der Umgebung von Paris sowie auch den Kindern und Eltern, die den wesentlichen Teil des Materials für dieses Buch geliefert haben.

Vorwort

Dieses Buch läßt den Wahnsinn eine Wahrheit sagen. Es sprechen die Kinder, die Eltern und die Erwachsenen von Bonneuil[1], und mit ihnen Praktiker wie Roger Gentis sowie das Publikum, das gekommen war, um uns zu begegnen.

An manchen Stellen sprechen sie in Form des Dialogs. Dem Film *Vivre à Bonneuil* von Guy Seligmann haben wir die Anregung zu verdanken, diesen kollektiven Essay zu schreiben, für den auch einige Ausschnitte aus dem Film herangezogen wurden. Die in diesem Zusammenhang stehenden Dialoge sind allerdings zum größten Teil unveröffentlicht geblieben.

Meist werden im folgenden Diskussionen wiedergegeben, die in Bonneuil (und außerhalb von Bonneuil) stattgefunden haben, Diskussionen, wie sie tagtäglich geführt werden. Wir haben ihnen schriftliche Zeugnisse hinzugefügt, die sich jeweils auf einen besonderen Aspekt des Lebens in Bonneuil (und außerhalb von Bonneuil) beziehen und Bestandteil jener Strecke des Weges sind, die vor dem Hintergrund einer als Träger dienenden kontinuierlichen Hinterfragung der Praxis von den Erwachsenen und den Kindern zurückgelegt wird.

Der letzte Teil dieses Buches räumt den klinischen Fragen einen großen Platz ein. Die dort angebotene theoretische Aufarbeitung ist einzig und allein dem Material zu verdanken, welches die Patienten selbst und ihre Eltern eingebracht haben.

Schließlich, damit man es recht verstehe: wir haben allen das Wort erteilt und taten dies in der Sorge, jenes Sagen, welches durch die Gewalt hindurch stets auch einen Teil der Wahrheit liefert, nicht zu zensieren.

Wir werden sehen, wie etwa Luciens Vater seinen harten, über Jahre sich hinziehenden Kampf um eine Unterstützung von den Verwaltungsorganen hier zu Gehör bringt. Als ihm diese Unterstützung schließlich

[1] Die Experimentalschule von Bonneuil (Centre d'études et de recherches pédagogiques et psychanalytiques) wurde im Jahre 1969 (als gemeinnützige Gesellschaft nach dem Gesetz von 1901) von Robert Lefort, Maud Mannoni und einem Erzieherehepaar gegründet. Am 17. März 1975 wurde Bonneuil als Tagesklinik mit therapeutischen Nachteinrichtungen anerkannt. Als experimenteller Ort genießt Bonneuil einen Sonderstatus, der eine auf dem Prinzip der gesprengten Institution beruhende Funktionsweise gewährleistet.

(von der DDASS[2] von Val-de-Marne) bewilligt wird, droht ihm plötzlich eine Art Sinn des Lebens abhanden zu kommen. Er muß nun jenem Schicksal ins Gesicht sehen, das ihn zum Vater eines »unangepaßten« Kindes macht. Eine andere Ungerechtigkeit also als die, gegen die er gekämpft hatte. Die Feindseligkeit mancher Eltern gegenüber der Medizin ist der Effekt einer weiteren Form von administrativer Anonymität, nämlich der des Krankenhausuniversums, eines Universums, in dem man Gefahr läuft, seine Einzigartigkeit als sprechendes Subjekt zu verlieren, um zu »einem Fall der Medizin« zu werden. Wenn einer Mutter, die am Ende ihrer Kräfte ist, gesagt wird: »Ihr Kind ist hinüber, machen Sie lieber ein anderes«, was bleibt ihr dann übrig, als dieses Kind wieder aufzusammeln und irgendwo anders hinzugehen, aber wohin?

Diese Eltern, die über ihr Kind in das Universum der Segregation eingetreten sind, haben kein anderes Mittel, als zu schweigen oder zu schreien. Ihre Revolte (auch wenn man sie für übertrieben hält) verdient, gehört zu werden, denn sie ist ein *Zeichen von Gesundheit*. Das, was sie ablehnen, ist die Gefangenschaft, der sie zum Opfer fallen. (Eine Mutter sagt beispielsweise: »Die Freunde, die zu uns zu Besuch kommen, erkundigen sich vorher, an welchen Tagen Sandrine nicht zu Hause ist.« – Eine andere sagt: »Mein Kind geht nur noch nach draußen, wenn es dunkel ist.«)

Der Anormale wird nicht nur von der Medizin als ein solcher bezeichnet. *Heutzutage stellt alle Welt Diagnosen;* das heißt, ein jeder, vom Hausmeister bis zur Nachbarin hinter der nächsten Tür, bezeichnet die sich von ihm unterscheidenden Wesen, um sich von ihnen abzugrenzen.

Und doch gab die Mutter eines »unangepaßten« Kindes einer »normalen« Mutter, die darauf anspielte, all den verrückten Kindern doch lieber eine »Spritze« zu geben, die Antwort: »Haben Sie keine Angst, es ist nicht ansteckend.«

Die Mütter der Kinder von Bonneuil sind auf der Suche nach einer anderen Identität als der, zu der die Gesellschaft sie verdammt – als »Mutter eines anormalen Kindes«; nun läuft aber ihr Weg, ein eigenes Sprechen wiederzufinden, notwendigerweise über die Ablehnung der gegenwärtigen Welt, die eine Welt der *Feindschaft* ist. Ihre Stellung als Frau erscheint ihnen (durch ihr Kind hindurch) in Gestalt eines »Rassismus«, dem sie zum Opfer fallen. Sie sind sich einer Situation bewußt geworden, die sozusagen von ihnen verlangt, sich dafür zu entschuldigen,

2 DDASS (Direction départementale de l'action sanitaire et sociale), Bezirksleitung der Gesundheits- und Sozialfürsorge.

daß sie ein Kind, welches sich immer irgendwo am Rande der Gesellschaft befinden wird, zur Welt gebracht haben (»er wird niemals aufs Polytechnikum gehen wie sein Cousin X«). Oft tragen sie die Last der Angst und der Sorgen ganz allein. Die Väter versuchen, das Überleben ihrer Nachkommenschaft zu gewährleisten, sie beugen sich einem Übermaß an Arbeit, aber immerhin haben sie Pläne (auch wenn sich diese Pläne zum Teil um die Beschäftigung mit ihrem eigenen Tod drehen). Die Mütter dagegen haben keine Pläne mehr. Ihr Leben besteht meistens im Warten; Warten, was mit ihrem Kind sein wird, wenn es einmal zwanzig ist. Wenn es »gesund« wird, könnten sie vielleicht wieder anfangen zu leben.

– Nimm dir doch einen Liebhaber, sagte ein Ehemann zu seiner Frau.

– Aber wenn man »so« ein Kind hat, kann man nur noch ernsthafte Dinge tun, antwortete die Mutter.

Das Kind seinerseits ist eben in diesem Ernst, in dem die Phantasie nicht mehr vorhanden ist, wie in einer Falle gefangen. In Ermangelung einer anderen Szene, eines Spielbereichs, in den es seine Phantasmen projizieren und in dem es Monstren, Riesen oder Zwerge einfach schaffen könnte, um »etwas zu Lachen« zu haben, spielt es seine Ängste und seine Gewalt forthin im Realen aus.

Dieses Lachen und diese Spiele, die in Bonneuil wieder eingeführt werden, haben nur deshalb einen Sinn, weil die Szene des Spiels mit der Szene des eigentlichen Lebens verwechselt werden kann. Das Spielen des Stücks »Alice« im Café d'Edgar, das Helfen auf dem Bau, die Arbeit beim Schreiner oder die Neuerfindung der »Schule«, all das ist Bestandteil ein und derselben Bewegung, die dem Traum und der Phantasie einen Platz einräumt.

Wenn die Kinder den Gebrauch ihrer Hände gewöhnlich auf dem Land wiederfinden, wo sie am Leben der Bauern und Handwerker teilhaben und mit der Qualität eines gewissen Schweigens konfrontiert sind, ist dies doch wohl ein deutliches Zeichen dafür, daß in dieser Welt etwas zu erfinden ist. Dieses etwas ist unter anderem die Freundschaft. Die Netze, die sich in der Provinz entspinnen, sind wie Ringe einer weitreichenden Kette der Solidarität; Netze, wo junge Leute durch ihre Freuden und ihr Leid so etwas wie einen Empfang bereitstellen. Dieser Begriff des Empfangs ist in der industrialisierten Welt[3] verlorengegangen. Er ist zur

3 Der Diskurs von Jacques spiegelt das Unerträgliche an dieser Welt wider, einer Welt, die unter der Herrschaft des Gesetzes »Jeder ist sich selbst der Nächste«

gleichen Zeit verlorengegangen, als auch die Zeit der Jugend verschwunden ist. Die Jugendlichen von heute fühlen sich von keiner Leidenschaft mehr angeregt (oder besser gesagt, ihre Leidenschaft hat sich auf den Erwerb eines Mofas oder eines Motorrads reduziert). Den Werken der Imagination verschlossen, agieren sie mit ihren verlorenen Träumen im Realen. Und genau von diesen verlorenen Träumen stellen die jungen Erwachsenen von Bonneuil (und das ganze Netz von Orten in der Provinz) für die Kinder etwas wieder her, indem sie mit ihnen Möglichkeiten entdecken, das Leben kontinuierlich neu zu erfinden.

Das geht nicht ohne Schwierigkeiten vonstatten. Der junge Erwachsene braucht ebenfalls seine Zeit, um selbst eine bestimmte Strecke des Wegs zurückzulegen, ehe er in der Lage ist, die Bedeutung dessen zu verstehen, was er da tut.

Es kommt häufig vor, daß Bonneuil als ein Ort phantasiert wird, an dem alles erlaubt ist und wo der Begriff der Arbeit an sich sowie auch der Begriff der Dienstleistung schlichtweg abgelehnt wird. Darauf gibt es nur eine Antwort: Unter solchen Bedingungen würden die Kinder in den »Lebensschwierigkeiten« der Erwachsenen gefangen und könnten nichts anderes finden, als abwesend zu bleiben (für das Leben abwesend). Wir wollen noch einmal daran erinnern: Das Minimum an Bezugspunkten, das diese Kinder zum Leben brauchen, sind die Bezugspunkte der der Sprache unmittelbar inhärenten Verbote (ein Bruder ist nicht dasselbe wie ein Ehepartner, etc.). Für diese Kinder, die sich außerhalb der Zeit ansiedeln, muß eine Dimension wiederhergestellt werden, die ihnen den Zutritt zu allen Möglichkeiten der Überwindung öffnet.

Das absolute Genießen ist ein Köder. Irgendwo muß etwas verloren werden, damit auf einer anderen Ebene etwas gewonnen werden kann. Wenn der Zugang zu einer absoluten Befriedigung für Léon wie verboten erscheint (da jede sexuelle Lust in irgend etwas Tödliches mündet), so nur deshalb, weil er auf der Ebene des Genießens *alle Befriedigungen gleichzeitig haben will* (er will sowohl die regressiven Befriedigungen der oralen Stufe, als auch die genitalen; um zur einen zu gelangen, muß man auf die andere verzichten können).

Wenn der Erwachsene mit seinem eigenen (symbolischen) Kastrationsproblem nicht im reinen ist, wird er, indem er für das Kind von einem unmöglichen Nirwana träumt, dessen Zugang verhindern.

steht und in der die denkbar radikalste Inauthentizität den Ton angibt. Jacques schließt mit den Worten: »Erwachsen werden heißt, daß man sich sagt, man ist von Lügnern erzogen worden.« (S. 25)

Das Problem des Autismus wird erst am Ende des vorliegenden Buches behandelt. Wir hielten es für besser, zunächst den Kindern, den Eltern und den »Betreuern« das Wort zu überlassen.
Bonneuil hat sechs Jahre lang nur von freiwilliger Mitarbeit und Spenden gelebt. Seit dem 17. März 1975 haben sich die DDASS und die Sozialversicherung bereit erklärt, für Bonneuil mit seinen Strukturen einer »gesprengten Institution« aufzukommen, und so die Möglichkeit gegeben, die Realisierung eines Experiments weiterzuführen, dem sonst ein kurzfristiger Tod gedroht hätte. Freiwillige Helfer braucht Bonneuil immer noch, aber die Tag- und Nachtarbeit muß nicht mehr ausschließlich auf dieser Ebene geleistet werden. Damit ist so etwas wie der Beginn eines neuen Anfangs gegeben; eines neuen Anfangs, bei dem der Anspruch bestehen bleibt, die in Bonneuil geleistete Forschung allen zur Verfügung zu stellen. Das heißt aber nicht, daß Bonneuil als Modell zu dienen hätte; auch Bonneuil hat seine Grenzen. Die Erfindung kann und muß zum Werk aller werden.

Bonneuil,
September 1969–September 1976
M. M.

I. »Systemgestörte« Kinder und Erwachsene

Wenn man so ein Kind hat, sollte man ihm eine Spritze geben lassen, sagen die Leute. Ich habe einer anderen Frau geraten: Haben Sie keine Angst, es ist nicht ansteckend.

1. Zum Prinzip von Bonneuil

Dialog zwischen Guy Seligmann und Maud Mannoni zur Einführung des Films »Vivre à Bonneuil«.

Maud Mannoni: Bonneuil, so könnte man sagen, empfängt »systemgestörte Kinder«; »System« – dabei mag es sich um das Schulsystem, das Familien- oder das Gesellschaftssystem handeln. Die Erwachsenen, die sich, wie ich selbst, um die Kinder kümmern, könnte man als »systemgestörte« Erwachsene definieren. Sie ertragen sich nämlich weder als Betreuer in den Krankenhäusern, noch als Unterrichtende in den Gymnasien.

Einige der Kinder, die wir bei uns empfangen, werden sich später berufen fühlen, sich auf eine Hochschule vorzubereiten; wie etwa einer dieser Jugendlichen, der jetzt wieder ins Gymnasium zurückgekehrt ist (das beruhigt die Familien). Andere werden sich berufen fühlen, Koch zu werden, oder ihre Neigung zum Beruf des Hirten entdecken. Manche Jugendliche könnten durchaus unter denen sein, die das Gymnasium besuchen, aber sie ertragen sich dort nicht; andere wiederum werden als »psychotische« oder schwachsinnige Kinder bezeichnet.

In Bonneuil sind sie Gäste eines Ortes, der sich als »Ort des Lebens« versteht; hier sind sie mit Leuten zusammen, die sich nicht mehr fragen, was denn eigentlich die Geisteskrankheit ist, was es bedeutet, ein überdurchschnittlich begabtes oder ein schwachsinniges Kind zu sein; man weiß nicht mehr, wer »verrückt« und wer »nicht verrückt« ist. Die Tatsache, ein Stück seines Wegs in Bonneuil zurückzulegen, erlaubt einem jeden, sich schließlich im Angesicht dessen zu entdecken, was er zu sein wünscht; und die Art und Weise, wie dieser oder jener Bonneuil wieder verläßt, ist äußerst verschieden.

Wie Jacques[4] sagte: »Es sind immer die anderen, die die Kriterien für die Normen aufstellen, was ›normal‹ und was ›nicht normal‹ sein soll«; und weiter sagte er, »daß es für mich jetzt klappt, liegt nur daran, daß *ich die verrückten Geschichten, die ich mir erzähle, inzwischen zu verstecken weiß*«.

[4] S. 21 dieses Buches.

Von seiner »Anpassung« sprach er nur mit Bedauern. Er bezahlt sie mit dem Preis, genau so ernst zu sein, wie die Großen sich ernst geben. In der Gesellschaft übt Jacques Selbstzensur. In Bonneuil ist der Phantasie freier Lauf gegeben, ohne daß es eine bestimmte Zeit für die Phantasie und eine bestimmte Zeit für die Arbeit gäbe.

Der Begriff der »gesprengten Institution« begünstigt die den Kindern gegebene Möglichkeit, von einem Ort zum anderen zu gehen. Sie können sich genauso gut in Bonneuil aufhalten wie bei Bauern oder bei Handwerkern. Kinder und Erwachsene sind auf der Suche nach einem Lebensstil, auf der Suche nach einer Gastlichkeit, wie es sie einst im Rahmen der Dorfgemeinschaft, die tatsächlich jedem einen Platz einräumte, gegeben hat.

Guy Seligmann: Könnte man sagen, man gibt ihnen einen gewissen Wunsch nach der Gesellschaft, dem Realen, zurück?

M. M.: Man gibt ihnen eine Möglichkeit zurück, sich selbst im Angesicht ihrer Wünsche anzusiedeln. Und genau in diesem Moment finden sie dann auch einen Platz innerhalb der Gesellschaft. Innerhalb der Gesellschaft oder an ihrem Rand.

G. S.: Es ist immer etwas dürftig, über Statistiken zu reden – aber wieviele Kinder haben in den letzten fünf Jahren, seit es Bonneuil gibt, hier gelebt?

M. M.: Grob gesagt waren meist um die zwanzig Kinder da. Gut die Hälfte ist schon wieder fort. Die durchschnittliche Dauer eines Aufenthalts beträgt drei Jahre (wenn es sich aber um autistische Kinder handelt, kann sie sich auch über zehn Jahre und mehr erstrecken).

G. S.: Kommen viele Kinder zurück oder wird Bonneuil wirklich von ihnen zurückgewiesen?

M. M.: Bonneuil wird zurückgewiesen und ausgespuckt. Man kommt nur zu bestimmten Zeiten zurück, dann nämlich, wenn man eine Überfülle an Phantasie entwickelt, die nirgendwo gesagt werden kann. Bonneuil ist, genau wie Jacques es kürzlich sagte, ein Ort, wo man die Freiheit hat, zu sprechen.

2. *Einige Kinder, einige Eltern*

Jacques und Maud

> Aus »Vivre à Bonneuil«. Gespräch zwischen Jacques, Maud Mannoni, Guy Seligmann, Bruno Mannoni und den Kindern.

Maud Mannoni: Es ist nun schon einige Zeit her, daß du von hier fortgegangen bist, Jacques. Wie geht es denn jetzt auf dem Gymnasium?
Jacques: Es geht sehr gut. Die Abschlußklasse mache ich ganz sicher in der C-Gruppe.[5]
M. M.: Vorhin warst du dabei, Paul zu erzählen, wie die Leute in der Gesellschaft über die sprechen, die sie normal nennen, und wie über die, die sie »nicht normal« nennen. Kannst du ein paar Worte dazu sagen?
Jacques: Na ja, ich finde, wenn man als »Anormaler« angesehen wird, ist es sehr schwierig, aus diesem Status wieder herauszukommen. Man kann es schaffen, aber es ist unglaublich, was die Leute einem für Knüppel zwischen die Räder schmeißen, so ungefähr jedenfalls. Vielleicht nicht bewußt, aber unbewußt. Sie sehen einen lieber anormal, als normal ... Klar, bewußt werden sie nicht sagen: »Jacques, du sollst bleiben, wie du bist!«, weil sie in gewisser Weise ja »wohlmeinend« sind. Aber die Handlungen, ihre Handlungen zeigen genau, daß sie sich sehr wohl mit deinem Status des »Anormalen« zufrieden geben.
M. M.: Hattest du (vor Bonneuil) Schwierigkeiten mit Lehrern oder Spielkameraden?
Jacques: Oh, nicht mit den Lehrern. Angefangen hat das mit Spielkameraden, die noch ziemlich klein waren; dann machten die anderen ein paar geistreiche Witze, und ich, ich ging ihnen sozusagen auf den Leim. Und dann sah ich jedesmal rot, oder sagen wir, ich war aggressiv.
M. M.: Was warf man dir vor?
Jacques: Man sagte zu mir: »Ja, ja, der ist aggressiv. Mit dem kann

[5] A. d. Ü.: Die letzte Klasse vor dem Abitur teilt sich in Frankreich in drei Spezialklassen; die »terminale A« mit philosophischer, die »terminale B« mit technischer und die »terminale C« mit mathematischer Ausrichtung, wobei die »C« gemeinhin von den Eliteschülern besucht wird.

man keinen Spaß machen.« Oh, ich weiß gar nicht mehr so recht, was man mir vorwarf; aber das ist auch nicht mehr wichtig; auf jeden Fall habe ich dann einige Zeit in den Händen von Psychiatern rumgehangen, die sich mit Rezepteschreiben zufrieden gaben, damit hatte sich's.

M. M.: In Bonneuil hat man dich von Rezepten befreit?

Jacques: Ja klar, glücklicherweise; wenn nicht, wäre ich, glaube ich, immer noch nicht draußen. Aber wie auch immer, ich kann nicht behaupten, daß es in Bonneuil im ersten Jahr Veränderungen gegeben hätte; in manchen Dingen gab es eine Besserung.

M. M.: Aber am Anfang hast du dich hier ganz schön amüsiert.

Jacques: Am Anfang ja. Ich glaube auch, solange man sich in Bonneuil wohl fühlt, hat man keine Lust, wieder wegzugehen. Am Anfang fühlte ich mich wohl, und am Ende fing ich dann an, herauszuwollen.

M. M.: Was gefiel dir denn nicht mehr?

Jacques: Ich hatte Freunde, die ich fast nicht mehr sah. Aber wirklich heraus wollte ich erst in dem Augenblick, als ich die Nase voll hatte, von der Welt abgeschnitten zu sein. Damals fing es bei mir an, daß ich auf ein Gymnasium gehen wollte. Das letzte Jahr hier bestand aus Vorbereitungen für den Eintritt ins Gymnasium.

M. M.: Du hast mir einmal gesagt, im Gymnasium hätte es prima geklappt, wenn du die schönen Geschichten, die du dir selbst immer erzählt hast, für dich behalten hättest.

Jacques: Ja, solange du sorgfältig versteckst, was die anderen nicht hören wollen, erscheinst du ganz normal. Die Leute denken nicht im entferntesten, daß du aus einem sogenannten »Blödenhaus« kommst.

M. M.: Und du, du mußtest also Normal-Sein spielen?

Jacques: Ja, und dann habe ich mich daran gewöhnt. Auf jeden Fall hindert mich das nicht, mir bestimmte Gedanken über bestimmte Dinge zu machen; diese Gedanken sind nicht gerade die üblichsten. Aber ich verstecke sie sorgfältig; und so merkt niemand etwas. So läßt man mich in Ruhe. Schließlich bin ich ganz schön froh, daß ich trotz allem rausgekommen bin... Ich könnte auch über die schlechten Seiten von Bonneuil sprechen, die gab es nämlich auch.

Was mir im ersten Jahr nicht gefallen hat, waren die Ferien in den Cevennen. Die Lebensbedingungen da unten waren mehr als zweifelhaft. Das Essen war nicht gerade vom Besten, und außerdem hat es mir da unten nicht gefallen. Die Landschaft war sehr schön, aber... ich hatte damals noch kein Mofa. Ich konnte mich nicht bewegen, wie ich wollte. Es war ein Gefängnis ohne Gitter.

M. M.: Aber warum habt ihr denn da unten immer alle auf einem Fleck gehockt?
Jacques: Ich weiß nicht. Man dachte gar nicht dran, rauszugehen. Ich hatte damit gerechnet, daß es Bretter gäbe zum Hüttenbauen. Ich war damals kaum dreizehn Jahre alt. Man hatte uns eine Menge Versprechen gemacht, und die Versprechen wurden nicht gehalten. Das fand ich nicht gut. Oh, natürlich, es gab nicht nur schlechte Seiten. Ich kann nicht sagen, ich hätte mich schlecht amüsiert. Aber ...
M. M.: Aber zu dieser Zeit konntest du deine Mutter nicht verlassen?
Jacques: Ja, zu dieser Zeit war ich ziemlich an sie gebunden! Jetzt dagegen finde ich es eher besser, wenn sie nicht da ist. Und dann gab es noch etwas, was ich nicht mochte, nämlich – ein Jahr später – als man mich gezwungen hat, nach Vauzelle zu fahren. Ich habe es später nicht bereut, weil wir da unten sehr viel Spaß hatten. Es war eine sehr gute Stimmung, die einen dauernd zum Lachen brachte. Aber dennoch, als man mich gezwungen hat, dorthin zu fahren, fand ich das nicht gut.
M. M.: Da unten hast du in einem Restaurant Geld verdient?
Jacques: Ja. Deshalb habe ich es auch nicht bereut; der Aufenthalt war nämlich sehr schön. Wir hatten viel Spaß.
M. M.: Und wie sehen deine augenblicklichen Pläne aus, mit deinen Rußlandträumen und deinen Amerikaträumen?
Jacques: Oh, damit ist Schluß, mit all dem ... Ich möchte es in Zukunft so machen wie mein Cousin. Ich möchte Chemie-Ingenieur werden, damit ich mir eine sichere Position verschaffen und mich dann ins Bridgespiel stürzen und an den Wettkämpfen beteiligen kann. Das ist meine Leidenschaft.
Bruno Mannoni: Und was ist mit deinen politischen Theorien?
Jacques: Meine politischen Theorien, die reichen von der extremen Rechten bis zur extremen Linken. In meinen politischen Theorien, da komme zuerst einmal ich selbst, und dann erst die anderen. Genau das ist es eigentlich. Ich glaube nämlich, daß alles politisch ist. Siehst du, Bruno, ich glaube, daß alle immer nur an eine Sache denken – mehr oder weniger jedenfalls; aber sie denken in erster Linie an eine Sache, die wichtiger ist als alle anderen: ihr Schäfchen ins Trockene zu bringen. Das ist ganz normal. Was täten wir denn an ihrer Stelle?
B. M.: Zu einer bestimmten Zeit warst du sehr fasziniert vom Hitlerismus.
Jacques: Ich habe mich immer dafür interessiert. Damals hatte ich einen physischen Haß auf alle Mädchen; ich konnte kein Mädchen sehen ohne

das physische Bedürfnis, sie zu boxen, sie auf den Boden zu schmeißen und sie genüßlich von oben bis unten zu verdreschen. Nun ja, und genau deshalb faszinierte mich der Hitlerismus mit der Waffen-SS, der SA und den Konzentrationslagern. Ich sagte mir nämlich, man könnte alle Mädchen in Konzentrationslager stecken, und dann könnte man draufhauen; man würde mit ihnen machen, was man will.

Dann war ich schließlich doch gezwungen, mich zu verändern; wenn man nämlich so einen Typ einfach auf die normale Welt losläßt, wird er sofort vermerkt und katalogisiert; das geht nicht. Also mußte ich meine Theorien an der Oberfläche verändern. Aber wie auch immer, ich denke es immer noch, das alles. Doch sagen wir, wenn ich ein Mädchen sehe, habe ich keine Lust mehr sie zu verdreschen; ich habe kein physisches Bedürfnis mehr. Klar, wenn man mich bei der Hand nähme, da, bei meinen natürlichen Neigungen, dann würde ich auf meine natürlichen Neigungen hören. Aber sonst habe ich nicht mehr das unmittelbare Bedürfnis.

M. M.: Es stimmt; zu der Zeit, als Jacques hier war, war es für die Mädchen nicht gerade komisch.

Jacques: Ich hatte mein kleines Königreich, mein kleines Imperium aufgebaut. Wirklich, meine politischen Theorien haben sich ganz schön verändert. Kurzum, politische Theorien habe ich jetzt keine mehr. Ich bin neutral geworden.

M. M.: Henriette protestiert. Sie sagt, die Welt bestehe aus Männern und Frauen.

Jacques: Ich wollte nicht ganz und gar die Ausrottung. Also, einerseits schon die Ausrottung derjenigen, die mich gestört haben, aber das Endziel hätte darin bestanden, sie alle in Lager zu stecken und sie dann zu Sklaven zu machen. Ich glaube, genau das hat es in den allerersten Zeiten der Welt gegeben. Damals waren die Frauen wirklich minderwertig; sie wurden praktisch als Sklaven angesehen. Im Grunde wäre das nur eine Rückkehr zu einer früheren Situation gewesen.

M. M.: Einmal hast du geweint, als du gerade erfahren hattest, daß man für die Gleichberechtigung von Männern und Frauen gestimmt hatte.

Jacques: Die Gleichheit ist rein theoretisch. Das hätte man nicht tun dürfen. Wissen Sie, ich für meinen Teil habe über die Frauen immer noch die gleiche Meinung: ab in die Lager, Sklaven; dort sind sie am richtigen Ort! Aber was soll's, um in der Gesellschaft zu leben, muß man diese Gedanken eben verstecken und ernste Miene machen.

M. M.: Aber von Zeit zu Zeit hast du doch Leute um dich, die es akzeptieren, wenn du nicht ernst bist?

Jacques: Ich habe ein paar Freunde; sie kennen meine ganzen Anti-Mädchen- und Anti-Frauen-Theorien. Sie sind daran gewöhnt. Manchmal, wenn sie mir mit ihrer verrotteten Musik allzusehr in den Ohren liegen und ich ihnen einen Schuß Anti-Mädchen-Theorie verpasse, legen sie bessere Musik auf.
M. M.: Ach stimmt ja, du bist ja auch gegen die Popmusik.
Jacques: Oh nein. Im Gegenteil, ich habe mich geändert. Jetzt habe ich mich bekehrt. Man könnte sagen, daß ich immer noch klassische Musik liebe, aber ich höre sie kaum noch. Ich höre sie manchmal nur zufällig . . .
Ich finde es nicht schön, hierher zu kommen. Das ruft keine besonders guten Erinnerungen in mir wach. Wissen Sie, es ist trotz allem nicht gerade lustig, von der Welt abgeschnitten zu sein. Am Anfang fühlt man sich wohl in Bonneuil. Man sagt: Ja das ist toll, das ist genial; man amüsiert sich wie verrückt – genau das kann man wohl sagen. Und dann, und dann . . . Sagen wir, der Vorteil hier ist der, daß man frei sprechen kann. In der Gesellschaft sind die Leute fast immer engstirnig; man kann ihnen nicht sagen, was man denkt. Die Leute sagen: Wir wollen, daß die Verrückten genauso leben wie wir. Aber »verrückt« in Anführungszeichen sind die doch gerade deshalb, weil ihnen die Lebensart der »normalen« Leute nicht gefällt. Mit den Russen ist das ähnlich. Man kritisiert ihre Regierung, ihr Regime, weil es ein Regime ist, wo es keine Autos und nur wenig Fernsehen gibt, wo die Leute anders leben als im Westen.
Aber in Klammern muß man schon sagen, die Lebensart der Westler ist auch äußerst angreifbar. Wenn die Jungen es nur wagen, von Politik zu reden, fallen die Erwachsenen schon über sie her: »Na na, was sagt ihr da, ihr jungen Dinger? Kümmert ihr euch nun auch noch um die Politik!« Dann läßt man es eben sein, damit man keine Schwierigkeiten kriegt. Man denkt deshalb nicht weniger darüber nach und fällt noch lange nicht auf all die falschen Versprechungen rein, nicht auf all die Wunderdinge, die man uns vor die Nase hält . . . Erwachsen werden heißt, daß man sich sagt, man ist von Lügnern erzogen worden. Von uns verlangt man nur eines, den Mund zu halten.

Léons Mutter

Aus »Vivre à Bonneuil«. Léons Mutter (Frau X) und Guy Seligmann.

Guy Seligmann: Könnten Sie versuchen, uns den Weg zu beschreiben, der Sie dazu gebracht hat, Ihr Kind nicht ins Krankenhaus zu bringen, sondern es Bonneuil anzuvertrauen?

Frau X: Das ist gar nicht so einfach. Zunächst einmal habe ich nie daran gedacht, dieses Kind in ein Krankenhaus zu bringen; er war ein außerordentlich schwieriges Kind, aber doch nicht so, daß er ins Krankenhaus gehört hätte. Wir haben uns Tag und Nacht abgelöst, weil er sehr schlecht schlief. Ich war gezwungen, ihn mehrere Male zu Psychiatern zu bringen. Und der Eindruck, den ich bei dieser Gelegenheit von einem Leben im Krankenhaus bekam, von der Tagesklinik, wo man nichts besseres zu tun hatte, als ihnen die stärksten Medikamente zu geben, wie das berühmte Haloperidol ... Das hat ganz fürchterliche Folgen gehabt; er schlief nämlich nicht besser, er war nicht ruhiger, sondern viel aufgedrehter als zuvor. Da ich nur eine Tochter hatte und Léon der jüngere war, hatte ich trotz allem die Möglichkeit, mich um ihn zu kümmern. Zu Maud Mannoni kam ich, als Léon zweieinhalb Jahre alt war. Wir haben eine sonderpädagogisch ausgebildete Erzieherin zu Hause angestellt, und als Bonneuil eröffnet wurde, haben wir ihn nach Bonneuil gebracht.

Ja wirklich, ich habe gar nicht so viele Krankenhausprobleme gehabt, weil ich fest entschlossen war, ihn nicht dorthin zu bringen. Da ich dieses Kind einmal zur Welt gebracht hatte, mußte ich mich unbedingt auch darum kümmern. Mit dem Bewußtsein, daß dieses Kind in einem Krankenhaus oder einem Heim für unangepaßte Kinder lebt, hätte ich nicht mehr ruhig schlafen können.

Einige solcher Heime hatte ich in der Schweiz gesehen; wirklich eine apokalyptische Vision; Kinder, die so unter Drogen standen, daß sie auf Zehenspitzen liefen. Ansonsten lebten sie in einer ganz freundlichen Umgebung. Aber man hatte das Gefühl, mit Scheintoten zu leben.

So haben wir ihn zunächst zu Hause behalten und ihn dann nach Bonneuil gebracht ... Ich selbst habe eine sehr sehr rigide Erziehung genossen. Bonneuil, das ist immer eine Sache, die gegen den Strich geht, weil die Kinder dort vollständig frei sind[6]; sie machen alles, was sie wollen, und es sind die Eltern, die sich anpassen müssen.

[6] Eine Freiheit, die ihre Grenze darin findet, daß dem anderen kein Schaden zugefügt wird (M. M.).

Wenn die Kinder in Bonneuil keine Lust haben, sich anzuziehen, ziehen sie sich eben nicht an. Diesen Sommer beispielsweise ist mein Sohn, der inzwischen 12 Jahre alt ist, für die Ferien in die Cevennen[7] gefahren. Er lebte dort ohne irgendetwas auf dem Leibe. Wenn er danach in das Leben von Paris zurückkehrt, muß er sich trotz allem damit abfinden, sich anzuziehen. Ich kann ihn nicht ohne etwas an mit nach draußen nehmen, es sei denn, ich lasse mich sofort von der Polizei festnehmen. Das verletzt einen, weil man sich darüber klar wird, daß es nicht anders geht; er muß eben doch in dem sozialen Rahmen mit seiner Schwester, seinem Vater und seiner Mutter leben. Und genau das ist es, was mich oft in Hinsicht auf Bonneuil am meisten aufgeregt hat. Es sah nämlich tatsächlich so aus, als wären wir die reaktionären Eltern, die überhaupt nichts von der Erziehung verstehen, die diese Kinder brauchen.
Häufig habe ich mir gesagt: »So, jetzt habe ich es satt mit Bonneuil!« Den ganzen Tag stopfte Léon kiloweise Ton in die Badewanne und brachte sie zum Überlaufen. Ohne Schwierigkeiten nimmt er drei Bäder pro Nacht, wenn er gerade Lust dazu hat. Und das, das macht einen wirklich fertig. Von der Freiheit träumen wir doch alle, aber man lebt schließlich in Paris. Wenn diese so frei erzogenen Kinder nach Hause zurückkommen, fühlen wir, die Eltern, uns zum bösen Vater und zur bösen Mutter abgestempelt, die wieder für Ordnung sorgen. Man fühlt sich schuldig. Jeden Sonntagabend fühle ich mich schuldig; schuldig, weil ich ihn habe anziehen wollen, schuldig, weil ich ihn in Museen geschleppt habe, wo er mir doch nur Schwierigkeiten gemacht hat. Vor allem das hat mich bei Mannoni so aufgeregt.
G. S.: Und wie hat sich dieser Konflikt dann gelöst?
Frau X: Der Konflikt besteht immer noch. Léon ist den ganzen Tag in Bonneuil und abends um fünf geht er zu Hélène Marchadier nach Créteil.[8] Im Augenblick hat sie die außerordentliche Güte, sich auch samstags morgens um ihn zu kümmern. Und wenn wir samstags morgens Lust haben, mit meinem Mann und meiner Tochter etwas zusammen zu unternehmen, dann machen wir eben unsere Stippvisiten in allen Ausstellungen. Vorher machte Léon nämlich immer einen Skandal, wenn wir in Ausstellungen gingen, Sie wissen schon, was er alles anstellen konnte, es war fürchterlich. Der Gedanke, daß er die Bilder anfaßt und

[7] An einem Ort, der von Hélène Marchadier betreut wird; vgl. S. 172 dieses Buches (M. M.).
[8] Eine Zusatzeinrichtung von Bonneuil, wo die Kinder für die Nacht empfangen werden.

die Gemälde beschädigt, ließ einem keine Sekunde Ruhe. Aber vorher, ganz am Anfang, gab es noch etwas, was mich zur Verzweiflung gebracht hat. Als ich das erste Mal zu Frau Mannoni gegangen bin, war Léon zweieinhalb Jahre alt; damals sagte sie zu mir: »Es ist ein sehr intelligentes Kind.« Und dann sagt man sich wie alle Eltern, daß man schließlich selbst nicht dumm ist, und da kann das Kind ja wahrhaftig auch nicht ganz blöd sein. Das hat uns beruhigt, und wir dachten: »Er spricht zwar nicht, aber er ist ja auch psychotisch; eines Tages wird dann schon etwas gar nicht so Übles aus ihm werden.« Und als er dann vier oder fünf Jahre alt war, habe ich gemerkt, daß er immer noch nicht sprach; und da kam eine Art Empörung in mir auf.

Ich habe getan, was wir als Eltern fast alle getan haben; ich habe versucht, neben der Mannoni andere Psychiater aufzusuchen. Und vor allem, ohne ihr etwas davon zu sagen. Einige von ihnen haben mir Tageskliniken oder sogar rundweg Heime vorgeschlagen, die von der Sozialversicherung bezahlt werden. Und danach habe ich dann jedesmal nachgedacht. Wenn man nämlich so ein Kind hat, verbringt man im Grunde seine Zeit mit Nachdenken. Das ist etwas, was man nie lassen kann, und man stellt sich immer vor, man könnte es besser machen.

Man kommt also dauernd wieder zu sich selbst zurück, und am Ende läßt man ihn dann immer in Bonneuil; dabei merkt man, daß es eine Art Stimulation gibt. Weil die Mannoni einen zwar beschimpft, aber einem zugleich Hoffnung vermittelt. Es gibt kaum jemanden, der wie sie daran glaubt, daß man aus diesen Kindern etwas herausholen kann.

Genau das ist der eigentliche Grund, weshalb ich ihn in Bonneuil lasse. Sie glaubt so fest daran, daß diese Art Glaube einen am Ende ansteckt.

G. S.: Und das Kind vielleicht auch?

Frau X: Ah! Das Kind, ja für das Kind ist das gar keine Frage. Es fühlt sich in Bonneuil weitaus wohler als irgendwo sonst. Es ist dort glücklich. Zu Hause bin ich zwar immer sehr froh, daß ich ihn habe, aber dennoch ist er das Wesen, das stört. In Bonneuil dagegen stört er nicht; und alle verstehen ihn. Man merkt das übrigens schon, wenn man ihn nur sieht; wenn er mit uns zusammen ist, lacht er viel weniger als in Bonneuil. Kaum ist er dort, fängt er an zu laufen, seine ganzen Sachen zu suchen und sich den Praktikantinnen an den Arm zu hängen; er zerrt an ihnen, wie es so seine Art ist, die Leute, die er sehen möchte, auf sich aufmerksam zu machen. Wenn er das zu Hause macht, na ja, dann sage ich ihm: »Ich hab' was anderes zu tun, ich muß noch was lesen, die Küche wartet.« In Bonneuil gibt es eine Art von Verfügbarkeit, die in

Paris unmöglich ist. Normalerweise bin ich nicht einmal für meine älteste Tochter verfügbar. Wenn sie aus dem Gymnasium kommt und nichts Besseres zu tun hat, als mir zu erzählen, was sie den ganzen Tag gemacht hat, habe ich manchmal Lust, sie einfach zum Teufel zu schicken. Aber gegenüber einem solchen Kind müßte man noch verfügbarer sein, und außer Bonneuil gibt es kaum etwas, wo diese Verfügbarkeit vorhanden ist.

Einmal hat mir jemand gesagt: »Es gibt zwei Arten von Psychiatrie, die eine, die zunächst an die Gesellschaft und dann erst an das Kind denkt, während in Bonneuil genau das Gegenteil geschieht; zuerst kommt das Kind und dann, da hilft alles nichts, die Gesellschaft; sie wird sich eben anpassen müssen.[9]« Wenn ich Léon zum Beispiel in die Metro mitnehme und alle Sitzplätze besetzt sind, läßt er irgend jemand aufstehen, damit er sich setzen kann. Und Mannoni sagt zu mir: »Aber das ist doch gar nicht wichtig; hören Sie, sie müssen sich eben anpassen, sollen sie ihm doch seinen Platz lassen!« Während andere einem sagen würden: »Welch absolute Schamlosigkeit!« Meine Familie sagt: »Es ist unglaublich, daß du es noch wagst, die Metro zu nehmen, wo dein Sohn sich so benimmt.« Es stimmt wirklich, er spuckt einfach irgend jemand an; wenn ein hübsches Mädchen in der Nähe ist, baut er sich vor ihr auf. Na ja und ich, ... mir hat das große Überwindung abverlangt; vor fünf Jahren habe ich mich nämlich geschämt, wenn er die Leute, die ihn garstig fanden, einfach anspuckte; ich wurde rot, ich stieg irgendwo aus und stieg in die nächste Metro wieder ein. Jetzt dagegen, also, ich kann mir auch nicht helfen, er spuckt die Leute an, es tut mir leid, aber ...

G. S.: Dann hat Bonneuil auch bei Ihnen etwas in Bewegung gebracht?

Frau X: Bei mir, ja. Obwohl ich eigentlich noch öfter dort sein müßte. Eigentlich müßten die Eltern auch in Bonneuil sein. Vielleicht hätten sie es alle nötig, analysiert zu werden, so daß sie versuchen könnten, ihr eigenes Verhalten zu ändern und sich ein wenig von der eigenen Erziehung freizumachen.

[9] Das Problem ist natürlich weitaus komplexer, und es kann keine »gerechte Position« gefunden werden, wenn man das »kranke« Kind in Gegensatz zur Gesellschaft stellt und dann von einem Dritten verlangt, die Rolle des Schiedsrichters zu spielen (diese Rolle wird gewöhnlich dem Arzt zugedacht). Erst von dem Moment an, in dem die Mutter das »kranke« Kind mitsamt seiner Behinderung (es wäre eigentlich richtiger, zu sagen, in seinem Sein akzeptiert, empfindet das Kind nicht mehr das Bedürfnis, Skandal zu erregen. Die Funktion des Analytikers besteht darin, als Träger eines Diskurses zu dienen, so daß aus dem Symptom, aus dem »zum Schweigen gebrachten Sprechen« eine Wahrheit aufkommen kann (M. M.).

Rolands Mutter

Aus »Vivre à Bonneuil«. Rolands Mutter (Frau D.) und Guy Seligmann (bislang unveröffentlicht).

Guy Seligmann: Welche Vorteile bringt ein Aufenthalt in England einem Kind wie dem Ihren?

Frau D.: Weil das *anderswo* ist, weit weg von der Familie, weit weg von Bonneuil. Es ist eine andere Lebensart, andere Personen umgeben das Kind. Das trägt zu einer Art Bruch bei. Als Eltern haben wir die Tendenz, immer auf ungefähr die gleiche Weise zu reagieren. Wir sind gemeinsam mit unseren Kindern in einer Starrheit gefangen. Es fällt uns schwer, von dem Kind nicht zu verlangen: »Tu mal dies und jenes für mich.« Es sagt dann: »Ich kann das nicht.« Und als Eltern antwortet man: »Aber ja, du kannst es sehr wohl.« »Aber nein, du, du kannst es für mich tun.« Das Kind wird es zwar nicht so klar aussprechen, doch der Sinn seines Verhaltens wird eben darauf hinauslaufen.

Für die Eltern ist es außerordentlich schwierig, die Antwort zu geben, die dem Kind erlaubt, aus dieser Beziehung der Abhängigkeit oder Starrheit herauszukommen.

Ja und England? Das ist eine andere Welt. Angefangen bei der Sprache ist die englische Einstellung zu Kindern geprägt von einer Art tiefem Respekt gegenüber der Persönlichkeit, der Persönlichkeit jedes einzelnen Kindes, seiner Art zu sein, sich auszudrücken und zu wollen. Ein Respekt, das muß man wirklich sagen, den wir oft viel zu gering schätzen. Sie sind bereit, dem Kind Kredit zu geben, egal wie es sein mag, und genau das ist der springende Punkt. Das ist sicherlich eine Grundhaltung. Das, was bei unserem Kind in Frankreich auf das Konto seiner Fremdartigkeit geht: »Er ist fremdartig, er ist etwas bekloppt, etc.«, wird in England eher seinem Status »des Fremden« zugerechnet. Man sagt: »Ja, ja, die kleinen Franzosen«, wie wir sagen würden, »Ja, ja, die kleinen Engländer«. Und schon entgeht das Kind seinem Etikett als verrücktes oder debiles oder anormales Kind.

Ich war in England, um eine geeignete Familie auszusuchen, die meinen Sohn aufnehmen könnte.[10] Ein einigermaßen schwieriges Unterfangen, das muß man sagen; es beruht nämlich auf einem Glücksspiel, der

10 Auf einem kleinen landwirtschaftlichen Gut auf dem Lande.

Wette nämlich, daß die Leute, bei denen das Kind sich aufhalten wird, auch imstande sind, den Problemen, die auf sie zukommen, die durch dieses Kind unvermeidlich auf sie zukommen, zu begegnen.
Ein Glücksspiel, das für die Eltern in jedem Falle schmerzlich ist; denn es beruht auf der Tatsache, daß die Probleme unseres Kindes bei der Gastfamilie nur so wenig wie möglich ausgesprochen werden. Ich will sagen, es geht darum, eine Vorausetikettierung, die das Kind aufs neue einschließen würde, zu vermeiden.
Es ist eine Chance, und zwar eine wesentliche, die ihm gegeben werden muß.
Natürlich merkt die Familie schon bald, daß hinter dem Fremden etwas Fremdartiges ist. Und genau darauf bezieht sich die Wette über die Qualität dieser Familie, wenn ich das so sagen darf. Die Qualität, die ihr erlauben wird, Antworten zu erfinden und Lösungen für die Fragen zu suchen, die sich durch die Anwesenheit unseres Kindes stellen.
Erfindung, das ist ein wesentlicher Punkt.
Von dort aus findet unser Kind Gelegenheit, auf eine Situation, die nicht mehr dieselbe ist, auf ein Verlangen der anderen, das nicht mehr dasselbe ist, auch anders zu antworten.
Die Fremdartigkeit, die die Engländer wahrnehmen werden, ist anders als die unsrige; für das Kind ist das die Gelegenheit, auch anders zu antworten.
Unser Sohn war sehr glücklich in England. Vor allem war er sehr glücklich, Englisch sprechen zu lernen, als hätten die fremden Worte in sich schon die Macht, ihn von allen Ängsten zu befreien, die der Muttersprache innewohnen.
Der Engländer bringt ein anderes Wort, um »Wolf« zu sagen. Wenn ich »Wolf« sage, soll das nur ein Beispiel sein. Tatsächlich gibt es für meinen Sohn eine ganze Menge Worte, Worte, die wir täglich verwenden, ohne auch nur daran zu denken, die für ihn wie infiltriert sind von einer Unmenge von Schreckensbildern, die ständig auf der benutzten Sprache lasten. Die banalsten Sätze haben eine Art Resonanz, die äußerst drükkend, äußerst schmerzlich sein kann; oder aber sie können umgekehrt jede Bedeutung verlieren. Das einfachste Verlangen, wie beispielsweise »Reich mir mal das Brot«, kann als ein Verlangen verstanden werden, auf das das Kind nicht zu antworten vermag; als wäre das, was wir von ihm verlangt haben, überhaupt nicht auf der Ebene der Realität angesiedelt.
Die fremde Sprache bietet neue Worte an, die von all diesen alten Bil-

dern frei sind. Ich glaube, darin liegt ein Grund für das große Vergnügen, mit dem mein Sohn Englisch spricht; das Vergnügen, Worte zu wiederholen, sich als Herr über sie zu fühlen, als befände er sich plötzlich auf der Ebene der Realität, die unendlich viel einfacher ist, als seine beunruhigenden inneren Vorstellungen.
Ich habe auch gesehen, wie er in England auf das Verlangen seiner Umgebung geantwortet hat; das ging Schlag auf Schlag. Das ganze Verhalten ist da mit einbezogen.
Ein Aufenthalt in England, das ist auch ein anderer Raum, eine andere Zeit, und sei es nur durch den unterschiedlichen Lebensrhythmus. Es gibt so viele Bezugspunkte, die sich anders darstellen und dem Kind Gelegenheit zur Veränderung bieten.
Als wir wieder mit unserem Kind zusammenkamen, war es zugleich stärker anwesend und stärker entfernt; eine Entfernung, die sich, so könnte man sagen, durch die Kilometerentfernung bei seinem Aufenthalt in England materialisiert hatte; aber auch eine verinnerlichte Entfernung, als hätte unser Sohn dort eine Möglichkeit gefunden, neben den anderen gewissermaßen mehr er selbst zu sein, und eben nicht mehr in dieser Abhängigkeit, die ich als das große Problem erwähnt habe, aus dem unsere Kinder herausfinden müssen.
G. S.: Gibt es nicht im Hinblick auf den Status des Wahnsinns fundamentale Unterschiede zwischen England und Frankreich?
Frau D.: In England kann man der Institution entgehen. Sobald ein Kind oder ein Erwachsener als Geisteskranker klassifiziert ist, bekommt er eine Rente, über die er frei verfügen kann. Wenn man in Frankreich als Geisteskranker klassifiziert ist, gibt es nur eine einzige Lösung, sofern man finanziell vom Staat unterstützt werden will, nämlich in einem Krankenhaus zu leben.
G. S.: Das heißt, in Frankreich ist man der Ansicht, daß es Orte für Geisteskranke und Orte für normale Leute gibt. Und man stellt sich nicht vor, daß das Kind im Grunde seine Orte hier und dort haben könnte, genau wie wir selbst unsere Orte hier und dort haben; daß sein Ort auch ein nicht geschlossener Ort sein könnte (in Bonneuil hat man wohl versucht, sich das vorzustellen, aber es gibt nicht viele andere Stellen, wo man einen solchen Versuch gemacht hätte).
Frau D.: Ich sage es immer und immer wieder, mein Sohn muß aus diesem Ort, in dem die Gesellschaft ihn einschließt, heraus.
Genau hier siedelt sich übrigens Bonneuil an als eine gesprengte Institution. Man darf nicht aufhören, die Dinge zu sprengen.

Luciens Vater

Aus »Vivre à Bonneuil«. Der Vater (Herr V.) und Guy Seligmann.

Herr V.: Als mein Kind zur Welt kam, erlitt es bei der Geburt eine Asphyxie, was ihm drei Monate Behandlung im Krankenhaus eingebracht hat. Sehr bald haben wir bemerkt, daß dieses Kind gewisse Anomalien in seinem Verhalten aufwies; damals war es ungefähr ein Jahr alt.
Auf der motorischen Ebene zeigte es keine allzu große Zurückgebliebenheit, sehr wohl aber etwas später auf der sprachlichen Ebene; Schwierigkeiten, die sich, ja man könnte sagen, im Alter von drei Jahren verschärften, und da ist er dann wirklich unerträglich geworden, asozial . . .
Guy Seligmann: Und wie zeigte sich das? Durch Erregtheit?
Herr V.: Eine sehr große Ängstlichkeit; er versuchte sogar, sich selbst weh zu tun, sich selbst zerstören zu wollen. Für uns bedeutete das natürlich die totale Angst. Beruhigen konnten wir ihn mit Musik, das war die einzige Lösung.
Aber sehr bald haben wir herauszufinden versucht, wodurch diese Krisen hervorgerufen wurden. Waren sie eine Folge seiner Asphyxie? Wir haben uns daran gemacht, ihn verschiedenen Ärzten vorzustellen, es war die reinste Parade von Ärzten, Spezialisten, Neuropsychiatern, Pädiatern, und dann, mein Gott, angesichts der Verwirrung dieser Leute, unserer Umgebung, unserer Familie, die uns mehr oder weniger beeinflußte, wollten wir ihn in einem Kinderkrankenhaus vorstellen.
Da haben wir also die Runde der Krankenhäuser angetreten. Der Fall war peinlich, das konnten wir sofort bemerken, peinlich vor allem deshalb, weil wir, die Eltern, Fragen stellten; wir wollten etwas wissen; und ich glaube, bei der medizinischen Körperschaft kommt das so an, als wolle man gewisse Geheimnisse, die die Klienten nicht kennen dürfen, wissen und durchdringen. Ich weiß nicht. Manchmal rückt man Leuten auf den Leib, die einen Heiligenschein tragen, so könnte man sagen. Und dann war da auch noch der Fall des Kindes, wirklich, das muß man zugeben, der Fall des Kindes brachte diese Leute aus dem Gleis, sie schienen etwas ohnmächtig. Sie haben uns verschiedene Medikamente empfohlen, allerdings ohne jeglichen Erfolg.
G. S.: Aus dem Dossier kann ich sogar entnehmen, daß es Medikamente waren, die in äußerst hoher Dosierung verschrieben wurden.

Herr V.: Uns war ganz genau bewußt, daß das Kind zu einer wandelnden Apotheke wurde. Ich glaube auch, daß es sich auf der Ebene der Einträglichkeit zu einem besonders interessanten Klienten entwickelte.
G. S.: Ein Arzt hat übrigens geschrieben: »Ich bin erstaunt, daß der zuständige Dienst des Krankenhauses X nur eine medikamentöse Behandlung vorgeschlagen hat ... da es heutzutage ziemlich geläufig ist, bei Psychosen in der Kindheit eine Psychotherapie vorzuschlagen.«
Herr V.: Das war auch die Diagnose, die den beiden Pariser Einrichtungen, in denen das Kind gewesen ist, vorgelegt worden war. Und eben diese Psychotherapie haben wir in Angriff nehmen wollen, aber es ist uns nicht gelungen, mehr zu erreichen als eine Aufnahme zur Beobachtung. Das Ergebnis war, daß das Kind noch etwas mehr kaputtgemacht wurde.
G. S.: Da hat also ein großes Pariser Krankenhaus eine Psychose in der frühen Kindheit diagnostiziert und sich doch geweigert, ihr Kind aufzunehmen?[11]
Herr V.: Ja ... Wir waren voller Hoffnung in der Annahme, endlich jemanden zu finden, der das Kind mit all seinen Schwierigkeiten behandeln könnte, und wir hatten Vertrauen. Na ja, enttäuschter denn je zuvor sind wir wieder abgefahren, wir befanden uns in einer absoluten, in einer totalen Sackgasse.
Dann wurde uns Bonneuil empfohlen, aber Bonneuil mußte bezahlt werden, das war ein Problem; und die Verwaltung liebt keine Probleme. Vielleicht hatten wir das Glück, eine Art Tür, ja man könnte sagen, einen Ausgang zu finden, und dies war uns deutlich bewußt. Wir wußten, daß es für uns das allerwichtigste war, eine Art Guerilla gegen die Administration[12] anzufangen, bis sie zu der Einsicht käme, daß sie in unserem Sinne entscheiden müßte.

11 Hätte das Krankenhaus dieses Kind als »Langzeitpatienten« aufgenommen, wäre dies einer Internierung gleichgekommen, was wohl kaum wünschenswert gewesen wäre. In Hinsicht auf eine Psychotherapie dagegen hat man sicherlich gezögert, dem in der Provinz lebenden Kind zuzumuten, über Jahre hin regelmäßig nach Paris zu kommen. Dennoch fühlten sich die Eltern aufgrund der Tatsache, daß sie nun wieder (mit einer unnützen Diagnose) ganz allein gelassen wurden, abgelehnt. Das Wissen über die »Krankheit« half ihnen überhaupt nicht weiter. Sie verlangten von der Medizin, ihnen ein »normales« Kind »zurückzugeben« (M. M.).

12 Luciens Vater erhielt schließlich eine 90 %ige Unterstützung von der DDASS von Val-de-Marne (die keineswegs verpflichtet gewesen wäre, ihm zu helfen, da die Eltern nicht in diesem Departement wohnhaft waren). Das hier wiedergegebene Interview fand statt, *ehe* ihm diese Hilfe bewilligt wurde. Die Administration konnte die Ungerechtigkeit mancher der gegen sie gerichteten Angriffe kaum er-

G. S.: Und was wollte die Administration eigentlich? Ihr Kind internieren?
Herr V.: Die Administration ist eine Dame, die durch Vorschriften für alles Vorsorge trifft; und sie wollte nicht, daß man ihr durch die Maschen schlüpft, sie wollte, daß man sich ihren herrschenden Verordnungen beugt. Wir hätten also das Kind in ein Heim, eine Anstalt oder ein psychiatrisches Krankenhaus bringen sollen, dann hätten wir keinerlei finanzielle oder materielle Sorgen gehabt. Die 100%ige Kostenübernahme war uns sicher ... Mein Kind hatte fürchterliche Phantasien, ein weißer Kittel machte ihm Angst, er fürchtete sich vor Autos und fing an zu schreien. Zu dieser Zeit konnten die entsprechenden Wege übrigens nur mit dem Auto gemacht werden; es war unmöglich, ein öffentliches Verkehrsmittel zu benutzen. Auch das war ein Problem; ich kann Ihnen sagen, wir waren ein peinlicher Fall, der sich außerhalb der damals zugelassenen Normen befand.
G. S.: Man könnte nun annehmen, jetzt, wo Ihr Kind in Bonneuil ist, sei ...
Herr V.: Alles in Ordnung? Absolut nicht, denn Bonneuil ist ein Haus, das sich am Rande aller Vorschriften bewegt und außerhalb bestimmter Normen steht, und Sie wissen sehr wohl, weshalb ...
Ich glaube, Bonneuil ist eine Institution mit dem Verdienst, eine »gesprengte Institution« zu sein, die die Kinder nicht behält, die nicht auf dem Rücken der Kinder, sondern für die Kinder lebt. Bonneuil hat das Verdienst, die Kinder nicht einzusperren, sondern statt dessen ein Hin und Her zu provozieren, Strecken eines Weges, die beispielsweise bei Handwerkern oder bei bretonischen Landwirten zurückgelegt werden; und auf diesen Wegen lebt das Kind wirklich. In Bonneuil wird es nicht ins Gefängnis gesteckt, und ich glaube, das ist eine ganz hervorragende Sache.
Da Bonneuil aber am Rande steht, stellt sich für uns das Problem der Finanzierung; denn es lebt allein von dem Geld, das die Eltern für den Aufenthalt dort aufbringen können.[13] Bis heute liege ich immer noch im Streit mit der Administration; meine finanziellen Mittel sind beschränkt, ich bin gezwungen, um Unterstützung zu bitten; meine Krankenkasse erkennt diese Art Häuser nicht an, und ich glaube offen gestanden, sie

tragen. Doch im Grunde sagt dieser Text das Unerträgliche eines Leidens, und dieses Unerträgliche darf nicht zensiert werden (M. M.).

[13] Bonneuil wurde erst am 17. März 1975 offiziell anerkannt. Die Unterhaltung mit Luciens Vater datiert vom März 1974 (M. M.).

ist nicht die einzige. Ich nehme an, Bonneuil ist ihnen ziemlich unbequem, weil es beweist, daß Kinder, die von der Administration als nicht wiederherstellbar klassifiziert worden sind, zurückgewonnen werden können; ich glaube, das ist ein sehr wichtiger Punkt.

G. S.: Wie hat die Administration auf die Aufnahme Ihres Sohnes in Bonneuil reagiert?

Herr V.: Man könnte sagen, sie reagiert folgendermaßen: wenn man sie gar nicht in Ruhe läßt, gibt sie schließlich doch nach, sie gibt nicht vollständig nach, aber ein wenig. Ich würde sagen, das ist vielleicht gar nicht wegen Bonneuil, sondern damit man sie in Frieden läßt.

G. S.: Wenn Sie von »ein wenig nachgeben« sprechen, wieviel heißt das dann konkret?

Herr V.: Meine Krankenkasse beteiligt sich, der Sozialdienst meiner Firma beteiligt sich, und in einer bisher symbolischen Art und Weise – ich sage bewußt, symbolisch – beteiligt sich auch die Leitung der Gesundheits- und Sozialhilfe des Departements mit 100 Francs.

G. S.: Zu wieviel Prozent im großen und ganzen werden die Kosten übernommen?

Herr V.: Nun, so um die 70 %. Aber der Restbetrag, den ich noch aufbringen muß, ist für mich ungeheuer hoch, da ich nur über beschränkte Mittel verfüge. Und hinzu kommt noch, daß man nicht nur mit den monatlichen Zahlungen für Bonneuil fertig werden muß, man muß auch noch Geld vorstrecken; denn die Administration ist eine regelmäßige Dame, aber eilig hat sie's nicht. Nun muß man ja trotz allem auch noch leben. Und genau darin liegt der psychologische Aspekt der ganzen Geschichte; man muß leben, das ist beängstigend, man muß warten, ständig auf die Rückerstattung des Geldes warten; ich will ja nicht allzu bösartig sein, aber ich glaube, dieser Vorwurf muß doch einmal ausgesprochen werden, die Krankenkasse betreibt eine Art von taubem Widerstand. Wichtig ist eigentlich, daß ich trotz meiner sozialen Stellung als bescheidener Angestellter auf meine Art eine Bresche schlagen konnte. Die Krankenkasse, bei der ich Mitglied bin, hat nachgegeben. Nun gibt es also einen Präzedenzfall, und ich glaube, eines Tages wird es vielleicht einen Buben bei der gleichen Kasse geben, der davon profitieren kann. Das ist wichtig. Ich glaube, der Nagel sitzt, man muß nur weiter kräftig draufhauen.

G. S.: Und Ihr Kind? Wie lange ist es jetzt in Bonneuil?

Herr V.: Seit zwei Jahren. Lucien hat sich entwickelt, in seinem Verhalten, in seiner Einstellung, er hat sich wiedergefunden. Er hat eine gewisse

Autonomie erlangt. In Bonneuil sperrt man sie nicht ein, die Kinder, sie haben Kontakt zur Welt, zum Leben; und ich meine, im Grunde ist es genau das, was wichtig ist.
G. S.: Ist das, was Bonneuil repräsentiert, für Sie letzten Endes eine gewisse Form des Protests gegen die derzeitige Gesellschaft?
Herr V.: Ja, und zwar einer, der die ganze traditionelle, aufgeputzte, gesteuerte und zielgerichtete Forschung in Frage stellt. Da läßt man den Eltern keine Freiheit mehr. Die Administration nimmt einem das eigene Kind weg und schon hat man es verloren.[14] Selbstverständlich hat man auch keine finanziellen Sorgen mehr; man kann sagen, im Grunde wird man das Blag endlich los; man steckt es in ein Heim, man stopft ihm das Maul, indem man die Eltern bezahlt; und dann kann man sogar sagen, alle haben ein gutes Gewissen. So sieht das aus.
G. S.: Das heißt, durch eine bestimmte Art, den Wahnsinn zu behandeln . . .
Herr V.: . . . unterhält man ihn.
G. S.: Dann wird die Wahrheit, die im Wahnsinn vorhanden ist, im Grunde nur in Bonneuil akzeptiert?
Herr V.: Ich will nicht sagen, dies wäre das einzige Experiment; denn es gibt vielleicht noch andere Leute, die sich darum verdient gemacht haben, diese Probleme anzugehen. Aber für mich repräsentiert Bonneuil die freie Welt, in der man zuläßt, daß das Kind zu seinen eigenen Zeiten ein »verrücktes Kind« sein darf.
Im Grunde nimmt Bonneuil die Sitten der Alten wieder auf, die man als »Wilde« bezeichnete. Sie hatten ein Verdienst: Wenn sich ein Verrückter in ihrem Stamm befand, dann lebten sie eben mit ihm; während wir heute, die sogenannten zivilisierten Menschen, wir setzen die Verrückten hinter Schloß und Riegel und sperren sie aus.

[14] Von welcher Seite man auch immer an das Problem herangehen mag, die Administration wird auf jeden Fall kritisiert; denn entweder gewährt sie den Eltern keinerlei Hilfe, oder aber sie schließt sie aus. Darin liegt das Dilemma, in dem dieser Vater sich gefangen fühlt (M. M.).

3. Die geschlossene Institution

Dialog zwischen Roger Gentis und Guy Seligmann; vorbereitet für den Film »Vivre à Bonneuil«.

Guy Seligmann: Sie sind Chefarzt eines psychiatrischen Bezirks und verantwortlich für eine Krankenhausabteilung in Fleury-les-Aubrais?
Roger Gentis: In einem öffentlichen Krankenhaus, ja.
G. S.: Das heißt also, Sie sind für eine psychiatrische Institution verantwortlich?
R. G.: Und im Prinzip auch noch verantwortlich für die geistige Gesundheit eines Bezirks von rund 80 000 Einwohnern.
G. S.: Was bedeutet Ihnen die Erfahrung von Bonneuil?
R. G.: Ich glaube, für die meisten Krankenhauspsychiater ist das eine ganz wichtige Sache, insofern nämlich, als man sagen kann, daß es praktisch unmöglich ist, psychotische Kinder in öffentlichen Krankenhäusern zu behandeln. Das klingt vielleicht etwas schematisch und schroff; aber im Grunde stimmt es zu mindestens 90 %. Auf einem öffentlichen Krankenhaus lastet das Gewicht der Institution, das Gewicht der Gewohnheiten so schwer, daß es einer angemessenen Behandlung der Kinder absolut entgegensteht und diese keinerlei Chance haben, da drinnen zu gesunden.
G. S.: Könnten wir die Analyse dieser Unmöglichkeit etwas vertiefen?
R. G.: Sie gilt übrigens auch für andere Kategorien, nicht nur für die psychotischen Kinder; aber wenn man sie als Beispiel nimmt, kommt man dem Problem vielleicht auf den Grund.
Es ist recht schwierig zu erklären, da man sich auf eine ganze Gedankenströmung beziehen müßte, auf das, was gewöhnlich Antipsychiatrie genannt wird. Im großen und ganzen geht die Antipsychiatrie von der Annahme aus, und dies, glaube ich, zu Recht, daß man bestimmte Kranke gewähren lassen muß, daß man ihren Wahn aufnehmen und sogar ein sehr verrücktes, sogar ein sehr gestörtes Verhalten akzeptieren muß; daß dies ihre eigene Art ist, ihren Weg zu suchen, ihre Heilung zu suchen, und daß diese sich nur am Ende einer solchen, manchmal äußerst langwierigen und für die Umgebung kaum erträglichen Suche ereignen kann.

G. S.: Man muß den Wahn sich ausdrücken lassen?
R. G.: Ja, und zwar so weit wie möglich. Sie können sich wohl vorstellen, daß das im Rahmen einer gewöhnlichen Familie völlig ausgeschlossen ist; das gesellschaftliche Leben unserer Tage macht es unmöglich, eine solche Position zu halten.
G. S.: Und warum ist es in einem psychiatrischen Krankenhaus nicht möglich?
R. G.: Weil die Krankenhäuser gerade erst anfangen, eine lange Phase der Verdunkelung zu durchbrechen; man kann sagen, daß sie in erster Linie dazu bestimmt waren, die öffentliche Ordnung zu erhalten. Die Hauptfunktion der sogenannten Asyle bestand darin, eine bestimmte Kategorie von Abweichlern aus der Gesellschaft auszuschließen.
Eine gewisse Anzahl von Leuten wurde trotzdem gesund, aber im großen und ganzen waren es Verrücktenbewahranstalten.
Das ändert sich nun allmählich, und es ändert sich schon seit einiger Zeit. Dennoch gibt es immer noch Kranke, die in den psychiatrischen Krankenhäusern ausgesprochen schlecht behandelt, die nicht im geringsten akzeptiert und nicht im geringsten toleriert werden. In dieser Hinsicht sind die psychotischen Kinder vielleicht die am stärksten benachteiligte Gruppe. Und das liegt an der Schwierigkeit, mit diesen Kindern zu kommunizieren und sie zu verstehen. Für ein geübtes Personal, das eine bestimmte Art des Zuhörens hat und sich wenigstens ein bißchen mit den Freudschen Gedanken herumgeschlagen hat, sind die psychotischen Erwachsenen im allgemeinen leichter zu verstehen; während ihm die psychotischen Kinder, insbesondere die, die sehr früh psychotisch werden, wirklich äußerst mysteriös, äußerst hermetisch bleiben und ... Nun, ich glaube, Maud Mannoni hat es Ihnen sicher schon gesagt, es sind Kinder, die Phantasmen wachrufen; Phantasmen, die sich um die beunruhigendsten Aspekte von Tod und Sexualität drehen und die folglich in ihrer Umgebung eine völlig irrationale Angst erwecken, mit der Leute, die selbst keine Analyse gemacht haben, nur sehr schwer fertig werden. Etwas, was man für die Behandlung psychotischer Kinder in der Institution verlangen müßte, was sehr oft fehlt, ist eine hinreichend weit vorangetriebene persönliche Entwicklung, die im allgemeinen über die Psychoanalyse läuft. Davon kann zur Zeit absolut nicht die Rede sein.
Zum anderen muß man sagen, daß diese Kinder, um sich wirklich auszudrücken und um wirklich ihren Weg zu finden, nicht in einen allzu rigiden und beschränkten Rahmen gepreßt werden dürfen. Ich nehme an, aus diesem Grunde spricht Maud Mannoni auch von einer gespreng-

ten Institution und hat sich deshalb verschiedenartigen gastlichen Orten zugewandt, die in einem, sagen wir, relativ breiten und relativ abwechslungsreichen gesellschaftlichen Leben verstreut liegen. Im psychiatrischen Krankenhaus dagegen sind die Kinder eingesperrt, das muß ganz klar gesagt werden, auch wenn sie dabei Möglichkeiten haben, zu turnen, sich innerhalb eines Parks zu bewegen oder ähnliches mehr; sie befinden sich dennoch an einem extrem eingeengten Ort, wo die sozialen Kontakte nach Stereotypen ablaufen.

G. S.: Damit ein Krankenhaus überleben kann, muß man *auf den Tagessatz*[15] *kommen.*

R. G.: Ja, der Tagessatz, das ist ein Problem. Die zahlenden Verbände, meistens die Sozialversicherung oder die Gesundheits- und Sozialhilfe, stellen einen Tagessatz zur Verfügung; für jeden Tag, den man im Krankenhaus verbringt, gibt es einen vertraglich festgelegten Tarif. Und natürlich kommen zu diesem Begriff des Tagessatzes, der schon Zwang genug bedeutet und gegen den sich übrigens heute die meisten Verwaltungsbeamten auflehnen, noch andere Zwänge hinzu; insbesondere die Kontrollen durch die Sozialversicherung. Um Krankenhausbehandlung in Anspruch nehmen zu können, muß ein Kind eine definierbare, diagnostizierte Krankheit aufweisen, es muß ebenfalls eine Behandlung haben, man muß von aktiver Behandlung sprechen können; und eine Behandlung, die ist nicht immer leicht zu definieren . . .

G. S.: Gehört dazu auch, zu einem Handwerker zu gehen?

15 Die Administration scheint die schädlichen Wirkungen dieser Frage nach dem »Tagessatz« inzwischen verstanden zu haben, denn zur Zeit bemüht sie sich um eine Lösung des Problems durch jährliche Subventionen (die den realen Tagessatz decken). Das müßte eigentlich zur Folge haben, daß die Therapie den Bedarf der Administration bestimmt (was bisher nicht der Fall war). Simone Benhaîm hat in ihrer Doktorarbeit über die sozioökonomische Lage der französischen Psychiatrie im Juni 1975 eine äußerst scharfsinnige Analyse dieser Fragen vorgenommen (M. M., 1975).
In einem Rundschreiben vom 21. Juli 1976 gab die Sozialversicherung die Bestimmung heraus, daß den sonderpädagogischen Einrichtungen und Heimen ab 1977 die den Tagessätzen entsprechenden Leistungen für jene Wochenenden entzogen werden, an denen die Minderjährigen wegen sogenannter »therapeutischer« Aufenthalte in ihren Familien weilen und von der Institution abwesend sind. In ihren Effekten verstärkt eine derartige Maßnahme die *Ausbeutung* dieser Minderjährigen, die forthin dazu verdammt sind, das ökonomische Überleben der Institution durch ihre *physische Anwesenheit* zu gewährleisten. Die besagte Verfügung vom 21. Juli 1976 bedeutete eine Restriktion jener Positionen, zu denen sich das Arbeitsministerium 1975 bekannt hatte. In ihren praktischen Effekten illustriert sie die Befürchtungen, die Gentis hier zum Ausdruck bringt (M. M., 1976).

R. G.: Dazu gehört auch, zu einem Handwerker zu gehen. Aber das wird nicht anerkannt[16]; es ist sehr schwierig, einen Aufenthalt bei einem Handwerker als Therapie begreiflich zu machen, das paßt überhaupt nicht in den Rahmen der medizinischen Ideologie, wenn Sie so wollen.
G. S.: Sie haben mir erzählt, vor zehn Jahren, als Sie in Ihrem Krankenhaus anfingen, seien dort 1250 Kranke gewesen, und jetzt wären nur noch 1000 dort.
R. G.: Ungefähr, ja.
G. S.: ... und daß die Gelder paradoxerweise um so weniger werden, je mehr Leute Sie heilen?
R. G.: Genau; und um so mehr Schwierigkeiten bekommt man auf allen Ebenen. Man spricht von Entlassungen beim Personal, man spricht von einer Verringerung des Bestands, und das sind Dinge, die zum einen Hindernisse für die Behandlung darstellen, da man sowieso nie genug Personal hat und der Bestand schon jetzt unzureichend ist, und die zum anderen eine Unruhe beim Personal hervorrufen; letzteres betrifft vielleicht nicht einmal so sehr die Pfleger, denn es gibt ja das turnusmäßige Ausscheiden in den Ruhestand, da braucht man dann nur ein paar weniger einzustellen.
G. S.: Man kann sich nun fragen, welches Ziel die Sozialversicherung oder auch die Administration eigentlich verfolgt, wenn sie solche Verordnungen erläßt und organisiert.
R. G.: Dabei müßte man zwischen der manifesten und der latenten, man könnte auch sagen, der unbewußten Zielsetzung unterscheiden. Die manifeste Zielsetzung ist ganz klar die, den Leuten eine Behandlung unter denkbar besten Bedingungen zu ermöglichen; aber man muß schon sagen, daß die unbewußte Zielsetzung diesem manifesten Ziel oft genau entgegenläuft. Es geht zum Beispiel darum, den Wahnsinn in einem medizinischen Rahmen, im Rahmen einer medizinischen Ideologie festzuhalten. In Hinsicht auf evolutive psychotische Zustände und insbesondere in Hinsicht auf Psychosen in der Kindheit ist das ganz offensichtlich; in dem Sinne nämlich, daß man mit Sicherheit zunehmendes Verständnis

16 Die Administration konnte sich nur schwer mit diesen gegen sie gerichteten Anklagen abfinden. Die Administration gibt sich heutzutage liberal und progressiv; sie lehnt es ab, daß man mit ihren Absichten ins Gericht geht. Dennoch bleibt ein Unbehagen bestehen, und eine Zensur an den Äußerungen von Gentis würde gewiß nicht dazu beitragen, dieses Unbehagen aufzuheben (und noch weniger dazu, die Strukturen der öffentlichen Krankenhäuser zu verändern). Das Unbehagen der Betreuer muß als ein *Symptom* (das heißt, als ein zum Schweigen gebrachtes Sprechen) angesehen werden (M. M., 1975).

für diese Zustände gewinnt, wenn man sie *nicht* nach einem medizinischen Modell betrachtet. Ich habe den Eindruck, die Psychoanalyse fängt allmählich damit an, und die Antipsychiater halten sich auf jeden Fall daran; sie sprechen ganz unbestimmt von einer existenziellen Krise oder einem ungelösten existenziellen Problem. Das ist natürlich ein Begriff, dem eine Präzisierung gut täte, eine Vorstellung, die vertieft werden müßte. Aber sie ist mit Sicherheit weitaus angemessener, als eine Krankheit im strengen Sinne des Wortes daraus zu machen; denn die Krankheit verlangt unmittelbar nach institutionellen Maßnahmen, die Teil unserer gesellschaftlichen Strukturen sind; nach Behandlung, Hospitalisierung, Medizin, Pflegern, Spezialisten, Sonderuntersuchungen, kurz und gut, was man sich nur so vorstellen kann, angefangen bei den psychometrischen Tests, die für manche Kinder verheerende Folgen haben; auch da kommt man allmählich dahinter; und was die Behandlung angeht, sprechen wir lieber nicht davon. Ich glaube, es ist wirklich eines der fundamentalsten Konzepte der antipsychiatrischen Strömung, ein Konzept, das aufgegriffen werden muß, daß nämlich zumindest in bestimmten Fällen die allerbeste therapeutische Politik in der vollständigen Zurückhaltung liegt; daß man das Subjekt in Frieden läßt, daß man gar keine therapeutische Politik im eigentlichen Sinne hat, ausgenommen vielleicht, ein bestimmtes Zuhören, eine bestimmte Anwesenheit und eine bestimmte Empfangsbereitschaft für das gesprochene Wort und das Verhalten des Kranken zu gewährleisten.

G. S.: Kommt hier nicht auch vermittelt durch die Behandlungen und die Spezialisten, die bezahlt werden müssen, ein gewisser Begriff von Rentabilität, eine gewisse Logik des Profits ins Spiel?

R. G.: Ich für meinen Teil weiß gar nicht so recht, was ich davon halten soll, von der Rentabilität. Sicher, es gibt viele Verwaltungsbeamte von der technokratischen Fraktion, wenn man das so sagen kann, insbesondere im Finanzministerium, die bei jeder Gelegenheit anfangen, von Rentabilität in Sachen Pflege, in Sachen Gesundheit zu reden; aber ich vermute, auch für die Finanzverwalter wäre es äußerst schwierig, eine kohärente Doktrin in diesem Bereich auf die Beine zu stellen; man kann sich nicht recht vorstellen, auf was sie beruhen sollte. Mir scheint, häufig dürfte es für die Gesellschaft weniger kostenaufwendig sein, jemandem beispielsweise eine Invaliditätsrente zu zahlen, als ihn um jeden Preis heilen zu wollen. Die Kosten für eine wirkliche Behandlung, da, wo tatsächlich aktive Behandlung mit einigen Erfolgsaussichten betrieben wird, sind in der Psychiatrie für bestimmte Kranke heutzutage derart hoch,

daß es gewiß günstiger wäre, den Kranken seinem chronischen Schicksal zu überlassen und ihm eine Rente zu zahlen. Und manche Kranke verlangen auch gar nichts anderes.
Deshalb weiß ich nicht so recht, was man unter Rentabilität verstehen kann. Fest steht eines, daß nämlich die Autoritäten in der Administration, und ganz besonders die in den oberen Sphären der Verwaltung, versuchen, eine geradezu widerwärtige Spar- und Knappheitspolitik auf allen Ebenen durchzusetzen.[17] Und darüber geht im Augenblick ihr Begriff von Rentabilität auch nicht hinaus. Das heißt, es ist eine Politik, die die fortschrittliche Psychiatrie langsam, aber sicher ersticken soll.
G. S.: Die Beschreibung, die Sie soeben gegeben haben, enthüllt im Grunde einen Angriff auf die Freiheit. Denn was man daraus entnehmen kann, ist doch, daß die Kranken nicht die Freiheit haben, sich für eine Behandlung ihrer Wahl zu entscheiden.
R. G.: Diese Freiheit haben sie absolut nicht. Und sofern sich die therapeutischen Teams darüber im klaren sind, welche Behandlung eigentlich angewandt werden müßte, haben sie ebenfalls absolut nicht die Freiheit, sie auch wirklich anzuwenden.
G. S.: Wenn man das ganze Gebiet der Geisteskrankheit nimmt, gibt es nicht nur den öffentlichen Bereich; es gibt auch den privaten Bereich, und es ist bekannt, daß hinter vielen der sogenannten »Institutionen von 1901«[18] rein private Interessen stehen.
R. G.: Das trifft insbesondere auf zahlreiche medizinisch-pädagogische Institute zu. Außerdem gibt es nicht nur die gemeinnützigen Institutionen nach dem Gesetz von 1901, sondern auch Institutionen, die Gewinne machen, und zwar indem sie Menschen, Erwachsene oder Kinder, behandeln. Selbst wenn man es in diesen privaten Institutionen mit ehrenwerten Medizinern und Verwaltungsleuten zu tun hat, besteht dort

17 Hier geht es im Grunde genommen um eine bestimmte Vorstellung von der Welt. Die Gesundheit ist heutzutage zu einer Pflicht geworden. Die »oberen Sphären der Verwaltung« verwahren sich gegen den Vorwurf, daß sie die fortschrittliche Psychiatrie ersticken wollen. Die Finanzbeamten weisen darauf hin, daß niemand anders als die Mediziner für die Ideologie, auf die sich die Sozialversicherung stützt, verantwortlich ist, und zwar verantwortlich sowohl für die Aufrechterhaltung der hierarchischen Strukturen als auch für die Aufrechterhaltung einer (den Zwecken der medizinischen Macht dienenden) übermäßigen medizinischen Vereinnahmung der Psychiatrie.
Daß das Experiment von Bettelheim in Amerika mit der Versetzung Bettelheims in den Ruhestand und der Ernennung eines *Psychiaters* zu seinem Nachfolger beendet wurde, sagt genug über das wirkliche Hindernis, das einer anderen psychiatrischen Praxis im Wege steht (M. M.).
18 A. d. Ü.: Gemeinnützige Institutionen nach dem Gesetz von 1901.

mit Sicherheit immer die Versuchung, die gewinnträchtigen Behandlungsmethoden ganz besonders zu strapazieren. Und auch dabei spielt die Sozialversicherung eine wesentliche Rolle; insofern nämlich, als nur ganz bestimmte Sondertherapien in das Verzeichnis der bezahlten Leistungen aufgenommen sind; und da neigt man natürlich dazu, diese Leistungen verstärkt einzusetzen, sie denen vorzuziehen, die nicht in dem Verzeichnis vorkommen und folglich in finanzieller Hinsicht nichts einbringen.

Ich glaube, ich kann Ihnen die negative Rolle der Sozialversicherung in Hinsicht auf die Behandlung an einem Beispiel illustrieren; es ist eine sehr schlichte und sehr geläufige Illustration. Viele Kinder, Jugendliche und junge Erwachsene bedürfen keiner Behandlung im eigentlichen Sinne, keiner medizinisch kodifizierten Behandlung, sondern sie brauchen Luftveränderung, andere Landschaften, sie müssen aus den Institutionen heraus und ein unkonventionelles Leben führen. Dafür gibt es nun etwas ganz einfaches, das Camping. Camping unter freiem Himmel in etwas entlegenen Winkeln führt zu den großartigsten Resultaten; alle, die es einmal praktiziert haben, wissen, daß sich das Verhalten der Kranken verändert, daß sie nicht mehr dieselben sind, daß sie an einer ganzen Menge von Sachen Geschmack finden, während sie vorher vollkommen passiv waren. Nun ja, und genau das ist meistens absolut unmöglich, denn sobald man das Krankenhaus für mehr als 48 Stunden verläßt[19], bedeutet das für die Sozialversicherung, daß sie nicht mehr zahlt. Es ist keine Behandlung im eigentlichen Sinne mehr, auch nicht, wenn die Jugendlichen vom Krankenhauspersonal umgeben sind, das heißt, wenn sie die Einrichtung weiterhin genauso teuer kommen wie zuvor. Konsequenz: Sie bleiben im Krankenhaus und werden noch leichter chronisch.

G. S.: Die reale Zielsetzung dieser administrativen Logik ist dann wohl die, die Kranken letzten Endes mit Gewalt im Krankenhaus festzuhalten.

R. G.: Das ist die unbewußte und ungewollte Zielsetzung, gewiß.

G. S.: Wie ist diese Verzerrung zu erklären, wo es doch sicher ist, daß der ursprüngliche Wunsch des Gesetzgebers darin bestanden hat, die Kranken zu schützen?

19 Frl. Serbource vom DDASS von Val-de-Marne hat mir versichert, daß die Krankenhäuser von Val-de-Marne durchaus über diese Bewegungsfreiheit verfügen, die R. Gentis in seinem Departement verweigert wird. Die Sackgasse, in der sich R. Gentis befindet, scheint mir jedoch schwerwiegend genug, um seine Äußerungen ohne Einschränkung wiederzugeben (M. M., 1975).

R. G.: Zunächst einmal liegt ganz allgemein eine der wesentlichen Funktionen der Administration in der Aufrechterhaltung einer bestimmten Ordnung. Im ganzen bürokratischen System sieht man sehr deutlich, wie schwierig es ist, auch nur die geringste Veränderung durchzusetzen. Es ist ein reales, unbewußtes Ziel der Administration, die Starrheit zu erhalten, die Dinge in ihrem gegebenen Zustand zu bewahren.
G. S.: Ein anderer Punkt, den ich mit Ihnen erörtern möchte und der in Bonneuil besonders ins Auge sticht, ist die Tatsache, daß die Kinder dort, fast hätte ich gesagt: gemischt sind. Wie Sie wissen, sind Autisten gemischt mit Psychotikern und solchen Kindern, die das Schulsystem ablehnen. Ist diese Art Vermischung, diese Nicht-Segregation in einem Krankenhaus überhaupt möglich?
R. G.: In einem gewissen Maße ja. Auf jeden Fall praktizieren wir sie auf den Erwachsenenstationen. Für die Kinder ist es vielleicht etwas schwieriger, aber außerordentlich wünschenswert. Auch hier gibt es Vorurteile, die dem im Wege stehen, aber auch hier sind es nicht allein die Vorurteile. In ihrer steten Sorge um logische und abstrakte Klarheit bemühen sich die Verwaltungen, die Kinder zu klassifizieren und sie in mehr oder weniger willkürliche und künstliche Kategorien aufzuteilen, die entsprechende Abgrenzungen und Mauern konstituieren.
G. S.: Das heißt, sobald eine Diagnose über ein Kind gefällt ist, tut man es mit anderen Kindern der gleichen Diagnose zusammen, damit sie die gleiche Behandlung bekommen? Welche Rolle können Sie denn unter diesen Bedingungen innerhalb einer solchen Administration spielen?
R. G.: Unsere Rolle ist natürlich die, die Personen individuell zu betreuen und sie so weit wie möglich zu versorgen; aber man muß schon sagen, allein die Hindernisse, auf die wir stoßen, veranlassen uns auch, unsere Rolle in einem ganz anderen Sinne wahrzunehmen; es gilt nämlich, ein ganzes zusammenhängendes Gebilde weiterzuentwickeln und vielleicht sogar den Versuch zu machen, die Gesellschaft in ihrer Gesamtheit weiterzuentwickeln, eine permanente Kritik dieser Gesellschaft zu üben, wie wir es soeben in Hinsicht auf einen beschränkten Punkt getan haben.
Ich glaube, von dem Augenblick an, in dem wir versuchen, uns dessen, was wir tun, bewußt zu sein, kommen wir automatisch zu einer Kritik an unserer Gesellschaft und folglich zu dem Versuch, sie zu verändern. Eben deshalb gibt es zur Zeit so viele junge Psychiater, die ausgesprochen linke und gelegentlich sogar revolutionäre Gedanken vertreten. Sie werden sich nämlich darüber klar, daß die menschlichen Probleme, mit

denen sie zu tun haben, keine rein individuellen Probleme sind, meistens jedenfalls nicht, sondern in Wirklichkeit von der Gesellschaft erzeugt werden, in der wir leben.

G. S.: Heißt das, daß der Diskurs des Wahnsinns im Grunde ein Diskurs des Protestes ist?

R. G.: Nein. Meiner Ansicht nach hat es etwas Künstliches, so etwas zu sagen. In ganz bestimmten Fällen ja; da gibt es Geisteskranke, Verrückte, die wirklich außergewöhnlich bewußt sind. Ich denke dabei an Antonin Artaud, der seine schizophrenogene Erfahrung zu einem solchen Grad von Klarsicht vorangetrieben hat, daß sie ihm erlaubte, Dinge zu sehen, die die anderen nicht sehen. Aber das sind doch seltene Ausnahmen. Die meisten, mit denen wir zu tun haben, sind auf eine andere Art gefesselt als die ausgeglichenen Leute, aber gefesselt sind sie auch, und manchmal sogar stärker als jemand, der nicht verrückt ist.

G. S.: Aber häufig sind sie Opfer einer sozialen Struktur.

R. G.: In einem mehr oder weniger ausgeprägten Maße. Man muß natürlich bei der Ätiologie einer Geisteskrankheit stets die soziale Ätiologie, die sogenannte Soziogenese berücksichtigen.

G. S.: Sie haben eben von den jungen Psychiatern gesprochen; stellt die Ausbildung zum Psychiater nicht gerade ein Problem dar, das zur Zeit in den Blickpunkt der Kritik rückt?

R. G.: Die Ausbildung zum Psychiater wurde in erster Linie durch die Verbreitung der psychoanalytischen Gedanken in Frage gestellt. Schon seit langem, seit mindestens zwanzig Jahren, wenden sich in Frankreich zahlreiche junge Psychiater der Psychoanalyse zu, und dies zu Recht. Dabei haben sie auch gelernt, ihre ganze Funktion und ihre ganze Arbeit in Frage zu stellen. Es gibt einen Gedanken, der alles begleitet, was Maud Mannoni sagt, einen Gedanken, der sich verbreitet hat, weil er unbedingt wahr ist, der so einfach und schlicht ist, daß er sich zwangsläufig verbreiten muß; ich meine den Gedanken, daß man nie an Stelle des Kranken wünschen darf. Im Zusammenhang mit der Psychiatrie indes ist der Wunsch des Psychiaters immer etwas, was mit der Aufrechterhaltung der gesellschaftlichen Ordnung zu tun hat. Und wenn es nur darum geht, die Leute wieder an die Arbeit zu bringen. Der mehr oder weniger offen zugegebene Wunsch der meisten Psychiater besteht darin, ihre Kranken, sofern es sich um entsprechend junge Erwachsene handelt, wieder arbeitsfähig zu machen, und sofern es sich um Kinder handelt, sie zu einem aktiven Leben zu bringen. Das aber ist absolut unvereinbar mit einem Zuhören analytischer Art. Man darf nichts an Stelle des Subjekts wünschen und vor allem nicht wünschen, es irgendeiner gesellschaftlichen Ordnung anzupassen.

G. S.: Hier bildet sich möglicherweise ein Widerspruch heraus; denn die Psychoanalyse wurde von den Linken lange Zeit als bürgerlich bewertet, und sie wird es immer noch.

R. G.: Bestimmte Linke betreiben in der Tat zur Zeit eine äußerst lebhafte und, wie ich finde, äußerst heilsame Kritik im Bereich der Psychoanalyse; den Fakten nach ist nämlich klar, daß auch die Psychoanalyse häufig dazu neigt, sich mit der gesellschaftlichen Ordnung zu kompromittieren. Die Psychoanalyse und die Psychoanalytiker müssen eine permanente Arbeit der Selbstkritik und Aufklärung ihres Tuns leisten, wenn sie vermeiden wollen, einem gesellschaftlichen Unbewußten, dessen sie nicht ganz Herr sind, in die Falle zu gehen.

G. S.: Könnte es nicht sein, daß Bonneuil im Zusammenhang mit dieser allgemeinen Situation der Psychiatrie Gefahr läuft, eine Art Maske zu liefern? Daß es als fortgeschrittenes, gelungenes und folglich vereinnahmtes Experiment, als Schirm benutzt wird, um das soeben beschriebene düstere Bild zu verschleiern?

R. G.: Das ist möglich; aber bei aller Bescheidenheit muß man sagen, daß diese Gefahr weit entfernt ist. Wäre Bonneuil auf dem Wege der Vereinnahmung, wäre seine Situation wohl nicht so unsicher. Es ist – in gewissem Sinne sogar unglücklicherweise – ein Experiment, das im Augenblick derart umwälzend erscheint, daß es ständig der Bedrohung ausgeliefert ist, abgewürgt zu werden.[20]

G. S.: Aber ist dieses Experiment denn zu verallgemeinern?

R. G.: Oh, ich hoffe nicht. Damit meine ich, daß Bonneuil meiner Ansicht nach seinen Status als Experiment neben anderen Experimenten bewahren muß. Ich denke beispielsweise an Deligny in den Cevennen, der völlig andere Sachen macht, als Maud Mannoni. Wir brauchen eine Vielfalt von Experimenten; und wenn man sie dann miteinander konfrontiert, können sich daraus gesichertere Wege ergeben.

Ich habe vielleicht allzusehr auf der Notwendigkeit einer analytisch ausgerichteten Ausbildung beharrt. In Wirklichkeit ist das nicht der eigentliche Punkt. Das Wichtige ist, nicht an Stelle des Kranken zu wünschen.

20 Wie das Experiment von Bonneuil gezeigt hat, wird das Abwürgen weniger von den »oberen Sphären der Verwaltung« betrieben als vielmehr von den mittleren Funktionären. Der Gegensatz ist ideologischer Natur (die Mediziner suchen in der Verwaltung einen Verbündeten zur Verteidigung der medizinischen Macht) (M. M.).

Ich glaube, um dahin zu kommen, ist der Weg der persönlichen Psychoanalyse nicht der einzige. Glücklicherweise gibt es eine gewisse Anzahl von Personen, die auf eine mehr oder weniger spontane und natürliche Art empfänglich genug sind, um nicht an Stelle des Kindes zu wünschen. Sie brauchen eine bestimmte persönliche Entwicklung und eine gewisse Askese, bis sie so weit sind. Doch das läßt sich beispielsweise auch in einem Team erreichen, in dem viele Diskussionen stattfinden, viele persönliche Infragestellungen und viel kollektive Selbstkritik. Und wenn man zu verstehen gibt, eine persönliche Analyse sei das beste Mittel, so weit zu kommen, stimmt das nicht ganz.
Grundlegend ist eigentlich die Existenz eines Teams, das an Infragestellungen und Selbstkritik gewöhnt ist. Ohne Unterlaß muß man sich fragen: »Was tut man eigentlich? Welchen Sinn hat unser Handeln? Entspricht das, was wir in der Realität mehr oder weniger bewußt tun, wirklich den Zielen, die wir verfolgen?« Ich glaube, diese Disziplin muß man zwanzig Jahre, wenn nötig, sogar dreißig Jahre üben.
Hinzu kommt auch noch das Problem mit denjenigen Leuten, die man grob gesagt eher paranoisch nennen würde, im Sinne einer paranoischen Charakterstruktur; Leute, die so fest in die willkürliche Rationalität unserer Gesellschaft integriert sind, daß sie die anderen nicht hören können. Sie können den Verrückten, den Abweichenden, den Psychotiker absolut nicht hören. Sie sind vollständig in ihrem System gefangen. Und solche Leute müssen aus den therapeutischen Teams entfernt werden, das liegt auf der Hand. Unglücklicherweise flüchten sie sich dann in die Administration und erschweren uns die Arbeit.

4. Die gesprengte Institution

Diskussion zwischen Robert Lefort, Maud Mannoni und dem Team[21]; vorbereitet für den Film »Vivre à Bonneuil« und bislang unveröffentlicht.

Guy Seligmann: Inwiefern verändert die *gesprengte Institution* die Perspektive der Institution vollständig?
Robert Lefort: Eine Institution ist wie eine Art Person, die sich von den Leuten nährt, die ihr anvertraut sind. Die Institution bezieht praktisch eine Allmachtstellung; sie benimmt sich wie die Mutter eines Psychotikers; zu keiner Zeit kann das Subjekt sich von ihr lösen, ohne sein eigenes Zersprengen zu riskieren. Eine Institution, die anders sein will, muß in einer Art Gleichgewichtseffekt die Sprengung auf sich selbst nehmen und dem Subjekt erlauben, sich auf der Ebene des gesprochenen Worts anzusiedeln, ihm die Möglichkeit geben, sich von der Institution zu trennen, einen Einschnitt zu vollziehen. Und zwar ohne daß die Institution deshalb ins Schwanken käme oder gar eine Entschädigung von ihm verlangte. Unter dieser Bedingung ist der Einschnitt möglich; er erfolgt genau nach dem Vorbild der Mutter-Kind-Beziehung (wenn das Kind nach der Geburt von der Mutter getrennt ist, bedeutet das keinen Einschnitt; es wurde vom Geburtstrauma gesprochen, es wurde von der Durchtrennung der Nabelschnur gesprochen – aber darin liegt nicht der wirkliche Einschnitt). Der Einschnitt ist ein *symbolisches* Phänomen, das dem Subjekt erlaubt, sich selbst zu ereignen und von dem anderen als Subjekt anerkannt zu werden.
Dazu aber sind die Institutionen gewöhnlich kaum geneigt, und zwar aus dem einfachen Grunde, weil sie sich als das Wohl der Subjekte präsentieren, die im gleichen Zuge dann ihr Sprechen verlieren.
G. S.: Ist das der Grund, weshalb Sie nicht unmittelbar an die Einrichtung gebunden sind, weshalb Sie nicht in der Institution leben?
R. L.: Ich nehme eine besondere Position ein, die ich in dem Buch von Maud Mannoni u. a. *»Scheißerziehung«, Von der Antipsychiatrie zur*

[21] Guy Seligmann, Marie-José Richer, Hélène Marchadier, Jean-Jacques Bouquier, Francis Muel, Mathilde Chavalarios, Claude Halmos und vorübergehend anwesende Erzieher und Ärzte.

Antipädagogik, beschrieben habe. Ich würde mich eher als eine Art von Bezugspunkt definieren, als Möglichkeit, ein drittes Glied abzugeben. Die Situationen müssen ja strukturiert werden. Und die Beziehung der Subjekte zu der Institution – damit sie diese ablehnen können, ohne sich deshalb selbst zerstört zu fühlen – erfordert natürlich irgendwo einen Angelpunkt.

In manchen Fällen kommt bei den Subjekten in ihrer Beziehung zu Bonneuil ein Verlangen auf. Sie können dann zu mir entweder nach Hause oder in die Beratungsstelle kommen und dort u. a. auch über die Institution sprechen, sie ablehnen und die übelsten Beschimpfungen gegen sie loslassen.

Maud Mannoni: Ich glaube, das eigentlich Wichtige ist die Art und Weise, wie wir versuchen, Bonneuil zum Übergangsort zu machen und in dieser Hinsicht zu stärken. Die Kinder und die Erwachsenen legen dort eine Strecke ihres Wegs zurück, und dieser Ort wird nicht als Modell ausgegeben. Wir sind, ausgehend von einer Hinterfragung der sogenannten Erziehung und der sogenannten Therapie, schlicht und einfach zu dem Wunsch gelangt, neue Situationen hervorzubringen. Uns ist klar geworden, daß in dem Augenblick, wo es keine Alterssegregation mehr gibt, in dem Augenblick, wo man die administrative Routine fallen läßt und versucht, eine »Sprengung« der Institution in Gang zu setzen, etwas geschieht. Die Kinder können sich in das reale Leben begeben, an der Lust teilhaben, die der Erwachsene einer bestimmten Arbeit abgewinnt. Wenn sie zurückkommen, sind sie durch die Auswirkungen einer Erfahrung, die sie beim Kommen und Gehen (von einem Ort zum anderen) durchleben konnten, gewissermaßen »umgewandelt«.

Wenn man von Bonneuil als einem experimentellen Ort spricht, muß man unbedingt betonen, daß es hier nicht darum geht, die Subjekte als Versuchssubjekte zu begreifen und an ihnen festzustellen, was der Schwachsinn, die Psychose oder ein überdurchschnittlich begabtes Kind eigentlich ist. »Experimentell« sollte in dem Sinne verstanden werden, daß Bonneuil kein Ort für die Anwendung von traditionellen Vorschriften ist. Es ist ein Ort, wo sich ausgehend von dem für das Unvorhergesehene leergelassenen Platz etwas anderes abspielen kann.

G. S.: Kann man denn sagen, daß es sowohl für die Kinder als auch für die Erwachsenen oder Praktikanten, die dort sind, ein Ort der Erfahrung ist?

M. M.: Im Sinne einer persönlichen Erfahrung, wie es die Analyse für jemanden ist.

Die Strecke Wegs, die man dort zurücklegt, nun ja, man geht verändert daraus hervor.
X.: An einem bestimmten Punkt dieses Weges bekommen die Erwachsenen Lust, sich selbst in eine Analyse zu begeben.
Y.: Ja. Hier geht es nämlich um das Subjekt; nicht um ein gegebenes Subjekt, sondern um eines, das sich vermittelt durch die Lebenserfahrungen, von denen soeben gesprochen wurde, ereignen muß.
M. M.: Die anwesenden Erwachsenen liefern keinen unfehlbaren pädagogischen Diskurs, sie sind eher als Träger einer Frage da, die gerade im Entstehen begriffen ist. Es ist das analytische Zuhören, welches es dem Kind denn auch erlaubt, schließlich zu erkennen, was von ihm dort im Symptom spricht.
Marie-José Richer: Nur weil wir bei unserer Ankunft in Bonneuil all das mitgebracht haben, was mit unserem eigenen Wunsch los ist, konnte sich mit den Kindern etwas entwickeln. Der Erwachsene gibt dem Kind zum Beispiel folgende Antwort: »Ich komme, weil ich Theater machen will«, oder: »Ich interessiere mich für Musik«, oder: »Ich habe Interesse an dieser oder jener Aktivität.« Und alle, die kommen wollen, um mit mir und all dem, was mit meinem Wunsch los ist, eine wirkliche Arbeit zu machen, können kommen. Nur von dort aus wird etwas möglich.
G. S.: Ja, aber von außen gesehen ist das absolut identisch mit jeder anderen Aktivität in irgend einem psychiatrischen Krankenhaus, das über Mal- und Musikwerkstätten oder ähnliches verfügt. Wo liegt der Unterschied zwischen Bonneuil mit seiner Pop-Musik-Werkstatt und einer anderen Werkstatt anderswo?
M.-J. R.: Es wird die Frage nach der Lust gestellt. In den klassischen psychiatrischen Institutionen muß die Ordnung aufrechterhalten werden. Der Erwachsene muß unfehlbar sein. Man erwartet eine Leistung von ihm, man verlangt, daß er alles kontrolliert. Ich habe eine Erfahrung in ganz und gar klassischen Institutionen hinter mir, wo mir die Möglichkeit gegeben war, Aktivitäten und Werkstätten, Wasserspiele, Theater oder Malerei selbst auszusuchen. Ich habe mich für die Wasserspiele entschieden, weil ich das schon einmal gemacht hatte; aber es war absolut unvorstellbar, mit diesen Kindern irgend etwas zu tun; man verlangte nämlich, daß ich ihnen Schwimmen beibrächte! An einem Ort, wo alles verwaltet und programmiert wird, ist keinerlei schöpferische Tätigkeit möglich. Wo die Rentabilität oder die Anpassung an eine Norm zum Ziel gemacht wird, gibt es keine Zeit für Träume. Das Subjekt ver-

schwindet. Es kommt nicht in Frage, daß sich irgend etwas von ihm ereignet.

G. S.: Was passiert denn in Bonneuil bei den Wasserspielen?

M.-J. R.: Sehr viel, sowohl auf der Ebene des Kindes als auch auf der des Erwachsenen! Dort ist man wirklich als Träger dessen da, was gehört werden kann und was man in bestimmten Augenblicken nicht versteht.

– Und man befindet sich in einer Situation, in der man ansprechbar ist, während man in den traditionellen Institutionen von jeder Ansprache ferngehalten wird.

– Ich habe in einer anderen Institution eine Musikwerkstatt gemacht, die man von außen für ähnlich geartet halten konnte.

G. S.: Wie die von Bonneuil?

M.-J. R.: Ja, aber ich habe den Eindruck, daß es dabei nicht um ein und denselben Körper geht. In den Institutionen ist der Körper der Kinder ein Körper, den es zu normalisieren, den es wiederherzustellen gilt.

M. M.: Was man dort als Modell anbietet, liegt auf der Ebene eines institutionalisierten Körpers; es ist kein Platz mehr für einen symbolisierten Körper, kein Platz mehr, um eine Wahrheit des verzerrten Körpers aufkommen zu lassen.

Hélène Marchadier: Eben wurden die Wasserspiele erwähnt. Wenn in einer Institution das Becken leer bleibt, das heißt, wenn die Kinder nicht zur Sitzung kommen, sagt man sich: »Das wird uns am Gewinn fehlen.« Man hat nämlich bestimmte Quoten zu erfüllen und fühlt sich schuldig, der Institution Geldverluste zuzufügen.

– Das Erschreckende in den traditionellen Institutionen ist eigentlich, daß nichts verloren gehen kann. Man muß immer alles aufschreiben und wird dauernd aufgefordert, Dossiers auszufüllen. Hier dagegen kann auch mal nichts passieren, die Kinder haben das Recht, nichts zu tun, nicht in einer Beschäftigung angesiedelt zu sein.

– Sie haben das permanente Recht der Auflehnung.

– Ich weiß nicht, ob es gerade Auflehnung ist; auf jeden Fall aber ist es das Recht, außerhalb von uns zu sein.

R. L.: In einer klassischen Institution kommt es gar nicht in Frage, sich gegen sie aufzulehnen; denn sie präsentiert sich als das autorisierte Wohl von allem und jedem.

M. M.: Die klassischen Institutionen werden von der Administration in Schwierigkeiten gebracht. Aus ökonomischen Gründen wird von jedem einzelnen die Ausführung medizinischer und nicht-medizinischer Akte verlangt, die manchmal für das Kind vollständig unnütz sind. Und die Erwachsenen befinden sich in der Falle dieser medizinischen Vereinnahmung des Lebens, die erzwungen wird, damit die Institution auf der ökonomischen Ebene weiterleben kann.

G. S.: Was hat es bei Ihnen letzten Endes eigentlich bewirkt, dauernd von den Kindern angegriffen zu werden? Ist das nicht schwer zu ertragen?

– Oh doch!

– Auf jeden Fall bringt einen das vorwärts. Die Frage lautet nämlich: »Wer sind Sie?«. Und auf dieses »Wer sind Sie?« kann man jedenfalls nicht einfach so antworten. Das ist manchmal sogar unerträglich.

– Es gibt aber auch die positive Seite der Auflehnung. Es hat Augenblicke gegeben, wo wir den Eindruck hatten, daß das, was wir taten, absolut sinnlos sei und auf nichts mehr einen Reim mache; genau in diesem Moment kamen jedoch die Kinder, und zwar zahlreich; sie waren es, die der getanen Arbeit einen Sinn verliehen. In dem Moment, in dem wir praktisch gesagt hätten: »Es geht einfach nicht«, gaben sie der getanen Arbeit durch ihre Anwesenheit ihren Sinn.

– Wichtig ist auch, daß die Leute nicht in der Rolle des Arztes, des Psychologen oder des Lehrers nach Bonneuil kommen. Sie stehen nicht unter dem Schutz der Funktion, die sie innehaben. In den traditionellen Institutionen steht diese Funktion gewissermaßen zwischen ihnen und dem Kind.

– Das ist vielleicht sogar das Wichtigste überhaupt; das führt auch dazu, daß man die Entscheidung für eine bestimmte Aktivität in Bonneuil von dem abhängig macht, was man – ganz am Anfang (man weiß selbst nicht genau weshalb) – dort für sich selbst mit den Kindern gespielt hat. Es gibt so etwas wie ein Risiko, wie ein Abenteuer, das man mit den Kindern lebt.

G. S.: Bonneuil existiert inmitten einer Gesellschaft, die die Auflehnung gemeinhin nicht akzeptiert. Was wird mit den Kindern geschehen, wenn sie sich, nachdem sie Bonneuil verlassen haben, in einer Gesellschaft der Ordnung wiederfinden?

M. M.: Das Wesentliche ist, daß diesen Kindern dann schon Gelegenheit gegeben worden ist, eine bestimmte Strecke auf dem Wege des Wunsches zurückzulegen. Bis dahin gaben sie sich als tot aus, um ihr eigenes Wünschen zu verhindern. Nach einer bestimmten Etappe akzeptieren sie das Risiko. Vielleicht weil es uns gelungen ist, nicht an ihrer Stelle zu wünschen.

G. S.: Bonneuil ist gleichzeitig auch eine Schule, in der die Praktikanten ein Diplom abschließen können, das in den Rahmen eines ganz bestimmten universitären Ausbildungsganges fällt.
Z.: Manche von uns stehen bereits im Berufsleben; und manchen gibt Bonneuil die Möglichkeit, all das, was sie anderswo an Unerträglichem erleben, weiterhin zu ertragen.
Qualifizierte Leute, die lieber ohne Geld arbeiten[22], weil eine Bezahlung zur Zeit nicht möglich ist, bezeichnet man ungenau als Praktikanten. Sie tun dies nicht aus einer Wohltätigkeitsideologie heraus, sondern weil die Freiwilligkeit im Dienste eines Kampfes steht, der sich auf die Veränderung der Psychiatrie bezieht.
Y.: Aber viele machen hier eine Arbeit, die sie der Fakultät anbieten.
G. S.: Liegt darin nicht ein Widerspruch?
Y.: Ja.
Z.: Ich hatte meine Doktorarbeit angefangen, aber Bonneuil wurde als im universitären Ausbildungsgang nicht vorgesehener Praktikumsort abgelehnt.
G. S.: Gibt es nicht noch eine andere Gefahr, daß nämlich alles, was in Bonneuil geschieht, idealisiert und alles, was anderswo passiert, verleumdet wird?
M. M.: Es müßte vermieden werden, Bonneuil als eine Mikrogesellschaft von Privilegierten auszugeben, die sich in luftdichter Abgeschlossenheit vom Traum des Protests nähren. Das trifft die Sache nämlich überhaupt nicht. Bonneuil ist ein Ort, wo die Institution und die pädagogischen und psychiatrischen Konzepte in Frage gestellt werden können; auf dieser Grundlage kann jeder einzelne versuchen, einer Art institutioneller Falle zu entkommen und seine eigene Forschungsarbeit weiter voranzutreiben.
Das Unbehagen der Betreuer macht sich in ganz Frankreich bemerkbar. Es war sogar Gegenstand eines Kongresses. Die Frage, die dort zur Diskussion stand, war weniger die Unangepaßtheit der Kinder als vielmehr die der Betreuer in Hinsicht auf die ihnen zugewiesene Aufgabe.
Durch die marginale Arbeit am Rande der Gesellschaft, in der wir uns hier engagiert haben, treiben wir auf der Ebene der Erziehung im allgemeinen etwas sehr Wichtiges voran. Andere Versuche können daraus hervorgehen.

[22] Von September 1969 bis März 1975 (dem Zeitpunkt der offiziellen Anerkennung) arbeitete das gesamte Team (bis auf vier ständige Mitarbeiter) auf freiwilliger Basis (M. M.).

Irgendwann kamen die Kinder auf das Problem der verlängerten Schulpflicht. Einige von ihnen konnten ihrem Leben nur dann einen Sinn geben, wenn sie beispielsweise in einem Restaurant oder zu einem Mechaniker arbeiten gingen; und dies lange vor dem Alter von 14 Jahren. Auch zum Problem der Behandlungspflicht wäre eine Menge zu sagen. Eine Situation, die jeden zur Behandlung zwingt, tötet den Wunsch. Wer in England ein Gutachten vorweist, welches ihm eine vorübergehende Unfähigkeit, seinem normalen Leben nachzugehen, bescheinigt, bekommt eine monatliche Rente. Und mit dieser Rente macht er, was er will. Er kann sich also sehr wohl nicht behandeln lassen. In England liegt die Therapie in diesem Tatbestand selbst, in der Nicht-Verpflichtung zur Behandlung. Das ist in Frankreich absolut nicht drin.

G. S.: Welche Vorteile hat eigentlich das Alternieren von Anwesenheit und Abwesenheit des Kindes in Bonneuil? Was geschieht auf der Ebene des Einschnitts?

R. L.: Wichtig ist vor allem die Modulation dieser Trennung. Es wird oft genug vorgeschlagen, Kinder, die einen spürbaren pathogenen Kontakt zu ihrer Umgebung haben, in einem Heim unterzubringen. Doch diese brutale Trennung verursacht einen Einschnitt, der in eine reale Dimension fällt und auf keiner Seite auch nur einen Schimmer Hoffnung läßt. Und bei jedem Wiedersehen wird unmittelbar an genau die gleiche Situation wieder angeknüpft, die vorher schon bestanden hat. Denn dieser Einschnitt hatte überhaupt keinen Übergang, das heißt, er war nicht Ausdruck eines bestimmten Wunsches des Subjekts, hierin oder dorthin oder anderswohin zu gehen und während dieser Trennung die Gegenwart derer zu bewahren, die man bald wiedersehen wird. Letzteres wäre ein symbolischer Einschnitt durch eine vorübergehende Entfernung, eine Art Anwesenheit derer, die in ihrer Abwesenheit mangeln.

M. M.: Nur in einem ganz bestimmten Augenblick wird das Kind an der Trennung nicht sterben. Das ist wichtig (insbesondere bei Autisten).

– Man stirbt nicht davon *(ein Jugendlicher).*

M. M.: Man stirbt nicht davon, nein. Und manchmal findet man es sogar unwahrscheinlich gut, die Alten hinter sich zu lassen, he? Wesentlich ist nur, daß die Familien diejenigen, die zu ihnen nach Hause geschickt werden, wieder loslassen können; und daß wir all die loslassen können, die uns irgendwann sagen: »Wir haben die Schnauze voll!«

G. S.: Gibt es für die »Praktikanten« nicht in etwa den gleichen Mechanismus von Abwesenheit und Anwesenheit?

M.-J. R.: Doch, in manchen Momenten mangelt es der Werkstatt an jeglichem Sinn; was man tut, ist absolut blödsinnig. Und das muß man ertragen können, um sich schließlich darüber klar zu werden, daß man einfach Lust hat, diese Werkstatt zu machen; da geht es überhaupt erst los und gewinnt möglicherweise für einen selbst einen Sinn. Die Hauptsache ist, daß man sich sagen kann: »Ich habe Lust, das zu machen«. Von dem Zeitpunkt an beginnt es zu leben.

G. S.: Wer kennt sich denn in der handwerklichen Arbeit wirklich aus, und wer könnte darüber sprechen?

M. M.: Der Spezialist als solcher wurde durch die Arbeit mit den Handwerkern gerade in Frage gestellt. Jedes Mal, wenn ein Kind von einem Aufenthalt in der Provinz zurückkommt, merkt man, daß es verändert ist. Im Zusammensein mit Leuten ohne Qualifikation ist etwas geschehen, eine lebendige Beziehung hat sich herstellen können, eine ganz andere Beziehung als die in den Institutionen, wo ein jeder durch das Kind, wenn nicht sogar *von* dem Kind lebt. Am liebsten bin ich dort, wo man »natürlich« spricht, sagte das Kind. In Hinsicht auf Lehre und Ausbildung ist die Situation eines Kindes, das zu einem Schreiner geht und dort eine schöpferische Erfahrung mit den Erwachsenen macht, gar nicht zu vergleichen mit der eines Kindes, das in der Berufsschule Tischlerunterricht bei einem Lehrer bekommt. Der zur Berufsausbildung bestimmte Schulort wird von dem Kind als toter Ort angesiedelt. Zum Handwerker gehen, das ist die große Entdeckung, hindurch durch die Unordnung, den Wunsch, ... einen Wunsch, der auch die Lust sein kann, wieder an das herkömmliche Studieren anzuknüpfen.

Z.: Bei ihrer Arbeit draußen haben die Kinder Zugang zu den Werkzeugen der Erwachsenen; sie hören die Diskussionen und sind selbst sozusagen mitten im Strom des Austauschs.

Y.: Gerade das geht eben nur bei Handwerkern.

X.: Es geht auch bei den Bauern.

Z.: Ja, aber in einer Fabrik mit Fließbandarbeit ist es nicht möglich.

M. M.: Das ist ganz klar, nicht umsonst fühlen die Kinder, daß sie sich mit ihrer Arbeit irgendwo am Rande befinden.

Bei einer Diskussion in der Stadt Bonneuil sagten einige Lehrer: »Es ist ein Fehler, daß die Kinder nicht auf die Fabrik hin orientiert werden; dort würden sie lernen, was der gewerkschaftliche Kampf sie angeht.«

Es stimmt, diese Frage beschäftigt uns zum gegenwärtigen Zeitpunkt, bei den Kindern, die wir hier haben, kaum. Der Kampf der Gewerkschaften wird für sie erst dann einen Sinn bekommen, wenn sie zuvor ihr eigenes gesprochenes Wort zurückgewonnen haben.

G. S.: Könnte man nicht sagen, daß durch all dieses mühevolle Sich-Voranarbeiten schließlich die Wahrheit aus Bonneuil hervorgeht?
M. M.: Eine Wahrheit.
G. S.: Ja, aber eine radikale.
M. M.: Vielleicht, aber für jeden eine andere.

5. *Die Kinder der gesprengten Institution*

Diskussion[23]

> Also schön, ja, ich bin verrückt! Aber dann, zum Donnerwetter, auf die Knie! Kniet nieder! Ich befehle, daß ihr alle vor mir niederkniet – so! Und berührt dreimal mit der Stirn den Boden! Herunter! Alle – vor den Verrückten macht man das so!
>
> Pirandello, *Heinrich der Vierte*[24]

Im folgenden liefern wir Auszüge aus Diskussionen, die jede Woche zwischen Kindern, Jugendlichen und Erwachsenen stattfinden. Diesen Versammlungen »zum Sagen« folgen andere »zum Tun«, allerdings nicht immer mit denselben Kindern. Die Anwesenheit ist freiwillig. Manche Kinder erscheinen nie, andere verlassen extra ihre Arbeit, um zu kommen. Regelmäßig finden sich nur fünf oder sechs von sechsundzwanzig Kindern dort ein; unter ihnen *Paul*, ein 17jähriger Jugendlicher, ein sogenannter Schizophrener, der die meiste Zeit in einem Restaurant verbringt; *Hyacinthe*, ein 13jähriger Jugendlicher, der eine Phase radikaler Schulverweigerung hinter sich hat und zur Zeit in die 5. Klasse geht; *J. M.*, ein ehemaliger Autist, der Bonneuil verlassen hat, um eine Dorfschule zu besuchen; *Arabelle*, eine als psychotisch etikettierte 15jährige Jugendliche, die sich in der Tat gegen alles auflehnt und sich überall wieder vor die Tür setzen ließ; die 17jährige *Henriette*, die ebenfalls als psychotisch etikettiert wurde und mit 16 Jahren eine Abtreibung machen ließ; sie lebt zur Zeit in einem Heim für junge Arbeiterinnen und ist Sekretärin; *Paterne*, ein Jugendlicher von 13 Jahren, der schon eine schlimme psychiatrische Vergangenheit hinter sich hat und jetzt in der 5. Klasse ist; und schließlich der 13jährige *Patrice*, ein Neuankömmling, der sehr früh psychiatrisiert wurde, er interessiert sich vorwiegend für Musik und ist verliebt in die Natur; von einem langen Aufenthalt in der

23 Mit den Kindern von Bonneuil und Noelle Filippi, Maud Mannoni, Hélène Marchadier, Dominique Misset, Michel Polo, Alain Vanier, sowie einigen vorübergehend anwesenden Erziehern und Ärzten.

24 In der Übersetzung von Georg Richert.

Aude kam er sehr verändert zurück und besucht gegenwärtig die 4. Klasse.

Paul (17 Jahre): Die Leute sind mir scheißegal, die können mich nicht zum Kippen bringen. Ich geb' dem Viertel kein Fressen mehr. Jetzt halten sie ihre Klappe.
Maud Mannoni: Welchem Viertel? Dem von Bonneuil oder deinem zu Hause?
Paul: In dem Viertel, wo ich meine Kindheit verbracht habe, können die sich gar nicht mehr davon erholen, mich so verändert zu sehen. Wenn ich mich ändere, finden sie das störend. Sie waren es gewohnt, ihren Blöden zu haben. Mit meiner Veränderung bringe ich sie durcheinander.
Michel Polo: Und wenn man für die Leute von Bonneuil[25] ein Rundschreiben machen würde, in dem man ihnen vorschlägt, vorbeizukommen und zu fragen, ob man irgendwelche Besorgungen für sie machen kann?
Paul: Ich bin dagegen; die Alten, die steckt man einfach ins Loch.
M. M.: Und die Alten sagen: Die Blöden, die steckt man einfach ins Loch?

. . . .

Paul: Morgens um 7 hat mich im Wald ein Mädchen angesprochen und gesagt: »Soll ich dir einen ablutschen?« Sie kotzte mich an. Das nächste Mal bringe ich sie um.
Bernard (15 Jahre): Die Nutten sind ekelhaft. Ich bin dagegen, man muß sie ausrotten.
M. M.: Ihr seid dagegen, aber warum muß man gleich daran denken, sie zu töten?
Paul: Ich habe aus mir einen Supermann gemacht, weil die anderen mich als Verrückten beschimpft haben. Vorher, bei meiner Arbeit, war der Fleischer der Verrückte. Und seit ich hier bin, bin ich es, den man auf diese Weise anmacht; der Fleischer ist jetzt krank.

. . . .

Paul: Mein Vater ist ein Arsch. Ich stand dann eines Tages da mit einer zerschnittenen Hand, nur weil ich den Kühlschrank der Eltern reparieren

[25] Es geht um die Einwohner des Viertels (M. M.).

wollte. Man hat mich gegen Tetanos gespritzt. Aber jetzt gilt die Losung, jedem das Seine. Ich habe verstanden. Mama sagte: »Hör auf, er ist zu blöd, dein Vater«. Mein Vater braucht eine Psychoanalyse, mein Bruder auch. Mein Vater will nicht mehr für Bonneuil zahlen. Der Verrückte in der ganzen Geschichte bin nicht ich, sondern er. Hätte er mich nicht verprügelt, als ich klein war, wäre das nicht passiert, meine Schwierigkeiten und das alles. Man hat mich verrückt gemacht.
J. M.: (7 Jahre): Verprügelt, eifersüchtig, dieser Arsch.
Paul: Ich bin ein freundlicher Mensch, aber es gibt auch Grenzen. Er will mich einsperren. Ich will nicht mehr nach Hause. Mein Vater hat mit 14 Abitur gemacht. Mit seinem Abitur hab' ich nichts zu schaffen.
J. M.: Hau ab, du Arsch, eifersüchtiger Kerl.
Paul: Den Rassisten schlage ich noch die Fresse ein. Die Chefs brauchen immer Fremde für ihre Dreckarbeit; und ich, ich mache auch die Dreckarbeit. Da soll mein Vater nur sein Maul halten, er ist ein Dreckskerl. Der Chef mag mich gern. Meinen Vater sollte man ins Loch stecken ... Ich habe von mir selbst genug. Ich habe doch schließlich auch das Recht zu leben, oder?
M. M.: Ja, aber warum denn immer dieses *entweder* man schneidet dem Vater den Hals ab *oder* man schneidet dem Sohn den Hals ab?
Paul: Mein Vater hatte keinen Vater; und deshalb kann er es nicht ertragen, einen Sohn zu haben.

. . . .

Hyacinthe (13 Jahre): Ich fände es gut, wenn Paul abhauen könnte.
Paul: Ganz recht, ich kann übrigens überhaupt nicht mehr schlafen. Ich werde dir schließlich doch noch Platz machen, Herr König. Könnte Rothschild nicht Geld für Bonneuil geben?
M. M.: Er hat 2500 Frs. gegeben.
Paul: Und die ORTF?
M. M.: Von dem, was die ORTF gegeben hat, haben wir die Ferien bezahlt.
Paul: Welche Qual, die ganze Nacht in einem Bus. Diese Sammelfahrten machen einen verrückt. Die Leute sind nicht mehr ganz richtig. Ich weiß nicht, ob ich es schaffe, meine Hose und meine Schuhe zu bezahlen. Dieses Wochenende war schön, weil ich nicht zu Hause war. Meinen Vater müßte man ins Asyl bringen.
M. M.: Weshalb muß man immer einen einsperren, um zu leben?

. . . .

Paul: Léon[26], hör auf zu knuffen. Sonst kommst du unter die kalte Dusche im psychiatrischen Krankenhaus. Solche Kinder müßte man ausrotten.

Didier[27]: Solche Kinder! Um Himmels willen! Was man sich alles anhören muß!

Hyacinthe: Das Leben ist hart.

Paul: Ich bin der einzige, dem es gut geht.

Henriette: Wir sind privilegiert; in Frankreich sind es nämlich sonst die Psychiater, die die Menschen mit Problemen behandeln. Hier hat man uns die Ärzte vom Hals geschafft.

Hyacinthe: Wäre ich nicht in der F 5[28] gewesen, hätte ich Paul gar nicht kennengelernt. Ich muß ihn loswerden.

Paul: Der Herr ist König. Ich überlasse ihm das Zimmer und haue ab.

Hyacinthe: Ich will alleine schlafen.

Paul: Dir geht's wohl nicht gut, was, du kleiner Idiot! Entweder schalte ich dich aus oder ich schlafe in der 61.[29]

M. M.: Du hältst Hyacinthe für gefährlich?

Paul: Nein, er ist ein armes Schwein. Aber als ich klein war, hat man mir dermaßen zugesetzt, daß ich jetzt endlich an mich selbst denken muß.

M. M.: Es ist nicht gerade ein Vergnügen, Kind in einer kinderreichen Familie zu sein. Man will immer einen loswerden.

Paul: Mein ganzes Unglück hat angefangen, als ich den Fernseher meines Vaters reparieren wollte. Das hat ihn verrückt gemacht.

Henriette: Wenn er verrückt wäre, wäre er kein Chirurg.

Paul: Sprich mir bloß nicht mehr von meinem Vater. Ich werde bald volljährig. Das werden wir begießen. Wir laden Sylvie Vartan ein, und das wird Bonneuil Geld einbringen.

. . . .

M. M.: Hyacinthe, du bist wirklich kein Spaß für Paul. Die ganze Zeit sagst du ihm: man wird dich umbringen.

26 Léon ist ein autistisches Kind im Alter von zehn Jahren.

27 Didier ist ein sogenanntes schwachsinniges Kind im Alter von acht Jahren.

28 Die F 5 ist eine Wohnung innerhalb einer Siedlung des sozialen Wohnungsbaus von Bonneuil, in der regelmäßig vier Kinder und zwei Erwachsene übernachten.

29 Die 61 ist ein Pavillion, der ebenfalls als Empfangsstätte für die Nacht bereitsteht.

Hyacinthe: Er sagt es selbst; ich gebe es ihm nur zurück.
M. M.: Und du Paul, du fährst also aufs Land, wie du es selbst verlangt hast, um etwas zur Besinnung zu kommen? Am besten rufst du dann an und sagst Bescheid, an welchem Tag du die Arbeit wieder aufnehmen willst. Wir schicken Régine ein Gutachten für die Arbeitsunterbrechung zu.
Paul: Einverstanden. Ich habe von allem die Schnauze voll. Ich würde gern in die 61 gehen.
Patrick (14 Jahre): Aber nicht jeden Tag, weil Michel schon dort ist. Mir wäre es angenehm, Paul abends zu sehen, aber nicht unbedingt, daß er in der 61 schläft. Man müßte sich an den verschiedenen Orten treffen können, ohne in einem anderen Bett zu schlafen.
Paul: Ja, sonst ist das wie ein Gefängnis, aus dem man nicht herauskommt.
Hyacinthe: Paul weckt mich immer auf. Er könnte mir doch meine Ruhe lassen und sich im Badezimmer anziehen.
M. M.: Es ist wichtig, einen festen Ort zum Schlafen zu haben, zu wissen, daß man nicht ausquartiert wird, und dennoch die Freiheit hat, seinen Abend anderswo zu verbringen. Wenn man dem Ort, der einen des Nachts empfängt, nicht mehr entkommt, wirkt das wie ein Gefängnis, sagt Paul. Es darf keine Ghettos geben.
Paul: Die Pflicht, abends in der Küche zu arbeiten, ist nicht gerade komisch. Man kann nicht mehr leben; immer hat man etwas zu tun und immer Vorschriften. Kartoffeln schälen, Karotten schälen, Zwiebeln schälen, ich hab' das satt. Noch sechs Monate muß geschält werden, ehe man etwas anderes machen kann.
M. M.: In den afrikanischen Ländern gibt es die Spielregel, daß man den Jugendlichen, ehe er zum Manne erklärt wird, im Wald aussetzt und ihn physischen Prüfungen unterzieht, die seine Haut zeichnen.
Paul: So 'ne Gemeinheit! Das ist ja widerlich, daß man leiden muß, um ein Mann zu werden. Die Erwachsenen sind wirklich nicht komisch.

. . . .

Arabelle (15 Jahre): Es gibt ein Lied über den Pimmel.
M. M.: Ein Lehrer wurde aus dem Gymnasium entlassen, weil er seinen Schülern das Pimmellied als praktische Übung angeboten hat.
Arabelle: Warum eigentlich nicht? Man singt doch auch die *Marseillaise.* Das ist genau dasselbe. Schließlich hat doch jeder einen.
M. M.: Es gibt die, die einen haben, und die, die keinen haben.

Arabelle: Und die, die keinen haben, müßten eben davon sprechen.
Sabine[30] *(13 Jahre):* Sabine schläft heute in Ronalds Bett.
Arabelle: In den Ferienkolonien schlafen Jungen und Mädchen immer zusammen. Ich habe selbst zugesehen, wie meine Freundin mit ihrem Freund schläft. Es waren genauso viel Mädchen da wie Jungen. Wenn ich die jungen Mädchen mit ihren langen Haaren sehe, kann ich gut verstehen, daß man sich in sie verliebt.

. . . .

Henriette (17 Jahre): Ich hätte Interesse, Mannoni, in das Jugendlager zu gehen. Es ist nicht besonders angebracht, wenn ich mich um Kinder kümmere, dabei stelle ich mich an wie ein Idiot.
M. M.: Es liegt ganz allein bei dir, dich nicht anzustellen, wie ein Idiot, wie du selbst sagst. Zwischen den Kindern und den Katzenkindern besteht ein seltsamer Zusammenhang. Es gab einmal eine kleine Katze, der du die Schnurrbarthaare abgeschnitten hast, und dann hast du deiner Mutter noch eine andere Katze mitgebracht. Wo hast du sie gefunden?
Henriette: Auf der Straße. Und den Korb habe ich von Mama gekriegt; sie wollte nämlich, daß ich die Katze anderswohin bringe. Ich hätte so gern ein treues Tier, einen Freund.
M. M.: Und wem hast du dieses treue Tier geklaut? Es war vielleicht zufälligerweise anderen Herrchen treu.
Henriette: Meine Mutter will nichts von der Katze wissen. Ich bringe sie zu einem Tierschutzverein.
M. M.: Das ist gar nicht so witzig. Diese Katze hatte nämlich ihre Herren.
Henriette: Ich habe sie auf der Straße gefunden. Sie lief. Ich möchte doch so gern ein treues Tier haben.
M. M.: Du wolltest auch so gern ein Baby haben.
Henriette: Warum sagst du das?
M. M.: Weil diese Geschichte mit der Katze genau nach der Geschichte mit dem Baby kommt.
Henriette: Wo soll ich Miezie denn in den Februarferien lassen? Kann ich sie dir anvertrauen, meine Miezie?
M. M.: Bei dir ist sie besser aufgehoben. Du hast ein Haus und einen Garten. Was ist eigentlich mit dir los in den letzten vierzehn Tagen?

30 Sabine, ein ehemals autistisches Mädchen von zwölf Jahren, schläft von Zeit zu Zeit in Bonneuil und möchte gern mit Ronald, einem Jungen ihres Alters, den sie zugleich liebt und verabscheut, in einem Bett schlafen (M. M.).

Henriette: Ich habe mich mit Mädchen geprügelt. Sie haben alles mögliche zu mir gesagt, und außerdem hat Ramone mich satt. Ich habe Lust, in ein Jugendlager zu gehen. Das ist besser, als den Eltern auf die Nerven zu fallen.
X.: Mit deiner Miezie kannst du da nicht hingehen.
Didier: Warum will Henriette denn in ein Lager?
Dominique Misset: Das ist gar nicht so einfach in diesem Lager. Die wollen nämlich eigentlich die Erwachsenen von Bonneuil bei sich empfangen. Die Kinder kommen dann nur mit. Sie suchen Mädchen, weil es eine Männergemeinschaft ist. Es ist gar nicht klar, ob es angebracht ist, Henriette dorthin zu schicken.
M. P.: Es wird sich schon noch ein anderer Ort finden lassen.
Didier: Ich will auch nach Nizza fahren.
Hyacinthe: Ich möchte ein Problem diskutieren ... Ich verstehe mich nicht mit dem Schlosser.[31]
M. M.: Wir haben erfahren, daß du zu ihm gegangen bist, um dort persönliche Gegenstände für dich herzustellen und sie mit nach Hause zu nehmen. Dabei hatte man geglaubt, du wolltest dich in den Dienst einer Produktion stellen. Nun ist es eine Arbeit unter Schutzherrschaft geworden ... Du kannst das Schloß nicht mit nach Hause nehmen.
Paterne (13 Jahre): Ah! Das ist ein Witzbold. Er geht zum Handwerker und dann, hopp!, schnallt er sich einfach die Tür auf den Rücken. Der Meister kann dann hinter Schloß und Schlüsseln hinterherlaufen. Das liegt alles bei Mama zu Hause ... Davon kriegst du natürlich auch Kopfschmerzen ... von solchen Blödheiten.
Hyacinthe (weinend): Ich wollte meinen Aschenbecher fertigmachen.
Paterne: Deinen Aschenbecher solltest du in einem Jugendhaus machen, aber nicht beim Schlosser.
Noelle Filippi: Im Jugendhaus kannst du Sachen herstellen, du lernst die Technik und kannst alles mit nach Hause nehmen. Wenn du aber lernst, Maurer zu werden, wirst du das Haus nicht auf dem Rücken mit nach Hause nehmen. Das ist nicht die gleiche Ausbildung.

. . . .

M. M.: Wer war gestern abend hier, um Paul zu empfangen?
Arabelle: Was hat er denn gehabt?
M. M.: Seine Großmutter ist gestorben. Er glaubt, er selbst sei es, der Krebs hat und im Sterben liegt, sein Puls höre auf zu schlagen.

31 Hyacinthe geht einmal in der Woche zu einem Schlosser (M. M.).

Arabelle: Wo ist er jetzt?
M. M.: Er wurde auf seine eigene Bitte hin ins Krankenhaus von Créteil mitgenommen. Dort kann er ein Zimmer ganz für sich allein haben. Er wird ein oder zwei Tage da bleiben.
Arabelle: Mir würde das Spaß machen, zwei Tage im Krankenhaus zu verbringen.
Didier: Heute Nachmittag hatte ich einen Wutanfall wegen einem Ehemaligen.
Hyacinthe: Gestern habe ich Aimée[32] in Lille abgeholt. Ich habe ihr ein Geschenk mitgebracht. Sie hat nicht ein Wort zu mir gesagt. Das hat mir einen Schlag versetzt. Sie ist stumm geblieben.
Ihr Vater hatte ihr Geld für Brötchen gegeben. Beim Bäcker gab es aber keine mehr. Da habe ich einen Flan gekauft. Doch wieder blieb sie wie eine Mumie, und ich stand da, mit dem Flan in der Hand.
M. M.: Du verlangst von ihr, daß sie Verlangen hat. Genau das geht eben nicht. Aimée kehrt dir einfach den Rücken; ihr tut es gut, nein zu sagen.
Hyacinthe: Es ist Aimées Vater, der will, daß sie Verlangen ausdrückt. Und da bin ich reingeraten.
M. M.: Weißt du, mit Aimée darf man nicht die Rolle ihrer Eltern spielen.
Patrick: Armand hat im Schwimmbad einen Anfall gekriegt. Das war wirklich kein Spaß. Der Bademeister kam und wies mich zurecht.
Didier: Na und, laß ihn doch reden.
Paterne: Hier herrscht ein Blödsinn, wie man ihn sich nur wünschen kann.
M. M.: Es ist uns noch nicht ganz klar geworden, wann du in Pension gehen willst, Sabine.
Sabine: In einem Jahr.
M. M.: Wenn deine Eltern in Pension gehen, könntest du doch hier bleiben und ganz hier wohnen.
Sabine: Nein. Ich gehöre den Eltern.
Paterne: Du bist kein Stück Möbel. Das muß man doch begreifen! Du bist schließlich nicht mit ihnen verheiratet.
Alain Vanier: Paul hat eine Stellung eingenommen, als wäre er erwürgt worden. Vor ein paar Tagen hätte er Yannick beinahe erwürgt, und heute morgen rief er nach einem Arzt.
M. M.: Sein »Anfall« hört bestimmt auf, sobald er sich allein in einem

32 Eine sogenannte schizophrene Jugendliche von fünfzehn Jahren.

Zimmer im Krankenhaus von Créteil befindet. Womöglich wird man ihn uns schon am nächsten Tag zurückbringen, und zwar ohne daß es nötig gewesen wäre, ihm Medikamente zu verpassen.[33]

A. V.: Tatsächlich, kaum waren wir weg, war alles wie durch ein Wunder wieder in Ordnung.

M. M.: Ein Bett im allgemeinen Krankenhaus ist verdammt viel besser als ein Bett in der Psychiatrie. Tania hatte nicht dieses Glück. Kaum war sie bei Doktor X. angekommen, hatte sie schon das Recht auf eine Insulinkur. Jetzt schickt man sie wieder weg, weil man sie für »gefährlich« hält. Aber als sie ankam, war sie nicht gefährlich. Man hat sie gefährlich gemacht, und jetzt ist sie in der Anstalt.

Ein Arzt (der besuchsweise anwesend ist): Sie hat 20 kg zugenommen; außerdem ist Insulin keine wirkliche Indikation für das, was gewöhnlich hysterische Psychose genannt wird. Sie war keine Melancholikerin.

A. V.: Während seiner Krise nahm Paul die Position der Toten ein. Einmal hat sein Vater ihm die verschiedenen Stellungen eines unter katatonischen Störungen leidenden Patienten erklärt. Gleich darauf bekam er einen Anfall, als wäre er vom Teufel besessen. Im Krankenhaus waren sie trotz allem stark beeindruckt. Man mußte sie beruhigen.

M. M.: Paul sagte, mein Hals tut weh, aber ihr wollt ja nichts davon wissen. Man brauchte sich gar nicht erst die Mühe zu machen, ihm zu sagen, daß sich das alles nur in seinem Kopf abspielte. In der Krise, in der er sich befand, bin ich in seinem Sinne darauf eingegangen. »Diesem Hals geht es so schlecht, man muß ihm Ruhe gönnen. Totale Ruhe.«

A. V.: Auf dem Weg zum Krankenhaus tat er so, als wolle er sich aus der Tür werfen; wegen dem Dämon in ihm.

Lucien[34] (13 Jahre): Man muß die Ärzte in Ruhe lassen. Sie verstehen überhaupt nichts davon, nicht wahr, Mannoni?

A. V.: Es müßte alles in ein ganz anderes Register übergehen.

M. M.: Freitag sagte Paul: »Ich werde meine Großmutter begraben, und dann gehe ich wieder zur Arbeit«.

33 Es kommt vor, daß ein »in einer Krise steckender« Jugendlicher den Schutz eines Krankenhauses fordert. Für solche Fälle haben wir die Möglichkeit, ihn in Créteil in einem Einzelzimmer unterzubringen. Diese Hospitalisierungen dauerten nie länger als 24 Stunden (M. M.).

34 Manchmal diskutieren die Erwachsenen auf diesen Versammlungen mit Kindern ein sie betreffendes Problem. Doch meistens bieten sich diese Versammlungen als Szene an, wo das Kind seinen Wahnsinn »spielen« kann, getragen von einem ganzen Chor, der von der Gruppe der anwesenden Erwachsenen und Kindern gebildet wird.

M. P.: Erst nach dem Beerdigungsessen wurde es Paul schlecht und er nahm eine katatonische Haltung ein. Es gab in der Tat ein reichliches Essen, und dann wurde allen eine Kinovorstellung angeboten.
A. V.: Als müßte die Trauer, die man gerade im Begriff war zu durchleben, ausgelöscht werden.
M. P.: Paul ist für nächsten Montag auf der Baustelle zum Arbeiten angemeldet.
Paul: Sie ist tot.
M. M.: Ja, sie ist tot.
Paul: Das hat mich durcheinandergebracht; man muß weiterleben.
Arabelle: Ich kannte mal ein kleines Mädchen; ihre Mutter starb an Krebs.
Paul: Sprich mir nicht mehr vom Tod.
Arabelle: Sie ist ein Waisenkind, dieses kleine Mädchen. Mit neun Jahren, das ist schlimm.
M. M.: Ist es nicht möglich, sich in Gratte[35] einzurichten?
Paul: Man begräbt sich. Auf die Dauer ist das nicht gerade komisch.
Ein Erzieher: In Gratte nimmt man diejenigen auf, die aus dem psychiatrischen Krankenhaus kommen.
M. M.: Paul hat recht, wenn er meint, in Gratte, das könnte eine Beerdigung werden. Alles weitere ist davon abhängig, was man von da an tut. Die Vorstellung, man müsse den Patienten *stützen*, ist nicht ganz richtig. Man muß sich zum *Träger* eines Wahns machen können.
Ein Arzt: Aber man muß ihn auch tragen können, man darf keine Angst haben. In erster Linie fehlt ihnen ein »psy« im Kreislauf, zu dem man sprechen kann. Sie fühlen sich von allem abgeschnitten.
Paul: Genau, man ist da, von allem abgeschnitten. Alle herrenlosen Katzen kommen nach Bonneuil. Bald wird man noch einen Tiger herbringen.
Arabelle: Die ausgesetzte Katze gehört jetzt mir. Ich habe sie zum Tierarzt gebracht. Ich habe ihr sauren Hering und Sardinen gegeben. Ich habe sogar eine Gastfamilie für sie gefunden, für diese Katze. Der Vater wollte nichts von ihr wissen. Als ich heute morgen ankam, habe ich gemerkt, daß die Katze die ganze Nacht draußen war. Sie hat sich eine Stirnhöhlenvereiterung geholt.
Paul: Der Mann war nicht ganz richtig. Besser, man heiratet überhaupt nicht.

[35] Gratte ist eine Gemeinschaft, in der sich einer der Jugendlichen eine Zeitlang aufgehalten hat.

Arabelle: Die Frau hat gesagt: »Diese Katze kann die Tollwut haben!« Und ich habe ihr geantwortet: »Dann lasse ich sie eben in der Tierarztschule gegen die Tollwut impfen.« Dann habe ich die Katze mit hierher gebracht. Sie findet diese neue Umgebung toll. Zuerst hat sie sich auf den sauren Hering gestürzt und dann auf die Scheiße. Das ist ihr normaler Instinkt. Dauernd macht sie kleine Fürze. Je mehr ich sie herumschleppe, um so mehr läuft es. Die Leute haben mir gegenüber häßliche Bemerkungen gemacht. Sie sagten: »Was ist denn das für eine Katze, die so stinkt und die nicht so ist wie wir?«

. . . .

Patrice (13 Jahre): Meine Mutter hat ganze Vormittage damit zugebracht, ein medizinisch-pädagogisches Zentrum zu finden, das bereit wäre, mich aufzunehmen; nichts war das Richtige; und dann hat man ihr Bonneuil empfohlen. Im Krankenhaus bin ich wütend geworden und habe eine Flucht gemacht. Sie hatten Angst, nach meiner Ankunft in Bonneuil würde ich aufs neue verschwinden. Ich kriege zu viele Beruhigungsmittel.
Paul: Sie ist schlecht gemacht, diese Gesellschaft . . .
Henriette: Was schlecht gemacht ist, ist die Religion; man bräuchte eine für die Alten und eine andere für die Jungen.
Patrice: Die Gesellschaft muß verändert werden.
Paul: Wie benutzt man eigentlich ein Scheckbuch?
(Léon versetzt Patrice eine Ohrfeige.)
Hélène Marchadier: Jedes Mal, wenn ein Neuer da ist, fällt er über ihn her.
Patrice: Er will eben, daß man sich für ihn interessiert. Man muß endlich damit anfangen, die Gesellschaft zu verändern.
Paterne: Sie wird immer schlecht sein.
Paul: Ein jeder bleibt in seiner Ecke. Man müßte die Banken verstaatlichen.
Patrice: Mit all den Medikamenten habe ich das Zeitgefühl verloren. Im Krankenhaus Bretonneau hatte ich eine Depression – daraufhin hat man mich in die Salpêtrière gebracht. Dort war es noch schlimmer.
Paterne: Ich war sogar sechs Monate in Esquirol.
Paul: Ich habe Geld auf die Bank gebracht.
Patrice[36]*:* Ich bekomme so viel Medikamente, daß ich nicht mehr klar

36 Patrice war zu dieser Zeit noch nicht aus dem Krankenhaus entlassen und nur für einen »Empfangstag« in Bonneuil anwesend (M. M.).

sehe. Ich möchte aus dem Krankenhaus heraus. Sie sind alle bekloppt, die Psychiater. Ich werde mich bemühen, ihnen nicht zu zeigen, daß ich sie bekloppt finde. Auf die Weise komme ich vielleicht schneller heraus.
Paul: Du mußt nur auf normal machen! Die sind alle hinterhältig.
Patrice: Und das soll mein Arzt sein! Ich war blöd genug, ihnen Angst zu machen. Die Ärzte halten mich für gefährlich. Ich habe auch alles dafür getan. Das ist nicht gerade geschickt.
Paul: Wann werden wir die Gesellschaft verändern? Clochard, das ist kein Zukunftsberuf; und ins Gefängnis wandern, das lohnt nicht die Bohne.

. . . .

M. M.: Es bringt dir nichts, wenn du wieder zu deiner Familie gehst. Jedes Mal, wenn du dort bist, kommst du in eine Krise und machst alle Welt verrückt.
Paul: Das stimmt.
M. M.: Bei dir zu Hause hat sich eine verrückte Geschichte abgespielt. Du hast beim Frühstück mit deiner Mutter darüber diskutiert, daß dir die Wohnung deiner Großmutter zur Verfügung gestellt werden könnte. Du sagst: »Aber dann muß ich die Elektrizität bezahlen, das Gas bezahlen.« Deine Mutter antwortet: »Mach dir nichts draus, arbeite erst einmal. Man wird dir schon nicht die Hände abschneiden, ehe du im Leben anfängst.« Dein Vater entgegnet: »Also mir hat man sie sehr wohl abgeschnitten . . .« Daraufhin hast du sofort den Toten gespielt und dich wie ein Klumpen auf die Erde fallen lassen. Als wäre das Erwachsenwerden das gleiche wie tot sein.
Paul: Es stimmt, mein Vater ist eifersüchtig auf mich, und das ist schwer zu ertragen.
M. M.: Deine Mutter hat dir erlaubt, auf ihrem Pferd zu reiten, während sie es ihrem Mann verbietet. Für ihn ist das auch nicht einfach.
Paul: Er hatte keinen Vater, man muß ihn verstehen. Er erträgt es nicht, Söhne zu haben. Komisch an der ganzen Sache ist, daß immer ich es bin, den er am Leben hindert. Ich muß unbedingt krank bleiben, dann geht es ihm gut.

II. Ein Stück des Wegs in Bonneuil

6. Die Schulzeit

Diskussionen zwischen den Kindern von Bonneuil, Michel Canavaggio, Hélène Marchadier, Dominique Misset, Michel Polo und Alain Vanier.

I.

Unter der »*Schulzeit*« ist in erster Linie die Zeit zu verstehen, die die Erwachsenen freihalten, um mit den Kindern über die bestehende Organisation (in Bonneuil und außerhalb von Bonneuil) zu sprechen. Die Arbeit darf dabei nie vom Leben getrennt werden, und der Verlauf der Diskussionen wird oft von den Kindern selbst bestimmt.

Michel Canavaggio: Ich habe zwei Sachen vorgeschlagen. Zum einen, daß man die Texte, die die Kinder irgendwohin geschrieben haben, setzt; sie könnten mit kleinen Buchstaben gedruckt werden. Zum anderen eine Tätigkeit mit Holzbuchstaben, bei der auch die Jüngsten mitmachen könnten. Die kleinen Buchstaben sind nämlich gar nicht so leicht zu handhaben, und es wäre dumm, wenn wir es an ihrer Stelle täten. Mit den großen dagegen ist es einfacher ...

Paul: Ja, ja, er hat schon vollständig recht, die großen müssen her. Weil die kleinen – da kann ich mich genau erinnern, als ich bei den Guérins war und drucken wollte, also da hatte ich Schwierigkeiten, die Buchstaben überhaupt zu sehen. Ich erinnere mich – (*zu M. oder J.*) hörst du wohl auf, mir an den Füßen rumzumachen, du bist ja wie besessen von meinen Füßen – ich erinnere mich, daß man für einen Text sechs Tage brauchte. Darum sind große besser; ich sehe jedenfalls mehr, wenn sie groß sind.

M. C.: Die Holzbuchstaben müssen genauso gereinigt werden, wie die Bleibuchstaben. Das heißt, man muß sie jedes Mal sauber machen, und die Zeit, die man dafür braucht, muß in der Druckwerkstatt mit einkalkuliert sein, so daß der, der nach einem kommt, saubere Buchstaben und eine saubere Maschine vorfindet.

Paul: Die Buchstaben müssen mit weißem Spiritus gereinigt und dann abgetrocknet werden, das ist sehr wichtig. Das dauert eine Stunde, zwei Stunden, ja manchmal sogar sechs Stunden.

M. C.: Was die Reihenfolge der Texte angeht ... wollte ich noch fragen,

ob wir da weitermachen, wo wir letztes Jahr aufgehört haben, oder ob wir etwas anderes nehmen. Außerdem müßte man die Texte in eine Reihenfolge bringen, an die man immer wieder anknüpfen kann. Wenn ein Text gesetzt ist und nicht mehr abgezogen werden kann, stellt man die Form mit dem Text einfach hin und legt einen Zettel dazu, daß er noch gedruckt werden muß.
Alain Vanier: Genau dazu dient das Koordinationsheft, in dem alles eingetragen wird, was getan worden ist und was noch zu tun bleibt; so daß die, die nach einem kommen, weitermachen können. Von besonderer Bedeutung ist noch, daß die Druckerei dieses Jahr auf eine neue Art ablaufen soll; und zwar sollen alle Werkstätten jeweils mit einer Diskussion anfangen, die auf Tonband aufgenommen wird, und in der man alles sagen kann, was man sagen möchte . . .
Paul: Dann kann man auch sagen, daß die Druckerei dieses Jahr nicht mehr dasselbe ist wie vorher. Die Dinge haben sich geändert; es sind nicht mehr die Guérins, sondern jetzt ist Polo da.
Michel Polo: Ich möchte über etwas sprechen, was irgendwie in Ordnung gebracht werden müßte. Ich meine das Verhältnis zu den Nachbarn. Also, vielleicht wäre es möglich, in der Druckerei einen Text abzuziehen, in dem steht, daß die Nachbarn uns nun einige Zeit ertragen haben, daß man ihnen deshalb behilflich sein möchte und jeden Tag zu einer bestimmten Zeit vorbeikommt, um für sie einzukaufen oder etwas ähnliches, Keller saubermachen . . .
Paul: Das ist man ihnen echt schuldig, den Nachbarn. Wir haben sie vier Jahre lang ertragen, und fast hätten sie die Bullen geholt und uns rausschmeißen lassen.
A. V.: Sie haben uns auch ertragen . . .
Paul: Ja, zum Glück haben sie die Bullen nicht geholt; dann wäre die Schule nämlich geschlossen worden. Als ich noch klein war, in Bonneuil, bin ich den Nachbarn auf die Nerven gegangen; ich habe irgend etwas geworfen und damit eine Fensterscheibe beim Nachbarn kaputtgemacht. Das werde ich mein ganzes Leben nicht vergessen. Es ist besser, Freunde zu haben, als Feinde.
Hyacinthe: Da bin ich ganz deiner Meinung.
Paul: Wenn die Nachbarn uns nicht ertragen können, na ja, dann wird die Kiste eben zugemacht. Aber daß die Nachbarn möglicherweise nicht zufrieden wären, ist nicht einmal so wichtig; wichtig ist, daß Mannoni nicht zufrieden wäre. Denn die Regierung ist nicht gerade begeistert von dieser Schule; sie könnte sie mit allem drum und dran zur Geschlossenen

machen, sie könnte uns einsperren, und sogar euch könnte sie einsperren, einfach behaupten, ihr wäret verrückt. Aber es ist genau umgekehrt, sie sind verrückt. Sie versuchen gar nicht, zu verstehen. Wenn sie es nicht schaffen, sich durchzusetzen, rufen sie die Bullen. Und dann bist du der Verrückte. Mit den Bullen sollte man gar nicht erst versuchen, etwas zu verstehen. Man steht sich besser, wenn man keine Schwierigkeiten mit der Regierung hat. Und deshalb muß man diese Deppen eben in Ruhe lassen und ihnen ihre Besorgungen machen ... Wenn ich einen Bullen von einem Bullenwagen zusammenschlage, sind gleich zehn Bullenwagen da. Das ist ganz normal, mit denen darf man nie diskutieren, sie diskutieren nämlich nicht.

Dominique Misset: Die Druckwerkstatt kann auch bedeuten, daß man hierher kommt und Texte schreibt. Das kann man hier genausogut machen wie in der Bibliothek. Einen Tisch gibt es schon, und vielleicht kann man noch einen größeren dazustellen. Die Druckerei kann also die verschiedensten Dinge an einem Morgen bedeuten.

A. V.: Es gibt auch Gelegenheit für Schularbeiten, für die, die Lust dazu haben ...

Didier: Wann werden meine Texte denn gedruckt?

A. V.: Nun ja, wenn du einen geschrieben hast, Didier.

Hyacinthe: Was wird in der Druckerei eigentlich genau gemacht?

A. V.: Die Hauptsache dort ist der Versuch, eine Zeitung herzustellen. Im letzten Jahr wurde eine einzige für das ganze Jahr produziert. Aber jetzt werden wir jedes Trimester eine machen. Weißt du, es ist eine Zeitung, in der alle Texte stehen sollen, die ihr bis dahin geschrieben habt.

M. C.: Die Texte, die Zeichnungen, die Titelblätter, alles soll selbst gemacht werden.

D. M.: Geschichten, Gedichte ...

A. V.: Und dann verkauft man diese Zeitung an Leute, die sie kaufen wollen, die sich dafür interessieren ...

Paul: Also, da muß man aber aufpassen, weil der Verkauf verboten ist. Man muß es so diskret wie möglich machen, sonst kann man Ärger kriegen. Ich kenne welche, die einfach Zeitungen verkauft haben. Das war verboten, und sie haben sich von den Bullen kassieren lassen. Man muß vorsichtig sein.

D. M.: Verboten ist der öffentliche Straßenverkauf. Wenn du aber zu deinen Freunden gehst und sagst, seht mal, ich habe eine Zeitung geschrieben, wollt ihr sie nicht kaufen? Das kann dir niemand verbieten.

A. V.: Sie kann verkauft werden, aber sie soll auch ein Mittel sein, den

Kontakt zu all den Leuten und den Handwerkern aufrechtzuerhalten, mit denen wir zusammengearbeitet haben, wie etwa letzten Sommer in Landes; man kann ihnen dann ein Exemplar zuschicken.

D. M.: In die Schweiz, in die Bretagne.

A. V.: Und die Aude.

Paul: Und sogar nach Bordeaux und Talence; Talence ist besonders wichtig.

A. V.: Das bedeutet, wir werden eine viel größere Auflage drucken, als voriges Jahr. So um die 150 Exemplare.

D. M.: Ist deine Frage damit beantwortet, Hyacinthe?

Hyacinthe: Na ja, so ungefähr.

D. M.: Du mußt mal kommen und dir ansehen, wie das abläuft.

M. C.: Dann wirst du sehen, wie man einen Text setzt. Es kann dein Text sein oder der von jemand anderem, das kommt auf den Tag an. Du kannst ihn selbst setzen, die Farbe auftragen und ihn in 150 Exemplaren abziehen.

Hyacinthe: Hundertfünfzig!

D. M.: Um das wichtigste noch einmal zusammenzufassen: Es wird jeden Mittwoch morgen um viertel vor zwölf eine Versammlung geben, damit man über das Funktionieren der Druckerei sprechen kann. Damit man weiß, ob es gut läuft oder nicht, wozu man überhaupt Lust hat und wem man die Nummern schicken möchte.

Lucien: Aber das ist mir doch völlig egal!

D. M.: Wenn es dir egal ist, solltest du kommen und auch das sagen.

II.

Alain Vanier: Heute morgen gab es Schwierigkeiten, mit der Druckerarbeit weiterzumachen; als wir dann alle miteinander diskutiert haben, kam die Idee auf, in der Druckerei einen Ort für die Schularbeiten der Jugendlichen einzurichten, an dem man gemeinsam arbeiten könnte. Die Zeitung sollte nicht aufgegeben werden, aber sie würde nachmittags gemacht und nur dann erscheinen, wenn man wirklich etwas zu sagen hätte . . . Auf diese Weise wäre man weniger isoliert.

Patrick: Ja, man müßte Bücher herbringen.

A. V.: Ja, es müßten Bücher für die verschiedenen Stufen da sein, die 3. Klasse, die 4. Klasse etc., und auch für den Volksschulabschluß.

Hélène Marchadier: Für den Volksschulabschluß gibt es keine Bücher, sondern nur ein Programm, und im Zusammenhang mit diesem Programm muß man Bücher finden (...).

Hyacinthe (weinend): Ich verstehe das nicht. Ich bin heute morgen hergekommen, weil ich drucken wollte, und nicht wegen der Schularbeiten. Heute ist nicht mein Schultag. Wenn ich mich nicht im voraus auf etwas einstellen kann, wird mir das große Schwierigkeiten machen.

A. V.: Was macht dir große Schwierigkeiten?

Hyacinthe: Ich weiß nicht, wie ich dieses Problem lösen soll; das Problem, daß ich dann morgens Schularbeiten machen muß. Ich meine, wenn das hier zu einer Schule wird, erinnert es mich vielleicht an das Gymnasium, wo ich früher war. Das ist es.

H. M.: Da mußt du, glaube ich, das Deine dazu tun, damit das hier nicht so ähnlich wird wie ein Gymnasium. Hier wollen wir doch versuchen, es möglich zu machen, daß ein Kind dem anderen hilft. Das heißt, du könntest einem Kind helfen, das noch nicht so weit ist wie du.

Hyacinthe: Ja, einverstanden.

H. M.: ... auf allen Ebenen. Mit anderen Worten, es soll dem anderen helfen, und es soll dir helfen, aus deinen kleinen Geschichten herauszukommen. Das heißt aber nicht, daß man deine ganze Schularbeit durcheinanderbringt.

Lucien: Das natürlich nicht!

Arabelle: Das ist ja kein Kolleg für technischen Unterricht hier! Du kannst Lehrer und Schüler zugleich sein.

Paul: Die Lehrer sind allesamt Dummköpfe!

III.

H. M.: Also mich hat das heute morgen sehr berührt, als ich Patrice unten traf, wie er zum Arbeiten in sein Zimmer ging.

Lucien: Ja, das war in der 61.

H. M.: ... als würde sich hier jeden Morgen die Frage nach dem Sinn der gemeinsamen Arbeit stellen.

Patrice: Es ist nun mal so, daß die gemeinsame Arbeit mich enttäuscht hat. Freitag morgen beispielsweise hat man mich gezwungen, nach oben zu gehen, um Geschichte zu machen; und dann fing man an zu reden, und schließlich wurden Karten gespielt. Also ich, ich ziehe es vor, allein zu arbeiten.

H. M.: Willst du sagen, daß du zum Arbeiten hier bist?

Patrice: Nun, ja. Ich rechne damit, bis zum Ende meiner Schulzeit hier zu bleiben, weil es in einem anderen Gymnasium nicht gut gehen würde. Ich war viel zu oft abwesend.
Arabelle: Oft abwesend? Abwesend da drinnen (sie zeigt auf ihren Kopf) oder abwesend . . .
Patrice: Physisch abwesend.
Arabelle: Ach so!
Patrice: Ich finde, statt morgens zu diskutieren oder Karten zu spielen, müßte man Mathe oder zum Beispiel Französisch machen, mit einem Buch arbeiten.
H. M.: Und was wir gestern gemacht haben, wie fandest du das?
Patrice: Gestern morgen, das war prima, das war wirklich eine gemeinsame Arbeit; sonst dagegen arbeitete jeder für sich, manche machten Französisch und so. Mir wäre es lieber, wenn alle den gleichen Stoff zur gleichen Zeit machten.
Hyacinthe: Ja, aber haben denn alle Lust, den gleichen Stoff zur gleichen Zeit zu machen?
Prosper: Gestern morgen, das war toll. Während ihr über das alles geredet habt, machte ich meine Redaktion, aber das war sehr gut.
H. M.: Man müßte sich alle Lösungen offen halten können.
A. V.: Ging es denn heute morgen gut mit der Mathematik?
Patrice: Na ja, ich hatte einige Verständnisschwierigkeiten.
Arabelle: Wer einmal Launen hat, kann sein ganzes Leben so bleiben. Ich kenne jedenfalls ein Mädchen, das mal oben und mal unten ist, aber nie in der Mitte. Mit mir ist das genauso, ich schaffe es nicht, in der Mitte zu bleiben; das Barometer stimmt nicht mehr. Ich kann nichts dafür, das ist eben so. So etwas gibt es . . .
Patrice: Hat es schon »Uni-Spezis«[37] gegeben, die ein Examen oder ein Diplom bestanden haben?
A. V.: Die »Uni-Spezis« gibt es erst seit zwei oder drei Monaten. Seitdem war noch kein Prüfungstermin.
Patrice: Und seit der Entstehung von Bonneuil?
Michel Polo: Es gibt einen Jungen, der jetzt in der Abschlußklasse C ist und bald Abitur machen wird.
Patrice: Hat er die Mittlere Reife hier gemacht?
Dominique Misset: Ja. Außerdem ist da noch Caroline, die die 7. und die 8. Klasse hinter sich hat.

[37] Als »Uni-Spezis« bezeichnete ein Jugendlicher die Gruppe, die das Gymnasium besucht.

Arabelle: Auf jeden Fall, ich kriege den Berufsschulabschluß sowieso nie, wegen meinem Stil in Französisch und wegen Mathematik ... Mathe wird immer schwieriger ... zur Zeit meiner Großmutter war das noch erträglich.
Patrice: Dabei lernt man Nachdenken. Auf diese Weise denkt man im Leben nach.
Arabelle: Ja, aber ich für meinen Teil will gar keine Intellektuelle sein!
Henriette: Hättest du denn Interesse, eine Halbtagsstelle unter einem Chef anzunehmen?
Arabelle: Na ja, es kommt drauf an, was man dort machen müßte.
Henriette: Halbtagssekretärin.
Arabelle: Ja, aber von wann bis wann, und an welchen Tagen?
Henriette: Das kann man im voraus nicht sagen ... Jeden Morgen zum Beispiel.
Arabelle: Ja, aber dienstags gehe ich immer ins Schwimmbad, und freitags auch. Und ein Chef wird nicht sagen: »Wenn Sie ins Schwimmbad gehen möchten, lassen Sie die Arbeit ruhig liegen, gehen Sie nur ins Schwimmbad!« Er bezahlt einen nicht für nichts und wieder nichts.
Prosper: Du beteiligst dich nicht an den Schularbeiten?
Arabelle: Nein, ich mache keine Schularbeiten. Ich habe keine Lust, Schularbeiten zu machen; das hängt mir zum Hals raus.
Patrice: Und deine Zukunft?
Arabelle: Na ja, meine Zukunft ... ich lerne schon Schreibmaschine schreiben, das ersetzt die Schularbeiten und ist weniger langweilig. Schreibmaschine schreiben macht mir mehr Spaß; wenn ich nämlich Schularbeiten mache, will mir das erstens nie gelingen und ich verliere die Nerven, und zweitens sagt mir das überhaupt nichts. Folglich ist beides ein Problem ... Entweder versuche ich es, und es interessiert mich nicht, oder aber es interessiert mich, und ich habe keine Lust, es zu versuchen. Da steht man also zwischen zwei Schranken ... Der Ball kommt immer wieder zurück.
Patrice: Es ist eher der Knüppel.
Arabelle: Wie du meinst, dann ist es eben der Knüppel zwischen den Rädern ... Das heißt, entweder ist die Arbeit interessant und sie interessiert mich nicht, oder die Arbeit ist nicht interessant und ich möchte sie machen, weil ... einfach so ... Wenn es an der Zeit ist, Schularbeiten zu machen, habe ich keine Lust dazu, und wenn es nicht an der Zeit ist, habe ich plötzlich Lust.

7. Mathe-Unterricht – Man ist schließlich nicht zum Spaß da!

Von Bruno Mannoni

> Solange ich spielen kann, so lange kann ich spielen, und alles ist in Ordnung.
>
> Ludwig Wittgenstein, *Philosophische Bemerkungen*[38]

Da das Thema Schule in Bonneuil zum Problem geworden war (und die Antwort darauf lautete: »Man muß etwas tun«), habe ich angeboten, das Gebiet, das ich zu kennen glaube, wieder aufzunehmen: die Mathematik.

Zwei Jahre zuvor hatte ich unter einem ganz anderen Blickwinkel schon einmal mit zwei Jugendlichen aus Bonneuil gearbeitet, mit Paul und Jacques. Paul ist immer noch in Bonneuil; und Jacques besucht die Abschlußklasse C eines Pariser Gymnasiums.

Jacques, der in der Abschlußklasse ist, hat seine Sache mit Erfolg geschafft (er will das Polytechnikum machen und dann Präsident der Republik werden – zum großen Ärger aller Franzosen[39]). Damals arbeitete ich ausschließlich darauf hin, daß die Kinder bessere Noten bekamen. Und das schien mir recht einfach; es genügte nämlich schon, den mathematischen Terrorismus aufzudecken. Bei den Abschlußprüfungen in der Berufsschule hatte ich unerwartete Erfolge durch ganz einfache Automatismen, die ich den Kindern beibrachte, wie etwa: »Die Antworten auf eine Frage stecken immer in den nachfolgenden Fragen« oder: »Der Korrektor hat nicht die Zeit, alles zu lesen; lenkt seinen Blick durch rotes Unterstreichen auf das Ergebnis«.[40] Hinzu kamen noch ein paar technische Fertigkeiten. Ich habe dazu beigetragen, das, was Stella Baruk[41] als »Automathe« bezeichnet, noch etwas zu bereichern. Aber auf jeden Fall bekamen sie gute Noten.

Bei Paul allerdings war ich völlig hilflos. Er konnte mit vierzehn Jahren kaum richtig multiplizieren. Die einzige Rechenoperation, die ich ihm in einem ganzen Jahr beibringen konnte, war die Berechnung der 12 % Trinkgeld; und die entsprach einem Verlangen seinerseits, er war näm-

[38] Ludwig Wittgenstein, *Philosophische Bemerkungen,* Frankfurt 1964, S. 319.

[39] Wenn er alle Prüfungen bis hin zum Polytechnikum schafft, hat er auch unbedingt ein Recht darauf!

[40] Es ist erstaunlich, wie sehr die Präsentation die Noten beeinflußt.

[41] Stella Baruk, *Échec et Maths,* Paris 1973.

lich Ober in einem Restaurant. Mit ihm funktionierte meine Praxis überhaupt nicht.

Glücklicherweise habe ich meine pädagogischen Vorstellungen inzwischen revidiert.[42] Zur gleichen Zeit zeigte sich an der Orientierung meiner eigenen Studien (in mathematischer Logik), daß ich auf der Suche war nach einer Antwort auf eine bestimmte Frage an die Mathematik. Aber wozu konnte mir dieses Wissen in Bonneuil schon dienen?

Ich habe nachgeforscht, was die anderen taten (Lehrbeauftragte im medizinisch-pädagogischen Bereich, in medizinisch-psychologischen Zentren und Sonderpädagogen). Bei ihnen allen fand ich nur eine einzige Referenz: Piaget.[43]

Ich möchte noch einiges in Kurzfassung hinzufügen.

a) Mein Wissen hat mich trotz allem gestärkt. Wenn ich mich auch immer noch unfähig fühle, einem Kind das Lesen beizubringen, versuche ich doch wenigstens, ihm das Rechnen beizubringen.

b) Im Gegensatz zu den anderen Praktikanten, die sich in Bonneuil um Schularbeiten kümmerten, habe ich die Schule an sich nie in Frage gestellt. Ich nehme an, das kommt von meiner eigenen glücklichen Schulzeit und von der Tatsache, daß ich die Mathematik als Spiel betrachte. Die Argumente für eine Infragestellung der Schule bewegten sich auf zwei Ebenen.

1. »Wozu soll ihnen das dienen? Man kann sehr gut leben, ohne lesen zu können.«

2. »Ich habe mich in der Schule dermaßen gelangweilt, daß ich es ihnen nicht zumuten möchte, dasselbe zu erleben.«

Nebenbei gesagt hat die gleiche Person, von der die erste Aussage stammt, auch noch gesagt:

3. »Ich verstehe nicht, daß in der Bibliothek gespielt wird und man sich mit den Kindern amüsiert. Das ist keine Schularbeit; Schularbeit ist eine ernsthafte Angelegenheit.«

Manchmal teilen die Kinder diese Ansicht. Als ich Didier, den ich etwa zehnmal gesehen hatte, ein Spiel vorschlug, antwortete er mir: »Das ist doch kein Rechnen. Ich bin jedenfalls zum Arbeiten hier.«

Ich glaube, das berührt einen grundsätzlichen Punkt. Nämlich das »Man ist schließlich nicht zum Spaß da«. Ich selbst habe immer gedacht, man wäre gerade deshalb da, um sich zu amüsieren. Ich habe übrigens Beur-

42 Obwohl sie beide, Eltern und Schüler, durchaus befriedigten.

43 Zur Kritik an Piaget vgl. Freudenthal, *Mathematics as an Educational Task*, Dordrecht 1973.

teilungen wie: »Ein guter Schüler. Arbeitet manchmal aus Liebhaberei« oder »Arbeitet nicht, amüsiert sich« bis zu meinem Eintritt ins Polytechnikum immer gesammelt.

Und wenn man sich tatsächlich amüsierte?

Wo bleibt denn die Vernunft! Spaß beiseite! Es ist erlaubt, eine blödsinnige Arbeit zu machen, oder mit etwas Glück sogar eine Arbeit, die einem gefällt. Man darf originelle Arbeit tun, stumpfe Arbeit, Forschungsarbeit oder zukunftweisende Arbeit. Man darf bei seiner Arbeit sublimieren, man darf arbeiten, um aus seinem Elend herauszukommen, man darf sich bei der Arbeit langweilen. Aber aufgepaßt: daß man bloß nicht arbeitet, während man seinen Spaß hat, daß man bloß keinen Spaß hat, während man arbeitet! Das ist verboten. Im übrigen ist allgemein bekannt, daß diejenigen Leute, deren Arbeit darin besteht, anderen Spaß zu machen, traurige Menschen sind. Die Professionellen sind ernst. Der Amateur ist ein Spaßvogel.

Man ist schließlich nicht zum Spaß da.

Für die Unterhaltung gibt es Orte, die eigens dafür gemacht sind.

c) Ich habe nie herausbekommen, ob gewisse Fortschritte der Kinder meiner Arbeit zu verdanken waren. Seit ich in *»Der Fall Dominique«* wieder gelesen habe, wie Françoise Dolto[44] den Jungen, der sich über seine schlechten Leistungen im Rechnen beklagt, fragt, ob er denn wisse, was es heißt, »für jemanden zu zählen«, und der Junge daraufhin plötzlich keinerlei Schwierigkeiten mehr im Rechnen hat, wage ich keine Vermutung mehr.

Der Größte ist zugleich der Kleinste

Im September hatte ich beschlossen, über Ordnungsrelationen zu arbeiten. Zu diesem Zwecke hatte ich mir eine bestimmte Anzahl von Übungen hier und dort zusammengesucht. Es folgt ein kurzer Überblick:[45]

1. Variationen mit Russischen Puppen.
2. Reihenbildung mit Stäben.
3. Leitern: »Zeig mir, welche Leiter die meisten Sprossen hat.«

[44] Françoise Dolto, *Der Fall Dominique,* Frankfurt 1973.

[45] Das Material stammt vorwiegend aus den Büchern von Francine Jaulin-Mannoni, *La Rééducation du raisonnement mathématique,* ESF 1965; *Les Quatre Opérations, base des mathématiques,* ESF 1965; *Rééducation pratique du calcul,* ESF 1966; *Entraînement pré-mathématique progressif,* ESF 1970 und *Pédagogie des structures logiques élémentaires,* ESF 1973.

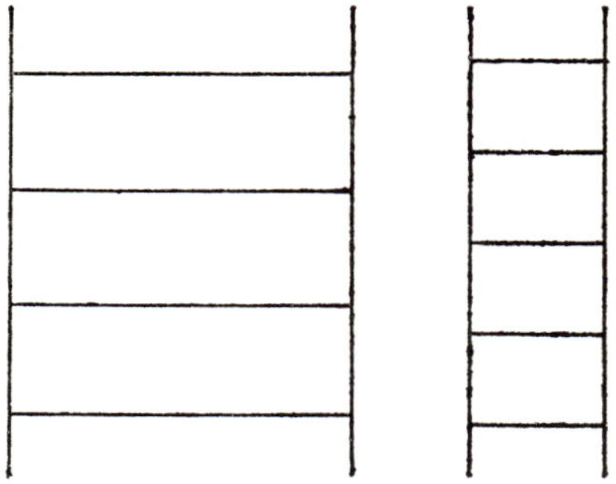

4. Man zeichnet drei Hasen und zwei Enten; dann fragt man das Kind:
– Wieviel Hasen sind es?
– Wieviel Enten?
– Wieviel Tiere?
Antwortet es fünf, fragt man:
– Fünf was?
5. Teile einen Haufen Spielmarken in zwei gleiche Haufen.
6. Zwei Haufen Spielmarken sind vorgegeben, wo sind die meisten?
7. Man verfährt genau wie mit den Leitern, verwendet aber große und kleine Spielmarken.

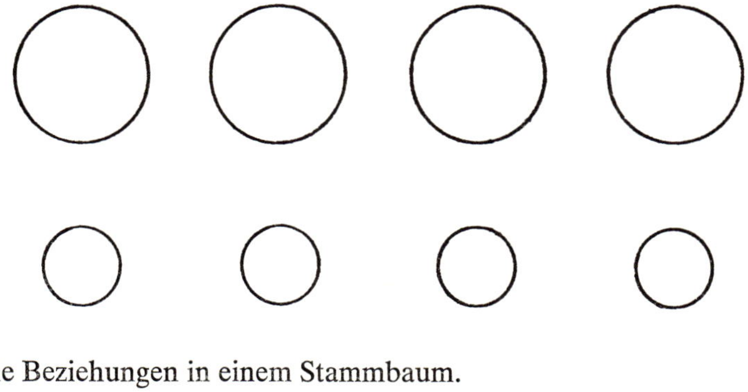

8. Die Beziehungen in einem Stammbaum.
9. Man zeichnet sechs Hasen und vier Enten. Das Kind soll alle Hasen zeigen, dann alle Tiere und dann wieder alle Hasen. Schließlich fragt man:
– Sind es mehr Tiere oder mehr Hasen?
10. Charakterisierung des Mittleren (größer als der Kleinste, kleiner als der Größte).

11. Man läßt einen Haufen Spielmarken von links nach rechts abzählen und fragt, wieviel es sind, wenn man von rechts nach links zählt.
12. Zeichne einen Kreis, der größer ist als:

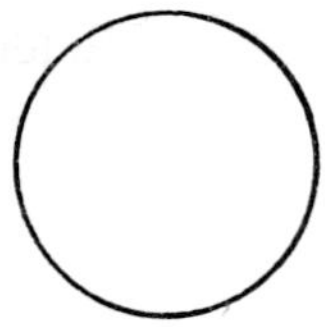

und einen Kreis, der kleiner ist als:

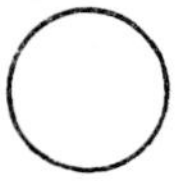

13. Die Aufgabe von Piaget: Dem Kind wird folgende Anordnung aus Spielmarken einer einheitlichen Farbe und Größe vorgeführt:

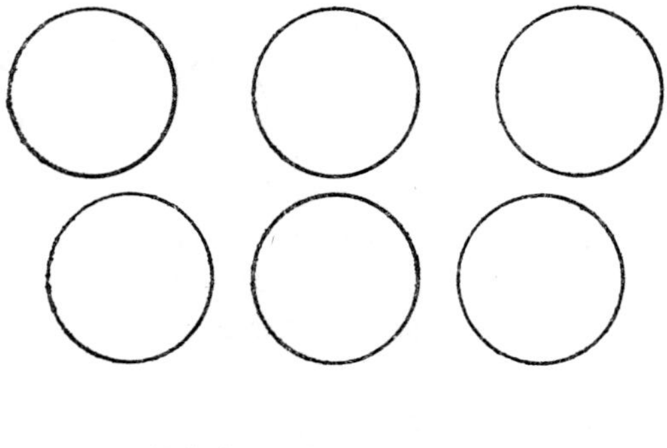

Dann fragt man: »Wo sind die meisten Spielmarken?«
Eine Variante:

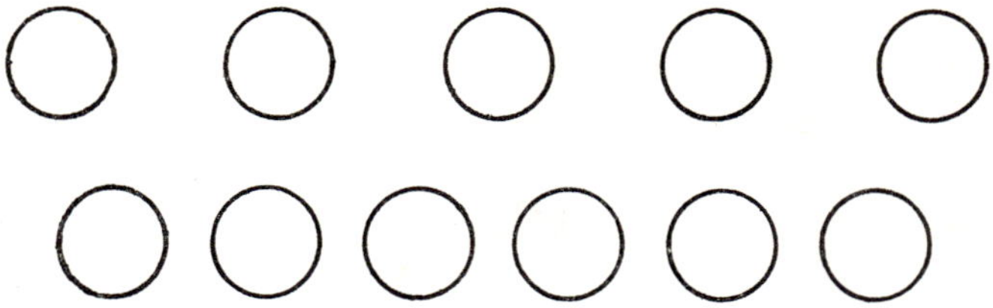

Piaget fragt das Kind: »Sind beide Reihen gleich?« Antwortet es mit ja, ist es wirklich in das Schulmodell mit seinen Einheitsformen integriert und bereit, egal was zu antworten (sie sind nämlich nicht wirklich gleich), damit man es nur in Ruhe läßt.

Weshalb soll über die Ordnungsstrukturen gearbeitet werden? Ich hatte mit Kindern zu tun, die fast alle nicht rechnen konnten. Es war die Frage gestellt worden, was es einem Kind nützen könnte, ihm beizubringen, daß $4+2=6$ ist, wenn es Schwierigkeiten hat, sich in Zeit und Raum anzusiedeln. Man muß sich deshalb fragen, wie das Kind Zahlen eigentlich visualisiert. In diesem Zusammenhang möchte ich eine Bemerkung von Bettelheim über Marcia[46] zitieren:

»Und da wir schon bei den Zahlen sind, so möchte ich hinzufügen, daß auf dem primitivsten Niveau Zahlen nur mit Dingen in Verbindung gesetzt werden, die die Person ganz unmittelbar angehen. *Eins* kann ich selbst oder ein Elternteil sein. *Zwei* kann eine andere wichtige Person sein usw. Für Marcia schienen Zahlen in der hier behandelten Phase ihr eigenes Alter darzustellen. In einer späteren Entwicklungsphase stellten Zahlen für sie auch wichtige Personen dar. *Eins* bedeutete in diesem Stadium sie selbst; *Zwei* war je nach dem Kontext ihre Beraterin oder ihre Mutter; und *Drei* war entweder ihr Vater oder es waren alle drei Familienmitglieder oder aber die Familie überhaupt war gemeint.«

Die Schwierigkeiten mancher Kinder, sich in Raum und/oder Zeit anzusiedeln, hängen meiner Ansicht nach sowohl mit der Schwierigkeit zusammen, seinen Platz in der Familie zu finden, als auch mit einem Unverständnis für die Ordnungsstrukturen, die einem die Möglichkeit geben, Gegenstände vom Größten (Nächsten) bis zum Kleinsten (Entferntesten) in eine Rangfolge zu bringen. Wer einem Kind um jeden Preis das Rechnen beibringen will, solange es diese Strukturen nicht beherrscht, macht notwendigerweise alles nur noch schlimmer. Das Erlernen von Zahlen bedeutet, daß es einem gelingt, sich selbst anzusiedeln. Die Schularbeit gibt dem Kind die Möglichkeit, bestimmte Dinge zu

46 Bruno Bettelheim, *Die Geburt des Selbst,* München 1977, S. 252.

verstehen; und auf dieser Grundlage bekommt es dann vielleicht Lust zum Lernen. Wenn man aber sagt, die Mathematik sei Abstraktion, wie es die neuen Oberschulprogramme tun, hindert man das Kind, auch nur irgend etwas davon zu verstehen. Die Mathematiker selbst geben – teilweise beschämt – zu, daß sie sich eine intuitive Einsicht zurechtlegen müssen, um ein Resultat zu verstehen. Das Sprichwort *»Nihil est in intellectu quod non prius fuerit in sensu«*, auf das sich die Empiriker dann schließlich gestützt haben, hat zu schwerwiegenden pädagogischen Fehlern geführt; zu der Vorstellung nämlich, man müsse vom Gefühl ausgehen, man müsse zuerst die Wahrheit in den Dingen sehen. Aber das Wort »sehen« hat einen ganz anderen Sinn ...

D'Alembert sagte: »Man kann den Worten einen beliebigen Sinn geben. Man hätte auch dann Elemente der naturwissenschaftlichen Geometrie, wenn man das, was gewöhnlich Kreis genannt wird, als Dreieck bezeichnete. Aber das wäre lächerlich.« Das Sehen allein genügt nicht, man muß auch daran glauben. Als Cantor gezeigt hatte, daß $\mathbb{R}$ in einer eineindeutigen Beziehung zu $\mathbb{R}^2$ steht (das heißt, daß die Gerade »genau so viele« Punkte hat wie die Fläche), schrieb er an Dedekind: »Ich sehe es, aber ich glaube es nicht.« Dedekind antwortete ihm, es könne keine eineindeutige Entsprechung zwischen $\mathbb{R}^n$ und $\mathbb{R}^m$ existieren, wenn $m \neq n$ wäre.

Das muß man sehen, um es zu glauben. Seht doch mal!

Didier

Didier ist acht Jahre alt und hat, wie man so sagt, »einen bedeutenden Wachstumsrückstand«. Er ist niedlich, intelligent und ausgesprochen artig.[47] Derzeit schreibt er sich für alle Aktivitäten ein, die es in Bonneuil nur gibt, geht aber nirgendwo hin. Hier die Beschreibung meiner Arbeit mit ihm:

[47] Im übrigen spielt er perfekt den »Debilen«. Das erinnerte mich nicht zuletzt an den Test, den Paul einmal vorgeschlagen hat: »Man stellt eine Frage: Wieviel ist 10 mal 10? Der natürliche Idiot weiß es nicht. Der den Idioten spielt, gibt absichtlich eine falsche Antwort, weil er fürchtet, eine tödliche Antwort zu geben.« (Vgl. Maud Mannoni, *»Scheißerziehung«*, Frankfurt 1976, S. 117). Bezugnahmen auf den Tod kommen häufig vor. Wenn ich zu Lucien sage, »Kommst du arbeiten?«, antwortet er mir, »Wir krepieren noch dran«.

Erste Sitzung

Ich zeige ihm drei Bilder mit einem kleinen Mädchen in verschiedenen Größen. Er gibt die richtige Antwort auf die Frage, welches das größte und welches das kleinste ist. Für das dazwischen antwortet er: »Das Mittlere«. Wenn man ihn fragt, ob das Mittlere größer oder kleiner ist als eine der anderen Figuren, antwortet er willkürlich irgend etwas. Um eine richtige Antwort zu bekommen, muß man *die Figur, die zu viel ist, verstecken.*
Er zählt fehlerfrei bis vier, ist jedoch unfähig, einen Haufen Spielmarken in zwei gleich große Haufen aufzuteilen oder auf Fragen zu antworten wie: »Auf welchem Haufen sind mehr Spielmarken?«
Ich fordere ihn auf, einen großen, einen mittleren und einen kleinen Stock zu zeichnen. Als Ergebnis bekomme ich folgendes:

Er beharrt steif und fest darauf, daß der Mittlere der Größte ist.
Was soll man daraus schließen? »Didier beherrscht die Reihenbildung nicht«? Keineswegs; im Gegenteil, er beherrscht sie vollkommen, der kleine Wicht. Er ist gar nicht zu übertreffen, allerdings muß man eines wissen. Didier ist der Älteste unter den Geschwistern. Er hat zwei Brüder, und der mittlere Bruder ist genauso groß, wie Didier (der für sein Alter recht klein ist). Didier reproduziert also haargenau eine Familiensituation, die ihn beängstigt und von der er sich nicht *abstrahieren* kann.

Zweite Sitzung

Eineindeutige Zuordnungen. Wenn man ihm eine eineindeutige Zuordnung aufzeichnet, erkennt Didier, ob zwei Mengen dieselbe Kardinalzahl haben. Er selbst vermag keine derartige Zuordnung zu realisieren.
Labyrinth: er ist unfähig, den Weg aus einem ganz einfachen Labyrinth zu finden.[48] Er *schließt deshalb die »Türen«* mit einem Filzstift.

[48] Vgl. Anmerkung 47.

Dritte Sitzung

Er schafft es nicht, eine Russische Puppe allein wieder zusammenzusetzen. Wenn man ihm den notwendigen Gedankengang zeigt, gelingt es ihm.

Vierte Sitzung

Die Leitern.

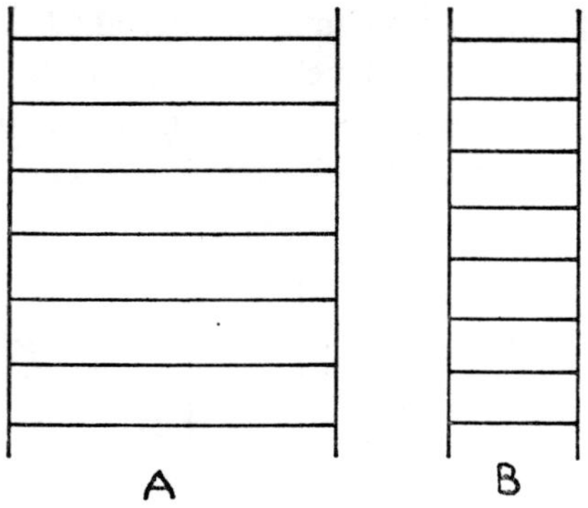

Bruno Mannoni: Welche von den beiden Leitern hat die meisten Sprossen?
Didier: Diese da (*er zeigt auf A*).
– Zähl, wieviele Sprossen diese Leiter hat (A).
– Sieben.
– Und die dort?
– Acht.
– Was ist mehr, sieben oder acht?
– Acht.
– Und welche Leiter hat die meisten Sprossen?
– Das ist diese da (A).
– Hier, nimm sieben Würfel und stapel sie aufeinander.
– So.
– Und jetzt nimm acht.
– Fertig.
– Welcher ist größer?
– Der da *(richtige Antwort).*
– Wieviele Sprossen hat diese Leiter?

– Also *(er zählt noch einmal nach)*, sieben.
– Und die andere?
– *(Er zählt wieder nach)* Sie hat acht.
– Und an welcher sind die meisten Sprossen?
– Oh la la, an der da (B).

Fünfte Sitzung

Mit den Leitern geht das gleiche wieder los. (Ich muß zugeben, es geht mir auf die Nerven, daß es ihm nicht beim ersten Mal gelingt.)
Er macht den gleichen Fehler wie das letzte Mal. Ich lasse ihn also erst fünf und dann sechs Würfel aufstapeln. Er stellt den Stapel aus den sechs Würfeln neben die Leiter A und den Stapel aus den fünf Würfeln neben die Leiter B. Alle meine Erklärungen lehnt er ab. Daraufhin schlage ich ihm dieselbe Situation mit Spielmarken vor (wie sie weiter oben unter der Nummer 7 beschrieben ist). Ich frage ihn, wo mehr sind. Er irrt sich. Wenn man aber die Spielmarken in die Hand nimmt, gibt er die richtige Antwort.

Sechste Sitzung

Die Leitern: immer noch dasselbe.
Er findet den Weg aus einem ganz einfachen Labyrinth, das an die Tafel gemalt ist.
Ich zeige ihm eine Reihe von Bildern: zwei Katzen und drei Schmetterlinge.
B. M.: Wieviel sind es?
Didier: Fünf.
– Fünf was?
– Fünf Schmetterlinge.
– Zeig mir die Schmetterlinge.
– Nun ja, da, da und da.
– Wieviele sind es?
– Na also . . . habe ich mich denn geirrt? Ich habe mich geirrt? Oh la la! Du fängst wirklich an, mich zu langweilen, außerdem bin ich müde. Ich geh' mal pinkeln.
Da ist mit Sicherheit etwas passiert, denn in der

Siebten Sitzung

antwortet er richtig und ohne Schwierigkeiten bei allen Übungen, die ich ihm vorher schon angeboten hatte, die er aber nicht lösen konnte.

Neunte Sitzung

Ich fordere ihn auf, einen Haufen Spielmarken in zwei gleiche Haufen zu teilen. Es fällt ihm schwer, aber nach einigen Erklärungen gelingt es ihm. Dann lehnt er jede weitere Übung entschlossen ab. Er sagt: »Ich will mehr haben. Mein Bruder Stephan ist schließlich größer.«

B. M.: Aber du bist doch der Größte.

Didier: Nein, der Mittlere.

– Weißt du, man kann auch in bezug auf das Alter der Größte und körperlich der Kleinste sein.

– . . . .

– Wie alt ist er eigentlich, Stephan?

– Weiß ich nicht, habe ihn nicht gefragt.

– . . . .

– Er hat es mir nicht gesagt *(Didier fängt plötzlich an zu lachen).*

Elfte Sitzung

Didier verteilt ein Päckchen Karten korrekt zwischen zwei Personen und lehnt dann alles ab, was ich ihm vorschlage. (»Ich muß mich etwas entspannen.«) Er erklärt mir, daß Weihnachten nicht kommenden Mittwoch ist, sondern erst den Mittwoch danach.

Dreizehnte Sitzung

B. M.: Wieviel Finger hast du?

Didier: Warte mal. Hmm, einen, zwei, drei, vier. Vier.

– Und ich?

– *(Er zählt)* Fünf.

– Haben alle Leute gleich viel Finger?

– Ja.

– Und Rémy, wieviel Finger hat der?

– Fünf.

– Und du, Didier?

– Das hab' ich dir doch schon gesagt.
– Wieviel denn?
– Oh je, oh je, vier.
– Aber ich, ich habe fünf?
– Ja, also ich habe doch immer weniger.

In der Zwischenzeit hat Didier gewisse Fortschritte gemacht. Er hat sogar ganz gewisse Fortschritte gemacht. Er ist nicht mehr derselbe wie im September. Er ist viel weniger zerstreut und keineswegs (aber wirklich keineswegs) mehr das artige Kind. Er ist schelmisch geworden, lebhaft und weiß sich zu wehren. Wenn er auch immer noch *weniger* hat, will er jetzt doch *mehr*. Ich bin nicht die ganze Liste der Übungen mit Didier durchgegangen, insbesondere nicht den Stammbaum. Dennoch hat dieser letztere besonderes Interesse bei Sabine erregt (und Gott weiß, wie schwer das ist). Aber was passiert? Die Bezugnahme auf die Genealogie führt zu Dramen ... Und der »Mathematiker«, der nur an die Ordnungsstrukturen dachte, hatte nicht die geringste Ahnung, welche Unordnung diese Strukturen hervorrufen konnten.

Sabine

Sabine (14 Jahre alt) spielt mit Leichtigkeit die Rolle der Debilen und ist darüber allem Anschein nach sehr zufrieden.

Erste Sitzung

Sie ist etwa auf dem gleichen Niveau, auf dem Didier war, als er zu mir kam. Auch sie weiß nicht, wieviel Finger sie hat. Allerdings kann sie schreiben, im Gegensatz zu Didier, der dazu nicht in der Lage ist. Sie zeichnet geometrische Figuren richtig ab. Ich schlage ihr vor, einen Stammbaum anzufertigen. Wir fangen auf einem großen Blatt Zeichenpapier mit der Arbeit an. Sie ist absolut begeistert und nimmt den Baum mit nach Hause, um die fehlenden Informationen aufzutreiben.

Zweite Sitzung

Sabine lehnt alle anderen Übungen ab und verlangt nach dem Stammbaum. Also machen wir dann weiter. Irgendwann höre ich eine Bemerkung, die meine Aufmerksamkeit erregt: »Das da ist mein ganz persönlicher Onkel.« Ich darauf nach allen Regeln der Logik:

B. M.: Und was ist er für deinen Bruder?

Sabine: Na ja, ich weiß nicht.

– Wenn es dein Onkel ist, was ist er dann für deinen Bruder?

– . . . .

– Was ist eigentlich ein Onkel?

– Ja, also, das ist der Bruder meines Vaters.

– Und für deinen Bruder, ist es für den nicht der Bruder deines Vaters?

– . . . .

– Und ihr habt beide denselben Vater?

– Ja, natürlich.

– Dann ist es also auch der Onkel deines Bruders.

Sie bricht in Schluchzen aus und läuft die Türe hinter sich zuknallend weg.

Was ist denn eigentlich los, die Mathematik ist doch Abstraktion? Also was denn?

Man stelle sich vor, in einer Klasse würde ein Problem behandelt, das sich auf die Untermenge der Onkel bezieht. Und dabei macht jemand wie Sabine einen Fehler. Weshalb irrt sie sich? Weshalb kann sie die Übung nicht? Ist die Aufgabe über ihrem Niveau? Nun muß man aber die Mathematik einmal auf die konkreten Gegebenheiten anwenden. Genau das tut Sabine nämlich. Und sie macht es ganz richtig. Ihren Onkel, den teilt sie nicht. Sie wird nicht verstehen, wo ihr Fehler liegt. Sie kann die Übung nicht machen. Sie geht ihr an die Nieren. Sie abstrahiert sich nicht vom »Konkreten«. Situationen dieser Art kommen häufig mit ganz »normalen« Kindern in ganz »normalen« Klassen und bei ganz »normalen« Aufgaben vor. Und ebenso häufig gibt es Kinder, die in Mathe eine Null sind, oder? Dabei kann doch die Mathematik gar nicht an die Nieren gehen, da arbeitet doch nur der Verstand, das hat doch gar nichts mit dem Körper zu tun.

Die ganze Sache ließe sich etwa folgendermaßen diskutieren:

– Und wo ist das Subjekt des Diskurses?

– Gibt es gar nicht.

– Was, den Diskurs?

– Nein, das Subjekt.

– Und wer spricht? Ein Kollektivbewußtsein? Und die Theoreme? Wer erzeugt die?

– Der Mathematiker.

– Ach so, ich dachte, es wären die Axiome.

– Die Mathematiker besitzen die Wahrheit.

– Dann streiten die sich wohl nie? Es gibt nur eine Wahrheit, was? Aber waren Cantor und Kronecker[49] denn wirklich die besten Freunde? Was ist das, eine Grundlagenkrise? Und der Intuitionismus? Nur weil Brouwer nicht auf dem Beweis per absurdum steht?
– Für ihn war NICHT-NICHT-A nicht gleich A.
– Aha? Dann ist das für Sie also gleich?
– Nur in der Mathematik.
– Weil die Mathematik nicht die Realität ist? Sagen Sie mal, warum waren die anderen eigentlich mit dem Auswahl-Axiom nicht einverstanden? Und Poincaré auch nicht? Fiel ihnen das ein, als sie gerade in eine Trambahn stiegen? Weil es sichere Zweige in der Mathematik gibt? Dann gäbe es wohl auch weniger sichere?
– . . . .
– Aha, Sie sind nicht sicher. Und Pascal und das Unendliche?
– Er war ein Mystiker.
– Ja, hat das denn etwas mit der Mathematik zu tun, Mystiker zu sein? Genau da liegt der springende Punkt.

Dritte Sitzung

Sie kann (will) überhaupt nichts mehr machen. Ich war gezwungen, mit Sabine alle Übungen zur Reihenbildung fallenzulassen und mich statt dessen Aufgaben zur »Seitenzuordnung« zu widmen (sie kann nicht richtig zwischen rechts und links unterscheiden).
. . . Mit all dem will ich eigentlich nur sagen, daß ich von dem Stammbaum nichts mehr hören will. Übrigens habe ich in meiner Begeisterung nach der ersten Sitzung mit Sabine auch anderen Kindern diese Übung nahegelegt. Sie bekamen ebenfalls gewisse Nachwehen.
Ein jeder bleibe bei seinem Handwerk; dann sind auch die Kühe in Sicherheit.

[49] Als sich Cantors Methoden in den 80er Jahren des 19. Jahrhunderts schnell verbreiteten, erklärte Kronecker, die Basisdefinitionen seien nichts als Worte, da sie keine allgemeine Entscheidung darüber zuließen, ob ein gegebener Gegenstand der Definition genüge oder nicht. Im Jahre 1908 brachte Brouwer seinerseits vor, die klassische Logik sei aus der Mathematik der endlichen Mengen hervorgegangen. »Man vergaß diesen Ursprung und bediente sich der Logik als etwas Überlegenem, etwas jeder Mathematik Vorausgehendem, und nun wendet man sie schließlich ohne irgendeine Rechtfertigung auf die Mathematik der unendlichen Mengen an.«

Das ist die Regel

In der Mathematik gibt es Regeln. Die Regeln über Formelbildung, die Deduktionsregeln ... Auch im Leben gibt es Regeln. Was macht man, wenn jemand sich weigert, die Regeln zu befolgen? Wenn er das Spiel nicht mitspielt? Ein Mathematiker ohne Regeln ist völlig außer der Regel.

Emil

Ich hatte immer wieder große Schwierigkeiten, Emil (10 Jahre alt) zum Arbeiten zu bringen und herauszufinden, ob er nicht nur vortäuschte, etwas nicht zu können. Sicher weiß ich nur, daß er mit Reihen von größer werdenden Bildern umgehen kann, daß er eineindeutige Zuordnungen zeichnen und richtig auf die Situation mit den Leitern antworten kann. Eines Tages bat er darum, mit mir Mathe zu machen. Ich kümmerte mich damals gerade um Didier, der wütend darüber war, daß ich Emil eine positive Antwort gab. Ich schlug Emil dann dasselbe »Spiel« vor, das ich gerade mit Didier machte.
Bei diesem Spiel geht es um Kreise, von denen jeder einzelne in drei gleich große Flächen aufgeteilt ist. Weiter stehen drei Farbstifte (ein blauer, ein grüner und ein roter) zur Verfügung. Jeder kommt an die Reihe. Es geht darum, den nächsten Kreis immer mit anderen Farben auszumalen, so daß er sich von allen vorhergehenden unterscheidet.[50]
Ich erkläre Emil also, wie man spielt. Wir werden gleich sehen, daß das Problem nicht auf sich warten läßt.

Eine Sitzung

Ich habe soeben meine Erklärungen über das Ziel des ganzen Spiels abgeschlossen.
Emil: Weshalb drei Farben?
B. M.: Das ist die Spielregel.
– Und mit vier Farben?
– Da wäre es nicht mehr dasselbe Spiel.
– Ich will mit vier Farben spielen.
Dominique Misset: Du weißt ganz genau, was eine Regel ist.

50 Pierre Lavalle, *Le Coq Héron,* Nr. 2 (Centre Étienne Marcel).

. . . .

(Wir fangen an zu spielen.)

. . . .

– Und wenn man einen genauso macht?
– Dann wird er durchgestrichen.
– Ich kann die beiden Kreise ja auch einfach mit einem Zick-Zack-Strich verbinden.
– Nein, das ist nicht die Spielregel.
– Doch, das ist die Regel.

. . . .

(Er verbindet die beiden Kreise miteinander.)

. . . .

– Ich muß sie durchstreichen. *(Ich streiche die beiden nicht konformen Kreise durch.)*
– NEIN! nein, nein, nein. *(Fasziniert und wütend zugleich.)*

. . . .

(Wir spielen weiter.)

. . . .

– Sieh mal, dieser Kreis da ist schon einmal gemacht worden. Man muß ihn also durchstreichen.
– Nein, nein, nein, nein.
– Der andere da muß auch durchgestrichen werden.

Emil rennt mit dem Blatt Papier weg. Ich laufe hinterher und reiße ihm das Blatt aus der Hand. Er versucht gewaltsam, mich daran zu hindern, den fraglichen Kreis durchzustreichen. Dann fragt er: »Und wenn man zwei gleiche macht, was wird dann eigentlich aus dem Rechnen?«

Als er merkt, daß ich die Regeln nicht durchbrechen lasse, interessiert es ihn nicht mehr.

Man sieht doch genau, daß es ohne Regeln keine Mathematik mehr gibt! Aber ohne Gesetze sein, das ist ja Anarchie! Sollte es eine Politik der Mathematik geben? Kann ein in der Sprache der Mathematik geschriebener mathematischer Text etwa reaktionär oder revolutionär sein? Auch in diesem Bereich gibt es einen Schreibstil. In einer widersprüchlichen

Theorie ist alles richtig und alles falsch. Also ohne jegliches Interesse. Die Mathematik leidet nicht unter dem Widerspruch. Und was bedeutet das, wenn jemand jeden Widerspruch ablehnt? Aber hat die Mathematik ihre Fortschritte nicht gerade den Widersprüchen zu verdanken? Sie schiebt den Widerspruch immer weiter von sich weg; in diesem Sinne vereinnahmt sie ihn. Außerdem wissen wir alle, wenn eine Theorie stark genug ist, um die Arithmetik zu umfassen, kann man deren Konsistenz dennoch in *ihrem* Rahmen nicht beweisen. Also? Und dann, was soll das eigentlich heißen, sich in eine Meta-Mathematik zu versetzen, um bei der Mathematik über die Mathematik zu sprechen? Und sie bewegt sich doch! Wie vereinnahmt man den Widerspruch? Durch das Verbot.[51] Wie hat man die Russellsche Paradoxie über die Menge aller Mengen, die sich nicht selbst als Element enthalten, gelöst? Indem man sagte: »Die Klasse aller Mengen, die sich nicht selbst als Element enthalten, ist keine Menge.« Wie läßt sich das beweisen? Wenn diese Klasse eine Menge wäre, ergäbe dies einen Widerspruch. Das ist unmöglich. Also ist sie keine Menge. Ja, nun seht doch! Und wenn ich dennoch will, daß es eine Menge ist? Ketzer. Man kann nur das machen, was erlaubt ist.
Wenn es aber »verboten ist, zu verbieten«?
Hören wir uns einmal an, wie Lucien eine Division vornimmt.
B. M.: Gut, wir machen also 743 geteilt durch 2.
Lucien: Wie oft ist 2 in 7 enthalten?
Das geht nicht.
Es geht 3 mal, bleibt 1. Ich hole die 4 runter. Wie oft ist 2 in 14? 7 mal; ich hole die 3 runter.
Wie oft ist 2 in 3? Das geht nicht.
Es geht 3 mal, bleibt 1.
371.
Schlau, was?
B. M.: Kann sein.
Das Verbot in der Mathematik hemmt die Schüler sehr. Man darf nicht durch null dividieren. Aber 1/X bei X gegen plus null, das geht gegen plus Unendlich.
Hätte man eigentlich das Recht, die Behauptungen eines »großen Mathematikers« in Zweifel zu ziehen? Allem Anschein nach gehört sich das nicht. Lebesgue hatte beispielsweise in einem Artikel geschrieben:

51 Vgl. Bruno Mannoni »Le Sens interdit«, in: *Impascience* Nr. 4/5.

$$\bigcap_{i \in I} f(A_i) = f\left(\bigcap_{i \in I} A_i\right)$$

Die Beweisführung blieb dem Leser überlassen. Später, sehr viel später sogar, bemerkte Souslin, daß Lebesgue ein Fehler unterlaufen war. Als er es seinem Lehrer mitteilte, soll dieser geantwortet haben: »Nehmen Sie zur Kenntnis, jemand wie Lebesgue irrt sich nie.« Dieser Fehler hat Souslin erlaubt, jene Mengen zu begründen, deren Namen er die Ehre hat zu tragen (wie ein schüchterner Mathematiker einmal sagte)!

Weshalb also ist die Evidenz so schlecht angesehen? Weshalb sagt man »trivial« statt »evident«? Sollte die Evidenz obszön sein? Was ist denn die Evidenz? In welchem Augenblick und für wen? Es gibt eine Geschichte über einen englischen Universitätsprofessor, der ein Seminar mit den Worten beginnen läßt: »Es ist evident, daß ...« Dann verläßt er den Hörsaal und kommt etwas später mit den Worten wieder herein: »Das war evident ...«! Was für X evident ist, ist es nicht unbedingt auch für Y. Das ist evident. Obwohl ... Was gibt es nicht alles, was der Lehrer in Hinsicht auf seine Klasse für evident hält, was aber seine Schüler gar nicht verstehen. Es stimmt, über das Evidente spricht man nicht. Jene Aufgaben, die ich Didier angeboten habe ... jedes fünfjährige Kind kann sie doch beantworten. Da zögert man gar nicht. Man denkt nicht nach. Also was? Sollte Didier die »Evidenz negieren«? Wie wir gesehen haben, ist das keineswegs der Fall. Nur hat er eben seine eigene Evidenz. Und in der Mathematik verlangt man von ihm, sie einfach fallenzulassen und unsere Evidenz zu übernehmen. Von sich zu abstrahieren. Über Situationen nachzudenken, die für ihn unmöglich sind. Sich der vorgegebenen Form einzupassen; und was für einer Form! Ich zitiere aus den Anweisungen des Ministeriums für den Mathematikunterricht vom 1. Oktober 1946[52]: Durch die Mathematik wird der Schüler »befähigt, die Rolle der geistigen Werte in allen anderen Bereichen zu verstehen, ... in Hinsicht auf Arbeit, Leistung und Ausdauer«. Sie erlaubt, »die charakterlichen oder geistigen Mängel« zu erkennen. Wenn der Schüler nun aber gar nichts davon wissen will, von diesen geistigen Werten? Wenn er, wie etwa Jacques, nicht zynisch genug ist, sie umzukehren und gegen diejenigen zu wenden, die sie erfunden haben? Nun ja, wenigstens kann man aus solchen Anweisungen die Farben der Zukunft ablesen. Vielleicht wird man eines Tages lesen: »Die Mathe-

52 P. Samuel, »Mathématique, latin et sélection des élites«, in: *Pourquoi la mathématique?*, Paris 1975.

matik dient nicht etwa dazu, die Elite auszusondern, sondern dazu, die 90 % Franzosen, die nichts von der Mathematik verstehen, zu überzeugen, daß sie blöd sind und sich glücklich schätzen sollten, dort zu sein, wo sie sind.«
Wirklich, nicht jeder hat die hohe Stirn der Mathematik. Vor allem sollte man nicht behaupten, daß »jeder Mathematik machen kann«. Viele sind berufen, aber nur wenige sind auserwählt. Das ist die Regel.

Der Sinn

Kommen wir noch einmal auf das Verbot zurück. Das »Man darf nicht«, diese pädagogische Häresie, bedeutet nichts anderes als: Wenn ihr das schreibt, kann ich als Mathematiker nichts damit anfangen, weil es keinen Sinn hat. (Solche Ausführungen würden die Schüler gewiß besser verstehen, und sie hätten nicht mehr den Eindruck, einer göttlichen Willkür ausgeliefert zu sein.) Das bedeutet einfach nichts. Das ist genau so, als würdet ihr schreiben: P) x (⇒ zx (y=q. Ich jedenfalls kann damit nichts anfangen, mit diesem Ding da. Während also etwa $1/0 = +3$ eine syntaktisch richtige Formel ist (über die man folglich etwas sagen kann), ist die Formel P) x (⇒ zx (y=q, wie man so sagt, nicht richtig gebildet (und da sie nichts bedeutet, kann man auch nichts über sie sagen). Nun verhält es sich aber mit der Formel 1/0 so, daß die Theorie ihr keinen Sinn verliehen hat. Am Ende fragt man sich schließlich, ob das, was man sagt, überhaupt einen Sinn hat. Darf ich die Formel $2^{\aleph_0} = \aleph_1$ schreiben? Ja. Ist $2^{\aleph_0} = \aleph_1$? Also das ist ganz, wie Sie wollen. Kennen Sie die Antwort etwa nicht? Nun, es gibt keine, sie mangelt.
Das ist nun aber keineswegs dasselbe, wie etwa mit dem Fermatschen Theorem, über das man einfach nichts weiß (Wenn man sagt, »eines Tages wird man es schon wissen«, ist das ein reiner Glaubensakt.). Hier ist nämlich der Mangel die Antwort. Die Theorie schafft ihren Mangel. Und in jeder Theorie, die reich genug ist, um die Arithmetik zu umfassen, gibt es auch den Mangel.
Mangel wird es immer geben, selbst wenn man diesen Mangel einfach mit den Axiomen der Theorie verknüpft (und ihm auf diese Weise den Status einer Grundwahrheit verleiht).
Das Verbot ist das, dem es an Sinn mangelt (und nicht etwa das, was keinen Sinn hat. Denn wenn man der Formel 1/0 einen Sinn verleiht, gewinnt sie damit das Recht zu leben. Genau wie $\sqrt{-1}$ in der Unterprima verboten, in der Oberprima jedoch erlaubt ist).

Und was passiert, wenn man das Verbot überschreitet? Die Pythagoreische Schule maß den Zahlenverhältnissen, den kommensurablen Größen, die aufs strengste definiert waren, einen mystischen Wert bei. In diesem Zusammenhang geriet sie mit der Diagonalen des Quadrats in erhebliche Schwierigkeiten und entdeckte so die irrationalen Zahlen (die keinen Sinn hatten). Zu Anfang blieb dies ein wohl gehütetes Geheimnis, weil man es nicht erklären konnte.

Nach allen Regeln der Logik

Es geht nicht darum, den Kindern das Rechnen beizubringen, sondern sie müssen dazu gebracht werden, irgendwann auf eine logische Wahrheit zu stoßen, die jedem Lernen vorausgeht und auf die sie, ein jedes auf seine Art, reagieren. Das erfordert (von dem Unterrichtenden) eine Rückkehr zur mathematischen Theorie. Dieses unaufhörliche Hin und Her zwischen Theorie und Praxis verhindert, daß man in Methoden verfällt, die letzten Endes jede Arbeit blockieren würden. Sobald man »Rezepte« anbieten kann, muß man sich selbst befragen, was man eigentlich tut.
Mit den »normalen« Kindern, denen ich beim mathematischen »Nachhilfeunterricht« begegne, ist die Situation identisch. Bei ihnen besteht meine Hauptaufgabe darin, die logischen Widersprüche, auf die sie im Laufe ihres mathematischen Diskurses stoßen, klar herauszuarbeiten.
Zu Fortschritten kommt es nur deshalb, weil das Kind sich von Übungen dieser Art angesprochen fühlt und darin ein Mittel findet, seine Frage zu stellen. Als Antwort erfährt diese nun keinerlei »Psycho«-Interpretation, sondern sie wird aus rein logischer Sicht analysiert. Die Mathematik ist ein Diskurs, der das Reale entweder ordnen oder interpretieren kann (auch wenn das Kind den Eindruck hat, in mathematischen Signifikanten etwas zu entdecken, was dem Realen eigen ist).
Das Kind ist bereits im Rahmen der logischen Regeln gefangen; und wenn es sie verlassen will, gelingt ihm dies nicht, denn es denkt *vernünftig*. Wenn man spielt, nicht zu spielen, spielt man dennoch mit. Gefangen in den mathematischen Regeln und ihrer Beziehung zur Autorität lehnt Emil sich auf und greift zum radikalen Protest, um zu sehen, was dann aus dem Rechnen wird. Aber *er ist in dem Spiel gefangen*; denn wer mit ihm behauptet, daß zwei Geraden sich nicht schneiden, gibt implizit zu, daß sie sich schneiden können. Nach allen Regeln der Logik ...

8. Die Malerei

Von Claude Halmos

> Sie müssen wissen, unser Gehirn ist wie ein Instrument mit drei Saiten. Der ernsten, der bürgerlichen und der verrückten. Jede Saite wird von uns *gespannt* und *gestimmt.*
>
> Pirandello, *Die Narrenkappe*[53]

Es geht weniger darum, von der Malerei als solcher oder von der Beziehung zur Malerei zu sprechen, sondern vielmehr um den Rahmen, der eigens geschaffen wurde, um eine bestimmte Malerei möglich zu machen.
Gezeigt werden soll der Sinn eines Vorgehens, das sich nach einigem Hin und Her die Suche nach der »wahren« Malerei in jenem Sinne, in dem die Kinder manchmal fragen: »Soll das ein Witz sein oder ist es wahr?« zum Ziel gesetzt hat.

I. Die Grenzen und der Wunsch

Eines der wesentlichen Momente dieser Werkstatt war die Bestimmung von Grenzen.
Räumliche Grenzen: Wir malen Seite an Seite mit den Kindern auf großen weißen Blättern, welche die Wände und den Fußboden bedecken. Wir haben die Regel vereinbart, daß jeder einzelne auf diesem gemeinsamen Träger seinen Platz finden muß und nicht den seines Nachbarn nehmen darf.
Zeitliche Grenzen: Unsere Suche hat dazu geführt, daß den Sitzungen ein Anfang und ein Ende gegeben wurde, skandiert durch ein »Ritual«, wie wir es nennen. Dieses »Ritual« ist eine Sequenz, die in ähnlicher Form jede Woche wiederkehrt. Das Anfangsritual verschließt dem Alltagsleben Tür und Tor. Es schafft einen geschlossenen Raum und inauguriert einen Moment. Das Schlußritual kennzeichnet die Rückkehr zum Alltäglichen. Zugleich vergewissert es einen, daß man in der folgenden Woche alles wiederfinden wird, was man dort zurückläßt. Auf diese

[53] In der Übersetzung von Georg Richert.

Weise wird eine Zeit skandiert, die nicht die Uhrzeit ist, sondern eine andere Zeit, während der sich auf der »Anderen Szene« etwas abspielen kann.

Die Rituale bestehen eigentlich nur aus ein paar halbwegs magischen Sätzen; magisch vor allem deshalb, weil der Erwachsene, der sie spricht, selbst auch in dem gefangen wird, was sie heraufbeschwören; ähnlich wie beim Zauberer eines Stammes.

»Seltsam, das wirkt wie etwas Heiliges«, würde ein Erwachsener sagen, der nur besuchsweise da ist.

Die Zeit in der Werkstatt ist kurz; maximal 45 Minuten. Dadurch wird verhindert, daß die Malerei als »Lückenbüßer« benutzt wird, wie dies in recht vielen Institutionen der Fall ist. (Und die Tatsache, daß man sich bei der Wahl eines »Lückenbüßers« anderswo häufig für die Malerei entscheidet, sollte einen übrigens durchaus zum Nachdenken veranlassen.)

Sandrine. Im alltäglichen Leben würde jemand, der sich nicht mit einer psychologisierenden Sprache belasten will, Sandrine schlicht und einfach als »Störenfried« bezeichnen. Sandrine, das bedeutet, »Nun-geh-schon-weg-da-will-ich-hin«; die, die sich immer genau dort hinsetzen will, wo du schon sitzt, die genau das Glas haben will, das du gerade in der Hand hältst . . . die, die alles will, vor allem aber das, was dem anderen gehört oder was sie auch nur bei ihm vermutet.

In der Malwerkstatt war sie diejenige, die immer genau an der Stelle zu malen begann, wo du gerade einen Strich angefangen hattest. Exakt von dem Punkt, wo dein Pinsel angesetzt hatte, mußte ihre Linie ausgehen. Und kaum hattest du dich entschlossen, etwas weiter weg wieder anzufangen, kam sie auch schon angelaufen um die ersten Andeutungen der Zeichnung wieder zu übermalen. Wenn sie dann ihr Ziel erreicht und es mit unserer Geduld auf die Spitze getrieben hatte, folgte stets die große Szene, die Machtprobe und unser zum Scheitern verurteilter Versuch, sie herauszuschmeißen.

Wir kamen immer schon mit Herzklopfen an: Hoffentlich bleibt sie heute ruhig. Eine heroische Zeit . . . Tatsächlich hatten wir mit so manchen Helden – zumindest mit denen gewisser Kriege – etwas gemeinsam: daß nämlich die Sache, die wir verteidigten, die Sache, für die wir bereit waren, unsere Haut zu lassen, im Grunde nicht die war, für die wir sie hielten.

Denn wenn hier Grenzen bedroht waren, waren es immer unsere eigenen; Grenzen, die Sandrine hinterfragte. Unsere Grenzen und unsere Position angesichts der Grenzen.

Eines Tages erreichte dieser absurde Krieg seinen Höhepunkt. Am Ende ihrer Argumente und als Echo auf das, was wir nicht hörten, fing Sandrine an, alles kaputtzuschlagen. ALLES, und zu allererst das lebensnotwendige Zentrum der gesamten Werkstatt, nämlich den Tisch, auf dem die Malereien liegen. Sandrine wälzte sich auf dem Boden, mitten in den zerbrochenen Farbtöpfen, und wiederholte am laufenden Band:

»Ich will sie kaputtmachen, ich will sie kaputtmachen.«

Aufrecht vor ihr stehend und sicherlich mit der gleichen Verzweifelung antworteten wir wie gegen eine Wand:

»Aber Sandrine, sie sind doch schon kaputt!«

Was uns eigentlich bevorstand, war die Zeit, für die zerbrochenen Töpfe zu zahlen. Ihren Preis der Angst zu zahlen.

Und erst seit dieser Angst haben wir zum ersten Mal mit Sandrine über ihr Unglück und die Verzweifelung gesprochen, in der sie sein mußte, wenn es so weit gekommen war, daß sie einfach alles kaputtschlagen wollte; zum ersten Mal haben wir nicht, wie gewohnt, in Polizeimanier eine als Gesetz getarnte Vorschrift angewandt.

Den anderen Kindern, die fragten, ob die Werkstatt bei dieser ganzen Schmiererei überhaupt stattfinden könnte, gaben wir die Antwort, daß manche Maler an manchen Tagen ein so überwältigendes Unglück erlebten, daß es ihnen unmöglich sei, zu malen; und daß diese Maler alles kaputtschlügen. Daß aber die anderen Maler, wenn so etwas in einer Werkstatt vorkäme, versuchten, damit zu leben . . . und daß wir das auch versuchen könnten.

Und Sandrine fing an zu malen, indem sie als Material nur die Farbe benutzte, die ein Erwachsener ihr auf seinen Fingerspitzen hinhielt. Als müßte man ihr erst die Hand reichen, ehe sie selbst die Farben ihres Unglücks finden kann.

Wenn es Sandrine heute auf dem Blatt, auf dem sie gerade malt, an Platz mangelt, kommt es vor, daß sie ihren Nachbarn zur Rechten oder zur Linken fragt: »Kann ich auf die andere Seite gehen und neben dir weitermalen?«

»Sandrine-der-Störenfried«, das ist auch Sandrine-die-Verrückte; sie ist eines der Kinder, an dem die anderen am häufigsten festmachen, was sie den Wahnsinn nennen. Sandrine die Leidende, Sandrine auf Abwegen, Sandrine die ewig wartet. Sandrine, verloren in der Zeit, die jede Minute wissen will, wie denn die nächste Minute aussehen wird.

»Und danach, komme ich dann heraus? Und danach, tue ich es dann? Und danach, sehe ich ihn dann?« Von heute, gestern und morgen gibt es für Sandrine fast nichts; nur ein ewiges Hinterherlaufen, das nie aufhört; wie das Frettchen im Chanson.[54]
Und jede Woche wieder ermahnten wir Sandrine mit dem guten Gewissen und der Überzeugung, die einem durch Taubheit so leicht gegeben sind, daß man nicht »danach« in der Werkstatt ankommen dürfe – nach dem Anfangsritual. Sandrine indes, wenig empfänglich für unsere pädagogischen Bemühungen, kam regelmäßig »danach«.
Nun hatte allerdings auch unsere Taubheit ihre Grenzen. Denn eines Tages, als sie wieder zu spät kam, hielten wir ihr nicht, wie gewöhnlich, unsere Uhr vor die Nase, sondern wir sprachen schlicht und einfach mit ihr über die Schwierigkeit, sich zurechtzufinden, wenn man, wie sie, immer zur Unzeit kommt. Wir haben sie akzeptiert, und zwar mitsamt ihrem Symptom und ihrer Frage:
»Wenn du dich zurechtfindest, kannst du ja bleiben.«
So wie sie nach dem Anfang angekommen war, wollte sie auch vor dem Ende wieder gehen; wir sagten darauf nur:
»Es sieht so aus, als würden Anfang und Ende dir ganz schöne Angst machen.«
Etwas später fragte Sandrine im Laufe des Tages jemanden von uns: »Wenn ich nächste Woche rechtzeitig erscheine, kann ich dann kommen?« Das war das erste Mal, daß wir etwas von ihr hörten, bei dem sie sich selbst innerhalb der gängigen Zeit ansiedelte. Und seit diesem Tage kommt sie mit den anderen und kann es ertragen, bis zum Ende zu bleiben.
Von Interesse ist das alles nicht etwa in Hinsicht auf die Pädagogik oder irgendeine Orthopädie, sondern vielmehr in Hinsicht auf das Sprechen und den Körper.
In Hinsicht auf den Körper – denn Sandrine, die den Anfang und das Ende verweigert, Sandrine, die die Grenzen hinterfragt, diese Sandrine zeichnet, wenn sie malt, große Fresken, auf denen versprenkelte Farb-

[54] A. d. Ü.: Anspielung auf ein altes französisches Kinderlied über die Wendigkeit des Frettchens, das nicht zu fassen ist:
»Il court, il court, le furet,
Le furet des bois, Mesdames,
Le furet des bois, Messieurs;
Il est passé par ici,
Il est repassé par là,
Il court, il court . . .«

flecken zu schwimmen scheinen wie ziellos dahintreibende Kontinente ohne irgendeinen Ankerpunkt. Ziellos dahintreibende Kontinente oder Körperteile, die keine Grenze zusammenhält.

In Hinsicht auf das Sprechen – denn der Satz gewinnt erst durch seine Einschnitte einen Sinn. Und Sandrines Zeit, dieser höllische Kreislauf, der sich endlos um sich selbst dreht, erinnert an einen Text, der einfach abläuft, ohne daß auch nur ein einziger Bruch den Sinn markiert.

Doch jenseits der verzweifelten Energie, die Sandrine verschwendet, um eine Zeit in den Griff zu bekommen, die ihr zwischen den Fingern zu entrinnen scheint (ähnlich wie sich für Alice auf der anderen Seite des Spiegels das Ziel im gleichen Maße entfernt, wie sie sich ihm nähern will), erschallt gelegentlich so etwas wie ein Appell nach einem Riß; ein Appell, daß dies »und danach« in dem Riß verschwinden möge.

Als Sandrine wieder einmal fragte, was denn nach der Werkstatt passieren würde, haben wir ihr von den fremden Sprachen erzählt, in denen ein und dasselbe Verb »hoffen« und »warten« bedeutet. Wir haben beiden, der kreisförmigen Zeit von Sandrine und der Uhrzeit, eine andere Zeit entgegengesetzt; eine Zeit, die vom Wunsch, vom möglichen Risiko, von Dingen, die zu verlieren sind, und vom Mangel sprach.

Sandrine wandte sich ihrer Malerei zu und zeigte mit dem Finger darauf; aber statt wie gewohnt zu sagen: »Meine grüne Zeichnung«, »Meine blaue Zeichnung« . . ., deutete sie erst auf den grünen Fleck: »Das sind Blätter«; und dann auf den schwarzen Fleck: »Das ist die Nacht.«

So nannte sie für einen anderen, was sie gerade gemalt hatte.

II. Der Rahmen – Die Linie – Die Abstammung

Schon aufgrund der Tatsache, daß es einen ritualisierten Anfang und ein ritualisiertes Ende gibt, steht die Werkstatt von vornherein unter dem Zeichen, daß man etwas verlieren können muß, damit sich etwas anderes ereignet. Am Anfang verläßt man die »kleinen Sorgen der letzten Woche«, um für einen Moment Maler zu werden. Am Ende verläßt man die Pinsel, um sie eine Woche später wiederzufinden.

Schon diese Grenzen umreißen einen Rahmen; einen Rahmen umreißt auch der Kreis, den wir bilden, um, einander an den Händen fassend, das Ritual zu sprechen. Ein Kreis, der besagt, daß wir bei diesem Abenteuer zusammen sind. Denn es ist wirklich ein Abenteuer, plötzlich allein vor dem weißen Blatt zu stehen.

Aber zu dem Rahmen gehört auch der Inhalt der Rituale, deren Sinn darin besteht, einen Leitfaden zu bilden, vor dessen Hintergrund die Werkstatt dann abläuft. In der ersten Zeit war es eine Geschichte, in der sich das Leben, der Tod, die neu aus diesem Tod entstehenden und ihrerseits wieder sterbenden Leben, etc. wie eine Kette aneinanderfügten. Ein braunes Weizenkorn wurde grüner Sproß, goldene Ähre . . .
Bei diesen Geschichten zählte allein der Leitfaden. Nicht alles darin war logisch, nicht alles ohne Mangel. Die Kette war nicht lückenlos. Und eben in diese durch den Leitfaden abgegrenzten »Leeren« malten die Kinder hinein; aber auch wir; denn obwohl wir selbst die Autoren waren, entschlüpften uns die Geschichten; sie sagten auch uns etwas.
Die Geschichten gaben also den Umriß für die Leeren ab, in die sich die Malerei dann einschreiben konnte. Doch zugleich entstand durch die Verkettung von Leben und Tod so etwas wie eine symbolische Linie. Eine Linie, die vielleicht Ähnlichkeiten mit dem Schicksal hatte, von dem man sagt, es sei einem in die Linien der Hand geschrieben. Eine Linie, die auf jeden Fall an die Abstammung erinnerte, an die Linie, aus der man hervorgegangen ist.
Um etwas näher auf diese Frage nach der Linie und dem, was sie symbolisieren kann, einzugehen, schildere ich nun den Fall von Victor.

Victor ist sechs Jahre alt; er wurde von seinen Eltern in die Beratungsstelle gebracht, in der ich arbeite.
Seine Symptome sind nach Angaben der Eltern zum einen die Schulverweigerung, zum anderen aber auch die Instabilität; – »Er kann nicht auf einer Stelle bleiben« – »Er hat überhaupt keinen Sinn für die Gefahr«, und auf der Straße wirft er sich einfach unter die Autos. Er macht, so sagt man jedenfalls, was ihm gerade so einfällt, ohne Sinn und Verstand. Wenn es ihm während des Gesprächs in meinem Büro nicht gelingt, ein Vorhaben zu realisieren, läßt er wie beiläufig immer wieder dieselbe Bemerkung fallen:
»Aber ehrlich, ich bin verrückt!«
Damit greift er sicherlich Worte auf, die er schon gehört hat, stellt aber zugleich die Frage nach seiner Geschichte, die in so mancher Hinsicht eine »Verrücktengeschichte« ist.
Victors Familienname ist ein weiblicher Vorname. Eines Tages sollte ich erfahren, daß dieser Vorname zugleich auch der Vorname seiner Großmutter mütterlicherseits ist. Die Mutter äußert in diesem Zusammenhang: »Aber wenn wir mit Victor über diese Großmutter sprechen, sa-

gen wir nie ihren Vornamen wie bei der anderen Großmutter, weil wir Angst haben, daß er sich vertut, verstehen Sie, wir haben Angst, daß er es durcheinanderbringt.« Fügen wir noch hinzu, daß der fragliche Name darüber hinaus an »Gatte« erinnert.

»Leeren« also, die schon vor Victor da waren. Aber auch Leeren, die erst nachher kamen. Der kleine Bruder, der ihm in der Geschwisterschaft folgte, ist tot; er hieß Sylvain. Diese Leere sollte eine weitere inaugurieren, und zwar dieses Mal im Unterleib der Mutter: »Man hat mir alles rausgenommen, ich kann keine Kinder mehr kriegen.«

Über seinen Nachnamen sagt Victor:

»Das ist mein falscher Name. Mein richtiger Name ist Victor.«

Und unter Victors Fragen tauchen folgende immer wieder auf:

»Wie kann man ein Junge sein, wenn man den Vornamen eines Mädchens als Familiennamen trägt?«

»Wie kann man der Sohn sein, wenn man einen Namen hat, der ›Gatte‹ bedeutet?«

Im Laufe der Sitzungen bildet sich ein Leitmotiv heraus; das Leitmotiv der weißen Seiten in irgendwelchen Heften, jener Seiten, auf denen nichts geschrieben steht.

Dann kommt der Vater und sagt wie ein Echo: »Ich weiß nicht, was er hat; sicher hat er ein Loch im Kopf, aber ich bin wohl der letzte, der es finden könnte.«

Einige Fragmente der Sitzungen mit Victor, der verloren ist inmitten dieser Löcher, verloren im Geschlecht und in den Generationen, wollen wir hier wiedergeben.

Im Zusammenhang mit drei Personen, die er alle auf seine Art zurechtbiegt, verkündet er mir: »Siehst du, der da hat zwei Mütter«. Und als ich mein Erstaunen zu erkennen gebe, fügt er hinzu: »Na ja, er ist eben dick, und da hat er zwei Mütter gemacht.«

Etwas später nimmt er meinen Terminkalender und tut so, als läse er die untereinander eingetragenen Ziffern, die die jeweilige Zeit angeben. In Wirklichkeit zitiert er dann Zahlen, die nicht aufeinander folgen und sagt an mehreren Stellen:

»Genau im Gegenteil!«

Ich erkundige mich, was denn dieses Gegenteil ist, und da er nicht antwortet, frage ich, ob es nicht vielleicht das Gegenteil ist, wenn die Söhne an dem Platze sind, wo der Vater sein müßte.

Daraufhin nimmt Victor ein Heft, schreibt seinen Namen hinein und sagt:

»Weißt du, ich habe nie ein Heft mit Linien gehabt, um meinen Namen zu schreiben.« Er fügt noch hinzu: »Werde ich eigentlich später, wenn ich nicht mehr zu dir komme, auch noch Linien haben, um meinen Namen zu schreiben?«

Die Linie ist für Victor die, die sich zwischen den Generationen befindet und verhindert, daß man sie verwechselt. Gleichzeitig ist sie aber auch der Weg, den die Ahnen vorgezeichnet haben; die Linie, die einen wissen läßt, wo man herkommt und wo man hingeht; die, die einem die Möglichkeit geben kann zu wissen, auf welchen Boden man seine Füße eigentlich setzt. Und als der Vater – der im Grunde gesagt hatte, er habe seinen Sohn gestrichen – sich endlich die Mühe gibt, diesem kleinen sechsjährigen Jungen beizubringen, wie man die Straße überquert, kommt er wieder, um mir zu sagen:

»Das ist ungeheuerlich, ich habe ihm beigebracht, auf dem Zebrastreifen über die Straße zu gehen. Aber ich konnte es nicht glauben. Deshalb habe ich mich versteckt, um ihn zu beobachten, wie er zur Schule ging. Ich kann es immer noch nicht begreifen. Er wartet, wenn die Ampel rot ist und macht extra Umwege, um auf den Zebrastreifen über die Straße zu gehen.«

Nach einer gewissen Zeit wurden die Geschichten, von denen weiter oben die Rede war, in der Werkstatt wieder fallengelassen. Wir waren an einen Punkt gelangt, wo wir sie mit Methode schrieben ... aus dem Wunderbaren wurde etwas Vorfabriziertes. Wir wußten, von was wir sprachen. Und die Kinder, die uns als Echo Bemerkungen wie: »Euer kleiner Trick da, das sind doch Geschichten!« zurückgaben, hatten sich nicht darüber getäuscht.

Die mit Hilfe von Geschichten gezogene Linie, diese Linie der Geschichte, wurde durch eine andere Linie ersetzt: die des Lichts. Bei diesem Übergang hat sich ein autistisches Kind regelrecht zu unserem Führer gemacht, Théophile.

Wir hatten die Gewohnheit, vor dem Erzählen unserer Geschichten gemeinsam folgenden Satz zu sagen: »Eine große weiße Stille kommt in meinen Kopf«. Und jedes Mal stieß Théophile mitten in dieser Stille einen Schrei aus, einen Schrei, der sein wirkliches Sprechen war.

Nun führten wir ein anderes Ritual ein. Nachdem wir unseren Kreis gebildet hatten, sagten wir:

»Die Augen sind geschlossen – die Zunge abgeschnitten – die Ohren zugestopft; wir schreien den Schrei, der das Licht bringt.«

Und kaum war der Schrei verhallt, ging es los: »Im Lande des Lichts gibt es . . .«
Wir nannten die Elemente mit ihren Farben, die Erde, das Wasser, die Luft. Dann sprach der Zauberer-Erwachsene des Tages die Kinder an, um von ihnen zu erfahren, was man mit diesen Elementen alles machen kann. Die sprechenden Kinder antworteten (Bäume, Feuer . . .); und danach sagten wir, dieses Land sei das Land der Malerei. Das Land der Malerei vielleicht deshalb, weil die Elemente des Lebens dort eine Farbe haben und man diese Farbe nennen kann.
Das erste Mal, als Théophile uns von dem Schrei sprechen hörte, wurde er ganz ruhig, und dann hat er – sehr ernst – mit uns geschrien.
An diesem Tag lief er bis zum Schluß mit farbverschmierten Händen in der Werkstatt herum und sagte immer und immer wieder: »Wer wer wird geboren? Wer wer wird geboren?«
Als wir uns dann das nächste Mal in der Werkstatt trafen, spielte Théophile – der sich nicht hinsetzen konnte, ohne erst die Worte seiner Mutter vor sich hin zu sprechen »Setz dich, mein Théophile, setz dich, mein Théophile« – wieder einmal die Szene des »Setz-dich«. Doch jetzt war er es, der die Befehle gab, und ich mußte mich setzen.
Mit dem Licht begannen die Körper, sich in der Werkstatt anders zu bewegen, als wäre von diesem Tage etwas ans Licht gekommen.

III. Der Wunsch zu malen und die Wahrheit der Malerei

Die beschriebene Art und Weise, wie wir uns langsam voranarbeiteten, stand im Zusammenhang mit analytischen Anhaltspunkten, unter denen uns jene besonders wichtig waren, die ein Aufkommen des Wunsches ermöglichen konnten.
Allerdings muß betont werden, daß dies nur deshalb möglich war und möglich ist, weil wir uns bemüht haben, »wahre« Malerei zu machen.
Wir hatten nicht vor, aus den Kindern Produktionsmaschinen jener berühmten »Kinderzeichnungen« zu machen, deren Charme nur gepriesen wird, um die Segregation, die sie widerspiegeln, leichter perpetuieren zu können. Es war auch nicht unser Ziel, das Malen zum therapeutischen Akt zu machen. Wenn es dennoch als solcher wirkt, ist das eine Art zusätzlicher Gewinn. Unser Ziel besteht darin, daß ein wahrer Maler, wie man so sagt, zu uns kommen und mit uns malen könnte.
Daraus erklärt sich sicherlich auch, daß die nur vorübergehend anwesen-

den Erwachsenen, die in die Werkstatt kommen, über die dort herrschende Atmosphäre so erstaunt sind. Was sie am meisten überrascht, ist die Stille. Eine ausgesprochen dichte Stille, die niemals gefordert, ja nicht einmal verlangt wurde. Matisse[55] sagte einmal: »Wer sich der Malerei verschreiben will, soll damit anfangen, sich die Zunge abzubeißen.« Und es scheint tatsächlich so zu sein, daß das dauernde Reden die Malerei ersetzt und verhindert.
Edmond beispielsweise (ein 16jähriger Jugendlicher), der sich offenkundig durch das, was dort ablief, äußerst beängstigt fühlte, hat ganze Sitzungen damit zugebracht, die Stille mit Worten zu füllen. Er erzählte einfach irgend etwas, und zwar pausenlos und so laut es ging. Gleichzeitig bestand seine Malerei aus kleinen Flecken, die sorgfältig geordnet, alle gleich, in einer geraden Reihe standen.
Eines Tages haben wir ihn vorsichtig darauf angesprochen, daß die Malerei ihm sicher etwas Angst mache, sonst würde er nicht dauernd so viel reden. Seine Reaktion darauf war heftig:
»Warum sagst du mir das?«
Aber in der darauffolgenden Woche schwieg er und seine Malerei hatte sich verändert. Der geschlossene Raum, in dem er vorher gemalt hatte, schien gesprengt. Die Flecken unterschieden sich voneinander und die gerade Reihe war durchbrochen.
Und wenn heute ein neu hinzugekommener Jugendlicher tut, was er selbst am Anfang getan hatte, spricht Edmond den Erwachsenen darauf an: »Sag mal, der hat doch noch gar nichts verstanden; kannst du es ihm denn nicht sagen, daß man hier die ganzen kleinen Geschichten vor der Tür läßt?«

So wie sie die Worte verlieren, die Worte, die man sagt, oder die, die man auf das Blatt schreibt, verlieren die neuen Kinder ganz allmählich auch eine bestimmte Art zu malen, eine ganze von der Schule übermittelte Bilderwelt, das Haus, das Männchen, die Straße – die alle als Stereotypen bekannt waren.
Die 18jährige Henriette ging von geschriebenen Worten (die ihrem Inhalt nach übrigens den Wahn ihrer Nachbarin stigmatisierten) zu solchen angelernten Zeichnungen über und dann, nachdem ihr gesagt worden war, daß die Maler genau so viel Schimpfworte im Kopf haben wie sie, jedoch Farben dafür finden und Bilder daraus machen, kam sie schließlich zur Malerei.

55 Henri Matisse, *Farbe und Gleichnis,* Zürich 1955, S. 93.

Und wenn wir am Schluß der Werkstatt die Arbeiten in das von uns so genannte »Malhaus« legen und wie jede Woche »einen Stein« zeichnen, einen Stein mehr, damit das Haus Gestalt annimmt, malt Henriette eine Reihe Backsteine für das Haus und fügt hinzu: »Wie bei den Häusern im Norden«, wo sie geboren ist.

Es gibt aber noch etwas anderes, was jedem Neuling in die Augen springt, nämlich die große Bedeutung des Weiß.

Bei bestimmten (in den Schulen üblichen) Techniken ist ein Bild erst dann fertig, wenn alles ausgefüllt ist. In der Werkstatt dagegen verteilen sich die Farben auf großen weißen Flächen. Und aus dem Weiß entspringt auch die gesamte Werkstatt, denn wenn das Ritual gesprochen wird, stehen wir im Kreis rings um das auf dem Boden liegende große weiße Blatt.

Melanie Klein[56] berichtet von einer Frau, die sich von dem »weißen Fleck«, den ein von der Wand genommenes Bild hinterlassen hatte, derart angesprochen fühlte, daß als Echo auf eine innerlich empfundene und nie ausgefüllte Leere der Wunsch zu malen in ihr aufkam.

Das Weiß, der Grund, die Leere – ihre wichtige Bedeutung wird auch in den Schriften zahlreicher moderner Maler betont.

Miro[57] gesteht: »Mich hat die Leere schon immer fasziniert; eine Leinwand mit nichts drauf und in irgendeiner Ecke hopp! ein winzig kleiner Fleck, fast nichts.«

Für Van Gogh bestand das Genie des Malers darin, eine weiße Wand weiß anzumalen. Und das will sicherlich etwas heißen für jemanden, der sich vorstellte, im vollen Licht zu sterben; was er übrigens auch tun sollte.

Um zu größerer Authentizität zu gelangen, mußten wir so manches auf der Strecke lassen.

Zunächst einmal jegliche Berufung auf das »Schöne« oder das »nicht Schöne« zugunsten dessen, was »wahr« oder »nicht wahr« ist. Kandinsky[58] sagte: »Ich fühlte immer mehr und deutlicher, daß es in der Kunst nicht auf das ›Formelle‹ ankommt, sondern auf einen inneren Wunsch (...). Ein Schritt vorwärts hierin war, die Kunstfrage ausschließlich auf der Basis der inneren Notwendigkeit zu lösen.« Und später fügte er hinzu, man dürfe die Form nicht zur Uniform machen.

Sodann wurde jede Anwandlung von Interpretation in Hinsicht auf die

56 Melanie Klein, *Die Psychoanalyse des Kindes,* München 1973.
57 Joan Miro, in der Zeitschrift *Art Press,* Nr. 12, S. 5.
58 Wassily Kandinsky, *Rückblick,* Baden-Baden 1955, S. 25.

Malereien der Kinder für unzulässig erklärt. Und zwar zum einen, weil es uns wichtiger scheint, »mitzumachen«; zum anderen, weil man sich schlecht vorstellen kann, daß ein Maler sich auf das kleine Spiel des »Sag mir doch, was du da gemalt hast« einlassen würde; und vor allem aus Gründen, die mit dem zusammenhängen, was die Malerei selbst ist. Lacan sagt: »In der Malerei geht es nicht um eine realistische Reproduktion der räumlichen Dinge.« Das klingt wie ein Echo auf den Heiligen Augustin, der behauptete, man spräche nicht mit Dingen, sondern mit Zeichen.[59]

Die Farben spielen wie Zeichen miteinander; und sofern die Malerei Sprechen ist, geben sie nicht nur etwas von der Realität der Dinge wieder, sondern sie können auch etwas von dem Wunsch übermitteln; nach dem Vorbild von Éluards »Erde, die so blau ist wie eine Orange«.

Im Rahmen der Werkstatt hätte eine Interpretation der Malereien genauso wenig Sinn wie die Reduktion einer Traumanalyse auf irgendeinen Schlüssel aus den Tagträumen.

Daß die Kreation ihre Wurzeln in den tiefsten Tiefen des Wunsches und manchmal auch des Wahnsinns hat, ist nicht gerade beruhigend; doch gleichzeitig verweist es uns wieder auf das, was Lacan schrieb:

»Das Wesen des Menschen kann ohne den Wahnsinn nicht nur nicht verstanden werden. Sondern es wäre gar nicht das Wesen des Menschen, wenn es nicht den Wahnsinn als Grenze seiner Freiheit in sich trüge.[60]«

[59] Jacques Lacan, *Les Quatre Concepts fondamentaux de la psychanalyse,* Paris 1973, S. 65 und *Écrits techniques de Freud,* S. 271 ff.

[60] J. Lacan, in: *Enfance aliénée,* Paris 1972, S. 296; vgl. auch *Lettres de l'École freudienne,* Nr. 11, S. 61.

9. Die Wasserspiele

Von Hélène Marchadier

Ich hatte mich entschlossen, in Bonneuil zu arbeiten, weil ich mich von dem Vorgehen dort besonders angezogen fühlte; das Symptom wurde nämlich als ein Sprechen verstanden, das sich entschlüsseln läßt. Der Schlüssel, welcher einem diesen Zugang verschafft, verwies mich auf die gleiche Frage, die ich mir schon als junge Krankenschwester bei meiner damaligen Arbeit in einem Kinderkrankenhaus gestellt hatte, wo ich für die Abteilung der Neugeborenen, die von Geburt an schwachsinnig waren, zuständig war. Die Hartnäckigkeit, mit der ich diesen Kindern die Flasche gab, genau wie ich es mit meiner eigenen Tochter und folglich auch mit jedem anderen Baby tat, hatte mir eine Menge Schwierigkeiten in dieser Abteilung eingebracht; denn dort war es üblich, die Flasche an den Bettstangen festzubinden.
Als ich dieses Krankenhaus verließ, stellte ich mir in all meiner Naivität folgende Frage: Wie kann man sicher sein, daß ein Neugeborenes wirklich schwachsinnig ist, wenn man es nicht in den gleichen Kontext einbettet, wie jedes andere Neugeborene? Wie kann sich ein Baby normal entwickeln, wenn es *a priori* von jeder Beziehung zu den anderen abgeschnitten ist? Mein eigenes Baby veränderte sich von Tag zu Tag; die gleichaltrigen Babys im Krankenhaus dagegen blieben wie erstarrt. Das erste Lächeln, die Laute, der sich aufrichtende Rücken, die Sitzhaltung, der erste Zahn, der erste Ruf; bei meiner Tochter verlief alles entgegengesetzt zu diesen Babys, die als einzigen Horizont ihre Zimmerdecke kannten, da sie ihr Leben im Liegen verbrachten.
In Bonneuil erinnerten mich die autistischen Kinder in all ihrer Einsamkeit an diese Krankenhauskinder. Mit dem Unterschied allerdings, daß die Flucht hier ihre eigene Sache zu sein schien. Und genau darin lag der springende Punkt. Wenn sie nämlich in der Lage waren, ihre Entscheidung, mich zu fliehen, sichtbar zu machen, war das durchaus eine Art und Weise, mir etwas zu sagen. Dieses »Ich will dich nicht« enthielt ein an jemanden adressiertes Sprechen. Ich begann auf die Zeit zu warten, wo ich zu etwas anderem aufgefordert würde.
Bis es dann eines Tages mit Léon tatsächlich geschah. Zwar war ich

damals schon überzeugt, daß Léon mir durch sein Fluchtverhalten ein Zeichen gegeben hatte, fühlte mich aber dennoch wie vor den Kopf geschlagen, als ich verstand, daß er mir, ohne sein Schweigen zu brechen, bedeuten konnte, daß er über allerhand Dinge, und zwar nicht die einfachsten, genau Bescheid wußte.

Eines Tages waren wir allein im Speisesaal; ich las und er spielte am Kamin. Plötzlich, ohne daß ich damit gerechnet hätte, kam er an und drückte mir die Kehle zu; dabei sah er mir intensiv und fest in die Augen, als wolle er mit mir sprechen. Ich war über diesen Ausdruck recht erstaunt, da ich ihn bis dahin nur mit unruhigem, ständig wanderndem Blick kannte, der immer in eine andere Richtung sah; man könnte von einem Blick nach dem »Anderswo« sprechen, im Gegensatz zu jenem Blick nach Innen, den man später bei den Wasserspielen an ihm beobachten sollte. (Als Gegensatz spreche ich von diesen beiden Blicken insofern, als der eine ohne Grenzen scheint und sich nie an irgendeinem Ziel festmacht, während der andere genau im Gegenteil das Grenzenlose der Lust an der Entdeckung eines inneren Körperraumes beschreibt. Léon verbrachte Stunden um Stunden im Wasser und befriedigte sich an der Betrachtung dieses Da-drinnen.)

Ich verstand ihn nicht; auf jeden Fall hatte ich auch nicht erwartet, ihn zu verstehen, das muß ich schon zugeben. Er ging zum Kamin zurück, kam aber dann wieder und drückte mir noch einmal die Kehle zu, und zwar sehr kräftig.

»Was ist denn los?«, fragte ich ihn. »Ich verstehe nicht, was du willst, tu mir nicht weh.«

Wieder ging er weg, kam zurück, legte etwas auf meine Knie und drückte seine eigene Kehle zu, um mir die Wichtigkeit seiner Geste kundzutun. Ich sah auf meine Knie; er hatte einen toten Vogel darauf gelegt.

Ich weiß nicht genau, was von diesem Kind mir dabei so nahe ging; von diesem Kind, das, tot im Sprechen, auf diese Weise in der Lage war, jemandem den Tod zu bezeichnen. Aber es verstärkte meine Gewißheit, daß ein Kind, das mir bislang nur hatte sagen können, daß es nicht bei mir sein wollte, nun, indem es auf diese Weise mit mir sprach, beschlossen hatte, daß ich eine Freundin war. Fast sechs Monate hatte es gedauert, bis mich die Umstände dazu trieben, das, was sich dort angeknüpft und worauf ich so sehr gehofft hatte, weiterzuverfolgen.

Jede Art von Lärm war Léon unangenehm; im Schwimmbad zeigte er ganz offenkundig die größte Lust am Spielen in einem kleinen Becken, doch dabei flüchtete er sich stets in ein Manschen und Kneten, das ihn taub machte für alles, was um ihn herum geschah. In Bonneuil spielten wir anfangs mit dem Wasser im Waschbecken, und später, im Frühling, an Sonnentagen auch im Garten auf dem Rasen mit einem Plastikbekken. Ich versuchte immer wieder, von der Verwaltung in Bonneuil die Erlaubnis zu bekommen, den Raum, in dem sich der Sandkasten befand, auch für die Wasserspiele zu benutzen.

In der ersten Zeit antwortete man mir kategorisch mit nein. Wasser gäbe es im städtischen Schwimmbad, sagte man mir. Ich ließ nicht locker. Daraufhin meinte Rose-Marie, auf diese Weise würde ich mich selbst zum Tode verurteilen; eine Praktikantin, die kurz nach der Eröffnung von Bonneuil schon einmal Wasserspiele gemacht hatte, sei in dem gleichen Zusammenhang entlassen worden.[61] Dann fügte sie hinzu: »Aber wenn Sie den Tod suchen, kann ich's auch nicht ändern; dann machen Sie nur weiter so.«

Ich war überrascht. »Ein toter Vogel, eine quasi tote Praktikantin . . .« Mir schwante eine unheilvolle Zukunft. Dennoch, zweifellos ausgestattet mit einem Hang zur Rolle des Opfers, machte ich mich trotz des Orakels fröhlich auf den Weg zum Opfertisch, bereit, diesen bei zwei Gelegenheiten, von Léon in bezug auf den Vogel und von Marie-Rose in bezug auf mich genannten Tod zu befragen.

Als es wieder Herbst geworden war, konnte ich dann schließlich das Plastikbecken in jenem Raum aufstellen, der seitdem für die Wasserspiele reserviert ist. Doch die ersten Monate flossen in unendlicher Einsamkeit dahin. Um ein Rohr für das heiße und dann noch eines für das kalte Wasser zu finden, das vom Waschbecken ins Bassin reichte, mußte man schon wahre Heldentaten vollbringen. Yves drehte das warme Wasser laufend ab, das Plastikbecken bekam immer mehr Löcher und der Abfluß war ständig verstopft. Die Notwendigkeit eines Zementbeckens, in dem das warme Wasser reichlich fließen konnte, wurde unübersehbar. Gott weiß, wo ich die Kraft hernahm, auf eine diesbezügliche Antwort zu warten. Dort gab es die scheinbar einzigen Momente, in denen Léon

[61] Da das Problem der *Lust* (des Kindes) angesprochen worden war, kamen auf seiten der Erwachsenen Phantasmen (der Entlassung) auf; außerdem aber entstand eine Art Panik, die von den Verwaltern in der Form des »Man nimmt uns alles weg« oder »Wenn ich dauernd dieses Wasser laufen höre, kann ich nicht mehr arbeiten; es wird uns den Ruin bringen« formuliert wurde. Aus diesen »paranoischen Effekten« ergab sich für Bonneuil die zwingende Notwendigkeit einer kollektiven Verwaltung, die im Jahre 1973, als ein anderer Verwaltungsrat eingesetzt worden war, realisiert wurde; vgl. auch Maud Mannoni, *»Scheißerziehung«*, Frankfurt 1976 (M. M.).

bereit war, seine Kieselsteine zu verlassen. Seine ganze Aufmerksamkeit war auf die Tatsache fixiert, daß der Rand des Plastikbeckens abgeschafft werden könnte. Für ihn bestanden alle Sitzungen mit Wasser darin, auf den Rand des Beckens zu treten, ihn so weit herunterzudrükken, daß die Flüssigkeit sich auf dem Boden ausbreiten konnte. Es gab kein drinnen und kein draußen mehr; der ganze Raum war ein einziger See. Ich mußte meine Schuhe ausziehen und plötzlich saß ich, ohne daß eine solche Situation je geplant gewesen wäre, mit ihm im gleichen Bade.

In diesem Augenblick bin ich endlich das Risiko eingegangen, die Arbeit zu unterbrechen, falls es kein Mittel gäbe, einen präziseren Rahmen zu finden. Daraufhin erklärte Maud Mannoni sich bereit, ein Zementbekken bauen zu lassen. Das erste wahre Bad von Léon ist mir unvergeßlich geblieben; er befragte den festen Rand und kletterte schließlich hinüber, um irgendwelche Sachen zu holen, mit denen er dann ins Wasser zurückkam. An diesem Tage erlebten die Wasserspiele in Bonneuil ihre eigentliche Geburt; ich hatte fast ein Jahr gebraucht, um das Orakel zu bezwingen.

Im gleichen Zuge war ich zu dem Punkt gelangt, wo ich meinen eigenen Wunsch befragen mußte. Es gab keine äußeren Elemente mehr, gegen die ich mich hätte zur Wehr setzen müssen. Ich war so sehr von diesem Kind fasziniert, daß ich mit niemandem darüber sprechen konnte. Nicht eine Regung entging meinem Blick, und das Tonband nahm alles auf. Nun aber fing Léon allmählich an, sich im Becken zu entleeren. Und er tat dies in zunehmendem Maße, nachdem er zweifellos gemerkt hatte, daß er, wenn er in dieser Richtung weitermachte, auf meine Grenzen stoßen würde. Es waren regelrechte Kackinseln, die ich aus dem Wasser fischte. Bis zu dem Tage, an dem ich, bis zum Halse in der Scheiße steckend, mich endlich weigerte, so weiterzumachen, weil das, was ich wünschte, etwas anderes war.

Diese Phase der Faszination dauerte mindestens drei Monate. Bis zu dem Tage, an dem das Tonband keine Aufnahmen machte, sondern statt dessen ein drittes Element einbrachte, nämlich Musik. Die Wirkungen wurden auf der Stelle deutlich; das Kakamachen hörte sofort auf.

Die Musik, die ich mitgebracht hatte, war meine eigene Musik. Es waren Wiegenlieder, die jedes Kind irgendwann einmal gehört hat; vergessene Musik, mit der jede Mutter ihr Kleines einschläfert, mit der sie ihm ihre eigene Geschichte und sein Werden übermittelt. Als diese Urmusik, dies zuallererst Gehörte plötzlich aus diesem Becken wieder aufstieg, fühlte ich mich als jemand angesprochen, der hinfort etwas anderes wünschen sollte, als nur für das Kind, fasziniert von ihm, von seinem Körper im Wasser, da zu sein.

Léon war überrascht; er horcht auf, hört und lächelt. Und als wolle er mir bedeuten, daß er nicht von meinem Wunsch überschwemmt werden will, richtet er sein eigenes Musiksystem ein. Seit diesem ersten Tag mit Musik, nach der er von nun an jedes Mal neu verlangen sollte (Wiegenlieder und nichts anderes), installierte er ein Rohr am Rande des Beckens, so daß das Wasser, wenn es gegen die Wand klatschte, ein klingendes Geräusch erzeugte, auf das er nie mehr verzichten wollte.

Außerdem waren wir inzwischen in eine dritte Phase eingetreten, wo endlich auch etwas von einem Spiel erkennbar wurde. Léon hatte den Rand des Beckens, der zur Grenze zwischen drinnen und draußen wurde, zum Wächter über seine Geheimnisse gemacht.

Die Körperproduktion hatte sich derweilen eingeschränkt. Léon belebte sich beim Spiel mit kleinen Wannen und seinem Rohr. Er hatte es zum Ritual gemacht, einmal, am Anfang der Sitzung, Kaka zu machen und seine Produktion in eine Wanne zu tun, wo er sie dann unter Beimengung von Wasser mit strahlendem Gesicht knetete, trank und unter meinem fragenden Blick wieder ausspuckte. Das dauerte so lange, bis ich endlich klar sah und nein sagte. Es war die Lektüre von Freuds[62] Beiträgen über Triebumsetzung, die mich überzeugt hatte, daß ich nicht nur von ihm verlangen konnte, kein Kaka zu machen, sondern ihm sogar verbieten mußte, das Wasser zu beschmutzen, wenn ich ihm gleichzeitig etwas anderes, z. B. Sand, anbieten konnte.

Léon war in den Kleinschen[63] Prozeß des Spiels von Inhalt und Behälter, Inkorporation und Expulsion (imaginäre Äquivalenzen) eingetreten. In der gleichen Zeit urinierte er am Ende einer Sitzung in einen Topf, den er mir überreichte. Nicht wissend, was ich mit diesem Geschenk anfangen sollte, wollte ich ihn gerade heraustragen, als Léon mir zu verstehen gab, ihn dazulassen, am Rande des Beckens. In der folgenden Zeit füllte er mehrmals einen Topf mit Pipi-Kaka-Wasser und stellte ihn auf den Rand, ohne je wieder daran zu rühren und ohne das Badewasser weiter zu verschmutzen; allerdings paßte er auf, ob das Ding wirklich immer noch da war.

62 S. Freud, *Über Triebumsetzungen, insbesondere der Analerotik,* in: *GW,* Frankfurt 1968, Bd. X, S. 402-10.

63 Melanie Klein, a.a.O.

Nachdem ich wieder einmal durchzusetzen versucht hatte, das Kaka gegen Sand auszutauschen, sah ich mit einiger Überraschung, wie Léon beim darauffolgenden Mal mit Knetgummi ans Wasser kam. Er baute ein ausgesprochen grobförmiges Männchen, das er in den mit Wasser gefüllten Topf setzte und auf den Rand des Beckens stellte. Dann machte er sich wieder daran, in den Kübeln zu manschen und zu kneten. Mir kam ein einziger Satz auf die Lippen:

»Das sieht ja so aus, als würdest du gerade Babys in den Bauch deiner Mutter machen.« Léon sah mich an, als hätte mein Sprechen einen Sinn.

Man könnte sagen, daß sich Léon bei diesen Wasserspielen in seiner Mutter belebte. Diese Phase folgte einer ersten langwierigen passiven Zeit, während der Léon, das Rohr im Mund, wie ein Fötus mit angezogenen Beinen dagelegen hatte. Momente, die er noch manchmal wieder aufnahm, jedoch in einer aktiveren Art und Weise, mit mehr Anwesenheit; seine Augen waren nicht mehr geschlossen, sondern wie ins Innere seines Körpers gerichtet, als versuchten sie zu sehen, zu erfahren, was denn dort aus diesem guten Wasser würde. Dieser nach innen gerichtete Blick, dieses Forschen nach einem Wissen über das körperlich Empfundene, schien einen Einschnitt gegenüber dem anfänglichen reinen Empfinden zu markieren.

Die beginnende Entdeckung seines Körpers war außerdem von zwei anderen Punkten gekennzeichnet. Zum einen suchte Léon sein Bild in seiner eigenen Hand. Das veranlaßte uns, einen großen Spiegel aufzustellen. Nach langem Suchen erfand er schließlich ein Spiel, bei dem er eine ganz bestimmte Stellung im Wasser direkt vor dem Spiegel einnehmen mußte, während ich aufgefordert wurde, einen bestimmten Platz im Raum hinter ihm zu beziehen. Dann manschte er weiter an seinem Brei in den Kübeln und blickte dabei nach oben um – mit ungeheurer Befriedigung – erst sein Bild und dann meines zu sehen. Von Zeit zu Zeit drehte er sich um, überzeugte sich von meiner Anwesenheit, betrachtete dann im Unterschied dazu mein Bild im Spiegel und lächelte schließlich seinem eigenen Bild zu. Ich begleitete all diese Spiele mit unseren Benennungen.

An dieser Stelle möchte ich, sozusagen in Klammern, hinzufügen, daß diese Spiele mit dem Spiegel auch in der Kinderstube von Bonneuil fortgesetzt wurden. Auch hier spielte der Platz, auf dem er mich sehen wollte, für Léon eine Rolle, so daß er, vor dem Spiegel auf dem Boden liegend, sich selbst und mein Bild sehen konnte, während er sich ab und zu auf die gleiche Art und Weise umdrehte, als wolle er meine reale Anwesenheit überprüfen. So hat er ein Spiel geschaffen, bei dem er einschläft, aufwacht, seine eigene Anwesenheit im Spiegel und dann die meinige reale hinter sich feststellt. Ich hatte von da an den Eindruck, zu begreifen, daß die Funktion des Schlafs eine direkte Ich-Funktion ist, und daß sich die Tatsache, daß er des Nachts zum Einschlafen, insbesondere aber dann, wenn er seine Mundharmonika nicht bei sich hat, die Gegenwart einer auf seiner Bettkante sitzenden Person braucht, aus einer wahnsinnigen Angst vor dem möglichen eigenen Verschwinden erklärt. Das Instrument schien dabei die Rolle des Übergangsobjekts[64] mit seiner besonderen Funktion zu spielen, nicht ganz und gar ein Objekt der Außenwelt zu sein.

Doch kommen wir nun zum zweiten Punkt bei Léons Erforschung des eigenen Körpers. Während einiger Sitzungen spielte Léon mit Phonemen; als Ausgangspunkt für dieses Spiel benutzte er Zahnfleischverletzungen, die er sich selbst zufügte. Das Blut floß und die Phoneme kamen heraus. Wenn kein Blut mehr kam, verletzte er sich erneut, bis das Blut wieder rann und die Phoneme heraussprudelten; als könnten diese Laute nur zusammen mit dem Schmerz kommen, als müsse er körperliche Grenzen fühlen, um etwas sagen zu können. Ich suchte den Sinn in all diesem Blut; ich konnte nicht umhin, mich daran zu erinnern, daß das Kind bei seinem ersten Schrei ebenfalls mit Blut zur Welt kommt. Also sagte ich ihm, es sei wirklich wahr, daß die Geburt zum Wort weh tut. Daraufhin sprach Léon im Wasser die ersten wahren Worte aus, die ich von ihm gehört habe: »Mama, Baby, Mama, Baby.«

Nach Wochen und Monaten Manscherei mit Kaka, Papier, Sand und Knete entweder in einem Kübel oder in einem Topf, den er nicht mir, sondern der ganzen Welt darbot; nach Wochen Manscherei in einer stets ungeheuerlichen Extase machte Léon, indem er das sagte, deutlich, daß es ein Baby (un bébé) gab, eine Mama; es gab »Baby« (du bébé), könnte man sagen.

Diese Momente wurden markiert durch das Ende der wahren, der entsetzlichen, der für ihn selbst mörderischen Krisen, die Léon bis dahin durchgemacht hatte.[65]

64 Vgl. D. W. Winnicott, *Von der Kinderheilkunde zur Psychoanalyse,* München 1966, S. 293-312.

65 Léons Krisen oder sein gegen sich selbst gerichteter Sadismus haben allem Anschein nach stets mit dem Unsagbaren einer Situation zu tun gehabt. Die einzige Hilfe, die man ihm geben konnte, bestand darin, mit ihm zusammen das Objekt kaputtzumachen, mit dem er mörderisch gegen sich selbst vorging, indem

Wir traten in eine Periode ein, in der sein Penis den Vordergrund der Bühne beherrschte. Die Spiele um Inhalt und Behälter ließen zur gleichen Zeit nach, wie die Krisen. Der sich allmählich belebende Penis erschien gegenwärtig als Wächter der Aggressivität; einer Aggressivität allerdings, die schöpferisch werden konnte, wenn sie die Oberhand über die destruktive, unheilvolle Tendenz gewann, die Léon bislang täglich in all den Momenten manifestiert hatte, in denen das, was ihm begegnete, von niemandem verbalisiert wurde (und in denen dann die einzig mögliche Hilfe darin bestand, das Objekt, das er gerade in Angriff genommen hatte, gemeinsam mit ihm kaputtzumachen).
Die phantasmatischen Spiele und ihre Verbalisierung hatten diese Aggressivität, die im gleichen Zuge zu Aktivität geworden war, erheblich besänftigt. Die libidinösen Frustrationen hatten sich durch die Entwicklung der Wasserspiele verringert und sozusagen beruhigend auf die in den klastomanischen Krisen geäußerten sadistischen Tendenzen gewirkt.
Wenn aber die Penisaktivitäten am Grunde des leeren Beckens zu weit getrieben wurden und Léon unbefriedigt ließen, kam eine große Angst auf, die heftige Äußerungen von Gewalt mit sich brachte. Doch dann gewannen die rechtzeitig angebotenen manuellen Aktivitäten die Oberhand über die Triebgefahr und ermöglichten die Besetzung der Außenwelt.
Léon entdeckte neue Objekte, die er auf jede nur denkbare Art manipulierte; er entdeckte den angrenzenden Saal neben dem Raum für Wasserspiele, und so kamen wir zu Versteckspielen, verbalem Austausch außerhalb der Sichtmöglichkeit, zu Trennungsspielen von Weggehen und Wiederkehr hinter die andere Seite der Wand, skandiert von seinen Lachausbrüchen. Für ihn waren dies die ersten Momente wahren Lachens. Und gleichzeitig eine Gelegenheit, ihm zu zeigen, daß das verbale Verlangen auch außerhalb der Sicht erfolgen konnte. Wir hatten also begonnen, uns mit der Problematik von Weggehen und Wiederkehr, von Abwesenheit und Anwesenheit zu beschäftigen, Situationen, in denen lautliche Merkmale die mütterliche Rückkehr kennzeichnen, in denen das kleine Kind den Bereich betritt, wo es den Anderen ruft. Ganz genau das gleiche spielte sich zu dieser Zeit auch im Wasser ab; Léon ließ mich hinausgehen und rief mich zurück, wenn er etwas wollte (er klingelte

man beispielsweise sagte: »Du gräßlicher Hocker, ihr abscheulichen Kieselsteine, etc.«. Nach monatelanger Erforschung des mütterlichen Körpers verschwanden diese Krisen.

nach mir). Ende Juni 1973 begann ich mich dann ernsthaft zu fragen, wie das alles weitergehen sollte. Ich empfand es allmählich als bedrükkend, mich mit Léon in diesem Wasserraum einzuschließen und wollte lieber etwas anderes mit ihm beginnen. Er dagegen hatte ganz offenkundig große Lust an seinen Bädern und manifestierte dies unter anderem, indem er sich endlose Momente gönnte, in denen er, seinen Körper gegen den Grund des leeren Beckens gepreßt, seinen Penis hin und her bewegte. Dennoch, irgend etwas stimmte nicht; ich hatte den Eindruck, zum permissiven Zeugen einer unzulänglichen Lust geworden zu sein. Denn diese Augenblicke großer Spannung schienen regelmäßig auf eine immer tiefer gehende latente Unbefriedigtheit hinauszulaufen, deren Zeichen schlechte Laune und Aggressivität waren.

Ich nahm also an, es sei an der Zeit, etwas anderes einzuführen. Doch wenn die so gewonnene Lust ihn schließlich in Angst versetzte, was sollte man ihm dann anbieten, um diese Lust in größere Befriedigung umzuwandeln?[66]

Bald fingen die Ferien an und Léon fuhr mit uns in die Cevennen. Er verbrachte vierzehn Tage im Wasser und war nicht bereit, von dort wegzugehen. Das Schwimmbad war seine Höhle, er brachte sein ganzes Spielzeug und sein Essen dorthin und schlief auch dort, was zusätzlich noch durch das besonders warme Wetter begünstigt wurde. Wir ließen ihn gewähren, in der Hoffnung, daß er eines Tages genug davon haben würde.

Und tatsächlich, nach vierzehn Tagen kam er heraus und machte sich daran, seine Umwelt zu erforschen. Er entfernte sich immer weiter von dem Haus, bereit, alles zu entdecken; seine Hände wurden aktiv, konstruktiv, und vor allem beteiligte er sich an den Spielen der anderen Kinder. Aufgrund der Tatsache, daß er nackt, wie ein Wilder, nach seinem eigenen Rhythmus inmitten zahlreicher Erwachsener gelebt hatte, unter denen er immer einen fand, der ihn in seinem Verlangen unterstützte, wurde Léon ein erfinderischer kleiner Junge, der nicht mehr seine ganze Zeit mit Masturbieren verbrachte.

66 Jenseits des Lustprinzips gibt es immer irgendwo ein Unbehagen, das mit dem Todestrieb zusammenhängt. Damit man den Wunsch überhaupt auf sich nehmen kann, muß dieser von der Kastration markiert sein. Wie Lacan gezeigt hat, dreht sich das Dilemma nicht darum, *ob man den Phallus hat oder nicht hat,* sondern darum, anzuerkennen, daß das Subjekt *nicht der Phallus ist.* Nur von dort aus kann es den Wunsch erhalten (ohne ihn für null und nichtig zu erklären und ohne Gefahr zu laufen, an seine Stelle eine wahnhafte Neo-Realität zu setzen) (M. M.).

Von da an hatten wir den Eindruck, eine schwierige Klippe überwunden zu haben.
Etwas später fing die Schule wieder an, und Léon begann, bei einem Fliesenleger zu arbeiten. Nach dem ersten Arbeitstag kam er zurück und brachte als Geschenk winzig kleine Kacheln mit, die ihm nun als Ersatz für die Kieselsteine galten, die er in seiner »autistischen« Hand ständig bewegt hatte. Wenn er heute Kieselsteine findet, ist seine Beziehung zu ihnen nicht mehr dieselbe wie früher. So hält das autistische Kind das Geheimnis, das ihm diese Bezeichnung eingebracht hat, tief in seiner kleinen Hand, als wolle es dieses Geheimnis dort zurückhalten.
Ich habe von Léon gelernt, daß die aktiven Hände dem gesprochenen Wort vorausgehen, ja sogar seine Bedingung sind; und wenn man ein Kind nicht dazu anleitet, mit seinen Händen aktiv zu werden, heißt das, daß man es daselbst am Ort seines Geschlechts verstümmelt.
Hände, Lachen, Geschlecht und Sprechen, das ist die Spur, die dieses Kind mich gelehrt hat, seitdem wir uns gemeinsam auf den Weg gemacht haben; und jetzt ist es kein Krüppel mehr.

III. Ein Stück des Wegs außerhalb von Bonneuil

10. In der Werbeagentur

Aus dem Film »Vivre à Bonneuil«. Gespräch in einer Werbeagentur zwischen Michel und Alain X, unter Teilnahme von Guy Seligmann.[67]

Michel

Alain X.: Nun sag mir doch mal, Michel, als wir diese Bildergeschichte gemacht haben, diese hier ...

Michel: Ja.

– ... hier, und dann eine andere Bildergeschichte gesehen haben ...
– Ja.
– ... warum hast du sie da einfach zerrissen?
– Weil sie mir nicht gefiel. Ich hatte sie verschmiert (und außerdem war mir sowieso nicht danach).
– Und auf die andere, warum hast du da Gitter drauf gemalt?
– Gewitter?[68]
  Ja. Gibt es denn Gitter in Bonneuil?
– Gewitter?
– Nein! Gitter! ... Gitter! Gitterstäbe.
– Ah! Solche ... Ja.
– Nun, und warum hast du also Gitter drauf gemalt?
– Weil ich eine schöne Zeichnung machen wollte, und dann ist sie mir doch mißraten. Ich habe mir gesagt: »Ich werde es nicht wieder ge-

[67] Dieser Dialog enthüllt die Absurdität einer pädagogischen Haltung – das Bestehen auf der Regel um der Regel willen. Wenn das die Fernsehzuschauer schockiert hat, so natürlich deshalb, weil sie annahmen, hier handele es sich um eine Art von *Pädagogik*, wie sie in Bonneuil betrieben wird. Das ist nun aber keineswegs der Fall. Es ist vielmehr eine der Formen, die die Arbeit mit einem Handwerker annehmen kann, eine Deformation der Lehre. Dennoch hatte die Beziehung des Lehrlings zu dem Handwerker in dem Maße wohltuende Effekte, in dem der Widerspruch gestattet war (M. M.).

[68] A. D. Ü.: Im französischen Text heißt es hier:
– Pourquoi, dans l'autre, tu avais mis des grilles?
– Des gris?
– Oui. Il y a des grilles à Bonneuil?
– Des gris?
– Non! Des grilles! ... Des grilles! des barreaux.

nauso machen, wie letztes Mal.« Und dieses Mal habe ich ja auch keine Gitter drüber gemacht.

– Stell dir nur mal vor, und ich, ich habe tatsächlich geglaubt, in Bonneuil gäbe es Gitter. Als ich dann Francine gestern traf, erfuhr ich von ihr, daß es in Bonneuil gar keine Gitter gibt.

– In Bonneuil soll es keine Gitter geben!! Natürlich gibt es welche! Gleich vor dem Türeingang!

– Sie hat mir gesagt, das wäre ein Pavillion.

– Na gut, ja, aber es gibt eine Tür, und dann sind da eben auch Gitter. Tut mir leid! Da steht ein kleines Mäuerchen, ungefähr eins fünfzig hoch, und dann ist da noch ein Gitter.

– Ja, aber das ist nun doch auch nicht das Wichtigste.

– Nein, das natürlich nicht. Und übrigens ist es jetzt gar nicht mehr da.

– Na gut! Also, willst du mir nicht jetzt mal etwas von dieser Geschichte erzählen?

– Liest du?

– Nein, fang nur an!

– »Jeden Morgen komme ich mit dem kleinen Bus von Herrn Guérin in Bonneuil an. Dann müssen wir uns an einem Tisch versammeln, um über unseren Tag zu sprechen. Das nennt sich Plauderstündchen.

Danach muß man arbeiten gehen. Einige machen die Einkäufe, andere gehen in den Garten. Und dann gibt es noch die Bibliothek.

Danach gehen wir essen, und dann kommt der Augenblick, wo wir Freizeit haben. Ich gehe immer mit meinen kleinen Freunden spielen. Während dieser Zeit trinken die Erwachsenen drinnen ihren Café.

Dann gehe ich wieder in die Bibliothek zurück, bis es Zeit ist, nach Hause zu fahren. Ich muß mich fertig machen und sage meinen ganzen Freunden auf Wiedersehen.

Dann fahre ich mit dem kleinen Bus von Herrn Guérin wieder nach Hause.«

– Gut. Ich habe nur den Eindruck, daß deine Zeichnung, die du da gemacht hast, ein bißchen beschränkt ist, denn siehst du, . . .

– Ich komme an.

– Ja gut, du kommst also mit dem Bus von Herrn Guérin an. Und dann sagst du, man muß dies und jenes, man muß arbeiten gehen. Einige machen die Einkäufe.

– Nach dem Plauderstündchen gibt es eben bestimmte Aktivitäten. Man wird in Bonneuil doch nicht einfach wie die Blöden in der Ecke sitzen bleiben und Däumchen drehen. Also geht man arbeiten. Manche kaufen Essen ein, und manche gehen in den Garten, dem Erzieher Gesellschaft leisten, damit keine Sachen über die Mauer geschmissen werden, verstehst du? Sie werfen nämlich Messer und Steine, und dann beschweren sich die Leute! Siehst du, der da geht gerade einkaufen. Er fragt Didier, ob er mitkommen will. Er ruft ihn. Er trägt einen Korb, na ja, es ist eher eine Einkaufskarre, die er schiebt, aber egal ...

– Was ich nicht verstehe, also, ich sehe das nicht so recht; es gibt doch wohl auch Leute, die euch in Bonneuil irgendwie betreuen, hm? Du nennst zum Beispiel Didier.

– Didier ist ein Kind. – Und das da ist der Erwachsene. Siehst du, er hat eine Pfeife. Ich dachte dabei an Gérard, den, der sich um mich kümmert; hauptsächlich dann, wenn ich zum Arbeiten aus Bonneuil herausgehe.

– Na gut.

– Für mich heißt das dann, die Schmuckwerkstatt, in der ich früher war.

– Aber von den Erziehern, die ihr habt, ... du nennst keinen einzigen von ihnen.

– Nein. Weil ... ich sage dir doch, ich spreche von mir und allem, was ich sehe, und allem, was ich weiß, was in Bonneuil passiert. Ich spreche nicht speziell von Kindern, von den Großen und dem ganzen Kram. Ich weiß, daß ich morgens ankomme, daß Kinder da sind, ich sehe Kinder, wie sie zur Arbeit gehen – verstehst du? – und wie sie dann spielen gehen. Ich weiß, daß ich danach in die Bibliothek gehe, immer so gegen zehn Uhr, gegen elf, halb zehn, nein warte! gegen zehn, oder ... ich weiß auf jeden Fall, daß das so ist. Später, ungefähr um viertel vor zwölf, müssen wir dann essen gehen.

– Gut. Also ...

– Nach dem Essen steht man wieder auf. Und da, da gehe ich gerade in die Bibliothek zurück, gegen halb drei, nach der Freizeit – siehst du, davon erzähle ich hier, wo »Freizeit« steht. Und dann wird es halb fünf, oder vielmehr viertel vor vier, und ich sage Didier auf Wiedersehen, na ja, also diesen beiden Personen da. Was soll ich denn machen, im ganzen sind es mindestens zehn Leute, denen ich auf Wiedersehen sage; aber ich habe nicht genügend Platz. Jedenfalls, ich verstehe mich schon.

– Ich möchte noch eines sagen: Bei einer Bildergeschichte gibt es immer eine Richtung, in der man lesen muß; ungefähr wie wenn man mit der Hand schreibt. Wenn du also am Ende angekommen bist, so, am Ende deiner Zeile, fängst du hier wieder an ...

– Ich habe keine Lust, das so zu machen, ich nicht.

– . . . immer von links nach rechts. Siehst du? Du hast deine Bildergeschichte auch in dieser Richtung angefangen. Und dann, als du da angekommen bist, hast du einfach da drunter weiter gemacht.

– Das heißt, ich habe so angefangen, wie wenn man schreibt.

– Und dann hast du in umgekehrter Richtung weiter gemacht, so, und dann hast du hier wieder angesetzt. Du mußtest überall Pfeile hinmachen, um zu erklären, daß dieses Bild an das da anknüpft; und dann an das, an dieses und schließlich an das, hm!

– Dieses hier, das ist da, wo man einkaufen geht; weil ich doch hier keinen Pfeil hinmachen kann. Also ich, was ich gern machen würde, wäre eine andere Bildergeschichte über . . . ein eigenes Thema?

– Ein eigenes Thema. Kein vorgeschriebenes Thema, ein freies Thema, aus der Vorstellung heraus. Aber dabei hätte ich nun gern, daß du keine Pfeile hinmachst und die Leute zwingst, auf diese Weise etwas zu verstehen. Ich möchte, daß die Leute es einfach so verstehen.

– Und wenn sie es nicht verstehen?

– Ja nun, wenn sie es nicht verstehen . . .

– Müssen sie es denn verstehen, ohne sich dabei etwas anzustrengen?

– Deine Eindrücke müssen so dargestellt sein, daß sie sich ganz von alleine lesen.

– O. K.

– Ohne Hinweise durch Pfeile, und ohne die Richtung anzugeben.

– O. K. Also immer, wie man schreibt, siehst du, so: Ein Punkt, dann die Reihe. Tick-tacke-tick, tock!

– Nicht unbedingt.

– Doch natürlich! hör mal! wenn du doch nicht willst, daß ich Pfeile mache. Zuallererst mache ich jetzt mal einen Text und erzähle diesen Text in zwei drei Bildern.

– Einverstanden. Gut! Was willst du denn als Thema nehmen? Na egal, nachher sprechen wir sowieso darüber. Also los, fangen wir an, hm?

– Ich weiß nicht so recht. Ich sage dir erst mal, welche Farbe ich brauche.

– Also, ich warne dich, im übrigen . . .

– Ich fange immer mit den Farben an.

– . . . hast du nur ein einziges Blatt.

– Ja.

– Und es kommt nicht in Frage, wieder von vorn anzufangen, irgend was zu zerreißen. Du fängst an einem Ende an, und dann mußt du auch am anderen Ende ankommen; und fertig. Ob gut oder schlecht, hm!

– Ob gut oder schlecht! Kann ich zuerst nur die Felder malen?
– Nein. Nein, weil ...
– Damit ich sehen kann, was ich ausfülle. Wenn ich nämlich die Felder zu groß mache oder zu klein! Ich muß ungefähr sehen, was ich dann in das Feld hineinmale, und das Feld in die Reihe bringen mit dem, was drinnen ist.
– Aber nicht das Feld macht die Zeichnung, sondern die Zeichnung macht das Feld.
– Das stimmt. Zuerst muß man die Zeichnung machen, und dann muß man sie einrahmen, nicht wahr?
– Wenn du es nämlich anders herum machst, stehst du schließlich da wie die Leute, die eine Oberfläche malen und sich dann auf diese Oberfläche beschränken. Und hier hast du keine Grenzen, was? Du hast Malstifte, du hast Papier, du kannst malen, was du willst und so viel Raum nehmen, wie du willst.
– Meine Felder sind nicht dafür da, damit ich ...
– Nur die Zeichnung, das, was du in deiner Zeichnung darstellen wirst, gibt dir den Raum an. Und nicht umgekehrt, hm.
– Sonst stehe ich unter Zwang.
– Was ich möchte, ist Folgendes; also da, da fängst du an; und, siehst du, schon hast du ein Problem, das ich selbst gut kenne. Du stehst vor einem weißen Viereck, und was tust du nun? Was ist eigentlich los, hm? Es gibt nichts schlimmeres als ein weißes Viereck.
– O. K.
– Also, weißt du eigentlich, ehe du anfängst, schon genau, was du vorhast? Zu welchem Thema du Lust hast, über was du sprechen möchtest?
– Na ja, ich muß eben darüber nachdenken. Warte mal 'ne Sekunde.
– Ich für meinen Teil glaube, man müßte doch vorher darüber reden. Welches Thema man ... Na gut, letztes Mal hast du zu mir gesagt: »Du hast mir eine Zeichnung vorgeschrieben; das finde ich nicht gut; dazu habe ich keine Lust.« Wir haben zweimal wieder von vorn angefangen. Nun sage ich dir: »Jetzt ist dir gar nichts vorgeschrieben. Du machst einfach die Zeichnung, die Bildergeschichte, die du willst, und erzählst, was du willst.« Nun hast du aber vorhin gesagt: »Prima! Na gut, ich erzähle dann mein Leben.« Und etwas später hast du ge-

sagt: »Nein, ich werde die Geschichte von einem Kaninchen erzählen.« Das sind schon zwei ganz verschiedene Sachen. Ich möchte also gern, daß du mir sagst ...

– Welche von beiden? Vielleicht die von dem kleinen Kaninchen.

– Du willst lieber die Geschichte von dem kleinen Kaninchen erzählen, und nicht deine eigene? Einverstanden! Da brauchen wir vorher noch das, was man einen »Entwurf« nennt. Einen »Entwurf«, das heißt, die groben Züge dieser Geschichte. Ein kleines Kaninchen ...

– Soll ich sie kurz zusammenfassen, in ein paar ...

– Ja genau. Noch ehe man überhaupt anfängt. Denn vielleicht kommen Sachen vor, die für die Darstellung gar nicht interessant sind; andere dagegen sind vielleicht gerade für die Darstellung besonders interessant.

– Schon O. K. Kann ich dir jetzt die Geschichte erzählen?

– Ja, hier, da drauf machst du mir jetzt erst mal eine Zusammenfassung von dieser Geschichte.

– Mündlich? Na gut; dann spreche ich eben ganz leise. Es war einmal ein Kaninchen, und das hieß Jeannot.

– Richtig.

– Es wohnt ... Jeannot wohnte in einem Bau ... irgendwo unter der Erde – also, auf jeden Fall vermutet man ihn da. Eines Tages kam sein Freund, der Waschbär, zu Besuch ... Ach! Scheiße! Ich weiß gar nicht, wie man die macht, die Waschbären. Ich kann nicht zeichnen. Warte, man kann ja einfach ... Er bekommt Besuch von seinem Freund – es ist eben ein anderes Kaninchen; das geht nicht schwer, zwei Ohren und fertig! ... seinem Freund, Clapo! Warum nicht?

– Einverstanden!

– ... seinem Freund Clapo. Sie gehen zusammen aus; dann kommen sie auf ein Feld und klauen einen Salat. Dafür braucht man zwei Bilder, eins, wo sie auf dem Feld sind, und ein anderes, wo einer von beiden in den Salat schleicht.

– Ja.

– Dann nehmen sie ihre Beine in die Hand und hauen ab, so schnell sie nur können. Sie kehren in ihren Bau zurück. Ein linkischer Jäger hat sein Gewehr in das Loch gesteckt. Er hat die Kaninchen gesehen und will sie töten. Aber die Kaninchen sind sehr gewitzt und stopfen ihm ein Stück Holz ins Gewehr. Bumm! Sie platzen vor Freude – kannst du dir das Gewehr vorstellen? Die Kugel geht nach hinten los, bumm! und die ganze Ladung platzt ihm mitten ins Gesicht.

– Dem Jäger? Na gut, von mir aus.
– Sie hauen ab, so schnell sie nur können, und dann platzen die Kaninchen vor Lachen.
– Gut! O. K.! Und nun machst du Folgendes; zuallererst stellst du die Figur vor, das Kaninchen. Ich für meinen Teil glaube jedenfalls, genau das müßte das erste Bild sein, siehst du, zuerst . . .
– Und wenn vom Kaninchen die Rede ist, sagt man dann »ich«?
– Nein, so geht das nicht.
– »Ich heiße Jeannot, ich habe einen kleinen Freund.«
– Nein, du sollst den Leuten doch durch die Bilder eine Geschichte erzählen; da mußt du ihnen an erster Stelle die Figur zeigen. Nachher wissen sie dann, wie sie aussieht.
– Also ein ganzes Feld für ihn allein?
– Nicht notwendigerweise. Ich sage dir ja nur die Elemente, die man unbedingt zeigen muß. Für den Rest, machst du, was du willst, hm.
– Man sagt doch: »Es gibt ein Kaninchen, das in einem Bau wohnt.« Da könnte man doch vielleicht eine Art Grotte machen.
– Also: die Figur ist hier das Kaninchen; und das »Ambiente« ist sein Bau oder . . .
– O. K. Los, fangen wir an!
– . . . die Landschaft, in der es lebt, und sein Freund, der Waschbär.
– Nein! Das Kaninchen Clapo; das Kaninchen! Ich habe doch gesagt, daß es leichter ist, ein Kaninchen zu machen als . . .
– Du willst also zwei Kaninchen machen?
– Zwei Kaninchen.
– Aber dann muß man sie gut unterscheiden, denn sonst könnte man sie leicht verwechseln . . .
– Sag, die Kaninchen, die sind alle ungefähr gleich, was?
– Wenn du nämlich in ein und derselben Bildergeschichte zwei Kaninchen hast, kommt irgendwann ein Punkt, wo man nicht mehr weiß, welches das eine und welches das andere ist, verstehst du?
– Und wenn man Sprechblasen drüber macht?
– Trotzdem müssen die Kaninchen ein bißchen eigene Persönlichkeit haben.
– Dem einen setze ich einfach eine Brille auf, und dem anderen nicht.
– Zum Beispiel!
– Und damit man es genau versteht, mache ich auf dem ersten Bild, auf dem ich von Jeannot spreche, eine Brille hin und darüber noch eine Sprechblase mit »Guten Tag, Clapo!«.

– Du kannst Jeannot genau definieren. Auf dem ersten Bild kannst du ihn beschreiben. Zum einen kannst du ihn zeichnen, und dann kannst du ihn auch noch beschreiben und ...
– Aber nein, da ist doch ... O. K. Auf dem zweiten Bild macht man einen Pfeil über das Kaninchen mit der Brille, und in die Sprechblase schreibt man »Jeannot ...«. Nein, nein, nein, man sagt: »Guten Tag, Clapo!« Folglich kann das nicht Jeannot sein. Denn es sagt ja: »Guten Tag, Clapo!« Er wird sich ja wohl nicht selbst guten Tag sagen. Und in die andere schreibt man: »Guten Tag, Jeannot!«
– Aber das, das kommt ja erst später. Jetzt kannst du erst mal anfangen, das eine Kaninchen zu zeichnen, das heißt, die Hauptfigur, das Ambiente um sie herum, und danach geht dann die Geschichte los. Fangen wir an?
– Und hier schreibe ich hin – kann ich etwas hinschreiben, bevor ich die zweite Zeichnung anfange, wo Clapo zu Jeannot zu Besuch kommt?
– Also von mir aus bist du jetzt vollständig frei und kannst machen, was du willst. Jetzt habe ich alle Elemente beisammen, und ich habe dir gesagt, was du ungefähr machen kannst. Und jetzt bist du dran.
– Ich mache einen Eingang für die Grotte, hm? Sag doch?
– Warum bist du denn eigentlich so blockiert?
– Ich möchte Sprechblasen machen. Aber es werden nicht genug, um alles hinzuschreiben, was ich sagen will. Ich würde am liebsten ...
– Na gut. Da hast du zwei Möglichkeiten; entweder schränkst du dich ein in dem, was du sagen willst, oder ...

Guy Seligmann: Welche Art Arbeit wird denn hier gemacht?
Alain: Das hier ist ein Kreativshop; wir machen Graphik aller Art, in zwei oder in drei Dimensionen, also auch Displays; und daneben betreiben wir noch eine kleine Werbeagentur, die für das Verlagswesen und verschiedene andere Produkte arbeitet; genau wie jede andere Werbeagentur.
G. S.: Und wie kam Michel dazu, hier zu arbeiten?
Alain: Als man uns gebeten hat, Michel aufzunehmen, war ich ganz und gar dafür. Ich habe mir nicht einmal die Frage gestellt, ob das in einem Arbeitskontext wie dem unsrigen Schwierigkeiten machen würde.
Also kam Michel eines Tages hier an. Wir haben uns natürlich trotzdem auch ein bißchen nach der Meinung der anderen erkundigt; die Erfahrung hat uns interessiert.

Und schon nach kürzester Zeit wurde uns klar, daß das gewisse Probleme mit sich brachte, jedoch keineswegs *die* Schwierigkeiten, auf die man uns vorbereitet und vor denen man uns gewarnt hatte. Denn die einzigen Probleme, denen man dabei begegnet, sind solche, wenn zum Beispiel das Telephon klingelt; dann kommt es vor, daß Michel mitten in eine Diskussion hineinplatzt; oder wenn ein Kunde kommt, daß er sich nicht darüber im klaren ist, daß ein Kunde da ist; oder wenn jemand an einem Display arbeitet, daß er sich nicht darüber im klaren ist, daß diese Person sich auf die Arbeit konzentrieren muß.
Es ist also bei Michel vor allem dieser Zug des Störenfrieds, der zum Problem werden kann. Aber in dem Augenblick ist er dann immer mit den anderen konfrontiert, genau wie er sich im Leben oder auf der Straße konfrontiert sähe, und dann läßt er sich wieder auf seinen Platz weisen, wie jeder andere auch, unter den gleichen Bedingungen; entweder er fügt sich, oder er fügt sich nicht.
Michel: Was mir gefällt . . . Also es gefällt mir nicht immer, etwas zu tun, was ich überhaupt nicht im Sinn hatte. Oder sobald man mir sagt: »Du mußt dies und jenes machen und dann, dann kannst du machen, was du willst!« Zu einer Bildergeschichte über Bonneuil hatte ich überhaupt keine Lust.
Alain: Wie bitte?
Michel: Ich habe gesagt, daß ich überhaupt keine Lust hatte, etwas über Bonneuil zu machen. Ich wollte Bonneuil vor der Tür lassen und meine eigene Arbeit tun.
G. S.: Und was ist deine eigene Arbeit? Was würdest du hier am liebsten machen?
Michel: Arbeiten eben. Von mir sprechen, von meiner Arbeit.
Alain: Das heißt, da gibt es zwei Möglichkeiten. Es gab die Möglichkeit, daß Michel einzig und allein hierherkommt, um sich zu beschäftigen und sich die Zeit zu vertreiben. Das ist nicht besonders interessant. Aber trotzdem ist man gezwungen, auch das durchzumachen, um überhaupt bei der zweiten Möglichkeit anzukommen; der Möglichkeit nämlich, einen beruflichen Rahmen zu finden, wo er Gelegenheit hat, sich auszudrücken, und gleichzeitig andere Leute technisch an ganz bestimmten Sachen arbeiten sieht; sich also beruflich weiterzubilden, sofern ihn das interessiert.
Das ist der schwierigste und empfindlichste Punkt überhaupt. Dieses Stadium haben wir noch nicht erreicht. Und ich glaube, das braucht auch noch einige Zeit.

Auf jeden Fall haben wir überhaupt keine Lust, eine reine Berufsausbildung zu machen; aber wir haben ebensowenig Lust, Michel die Tür einzig und allein zu dem Zweck zu öffnen, daß er sich hier seine Zeit vertreibt und dann wieder geht, ohne irgendeinen Nutzen daraus gezogen zu haben.

. . . .

Michel: Ich dürfte diese Frage gar nicht stellen, weil ich das normalerweise in der Schule lerne; aber »Jeannot«, wie schreibt sich das eigentlich? J . . .?

Alain: E, A, doppel N, O, T.

Michel: J, E, A . . .

Alain: Ich glaube jedenfalls. Weißt du, die Eigennamen, die kann man schreiben, wie man will.

Michel: Doppel N, doppel N.

Alain: O, T. Aber du kannst auch schreiben, J, A, N, A, U, D, wenn es dir Spaß macht.

Michel: Nein nein, ich weiß genau, das schreibt sich nicht mit AU, sondern mit OT.

. . . .

Alain: Eines ist uns übrigens aufgefallen; als Michel nämlich hier herkam, kam er in eine, sagen wir, sympathische Umgebung, weil wir immer ein bißchen Musik laufen lassen, dann haben wir einen Hund, und außerdem wird hier eine Arbeit gemacht, bei der manchmal Tonbänder oder recht seltsame und interessante Materialien benutzt werden, was bei Michel möglicherweise den Eindruck erweckt hat, diese Arbeit sei ein Spiel. Vielleicht hatte er das Gefühl, daß die Arbeit hier ein Spiel ist. Und damit hat er übrigens gar nicht so Unrecht, weil tatsächlich eine gewisse Lust dabei ist; es ist eben etwas Schöpferisches, das ist wahr. Darin liegt der angenehme Aspekt unserer Tätigkeit. Nur, in Wirklichkeit ist man eben nicht zum Spaß da.

Da ist es also ein paarmal vorgekommen, wenn ich nicht da war – ich habe nämlich den Eindruck, daß er eine Person braucht, die ihm von Zeit zu Zeit ein wenig den Kopf zurechtsetzt – wenn ich nicht da war, daß die Kontrolle über Michel verlorenging. Das heißt, er hatte die Tendenz, meine Abwesenheit ein bißchen auszunutzen. Kürzlich ist es ihm passiert, daß er vor die Tür gesetzt wurde, genau wie jemand, der allzu sehr stört oder der nicht der Arbeit entspricht, die man von ihm erwartet.

Man hat ihn also freundlich aufgefordert, nach Haus zu gehen und erst dann wiederzukommen, wenn er die Absicht hätte, zu arbeiten.
G. S.: Findest du das richtig, Michel, was Alain eben gesagt hat?
Michel: Ja.
G. S.: Du bist der Ansicht, daß du eine bestimmte Arbeit auch wirklich machen mußt?
Michel: Genau.

. . . .

Alain: Also, Jeannot knabbert an einer Mohrrübe.
Michel: Er sitzt auf einem Hocker und wartet, wartet einfach so.
Alain: Ja, auf seinen Freund Clapo? Gut!
Michel: Da kann man eine Sprechblase hinmachen.
Alain: Oh ja, gut, du kannst eine Sprechblase machen, wo er sagt . . .
Michel: Oder vielleicht denkt.
Alain: Ich weiß nicht. Da, da sagt er guten Tag. Er sagt: »Guten Tag, alle miteinander! Ich bin Jeannot!«
Michel: Nein, er knabbert an seiner Mohrrübe, er frißt ganz artig an seiner Mohrrübe und wartet; er weiß nicht, was er tun soll, verstehst du. Er will nicht an den Nägeln kauen, denn schließlich ist er ja gut erzogen. Ich weiß nicht genau, wie ich es sagen soll. Er ist eben ein ganz normales Kaninchen. Er bleibt artig in seinem Bau, sitzt auf seinem Hocker und knabbert an einer Mohrrübe.
Alain: Gut!
Michel: Er weiß, in ein paar Sekunden, vielleicht auch ein paar Stunden oder eher ein paar Minuten wird sein Freund Clapo hereinkommen. Er wird dann tock-tock-tock an der Türe hören. Soll ich dieses Bild jetzt machen?
Alain: Letztes Mal hattest du mehr Farben in deinen Zeichnungen.
Michel: Das kann ja noch kommen, weißt du.
Alain: Aber da war etwas ganz besonders Gutes dran; etwas, was mir sehr gefallen hat, siehst du, da bist du nämlich sofort in die Farben gegangen, hm, ohne die Formen zu umreißen. Und heute, ich weiß nicht warum, heute machst du lauter Umrisse; du machst zu viel Umrisse.
Michel: Obwohl, du weißt nicht, warum, und ich weiß es auch nicht.
Alain: Ja; aber mir wäre es sehr recht, wenn du versuchen würdest, herauszufinden, warum.
Michel: Und warum soll man die Farben nicht nachher machen? Wenn ich nämlich zu spät dran bin, sage ich mir: »Scheiße! Ich habe nicht ge-

nug gemacht!« Jetzt beeile ich mich schnell; ich mache alles in Schwarz-Weiß, und dann mache ich nachher die Farben drauf! Du hast doch selbst gesehen, wie blitzeschnell das geht! Und dann nur noch so ein Kreis mit Strichen drauf, und ich verspreche dir, das ist eine Figur. O. K.!

Alain: O. K.

Michel: Ich mache jetzt mit diesen beiden Farben da. O. K.! Und dann nachher das Kaninchen, wie die Kastanien, ich kann es ja einfach von oben bis unten mit diesem Braun anmalen oder auch mit einem anderen Braun. Siehst du? Prima! Und du, sagst du nun auch, daß es gut ist? Prima! O. K.!

Pascale, wie spät ist es bitte?

Pascale: Du weißt doch, ich habe nie eine Uhr bei mir.

X.: Viertel nach elf.

Michel: Viertel nach elf! Gut! Klappe zu.

Michels Geschichte »Jeannot und Clapo«

Jeannot knabbert an einer Mohrrübe.
Er sitzt auf einem Hocker. Er wartet auf seinen Freund Clapo.
Plötzlich klopft jemand an die Tür: tock-tock-tock . . .
– »Bist du es, Clapo? Komm herein!«, ruft Jeannot.
Und Clapo betritt den Bau von seinem Freund Jeannot.
– »Wie geht es dir, Jeannot?«
– »Danke gut, und dir Clapo?«
Nach den Höflichkeiten trinken die beiden Freunde auf ihr Wohl.
Dann . . . ein paar Minuten später, ruft Jeannot:
– »Sollen wir nicht etwas in den Garten gehen?«
Sie gehen in den Garten. Sie stehlen eine ganze Reihe Salatköpfe und gehen wieder in ihren Bau . . . schließlich . . . sie kehren mit ihrer Beute, ihren Salatköpfen in den Bau zurück.
Und dann hat der Jäger sie erwischt. Er stürzt sich auf sie, er steckt, er bohrt sein . . . sein . . . sein Gewehr in das Dingsda . . . in den . . . in den Bau eben, er schießt. Aber gerade vorher hat Clapo ihm noch etwas ins Gewehr gestopft, einen kleinen Stock, und bumm! sie platzen vor Lachen, weil die ganze Ladung ihm mitten ins Gesicht geplatzt ist.
Fertig!

11. In der Küche

Zusammenfassender Bericht von Alain Vanier mit anschließender Diskussion zwischen Jean-Jacques Bouquier, Jean Cahors, Robert Lefort, Hélène Marchadier, Francine Muel, Dominique Misset, Maud Mannoni, Michel Polo und Gilles Van Hove.

I.

Voriges Jahr hat Paul von März bis Juni als Praktikant in der Küche einer Pariser Universitätsmensa gearbeitet. Danach entschloß sich der Direktor, ihn als Küchenjungen anzustellen und ihn ab Semesterbeginn auch zu entlohnen.
Als Paul Mitte September wieder anfing zu arbeiten, war ein Teil des Personals noch in den Ferien. Ihm wurde die Pflicht auferlegt, umschichtig für den Abwasch zu sorgen. Das zu ertragen sollte ihm um so schwerer fallen, als dies einige Jahre zuvor seine allererste Arbeit gewesen war. Vielleicht aus diesem Grunde, sicherlich aber auch wegen seiner Erlebnisse während der Ferien, versuchte er nun, da er sich erniedrigt fühlte, sich unter Berufung auf das gesellschaftliche Prestige seines Vaters wieder aufzuwerten. Diese Bezugnahme war für Paul um so einfacher, als sich seit dem Tod seines »kleinen Bruders« im Juli sein eigener Platz innerhalb der Familienkonstellation verändert und sich im gleichen Zuge auch die Bedeutung, die der Erfolg seiner Arbeit repräsentierte, gewandelt hatte.
Durch sein ständiges Gerede über das Geld seines Vaters, seine Ferien auf den Balearen und die Geschenke seiner Eltern machte sich Paul dem Küchenpersonal innerhalb kürzester Zeit unerträglich, bis er sich plötzlich in einer klassenspezifischen Forderung als Sündenbock wiederfand. Der zweite Chefkoch sagte: »Wieder mal sind wir es, die Armen, die sich die Söhne reicher Väter auf den Hals laden müssen, wenn sie verrückt sind.«
Es war also Paul, der die Last der Zugehörigkeit zur Bourgeoisie, die ganze »Familienschande« zu tragen hatte; an ihm war es, dafür zu

zahlen. Übrigens war im gesamten Diskurs der Fakultät zu jener Zeit, als Paul dort Lohnabhängiger wurde, sehr viel vom »Bezahlen« die Rede.

Von nun an wird er vollständig abgelehnt; in einer Küche, wo alle weiß angezogen sind, behält er seinen blauen Kittel.

Er funktioniert als der »Verrückte« aller anderen. So etwas war zwar schon im vorigen Jahr gelegentlich vorgekommen; aber damals war die Arbeit vorrangig geblieben und einige wenige Aussprachen mit dem Personal im gegebenen Moment hatten erlaubt, weitere Schwierigkeiten zu vermeiden.

Nun aber wird auf jedes Verlangen, das Paul in Hinsicht auf die Arbeit äußert, immer nur eines geantwortet, immer nur eines wird ihm zurückgegeben, nämlich sein »blödsinniger« Diskurs – den er übrigens auch bereitwillig liefert (man antwortet ihm beispielsweise: »Na Paul, erzähl doch mal, was hat die B. B. denn mit dir gemacht?« oder: »Wann schlägst du denn endlich Eddy Merckx?« etc.). Innerhalb der Gruppe erscheint er als Träger eines Ausdrucks des Verdrängten. Er ist der Zuschauer, dem man homosexuelle Mimen oder gewalttätige Spiele vorführt, und gleichzeitig ist er für manche auch der Akteur ihrer Phantasmen – wie der Fleischer in seinem Verhältnis zu den Küchenfrauen. Eben dieser Fleischer hatte den Platz des Verrückten vorher inne. In Paul fand er nun jemanden, der an seine Stelle treten konnte, und so bediente er ihn regelrecht als Verrückten. Er nährte Paul mit seinen Phantasmen, indem er ihm beispielsweise ein Photo mit einer Widmung von Brigitte Bardot gab. Paul sagte dann übrigens: »Er hat mich ganz schön gefickt, der Fleischer mit seinen Frauen.«

Da man von Paul einen verrückten Diskurs verlangt, fängt er an, sich selbst zu überbieten. Im Zeitraum von einer Woche putzt er sich die Nase an einer Vorspeisenplatte, macht eine Soße ungenießbar und bedroht den Bäcker mit einem Messer. Der Direktor ruft in Bonneuil an und verkündet seine Absicht, ihn zu entlassen. Dennoch wird beschlossen, daß Paul den angebrochenen Monat noch zu Ende macht.

Die letzten Wochen sind außerordentlich hart für ihn. Was die eigentliche Küchenarbeit anbelangt, ergeht für ihn ein striktes Verbot. Paul hat keinen Zugang mehr zur Zubereitung der Speiseplatten. Er ist auf untergeordnete und quasi nutzlose Aufgaben verwiesen; er muß die Öfen sauber machen, oder aber man beschäftigt ihn stundenlang mit einer Arbeit, die der verantwortliche Tellerwäscher dann in zehn Minuten noch einmal macht. Es ist genau so, wie der Direktor sagt: »Er ist zu nichts nutze; die Jungs wollen ihm keine Arbeit mehr geben.« Die Beziehung zu den Angestellten läuft nicht mehr über ein Gesetz der Arbeit, sondern beschränkt sich auf eine Verbannung des Wahnsinns, den Paul zu inkarnieren hat.

Er biegt die Situation ein wenig zurecht, indem er einfach schweigt, indem er »seinen Mund hält«, wie er selbst sagt; das wiederum veranlaßt den Direktor, einen neuen Vorschlag anzubieten, der dem neuen Platz, der Paul nun gewährt wird, genau Rechnung trägt. Er soll nämlich die Aufgabe erhalten, Flure und Treppen zu putzen, bei denen es tatsächlich ziemlich egal ist, ob sie sauber sind oder nicht. Niemand würde mit ihm zusammenarbeiten, aber er könnte seine Mahlzeiten in der Mensa einnehmen. Mahlzeiten, die Paul sowieso häufig allein einnimmt, bei denen er nicht mit den anderen in der Küche sitzt, sondern im großen Mensasaal, der zu dieser Zeit vollständig verlassen ist.

Mit einem Schlage ist der ganze Sinn der Arbeit des letzten Jahres zunichte gemacht. Alles, was hier und dort über den Sinn einer Arbeit hatte ausgetauscht werden können, ist verschwunden. Im Diskurs der Erwachsenen zeigt sich der Wille, so zu tun, als wäre das alles nie gewesen; und dieser neue Sinn der Vergangenheit wird Paul nun zugeschoben. »Es muß immer jemand bei ihm sein«, sagt man und macht uns damit zum Vorwurf, daß wir ihn im Oktober allein haben kommen lassen; plötzlich ist vergessen, daß die Dinge sich erst Ende letzten Jahres so entwickelt haben.

Schon als das Fernsehen Aufnahmen an seinem Arbeitplatz machte, hatte dies zu einer gewissen Nachlässigkeit in bezug auf die Arbeitsansprüche geführt. Man hatte eine größere Toleranz gegenüber jenem verrückten Sprechen gezeigt, das Paul und das Restaurant zu Stars gemacht hatte. Rückblickend erscheint das Fernsehen heute als Teil von Pauls Klassenprivilegien. Der Koch bedauert inzwischen, daß er Pauls Arbeit zunächst sehr gelobt hatte, weil »das das Problem verfälscht«.

Paul wird als jemand erlebt, der zugleich »ganz oben« und »ganz unten« auf der sozialen Stufenleiter steht. »Ihr Psychologen«, sagt man zu uns, »ihr wollt immer viel zu hoch hinaus; er wird nie Koch sein können.« Es läuft übrigens alles in diese Richtung, alles trägt dazu bei, den gewissen Unterschied zu kennzeichnen. In Wirklichkeit wird Paul in eine Situation gebracht, wo ihm die Arbeit, die in der Lohnabhängigkeit einen anderen Sinn bekommt, mißlingen muß. Die Frage, ob er denn nun bezahlt wird und wieviel er bekommen soll, wird hartnäckig immer wieder gestellt. Ein Verrückter ist zwangsläufig unproduktiv (genau dieser Unterschied wird mit dem Lohn eingeführt). In diesem Zusammenhang mußte ich an etwas denken, was Foucault[69] besonders hervorhob, als er auf die in den Anfängen üblichen Kriterien für die Internierung zu sprechen kam, ich meine den Müßiggang. Der Wahnsinn, so schreibt er, wurde »am sozialen Horizont der Armut, der Arbeitsunfähigkeit wahrgenommen«.

In der Mensa kam es zur gleichen Zeit zu einer Wiederaufnahme des segregativen Diskurses: »Man müßte mehr Krankenhäuser für diese Leute bauen; es ist schließlich nicht unsere Sache, uns darum zu kümmern; die Arbeit, die wir machen, ist schon schwierig genug.«

Paul seinerseits formulierte diesen Platz des Verrückten, diesen Platz des Nichts, der ihm nun wieder zurückgegeben war, indem er zu seinen Selbstmordgedanken zurückkehrte und seinen möglichen eigenen Tod mit dem seines kleinen Bruders in Verbindung brachte. Diese Rückkehr der Todesthemen, die seit Juni vollständig verschwunden gewesen waren, koinzidiert mit den Ereignissen in der Mensa und dem echten »Rassismus«, für den Paul sowohl als Bürgerssöhnchen als auch als Verrückter die Zielscheibe abgab.

Pauls Fortgehen sollte der Küche die Probleme zurückgeben, die seine Anwesenheit zu verschleiern erlaubt hatte. Und die wenigen Aussprachen mit dem ersten Chefkoch, dem zweiten Chefkoch und dem Direktor hatten allein den Effekt, einen Nachfolger für jenen Platz zu bezeichnen, den Paul leer ließ. Es war der Fleischer, der nun wieder mit allen Übeln belastet wurde. Er war es, so sagt man, der Paul den Idioten machen ließ; Ende Oktober verbot man ihm schließlich, mit dem Jungen zu arbeiten. Der Fleischer wurde übrigens krank und nahm Erholungsurlaub. Auf diese Weise sollte der Fleischer zum Sündenbock für Pauls schwierigen Fortgang werden; er sollte die gesamte Last tragen, damit institutionell auf keinen Fall etwas von dem gehört würde, was Pauls kurzer Aufenthalt an die Oberfläche gerufen hatte.

Was Paul angeht, er hat seinen Lohn bekommen und einen leichteren Übergang in ein Pariser Restaurant geschafft, wo er derzeit arbeitet.

II.

Maud Mannoni: Das Aufschlußreiche an dieser Beobachtung ist, zu zeigen, daß es nicht ausreicht, wenn die Kinder einfach zu Handwerkern

69 Michel Foucault, *Wahnsinn und Gesellschaft,* Frankfurt 1969, S. 97.

gehen, damit alles auf magische Weise wieder in Ordnung kommt. Es ist sinnvoll, an dieser Stelle noch einmal daran zu erinnern, daß sich die Mensaangestellten durch das Sprechen des Erwachsenen, der das Kind begleitete, durchaus entschädigt und bezahlt fühlten. Sobald kein Erwachsener mehr in dem Kreislauf war, ging es rapide bergab; das soll natürlich nicht heißen, daß ein Erwachsener aus Bonneuil auf Lebenszeit im Arbeitsprozeß zugegen bleiben müßte! Allerdings hängen unsere Mißerfolge oft damit zusammen, daß wir es eilig haben, den Jugendlichen ohne uns zurechtkommen zu sehen. Dabei verkennen wir, was Basaglia[70] unaufhörlich betont. Daß sich nämlich der Kampf, der dem Verrückten erlauben – oder eben nicht erlauben – wird, den Ausschluß, mit dem man ihn bedroht, zu überwinden, daß sich dieser Kampf in der Außenwelt abspielt. Wir haben die Pflicht, dem Jugendlichen zu helfen, jener Aggression, der er ausgesetzt ist, sobald er den Status als »voller« Arbeiter für sich in Anspruch nimmt, zu begegnen.

Robert Lefort: Paul befand sich an einem privilegierten, einem besonders dafür geeigneten Platz, als Verstärker des unterschwelligen Wahnsinns, der in jeder Gruppe zu finden ist, zu wirken.

M. M.: In seinem neuen Restaurant nimmt Paul nicht gerade einen privilegierten Platz ein; der Zugang zur eigentlichen Küche ist ihm bislang verboten. Nur im Vorraum der Küche, an dem Ort, wo die Vorspeisen gemacht werden, akzeptiert man ihn. Er empfindet diese Situation als Erniedrigung.

Dominique Misset: Das ist allerdings der Weg aller Lehrlinge.

R. L.: In meine Beratungsstelle sind schon Lehrlinge gekommen, die über ihre Lehre sprechen wollten: Was geschah dort eigentlich? Sie wurden nicht nur ausgebeutet, sondern sadistisch behandelt. Sie waren mehr oder weniger gut im Einstecken. Aber von Paul und all denen, die ihm ähnlich sind, kann man nicht verlangen, etwas einzustecken. Er wird nach allen Seiten ausschlagen, er wird explodieren, er wird das Untragbare einer Situation herausschreien (und sich selbst dabei zerstören). Das Problem der Lehre stellt sich in einem handwerklichen Milieu, wo die Gruppe relativ klein ist, anders als in einer erweiterten Gruppe, wie die in der Fakultät es war.

M. M.: Jede Gesellschaft hat ihre »Initiationsriten« in bezug auf das Erwachsenwerden; Riten, die nichts anderes sind, als Etappen, durch die der Jugendliche hindurch muß, um ein Mann zu werden (er wird

70 Franco Basaglia, *Die negierte Institution oder die Gemeinschaft der Ausgeschlossenen,* Frankfurt 1971.

»geschunden«, er wird davon »gezeichnet«). Was Paul passiert ist, lag außerhalb der Ritualisierung, in einem Kontext des Un-Sinns.

R. L.: In einer Gesellschaft wie der unsrigen gibt es keine Initiation mehr.

M. M.: Es gibt nur noch eine Mystifikation, das heißt, ein Imaginäres, das stets in Spiegelkämpfe mündet; man fällt zwangsläufig auf die Schnauze.

R. L.: Außerdem ist immer derjenige, der zuletzt zu einer Gruppe von Lehrlingen hinzukommt, berufen, die Funktion des Opfers zu übernehmen. Diese sadistische Wahrnehmung des anderen wird von Jugendlichen wie Paul durch ihre Wahrheitsfunktion bloßgestellt.

M. M.: Aber im Club Méditerranée, wo er sich in einer vorwiegend bürgerlichen Welt befand, hatte Paul ebenfalls die Funktion des Verrückten inne. Kaum war er im Ferienlager angekommen, wollte er auch schon als der Supermann des ganzen Ortes gelten; dieses Ziel suchte er durch eine Art Kampf auf Leben und Tod mit seinem Vater zu erreichen. Es ist, als könne es keinen Erfolg für beide (den Vater und den Sohn) gleichzeitig geben.

Es war nicht irgendein beliebiger Augenblick, in dem Paul jenen Diskurs einführte, der ihn dann in Gegensatz zu den anderen bringen sollte. Das gleiche gilt für Jacques. Für ihn lief alles prächtig, solange er die Autos zu seinem eigenen Vergnügen auseinandernehmen und wieder zusammenbauen konnte. Die schlimme Wendung kam erst in dem Moment, als er den Wunsch äußerte, ganz allein für das Auto verantwortlich zu sein (der einzige Herr zu sein). Der Meister antwortete ihm darauf: »Die gesetzmäßige Verantwortung liegt bei mir; die Reparaturen müssen überprüft werden.« Jacques konnte es nicht ertragen, aus einer megalomanischen Allmachtsposition ausquartiert zu werden. Er hat den Arbeitern eine Rede gehalten, den Diskurs eines Bürgersöhnchens; aber immerhin hat er jemand gefunden, zu dem er sprechen konnte. Eine ganze Weile schwankte er zwischen der extremen Rechten und der Ultralinken hin und her; es waren die zwei Seiten ein und derselben Platte. Er war durchzogen von einem Diskurs, der ihm nicht gehörte.

Hélène Marchadier: Am ersten Tag kam Paul völlig verstört von der Universitätsmensa zurück. Er wiederholte immer wieder: »Was soll das bloß heißen, alles was ich sage, steht dort an den Wänden . . . in der Uni sind alle verrückt!« Von hier aus hätte etwas in Gang kommen können.

Francine Muel: Diejenigen, die Paul für verrückt hielt, waren die Studenten. Man kann sich nun fragen, ob die Schwierigkeiten nicht durch die Auswahl dieses Arbeitsplatzes noch vervielfacht wurden. Für dieses Immigrantenmilieu der Mensaarbeiter war Paul doch im Grenzfall der ideale Student und damit ein gefundenes Fressen.

Jean-Jacques Bouquier: Diese Bemerkung stellt in Frage, ob wir überhaupt die Möglichkeit haben, dem Milieu, in dem der Jugendliche sich befindet, Entwicklungsanstöße zu geben.

R. L.: Alles, was uns da begegnet ist, ist nicht im Sinne von etwas Politischem zu interpretieren, sondern im Sinne einer Politik der Analyse. Jene Elemente, die in der Diskussion in den Vordergrund gestellt wurden und mit dem Klassenkampf, der Ökonomie oder den Problemen der Politik im allgemeinen zu tun haben, waren nie etwas anderes, als ein Wiederaufgreifen der Frage: Was ist eigentlich die Arbeit, und was ist eigentlich eine politische Position? In beiden Fällen handelt es sich um ein Reales, in dem Paul weder seine Arbeit noch seine Position auf sich nehmen kann. Indem Paul sich als Bürgersöhnchen präsentiert, verwendet er die Politik auf einer Ebene, die in Wirklichkeit eine narzißtische ist. Wäre er kein Bürgersöhnchen, hätte er ein anderes System benutzt und wäre zu dem gleichen Ergebnis gekommen.

J.-J. B.: Bei der Arbeit, die wir mit Paul in der Küche geleistet haben, habe ich nicht gerade den Eindruck, daß es uns gelungen wäre, das Milieu in Bewegung zu setzen. Kaum war Paul fort, hat der Fleischer seinen Platz wieder eingenommen, nichts hat sich geändert.

Alain Vanier: Der Fleischer hat tatsächlich den Platz des »Verrückten«, den er vor Pauls Ankunft in der Gruppe innehatte, nach dessen Fortgang wieder bezogen; seine Identifikation mit Paul ging sogar so weit, daß er sein Auto unmittelbar vor der Schule von Bonneuil verloren hat!

12. Das Theater

A. Alice verwundert sich

Die Kinder von Bonneuil haben die *Alice* von Lewis Carroll in Szene gesetzt. Auf diese Weise wurden sie Autoren eines Textes, den sie sozusagen durch eine besondere Brille hindurch gelesen hatten. Im folgenden geben wir diesen von ihnen geschaffenen Text sowie die anschließende Diskussion mit dem Publikum wieder.

Aufführung der Theater-Werkstatt im Café d'Edgar, Winter 1975; und im Biotheater, Frühjahr 1974.

– Die Sonne sticht.
Mir pocht das Herz.
Vögel fangen an zu zwitschern.
Das Abenteuer von Alice beginnt.
Hört!
Seht, das weiße Kaninchen mit seinen roten Augen.
Hört doch! Seht! Alice folgt ihm. Sie läuft, schnell!
Immer schneller, immer schneller, immer schneller.
Aber wo will es hin? Aber wo will es hin?
Wo will es denn hin?
Alice, wie mitgerissen, fällt in einen Tunnel in den Abgrund der Erde.
Wohin wird sie fallen?
Weit, weit.
Weit in die Erde hinab.
Und das Kaninchen . . .
Sie fällt. Sie fällt. Sie fällt weit, weit.
Bong! Bong!
Alles ist dunkel, ein einziges Hindernis; Mauer und Loch. Wo sind wir denn noch? Wo bin ich?

– Wo bin ich?
Wo sind wir?

und wo sind wir?
Ich habe Angst. Ich habe Angst.
Ich habe Angst.
Angst. Wo sind wir?
– Wo bin ich? Ich habe Angst.
Wo sind wir?
Wer sind wir?
Ich will raus. Ich will raus.
Wo sind wir? Und wo bin ich?
Ich will raus. Ich will raus. Ich will raus.
Ich will raus aus dem Dunkeln.
Wo bin ich?
Ich will raus.
Ich hab Angst vor dem Dunkeln.
Ich will raus.
Ich will raus, raus, raus. Ich will raus.
Ich hab hier Angst. Ich hab Angst vor dem Dunkeln. Wo sind wir?
Im Dunkeln?
Wo sind wir hier?
Es ist dunkel.
Ich will hier raus.
Ich will hier raus.
Ich habe Angst.
Wie kommt man hier raus?
Wie kommt man wieder raus?
Wie kommt man hier raus? Es ist dunkel.
Ich habe Angst.
Da, Sonnenstrahlen glänzen. Der Garten, der wunderschöne Garten von Alice!
Der Garten, der Garten.
Der wunderschöne Garten.
Da hinten!
Da hinter! Seht nur, wie weit!
Blumen!
Oh!
Vögel!
Oh, seht nur!
Sonne! Das Licht!
Seht doch da hinten!

Szenenwechsel.
Ein wunderschöner Garten! Ich hab eine Tür.
Eine Tür? Wo führt sie hin? Auf die andere Seite? Auf die andere Seite, dort will sie hin, Alice.
Ich will auf die andere Seite.
Die andere Seite!
Eine Tür, ein Schloß, ein Schlüssel.
Ein Schlüssel!
Ein Schlüssel! Nein.
Ein Fläschchen!
Meine Füße schieben sich in meinen Kopf
meine Füße schieben sich in meinen Kopf.
Winzig klein. Aber alles auf der anderen Seite.
– Und der Schlüssel?
Iß-mich!
Was ist denn los?
Adieu, meine Füße, lebt wohl!
Leb wohl, mein Kopf!
Oh! Meine Füße.
Was ist denn nun schon wieder los?
Mein Kopf!
Aber jetzt bin ich doch viel zu groß.
Viel zu groß! entweder zu klein, oder zu groß. Aber was soll nur aus mir werden?
Was soll aus mir werden?
Was soll aus mir werden?
Werde ich nie auf die andere Seite kommen?
Nie?
auf die andere Seite?
Nie?
Nie! Nie!
Nie auf die andere Seite?
Nie!
Zu klein, zu groß.
Wo soll man hin?
Ich bin zu groß. Alles ist zu.
Überall ist zu.
Nie werde ich auf die andere Seite kommen.
Nein. Das geht nicht.

– Alice!
Nie!
kann sie nicht durch.
Nie auf die andere Seite. Das ist nicht möglich.
Es ist nicht möglich, rauszukommen.
Es ist unmöglich.
Nie wird man auf die andere Seite kommen.
Nie! Nie!
Nie!
Zu groß oder zu klein . . .
Alice sinkt zusammen, sie weint. Ein echter Tränenteich umgibt sie mit Tränen.
Jetzt, plötzlich, ist alles verschwunden. Keine kleine Tür mehr, eilige kleine Schritte.
Das weiße Kaninchen. Sogleich läufst du heim! Und holst mir ein Paar Handschuhe und einen Fächer!
einen Fächer
ein Paar Handschuhe
        einen Fächer
        ein Paar Handschuhe
Alice ist erschrocken.
Handschuhe
einen Fächer
Ganz erschrocken über den Befehl geht Alice hinein, in das Haus von Herrn W. Kaninchen.
Einen Fächer. Handschuhe.
Habt ihr die Handschuhe?
Schnell die Handschuhe!
Den Fächer!
Den Fächer. Die Handschuhe.
Nein!
einen Fächer. Handschuhe.
Ein Fläschchen?
Ein Fläschchen!
Oh! Oh! Da steht ja eins!
Hoffentlich läßt es mich wieder größer werden.
Doch plötzlich stößt mein Kopf an die Decke.
Oh!
Ein Finger im Kamin, ein Fuß zum Fenster raus.

In der Irre in dem Wald; in der Irre in dem Wald, nicht höher als das Gras, hat Alice auf einmal direkt vor ihrer Nas' einen Riesenpilz, genauso groß wie sie. Doch was ist da drinnen, da drunter, da drüber? Was ist das nur? Ein Wurm in blauer Seide, ein Wurm in blauer Seide, der eine lange Pfeife raucht.
Zigarre.
Wer bist denn *du*?
Wer ich war? Wer ich bin?
Und du? Wer bist denn du, Sophie?
Wer bist du?
Ich bin Bernadette.
Und ich? Was ist das, »Bernadette«?
Alice. Alice.
Ich bin nie sicher, ob nicht von einer Minute zur anderen?
Alice. Alice.
Alice. Alice.
Alice, hinter dir, das Haus der Herzogin. Das Haus der Herzogin.
Gehen wir hin! Gucken wir nach!
Kaum zur Tür hereingekommen, sieht Alice, in tausend Scherben . . .
Das ist ein Irrenhaus! Das ist doch nicht möglich!
Das ist doch nicht möglich.
Mitten im Zimmer die Herzogin mit einem Kind im Arm.
Aber in was für Arme ist es bloß geraten? In was für Arme ist es geraten, dieses Kind?
Ein Kind!
So ein Kind?
Ein Kind?
Nein, das ist ein Kind.
Ein Ferkel-Kind.
Ein Ferkel-Kind?
Eine Lokomotive, dieses Kind!
Seht nur!
Eine Lokomotive, dieses Kind!
Seht nur, aber seht es euch doch an!
Seht es euch doch etwas näher an.
Ein Ferkel!
Es grunzt
Es ist häßlich, es ist häßlich.
Bänggg!

Dieses Mal ist er ganz nah, ganz nah, der Rand, der Eingang zum Garten.
Ein hohes Rosenbäumchen, mit roter Farbe angemalt.
Alice geht näher ran. »Paß doch auf!«
Aber beeilt euch doch, gleich ist sie da.
Rück mal zur Seite. Beeil dich.
Die Königin kommt.
Beeil dich.
Sei still, Fünf!
Aber beeil dich doch! Los, schneller.
Schneller. Schneller, Zwei.
Beeil dich doch, Vier.
Das ist nicht Fünf, das ist Sieben.
Komm hierher, Zwei. Komm hierher, Zwei.
Aber beeil dich doch, Zwei. Aber schnell!
Beeil dich!
Beeil dich, die Königin kommt.
Warte! Warte! Warte, Zwei.
Der Umzug.
Wir müssen uns beeilen. Wir müssen uns beeilen.
Aber, aber, ein bißchen langsam, die Drei.
Mach schon, schneller, Vier.
Wir müssen uns beeilen, los. Schnell! Die Königin!
Schneller, Vier.
Die Königin!
Es lebe die Königin!
Die Zwei.
Die Königin!
Beeilt euch! Weg da, Vier.
Vorwärts! Marschiert! Marschiert!
In die Reihen! In die Reihen.
Herz-As.
Kreuz-As.
Karo-As.
Pique-As.
Die Croquet-Partie beginnt.
Auf die Plätze!
Auf die Plätze!
Man schneide ihnen den Kopf ab!

Kopf ab mit ihnen!
Kopf ab mit ihnen!
Den Kopf. Den Kopf.
Der Kopf!
der rollt.
Ein Kopf ohne Leib, ein Leib ohne Kopf.
Er verliert den Verstand.
Den Kopf, den Verstand.
Kopf ab mit ihm.
Ein Leib ohne Kopf.
Säbelt ihm den Kopf ab.
Aber kann man einen Kopf ohne Leib köpfen?
Ein Leib ohne Kopf.
Der Kopf ohne Leib.
Ein Leib, ein Kopf.
Ah! Säbelt ihm den Kopf ab. Säbelt ihm den Kopf ab, den Kopf. Ah!
Er hat den Kopf verloren.
Er hat den Kopf verloren.
Er hat den Verstand verloren.
Er hat den Verstand verloren.
Alice!
Der Verstand!
Der Prozeß.
Alice!
Zur Stelle!
Die Schöffen!
Meine Herren, hohes Gericht.
Vorschrift Nummer 42: »Alle über fünfzehnhundert Meter großen Personen haben den Gerichtssaal sofort zu verlassen.«
Sie ist ja gar nicht tausendfünfhundert Meter groß, stimmt's?
So groß ist sie mindestens!
Oh nein!
Oh ja!
Oh ja, Oh doch.
Mindestens dreitausend Meter.
Dreitausend Meter.
Viertausend Meter.
Fünftausend Meter.
Sechstausend Meter. Sechstausend.

Siebentausend Meter!
Siebentausend Meter? Oh nein, das ist nicht wahr!
Siebentausend Meter!
Ah, aber das ist doch gar nicht wahr?
Doch. Doch. Doch, seht doch!
Das ist nicht wahr!
Zehntausend Meter.
Gebt doch zu, das ist nicht wahr!
Aber doch! Aber das sieht man doch ganz deutlich!
Zehntausend Meter.
Was? Zehntausend Meter?
Du hast hier nicht zu wachsen, hier nicht.
Du bist zu groß.
Es ist verboten, hier zu wachsen.
Es ist verboten, hier zu wachsen.
Man kann nicht einfach wachsen.
Also, man kann nicht einfach wachsen.
Man kann eben doch.
Es ist verboten, zu wachsen.
Es ist verboten, zu wachsen.
Man wird ihr den Kopf abschneiden.
Man kann nicht . . . Für wen denn eigentlich wachsen?
Du kannst nicht wachsen.
Warum nicht?
Weil das verboten ist.
Es ist verboten, glauben Sie?
Ja.
Auf jeden Fall wird ihr der Kopf abgeschnitten, ob sie wächst oder nicht!
Oh nein!
Oh doch!
Sie ist zu groß.
Aber warum soll Alice bestraft werden? Warum soll sie kein Urteil haben?
Erst die Strafe. Dann das Urteil
Erst das Urteil.
Erst die Strafe, dann auch das Urteil.
Erst soll sie hängen. Dann kriegt sie ihr Urteil.
Das ist Gesetz!

Sie ist schuldig, aber für was?
Wäre sie nicht schuldig, würde sie sich nicht so verteidigen!
Für was ist sie schuldig?
Schuldig wofür?
Sie ist schuldig.
Bist du schuldig?
Sie hat den Staat betrogen.
Den Staat?
Sie ist mehr als tausend Meter groß.
Sie ist zu groß.
Sie lügt und sie . . .
Sie haben nicht das Recht . . .
Laßt sie wachsen!
Weil sie den Staat betrogen hat, wächst sie deshalb?
Das ist nicht wahr.
Aber trotzdem ist sie gewachsen.
Trotzdem ist sie gewachsen, obwohl sie gar nicht das Recht hatte, zu wachsen.
Ist es wahr, daß sie den Sch . . . den Staat betrogen hat?
Ja.
Also, wir sind da nicht so sicher!
Es stimmt, nicht wahr?
Ah, wir sind da nicht so sicher.
Es stimmt!
Das seid gar nicht ihr, ich bin ihr!
Es stimmt also?
Ja.
Das ist ungerecht!
Ah, du bist ungerecht, einverstanden. Was machst du denn eigentlich?
Und übrigens . . .
Sie ist es, was?
Eben wurde ein Brief gefunden, der beweist, daß sie schuldig ist.
Aber er ist gar nicht unterschrieben, dieser Brief. Er ist nicht unterschrieben.
Aber das ist es doch gerade, weil Sie sich schuldig fühlten, haben Sie ihn nicht unterschrieben!
Aber an wen ist er gerichtet?
An wen ist er gerichtet?

Genau, an wen ist er gerichtet?
Eben an niemanden.
An dich?
An niemanden!
Wer hat ihn gefunden, diesen Brief?
An wen ist er gerichtet?
Du weißt es nicht! Du hast ihn nicht gelesen.
Kopf ab mit ihr.
Man soll ihr den Kopf abschneiden.
Den Kopf. Den Kopf.
Man schneidet ihr den Kopf ab.
Kopf ab mit ihr.
Kommt schon und schneidet ihr den Kopf ab.
Nein!
Sie ist schuldig. Der Kopf ist schuldig.
Nein!
Seht doch!
Das Spiel.
Das Kartenspiel.
Das ganze Kartenspiel schwingt sich in die Lüfte und kommt ganz durcheinander auf Alice zugesegelt.
Auf einmal lag sie wieder am Bachufer; ihr Kopf ruhte im Schoß ihrer Schwester, die ihr vorsichtig etwas abgestorbenes Laub aus dem Gesicht strich, das von den umstehenden Bäumen auf sie herabgefallen war.
Das abgestorbene Laub.
Alice! Wach auf!
Wach auf, Alice!
Wach auf.

B. Diskussionen nach der Aufführung

Unter Mitarbeit von Jean-Jacques Bouquier, Marie-José Richer und Anastasia Belitsi

I.

Zuschauer: Die Stimme, die den Text spricht, die Stimme aus dem Off, müßte ein klein wenig aufmerksamer verfolgen, was passiert, und sie müßte gelegentlich schweigen können, um den Kindern das Wort zu überlassen.

Jean-Jacques Bouquier: Ja, bei der letzten Aufführung ist ein Kind der Stimme aus dem Off zuvorgekommen und hat den Text gesagt, was uns Darsteller wiederum mitgerissen hat, ihm zu folgen.

Marie-José Richer: Wir haben viel Zeit darauf verwandt, die Koordination der Stimme aus dem Off mit dem Spiel auf der Bühne abzustimmen, denn jedes Mal, bei jeder Aufführung kommen an ganz unterschiedlichen Stellen unvorhergesehene Dinge auf.

Aber es ist ganz offensichtlich, daß die Stimme aus dem Off lange Schweigepausen läßt, und dies um so mehr, als ihre einzige Funktion darin besteht, ein Minimum an Text zu sagen. Sie ist Träger und Bezugspunkt dessen, was auf der Bühne gemacht und gesagt wird. Die Stimme aus dem Off ist die Stimme von »außen«, eine Stimme von anderswo, die den Kindern ja, gerade indem sie den Leitfaden des Bildes liefert, erlaubt, das, was sie sagen, in bezug auf sie anzusiedeln. Meiner Ansicht nach ist es im Grunde ziemlich egal, ob das, was auf der Bühne gesagt wird, dem Text vorausgeht oder ob es ihm folgt. Aber nur weil diese Stimme überhaupt da ist, beziehen die Kinder durch ihr Sprechen ihr gegenüber Position.

Es geht nicht darum, irgend etwas, was dieser oder jener sagt, zu personalisieren oder zu singularisieren, sondern wichtig ist vielmehr, daß ausgehend von dem, was auf der Bühne gesagt wird, ein dem Spiel des *hic et nunc* eigenes Feld der Sprache geschaffen und hervorgerufen wird.

Wir haben uns stets bemüht, zu verhindern, daß wir in ein Spiel mit personalisierten Rollen verfallen. Während des Stücks kann jeder abwechselnd oder durchgehend Alice sein oder das kleine weiße Kaninchen oder auch die Herzogin.

Wenn in diesem Zusammenhang irgendwo ein Mikrophon aufgestellt würde, um festzuhalten, was einer von ihnen in bestimmten Augenblikken sagt, bestünde die Gefahr, daß die Einheit dessen, was gesagt oder gespielt wird, zerstört würde; denn alle Darsteller sprechen auf ihre Art und Weise, mit Worten, Gesten oder Mimik etc. Es würde eine ganz spezielle Aufwertung der Person, die in das Mikro spricht, mit sich bringen, und zwar auf die Gefahr hin, jeden anderen Ausdruck auf der Bühne auszuschließen.

Zuschauer: Könnten Sie den Prozeß, wie der Text geschaffen wurde, etwas näher beschreiben?

M.-J. R.: Der Text ist zum Prätext, zum Vorwand geworden; das heißt, nachdem wir alle Kapitel aus dem Buch von Carroll gelesen hatten, hörten wir einfach nur hin, was die Kinder von einer Sitzung zur anderen wieder aufgriffen, was sie selbst hinzufügten und so weiter. So daß jeder Darsteller gleichzeitig zum Autor geworden ist. Auf diese Weise wurde ein Minimum des Textes wieder aufgenommen, ein Leitfaden, der eine Neuschöpfung ermöglichte. Die Erwachsenen haben die Bedingungen hergestellt, unter denen die Kinder schöpferisch werden konnten. Wir haben einen Sinn eingebracht, von dem das Kind sich so weit mitgerissen fühlte, daß es dann ein Sprechen einschreiben konnte. Man darf nicht alles allein von den Kindern erwarten, denn sonst verfällt man in Stereotype, die sie von vornherein an sich bringen, in denen sie gefangen sind.

Zuschauer: Die vorgegebene Struktur ist außerordentlich stark. Warum läßt man sie nicht einfach machen? Was würden sie tun?

J.-J. B.: Wenn ein Sprechen möglich werden soll, braucht man ein Minimum an Gesetz. Diese Erfahrung haben wir ganz am Anfang der Theaterwerkstatt gemacht. Damals ließ man die Kinder einfach gewähren; nun ja, und in kürzester Zeit war das Asyl wieder im Entstehen, jeder wollte seinen Nachbarn am Leben hindern. Und unter diesen Bedingungen konnte überhaupt nichts stattfinden, außer vielleicht etwas X-beliebiges.

Anastasia Belitsi: Außerdem steigen die Kinder nur deshalb mit solcher Begeisterung in die Theaterarbeit ein, weil die Erwachsenen wirklich einen Wunsch haben, Theater zu machen.

M.-J. R.: Wenn es im Austausch zwischen dem Kind und dem Erwachsenen keine Triebkraft gibt, geschieht überhaupt nichts; dann bleibt die Situation vollkommen starr. Der entscheidende Tag bei unserem Theater war der Tag, an dem Anastasia als Professionelle in der Werkstatt auf der Seite der Nehmenden stand. Da kam eine ganze Dynamik in der Struktur des Stückes zum Vorschein.

Zuschauer: Es kommen sehr beängstigende, sehr starke Momente vor, die ich nur schwer ertragen konnte. Insbesondere das Spiel mit den Blikken, die Stelle, wo den Darstellern und den Zuschauern zugerufen wird: »Wo ist dein Platz und wer bist du?« Man weiß nicht mehr, wer wer ist.
Zuschauer: Nachträglich fragt man sich, wo denn eigentlich die Therapie liegt; das wird nicht klar. Man ist da als Zuschauer, man wohnt einer Arbeit bei, aber wo ist die Therapie? Sie haben doch sicherlich ein Ziel, wenn Sie das machen.
M.-J. R.: Wenn wir zum Spielen hierherkommen, kommen wir mit der Absicht, die Mauern der Segregation zu durchbrechen; unser Ausgangspunkt dafür ist eine Arbeit, die so weit vorbereitet ist, daß sie einem jedesmal neuen Publikum gezeigt werden kann.
Daß unsere Arbeit »therapeutische« Wirkungen hat, ist eine Sache für sich; sie ist aber nicht in sich eine therapeutische Aktivität. Die Therapie wird augenblicklich in den Institutionen zu einem echten Etikett. Da läßt sich alles reinstopfen; selbst das Perlenaufziehen wird therapeutische Aktivität genannt . . .
Zuschauer: Bevor das Stück anfängt, hört man einen Rhythmus auf der Bühne. Weshalb verschwindet der danach wieder?
J.-J. B.: Der Rhythmus am Anfang gehört zu jenen Dingen, die sozusagen die Voraussetzungen schaffen; er dient dazu, das alltägliche Leben, die kleinen Schwierigkeiten des Augenblicks zu vergessen. Es waren übrigens die Kinder, die darauf gekommen sind. Vorher machten wir eine Schweigepause, bis eines Tages ein Kind beim Hereinkommen in die Theaterwerkstatt anfing zu brüllen und mit Kieseln zu werfen, etc. Wir haben diese Schreie wieder aufgenommen und sie auf Trommeln in einen Rhythmus gebracht, als wollten wir alles, was an Untragbarem und Unaussprechlichem in uns ist, vertreiben. Beim nächsten Mal haben die Kinder von sich aus die Trommeln genommen und jene Art Eingangsritual geschaffen, ehe sie sich an die Arbeit machten.
M.-J. R.: Es sind die drei symbolischen Zwischenspiele des konventionellen Theaters! Das Eingangsritual, wenn die Bühne aufgeht und die Ankündigung einer neuen Szene.
Zuschauer: Während des Stückes wird das Spiel von der menschlichen Stimme dominiert; es ist die Herrschaft des Sprechens. Es könnte doch auch ein stummes oder auf Musik beruhendes Spiel benutzt werden, wie etwa bei Bob Wilson.
J.-J. B.: Dieser Herrschaft können wir uns nicht entziehen!

M.-J. R.: Sagen wir besser, daß es ja in der Tat nicht um den Blick eines Tauben geht und daß Alice uns erlaubt hat, einen anderen Blick auf jene Schreie anzubieten, die bislang nicht gehört werden wollten!
Zuschauer: Mir ist aufgefallen, daß einige Kinder während des Stücks eine gewisse Aggressivität gegen die Erwachsenen zum Ausdruck brachten, die Erwachsenen jedoch nicht in der gleichen Art darauf antworteten. Ist es ihre Absicht, diese Aggressivität zu meiden, indem man einfach nicht darauf antwortet?
J.-J. B.: Ich glaube nicht, daß versucht wird, die zum Ausdruck kommende Aggressivität zu meiden, sondern eher, daß man sie verschiebt, indem man auf eine andere Art und Weise darauf antwortet, als nach dem Motto »Wie du mir so ich dir«.
Wenn man dem Kind seinen Schlag zurückgibt, bewegt man sich in einem rein dualen Register. Eine spiegelbildliche Situation, aus der man nicht herauskommt. Das eigentliche Problem liegt darin, daß das Kind genau diese Situation sucht; es versucht, uns in eine duale Beziehung hineinzuziehen, in der keinerlei symbolische Vermittlung mehr möglich ist. Von mir zu mir, zwei Bilder, ein unendliches Bilderspiel. Und dann sucht man, man versucht etwas zu finden, eine Vermittlung, um es da wieder herauszuholen. Es stimmt in der Tat, daß wir den Leitfaden und den Sinn von Alice ausnutzen, um die Aggressivität des Kindes zu verschieben, indem wir sie ins Spiel mit einbeziehen, anstatt sie persönlich zu nehmen. So beruft man sich beispielsweise auf Alice.
M.-J. R.: Ganz sicher richtet sich das aber auch danach, welche Bereitschaft wir gerade haben. Manchmal reagieren wir einfach gemäß unseren eigenen Toleranzschwellen. Wenn nun aber das Kind uns gegenüber Aggressivität manifestiert, befragt es uns im Grunde in Hinsicht auf diese Grenzen, die jeder von uns in sich hat. Und eben in dieser unaufhörlichen Infragestellung unserer Grenzen gewinnt die Begegnung mit dem Kind ihren Reichtum an Sinn.

II.

Zuschauer: Zusammen mit fünfzig Kindern aus dem Krankenhaus von Perray-Vaucluse waren wir Ihr heutiges Publikum. Ich wüßte nun gern, warum Sie gewisse Befürchtungen äußerten, als wir das letzte Woche angekündigt haben.
M.-J. R.: Es waren weniger Befürchtungen, es war vielmehr die Frage

nach dem Sinn, den diese Aufführung haben würde. Wir haben dieses Schauspiel in einem kleinen Theater aufgeführt, wo zunächst einmal keinerlei Auswahlkriterium in Hinsicht auf das Publikum galt. Es war ein Publikum von Stammgästen des Café d'Edgar, das sowohl aus Kindern wie auch aus allen möglichen Erwachsenen bestand. Und das paßte voll und ganz in unser Projekt der Öffnung gegenüber der Welt, unser Projekt gegen die Segregation, die den »verrückten« Kindern auferlegt wird.
Unsere Arbeit hat draußen nur auf der Ebene dieser Begegnung und dieser Botschaft einen Sinn.
Und für die heutige Aufführung haben wir uns gesagt, wir werden wieder einmal völlig eingeschlossen sein; das heißt, wir werden uns vor einem vollständig homogenen, identifizierten Publikum aus einer psychiatrischen Institution befinden, das herkommt, um die Wunder einer Gruppe von Kindern zu bestaunen, die selbst in Schwierigkeiten sind, nur in einer anderen Institution.
In gewissem Sinne ist das Vorhaben, Kinder aus dem Krankenhaus herauszubringen, eine hervorragende Sache; aber es birgt auch die Gefahr, daß sie, sofern außer ihnen keine anderen Zuschauer da sind, das Asyl gleich mit hinaustransportieren.
Wir haben uns gefragt, ob wir uns nicht einerseits auf eine ungeheure Provokation einließen und ob das nicht andererseits die Segregation verdoppeln würde, was unserem Vorgehen absolut zuwiderläuft. Da lagen unsere Befürchtungen.
J.-J. B.: Ich möchte noch auf Befürchtungen zu sprechen kommen, die sich auf einer anderen Ebene ansiedeln. Bei der letzten Aufführung waren nämlich einige Kinder, die die gleichen Schwierigkeiten hatten wie die Kinder von Bonneuil. Sobald das Stück losging, kletterten sie auf die Bühne und fingen an, hin und her zu laufen. Das hat bei den Kindern von Bonneuil eine ganze Reihe tätlicher Angriffe ausgelöst.
Bei unserer Arbeit bewegen sich die Kinder auf der Bühne innerhalb der Theaterkonventionen; diese wirken so, daß alles, was sie sagen oder spielen, von dem Zuschauer als Bestandteil des Schauspiels verstanden wird. Der Zuschauer denkt, daß das, was auf der Bühne gemacht und gesagt wird, auch vorgesehen ist; obwohl wir, die Darsteller, mit dem Unvorhergesehenen arbeiten. Das Kind ist nicht mehr als Verrückter identifizierbar, da der Zuschauer während des Ablaufs der Handlung einen Sinn der zum Ausdruck kommenden Bilder herausarbeitet und an keiner Stelle ein unvorhergesehenes Sprechen erkennen kann. Das verleiht dem Kind einen ganz anderen Status.

Um wieder auf die letzte Vorstellung zurückzukommen, als die Kinder von Bonneuil sahen, wie Kinder auf der Bühne hin und herliefen, sich schlugen etc., waren sie auf das Bild ihrer alltäglichen Symptome verwiesen. Das hatte den Effekt, daß sie sich nicht auf der Ebene des Theaterspiels halten konnten. Es hatte durch die Identifikation eine Rückkehr zu etwas Verrücktem in ihnen geweckt. Wir haben uns deshalb gefragt, ob nicht heute Kinder mit gleichartigen Schwierigkeiten (und in noch größerer Anzahl) etwas Spiegelbildliches der gleichen Ebene hervorbringen würden, etwas, was das Spiel unmöglich machen würde.

Nun hat es sich aber ergeben, daß heute alles gut gegangen ist; das Spiel ist zwar schneller abgelaufen, als gewöhnlich, jedoch nicht wie letztes Mal auf der Ebene der Symptome.

Zuschauer: In Vaucluse haben wir eine Gruppe auf die Beine gestellt, die sich im Bereich des Theaters schöpferisch betätigen will. Es stellte sich das Problem, ob man diese Gruppe als einen Ort betrachten müßte, wo die Kinder sich ohne irgendeine Vorschrift auf der Ebene ihres eigenen Wunsches ausdrücken können und dabei irgendwo eine bestimmte Anzahl von Symptomen wieder entstehen lassen; oder ob man aus dem Zusammenhang mit einer Arbeit, die man sich vorgenommen hat, ein Gesetz finden müßte.

M.-J. R.: Ich glaube, man darf zwei Dinge nicht durcheinanderbringen. Die Herstellung eines Rahmens für die Arbeit soll nicht verhindern, daß Symptome überhaupt stattfinden. Man darf nicht vergessen, daß die Symptome Ausdruck eines zum Schweigen gebrachten Sprechens sind. Sie erhalten gerade dort ihren Sinn, wo etwas entgeht.

Die andere Sache ist die, einen Rahmen aufzubauen, das Gesetz einer Arbeit, das im Grunde dazu dienen soll, daß all das hervorkommen, sich ausdrücken und Sinn gewinnen kann. Dafür gibt es kein Rezept; das Abtasten, die Mißerfolge und falschen Wege kann man sich nicht ersparen. Wir sind durch all diese Irrwege hindurchgegangen, und so geht es auch weiter.

J.-J. B.: Ja, es ging von einem tyrannischen In-Szene-Setzen, an dem wir uns als Darsteller gar nicht beteiligten, über das Psychodrama bis zum laisser-faire, wo das Kind buchstäblich von uns vollgepumpt war, wo es immer wieder dieselben kleinen Geschichten erzählte und wir dagegen uns heimlich davonmachten. Wir haben lange gebraucht, bis wir uns wieder orientieren und eine Arbeit in Gang setzen konnten, die sowohl für uns als auch für die Kinder einen Sinn hatte, bis wir auch mit der Gewalt umgehen konnten, die sie uns rücksichtslos vorsetzten. Das alles ist eine lange Geschichte. Wir haben viel mit Artaud und Grotowsky gearbeitet.

C. *Das Theater des Unbewußten*[71]

Von Jean-Jacques Bouquier und Marie-José Richer

> So trat das Wunderland gemach
> Ans Tageslicht heraus,
> Ward Stück für Stück euch vorgestellt:
> Nun ist das Märchen aus,
> Und fröhlich schaukelt jetzt das Boot
> Im Abendlicht nach Haus.[72]

Fünf Jahre gemeinsamer Arbeit an einem gemeinsamen Weg, so lange dauerte »die Zeit des Verstehens« einer Gruppe von Kindern und Erwachsenen, die sich ausgehend von einer Hinterfragung der Psychose auf eine Forschungsarbeit über das Theater eingelassen hatten.

Aus den verschiedensten Gründen hatte der Ort stets entscheidende Auswirkungen auf unsere Forschung. Hier soll nur kurz auf zwei Dinge hingewiesen werden; zum einen ist das Projekt, unsere Arbeit einem Publikum vorzuführen, entstanden, als Maud Mannoni das Konzept der »gesprengten Institution«[73] in Bonneuil einführte; zum anderen fiel unsere Konfrontation mit den kulturellen, sozialen, ökonomischen und politischen Realitäten des Theaters[74] genau auf den Zeitpunkt, als die Schule die besten Aussichten hatte, unter Zuerkennung eines Sonderstatus von der Sozialversicherung anerkannt zu werden.

Die Durchführung einer echten Forschungsarbeit dieser Art innerhalb einer Institution, deren Strukturen unfähig wären, sich den Veränderungen der Personen, aus denen sie sich zusammensetzt, anzupassen, würde bedeuten, daß man von vornherein vor Schwierigkeiten, wenn nicht sogar vor einer Unmöglichkeit steht. Eine Mitarbeiterin von uns hat diese

71 Wir übernehmen hier einen Titel, mit dem *Le Quotidien de Paris* am 16. Januar 1975 einen uns gewidmeten Artikel überschrieben hat.

72 Lewis Carroll, *Alice im Wunderland,* Frankfurt 1967, S. 8.

73 Maud Mannoni, *»Scheißerziehung«,* Frankfurt 1976, S. 77-80 und S. 204.

74 An dieser Stelle danken wir denen, die uns geholfen haben, diese Konfrontation zu realisieren, den Mitarbeitern des Biothéâtre, des Vrai Chic Parisien und insbesondere Alain Mallet und seinem Team vom Café d'Edgar, die trotz der manchmal schwierigen Bedingungen, vor die wir sie gestellt haben, immer für uns da waren.

Erfahrung gemacht. Sie hat versucht, die Möglichkeit der an Sinneffekten reichen Arbeit in Bonneuil in ein psychiatrisches Krankenhaus einzubringen; und zwar in einem Pavillon mit Kindern, die als »bettlägrig« etikettiert waren. Ihre Aktivität führte dazu, daß drei der Kinder sehr schnell riesige Fortschritte machten, so daß sie schon bald nicht mehr in die nosographische Klassifikation paßten, die »normalerweise« bis zu ihrem Tod hätte gleich bleiben müssen. Indes, von diesem Augenblick an gab es in der Institution keinen Platz mehr für diese Kinder, ohne daß es deshalb möglich gewesen wäre, anderswo einen zu finden. Darüber hinaus waren die Krankenschwestern, die sich vorher um die besagten Kinder gekümmert hatten, besonders unzufrieden; denn auch sie befanden sich in der Zange der rigiden Strukturen der Institution, und nun nahm man ihnen die einzigen Kinder mit »menschlichem Gesicht«, die sie ein bißchen »verhätscheln« konnten, einfach weg.

Diese schmerzliche Erfahrung ging, wie immer, auf Kosten der Kinder. Und man kann annehmen, daß sie sich nach einigen Versuchen dieser Art damit zufrieden geben werden, in einer ungastlichen Welt, die nicht empfangen kann, was in ihnen nach Leben verlangt, ihren Status als »relativ Privilegierte« unter den Bettlägrigen abzusichern.

Aber wie steht es nun mit unserer Arbeit?

Das eigentlich Wesentliche ist, daß Erwachsene und Kinder über mehrere Jahre hinweg akzeptiert haben, sich gegenseitig ansprechen zu lassen, indem sie aus dem bequemen Schutz der Rollen von Betreuern und Betreuten herausgetreten sind; und daß dies bei jedem von ihnen seine Wirkungen hinterlassen hat.

Im Dezember 1974[75] erklärte Catherine Dasté, die im Bereich des Kindertheaters arbeitet, ihre Forschung habe in dem Moment eine bedeutende Wende genommen, als sie sich darüber klar wurde, daß man mit der Erwartung, alles, die Erzählung, das Inszenesetzen, etc., solle von den Kindern ausgehen, in die Stereotypie verfällt; es sei im Gegenteil notwendig, daß sich die Kinder von einem Szenario, einem Leitfaden, der von anderswo kommt, ergriffen fühlen.

Wir selbst sind nach zwei Jahren Arbeit an dem Versuch, *Arden of Faversham*[76] in Szene zu setzen, auf die gleiche Klippe gestoßen. Wäh-

[75] In einer Nachmittagssendung von France-Culture, an der einige von uns teilnahmen.

[76] Apokryphon von Shakespeare, das Artaud in seinem *Theater der Grausamkeit* zur Aufführung vorschlägt; vgl. Antonin Artaud, *Das Theater und sein Double,* Frankfurt 1969, S. 106.

rend dieser zwei Jahre waren die Kinder wie erstarrt in ihren Rollen geblieben, wenn sie sich nicht schlicht und einfach auf der Ebene eines Parasitentums bewegten, welches darauf zielte, jegliches Geschehen, zu verhindern, im gleichen Zuge aber die Erwachsenen nach dem Sinn oder vielmehr dem fehlenden Sinn in der Werkstatt befragte.

Pierre Fedida[77] machte uns schließlich bewußt, daß wir trotz all unserer Anstrengungen immer nur auf der Ebene »der Suche nach einer Sprache und nicht nach der Notwendigkeit eines Sprechens« geblieben waren.

Da einige von uns an anderen Orten das analytische Psychodrama praktizierten, haben wir dann versucht, eine Adaptation dieser Technik zu finden, die erlauben würde, daß sich ein Sprechen ereignet. Allerdings schien uns diese Position schon nach kürzester Zeit unhaltbar; nicht nur, weil sie wegen des institutionellen Kontextes[78] zum Problem wurde, sondern auch, weil sich das nun aufkommende Sprechen im wesentlichen auf der Ebene von Stereotypen ansiedelte: Der Polizist, der Dieb, Zorro, Papa, Mama, etc.

Im Grund zeigte sich an diesen Versuchen die Weigerung der Erwachsenen, sich mit ihrem eigenen Wunsch und ihrem Körper in die Theaterarbeit einzubringen.

Ein erster Schritt nach vorn gelang uns schließlich mit der Entscheidung für eine Arbeit auf der Ebene des Körpers, bei der wir uns nach den Ansätzen von Grotowsky[79] richteten. Eine Arbeit, die sogar autistische Kinder dazu brachte, mit zunehmender Lust beispielsweise eine aufwachende Katze zu mimen.

Ein zweiter Schritt erfolgte mit der Entscheidung für den Text von *Alice im Wunderland*. Nach der Sprengung der erworbenen Eigenschaften des instituierten Körpers folgte nun wie ein Echo die Sprengung der Rollen und der Sprache. Seit dem Augenblick, wo jeder Darsteller jederzeit die Rolle wechseln und eine beliebige Figur des Stücks werden konnte, hat das Spiel die Bühne bezogen und die Körper sind zur Szene aller Szenen geworden.

Ausgehend von der Erzählung von Lewis Carroll hat sich eine signifikante Struktur herausgebildet, die auf der Bühne durch die Disposition

77 Am 15. März 1973.

78 Wir verfielen jener therapeutischen Absicht, die wir selbst für falsch erklärten. Vgl. in diesem Zusammenhang den Aufsatz von Francoise Dolto, »Difficultés d'une cure de psychothérapie psychanalytique dans le cadre de l'établissement scolaire où vit l'enfant«, in: *le Coq héron*, Nr. 48/49, Sept./Okt. 1974.

79 Jerzy Grotowski, *Towards a Poor Theatre*, London 1968.

der Erwachsenenkörper und den Diskurs der Stimme aus dem Off (die wie von einer Anderen Bühne spricht) manifest wird. Mit dieser Serie von Beziehungen zwischen dem Diskurs und dem Körper als Träger können die Kinder das Risiko eingehen, sich selbst in einem lebenden Körper zu fühlen und, ob gestisch oder sprachlich, das von ihnen gewollte oder ihnen entgleitende Signifikat einbringen. Dank der Theaterkonventionen kann dieses Signifikat mit dem Blick der Zuschauer vom Ort des Anderen in Register wandern, welche sich von dem einen, in dem allein es möglicherweise ausgesprochen wurde, unterscheiden; anders gesagt, es kann von dem Register des Realen in das des Imaginären und des Symbolischen wandern. Deutlich wird dies häufig an den Fragen von Zuschauern, die wissen wollen, ob das, was dieser oder jener gesagt hat, »zum ersten Mal gesagt wurde, oder ob das bei jeder Aufführung dasselbe ist ...«.

Im Anschluß an eine Aufführung sagte Maud Mannoni, was sie interessiert hätte, sei die Art und Weise, wie das Sprechen solcher Kinder (das gewöhnlich wie eine laufende Schallplatte wirkt) auf der Bühne wie durch eine Art Besessenheit hindurch zu einem echten Umbruch gelangt.

So war es beispielsweise einem autistischen Kind möglich, dem weißen Kaninchen in den Tunnel, der aus den Körpern der Größten gebildet worden war, zu folgen. Es ging hinein, hielt in der Mitte plötzlich wie erstarrt inne, legte sich dann auf den Rücken und schoß schließlich mit geschlossenen Augen in großen Sprüngen wieder heraus, womit es gewissermaßen eine neue Geburt bedeutete.

Es waren Momente dieser Art, die Erwachsene und Kinder zu den Autoren jener Serie von lebenden Bildern werden ließen, die unsere Interpretation von *Alice im Wunderland* ausmachen.

Welch wunderbare Alchimie, wo sich im Schmelztiegel der Theaterbühne das Imaginäre unter der Wirkung der Symbolisierung vom Realen abhebt und daselbst eine Kommunikation produziert, die bislang unmöglich war.

Zwischen Kindern und Erwachsenen funktionierte so etwas wie ein Austausch, wobei jeder dem anderen als »Helfer zum verbotenen Grenzübertritt« diente: das Kind dem Erwachsenen, indem es ihm erlaubte, an einen Teil seines Verdrängten wieder anzuknüpfen, und der Erwachsene dem Kind, indem er ein Minimum an Gesetz einbrachte, angefangen bei dem der Symbolisierung. Denn aus einer Kakophonie könnte keinerlei Sprechen hervorgehen.

Um welches Sprechen geht es eigentlich?

Es liegt auf der Hand, daß das Sprechen bei jedem Kind verschieden ist, angefangen bei dem Autisten, der durch ein ständiges, von der ablaufenden Handlung rhythmisch geprägtes Kommen und Gehen zwischen der Bühne und dem Saal eine Kommunikation herstellt, deren Botschaft, wie sich an den Äußerungen bestimmter Zuschauer gezeigt hat, von außergewöhnlicher Intensität ist. Im gleichen Zusammenhang erklärte Robert Lefort nach einer Aufführung, die autistischen Kinder hätten ihn an das Kuckucksspiel erinnert, wo das kleine Kind sich mit seinem Erscheinen in Szene setzt, um dann unter dem Blick des anderen wieder zu verschwinden und so den Weg für eine andere Szene freizugeben; ein Spiel, das exemplarisch in dem Spiel des *Fort-Da*[80] beschrieben wurde.
Im folgenden wollen wir uns auf ein Beispiel stützen, auf ein Stück des Wegs, den zwei der Kinder zurückgelegt haben, um auf diese Weise etwas genauer zu illustrieren, was mit diesem Sprechen eigentlich gemeint ist und wie seine Wirkungen sind.

...»Nach ihrem tiefen Fall in den Bau des Kaninchens versucht Alice vergeblich, die Türen des langen, niedrigen Raumes, in dem sie gelandet war, zu öffnen. Traurig geht sie in die Mitte des Raumes zurück und fragt sich, wie sie da bloß wieder herauskommen könnte.«
Als er diese Erzählung hört, springt Armand plötzlich auf und brüllt: »Ich will hier raus, laßt mich raus!«
Er versucht, mit dem Kopf ein Loch in die Wände zu bohren, rempelt die anderen Teilnehmer um und schreit: »Ich habe Angst. Laßt mich raus!«
Wir lassen nun das Echo auf diesen Schrei ertönen:
»Alice will raus. Sie hat Angst. Es ist dunkel.« Dabei hämmern wir mit unseren Fäusten an die Wände.
Armand scheint einen Augenblick starr vor Erstaunen, dann wiederholt er, allerdings schon weniger heftig:
»Ich will heraus, Armand will raus, Alice will raus, ich habe Angst, Armand hat Angst, Alice hat Angst!«
Bald darauf nimmt er ganz ruhig mit uns zusammen die Worte wieder auf: »Alice hat Angst, sie will raus.« Doch dieses Mal bleibt er voll und ganz auf der Ebene des Darstellers beim Spiel.
Das alles passierte zu einer Zeit, als die Arbeit im eigentlichen Sinne noch im Gang war. Seit Alice dann in der Öffentlichkeit aufgeführt

80 S. Freud, *Jenseits des Lustprinzips,* in: *GW,* Frankfurt 1968, Bd. XIII, S. 3-69.

wurde, hat Armand mit uns daran teilgenommen und mit uns geschrieen »Ich will raus«, und jetzt sogar vom Platz der Alice aus.
Es kommt noch hinzu, daß die Eltern uns nach der Arbeitssitzung, von der wir soeben berichtet haben, fragten, was mit Armand geschehen sei. »Er spricht dauernd vom Theater, und nach der letzten Sitzung bei Ihnen hat er sogar vergessen, daß er Angst vorm Dunkeln hat. Er ist zum ersten Mal in seinem Leben in den Keller gegangen.«
Auf diese Weise hat Armand akzeptiert, Alice zu spielen, innerhalb der Theaterkonventionen zu spielen. So führte ein Inszenesetzen, das nicht das geringste mit dem Normalen und dem Pathologischen zu tun hat, schließlich zu Effekten, die man anderswo therapeutisch nennen würde.
Indem Armand vom Ort der Alice aus mit seiner Angst spielt, beginnt er auch, diese Angst durch Verschiebung zu beherrschen; das erinnert fast zwangsläufig an jene Beherrschung, die das Kind mit dem *Spiel* des *Fort-Da* erwirbt.
Was mit Armand geschieht, kann unserer Ansicht nach weiter erhellt werden, wenn wir Melanie Kleins Beschreibung von Dick zu Hilfe nehmen. Wie Lacan in diesem Zusammenhang sagt, determinieren die Effekte der Symbolisierung Melanie Kleins für Dick eine Initialposition, von der aus das Subjekt das Imaginäre und das Reale spielen lassen und seine Entwicklung erobern kann.[81]
Als Armand auf der Theaterbühne ankommt, kommt er mit dem Realen seines Symptoms, mit seiner Angst, die sich auf der Ebene seines Körpers äußert. Die Gruppe empfängt diese Angst, indem sie ihr die einzig mögliche Antwort gibt; das heißt, indem sie ihr durch einen Diskurs, der von anderswo kommt, einen Sinn verleiht, der anderswo liegt als im Realen. Genau diese Intervention erlaubt Armand, sein Symptom zu überwinden und es zu verschieben, indem er sich bereit erklärt, ihm einen universellen Sinn zu geben, den Sinn dessen, was »ein kleines Mädchen namens Alice vor langer, langer Zeit empfunden hat«.
Unter dem Druck der Theaterkonventionen finden wir dort haargenau wieder, was Freud sagt, wenn er behauptet, das Subjekt realisiere sich in dem Maße, in dem das subjektive Drama in einen Mythos von übergreifendem, wenn nicht sogar universellem menschlichen Wert integriert wird. Alles in allem konnte Armand zu einer Symbolisierung gelangen, die bis dahin unmöglich oder nicht vorhanden war.

[81] Lacans Kommentar zum Fall »Dick« bei Melanie Klein war uns eine große Hilfe für die theoretische Entfaltung unserer Arbeit. Vgl. J. Lacan, *Le Séminaire,* Bd. I, Paris 1975, S. 85 ff.

Von hier aus sollte er dann entdecken, daß sein Spiel auch Effekte auf die Zuschauer hat und daß diese Effekte selbst »symbolträchtig« werden.

Armand: Ich will nicht mehr im Club von Bonneuil spielen.

Wir: Ja, und warum?

Armand: Das beeindruckt die Leute nicht. Ich will, daß Zuschauer da sind.

Das kam in einem Ton, der völlig anders war als gewöhnlich, wo er außerdem von sich selbst in der dritten Person zu sprechen pflegte.

Nach einer gelungenen Aufführung vor mehreren hundert Personen wird beobachtet, wie Armand zum ersten Mal in seinem Leben die Dimension des Spiels in seinen eigenen Handlungen erkennen kann. Er versucht, sich vor ein Auto zu werfen, hält aber plötzlich inne, sieht die Erwachsenen an, die gar nicht die Zeit hatten, einzugreifen, und erklärt: »Aber ich spiele doch nur, daß ich Angst mache und mir selbst Angst mache.«

So ist das, was Armand auf der Bühne erworben hatte, nämlich diese Bühne, nachdem er sie als reale erlebt hatte, als imaginäre zu besetzen, anschließend in das Alltagsleben übertragen worden. Und diese Errungenschaft scheint nichts Geringeres als eine Strukturierung des *Imaginären* und des *Realen* zu rekonstituieren, die notwendige Voraussetzung für die Einrichtung jener »Serie von Äquivalenzen innerhalb eines Systems, in dem die Objekte sich gegenseitig substituieren«, von der Lacan[82] spricht.

Daselbst liegt, wie uns scheint, die ganze Kraft und die ganze Anfälligkeit einer derartigen Arbeit. Kraft? Weil die Bühne als imaginäre und nicht nur als reale besetzt werden kann, wird ein Effekt der Symbolisierung möglich. Anfälligkeit? Der Zuschauer nimmt genau wahr, durch welch leichten Hauch das ganze Spiel auf die Seite des Realen umkippen kann.

Bei einigen Aufführungen ist es schon passiert, daß ein solches Abgleiten ins Reale seinen Anfang genommen hatte.

So vergißt Armand beispielsweise in dem Augenblick, in dem der Prozeß beginnt, daß Alice gespielt wird, und schreit plötzlich: »Ich will hier weg!«

»Ruhe«, antwortet der König, »sonst lasse ich den Gerichtssaal räumen.«

»Ach ja«, sagt daraufhin Armand, der nun wieder einen Platz innerhalb des Spiels bezieht.

82 J. Lacan, a.a.O., S. 100.

Es sollte festgehalten werden, daß die Erwachsenen nach solchen Aufführungen, bei denen die Kinder die Tendenz zeigten, erneut in das Inszenesetzen ihrer Symptome abzugleiten, vollständig erschöpft den Saal verließen.
Während zahlreicher Sitzungen blieb Lucien, ein anderes Kind, einfach auf der Bühne liegen, wie ein Abfall-Objekt, auf dem die anderen Darsteller ständig herumtrampeln.
An einem bestimmten Tag, als der Blick der Zuschauer so wirkte, als wolle er das Bemühen der Gruppe um wirkliches Theatermachen überprüfen, kam für Lucien irgendwo etwas zum Umbruch. Es war ein Blick, der ihn sicherlich nicht gleichgültig gegenüber dem ließ, was er bis dahin von sich selbst gezeigt hatte. Von diesem Moment an richtete er sich wieder auf, als wäre ihm durch diesen Blick eine neue Dimension, die Vertikale, gegeben worden.
(Weiter ist zu bemerken, daß zur gleichen Zeit auch in der Töpferwerkstatt etwas geschah; an dem Tag nämlich, als das Fernsehen kam, um seine Arbeit zu filmen, ging Lucien von seiner Fladen- und Grabsteinproduktion zur Produktion von Pilzen und Menhiren über.)
Im Theater kann er nun in seinem Körper und mit seinem Sprechen am Spiel teilnehmen; und dieses Sprechen hat erstaunliche Wirkungen. Stets »ein wenig daneben« in einem reinen Spiel von Signifikanten, löst er das Lachen der Zuschauer aus, ein Lachen, durch das ihre Angst entflieht.
»Was sagten Sie, Ferkelein oder Fleck am Bein?« fragt die Katze Alice.
»Sie sind mindestens 1500 Meter groß«, wird in der Prozeß-Szene zu Alice gesagt.
»Mehr als das«, schreit Lucien dazwischen, »sie hat das Format von mindestens 40 000 . . . Dollar.«
»Vorschrift Nummer 42«, hebt der König an, doch da überrascht uns die Stimme von Lucien: »Nicht 42, 44, Département Loire-Atlantique.«
Seine Wortspiele werden immer zahlreicher. Es entsteht etwas von der Art einer Kommunikation zwischen Darsteller und Zuschauer, die genau dem gleichen Prozeß folgt, den Diderot in seinem Paradox über den Schauspieler beschreibt. »Als ständiger Beobachter der Wirkungen, die er produziert, wird der Schauspieler gewissermaßen zum Zuschauer des Zuschauers, während er gleichzeitig sein eigener Zuschauer bleibt, und so kann er sein Spiel von Vorstellung zu Vorstellung perfektionieren.«
Gewiß, für Lucien bedeutet die Perfektionierung seines Spiels, daß er

sich noch ein wenig mehr zum Wunschobjekt des anderen macht. Indes, da er sich auf einer Theaterbühne befindet, und zwar mitsamt den Konventionen, die an das Theater gebunden sind, wird er trotz seiner selbst wieder in eine Subjektposition gebracht. Das passiert schon aufgrund der Tatsache, daß der Zuschauer sich jedes Mal fragt, ob diese oder jene Intervention in dem Spiel vorgesehen war oder nicht.
Ganz ohne Zweifel finden wir an dieser Stelle auch die Verbindung zu der Aggressivität, die Lucien neuerdings auf der Bühne entwickelt hat.

Alles, was bisher gesagt wurde, soll uns nun erlauben, einige Fragen eher theoretischer Art über die Beziehungen zwischen Theater und Psychose zu artikulieren. O. Mannoni schreibt: »Das Theater als Institution funktioniert als ein Symbol der *Verneinung,* so daß das, was am stärksten als wahr dargestellt wird, zugleich als falsch präsentiert wird, ohne daß irgendeine Art von Zweifel zugelassen wäre.[83]« Das betrifft den Zuschauer, aber auch den Darsteller.
Nun setzt aber die *Verneinung* eine *Bejahung* voraus, welche Lacan als Tür zur Ebene des Symbolischen qualifiziert, und von der er uns gleichzeitig sagt, daß sie selbst auch nicht vorhanden sein kann. Im letzteren Fall handelt es sich um die Psychose, gekennzeichnet durch ein »symbolisches Erlöschen« mit der unmittelbaren Konsequenz, daß das, »was vom Symbolischen verworfen worden ist, im Realen wieder auftaucht«.[84]
Daß es psychotischen Kindern gelingt, auf der Bühne eines Theaters wirklich zu spielen, setzt also die Errungenschaft einer Symbolisierungsmöglichkeit voraus, und zwar genau dort, wo sie bis dahin nicht vorhanden war. Mit anderen Worten, wenn ein psychotisches Kind unter Berücksichtigung der Theaterkonventionen zu einem Spiel fähig wird, leitet sich daraus die Annahme ab, daß sich im Zusammenhang mit der Verwerfung etwas verändert hat und daß sich jetzt irgendwo die ersten Ansätze der Symbolisierung vollziehen.
Im äußersten Fall kann man sogar behaupten, es stelle sich selbst dann eine Symbolisierung mitsamt allen durch sie implizierten Effekten her, wenn das Theaterspiel vom Zuschauer nur in einem Täuschungseffekt respektiert wird. Hier allerdings haben wir tatsächlich die Grenze erreicht; denn allein die Vorführung des Wahnsinns auf einer Theaterbühne reicht nicht aus, um der Symbolisierung eine Grundlage zu schaf-

83 Octave Mannoni, *Clefs pour l'imaginaire ou l'Autre Scène.* Paris 1969, S. 304.
84 J. Lacan, *Séminaire* vom 16. November 1955 (unveröffentlicht).

fen. Dies wurde uns an jenem Tage klar, an dem wir akzeptiert haben, daß bestimmte Kinder, die die Arbeit mit den anderen nicht verfolgt hatten, auf die Bühne kamen. Da sie sich ausschließlich auf der Ebene des Parasitentums bewegten, konnte von ihrer schlichten und verrückten Anwesenheit auf der Bühne aus nichts einen Sinn gewinnen.

Nicht zuletzt scheint uns unsere Arbeit auch die Natur und die Funktion des Theaters zu hinterfragen.
Artaud schreibt:
»(Es) muß auch das Theater gleichsam als Double nicht etwa jener täglichen, direkten Realität (. . .), sondern einer anderen, gefährdenden und typischen Realität angesehen werden, in der die Prinzipien wie Delphine, die gerade ihren Kopf gezeigt haben, eilig wieder in die Dunkelheit des Wassers zurückkehren.
Die Realität aber ist nicht human, sondern inhuman (. . .).«
»Die tägliche Liebe, der persönliche Ehrgeiz, die Tag für Tag sich wiederholenden Mühen sind nur dann von Bedeutung, wenn sie auf jene Art von fürchterlichem Lyrismus stoßen, den es in den Mythen gibt, mit denen kompakte Kollektive sich einverstanden erklärt haben.[85]«
Unsere Theateraktivität reicht von dem naiven Blick der Alice, die sich angesichts der ungewöhnlichen Welt, in der sie sich entwickelt, über nichts mehr wundert, bis zum Blick des Zuschauers; von einem Blick zum andern, von einem Ort zum andern.
In diesen sich kreuzenden Blicken, von denen aus jeder einen Platz erhält, den er mit einem anderen tauschen kann, spielt sich die konkrete Realität des Theaterereignisses ganz klar auf der Ebene des Austauschs zwischen Darsteller und Zuschauer ab.
Das Theaterwerk ist nicht der Text, das Buch. Eher könnte man sagen, das Theater mache sinnlich wahrnehmbar, was sich auf dem bedruckten Papier nur durch weiße Stellen, durch fehlende Interpunktion, Gedankenstriche etc. übersetzen läßt. Das Theaterwerk ist auch nicht die als in sich geschlossener Gegenstand verstandene Aufführung; es vollendet sich vielmehr in den Reaktionen des Publikums und schließt sie mit ein.
Wenn der Zuschauer im Augenblick des *hic und nunc* ablaufenden Schauspiels eine reale Aktivität erlebt, ist vor allem er Mittelpunkt und Grundlage des Theaterspiels; denn allein für ihn baut der Darsteller sein Spiel auf, und von der Antwort, die er diesem Spiel zu geben vermag, hängt die Elaboration des Theateraustauschs ab.

85 Antonin Artaud, *Das Theater und sein Double,* Frankfurt 1969, S. 51 u. 90.

»Das bedeutet zugleich, daß sich der Schauspieler, sofern er real und rundum lebendig ist, nie auf das, was er darstellt, reduzieren läßt, noch in einer Funktion des Zeichens eingeschlossen werden kann; denn er ist derjenige, der die Zeichen trägt. Das Theater ist keine Sprache, ja nicht einmal ein Sprechen, es ist die Gegenwart dessen, der spricht. Der Akt ist da, wie eine Person, mit seinem eigenen Körper. Die Verwirrung, die der Körper des Darstellers zwischen dem Theaterspiel und der Realität seines Lebens schafft, ist zweifellos eines der grundlegenden Momente des Theaterwerks.«[86]

Nun sind aber die Kinder, die »anders« sind, ihr Symptom selbst; sie sind Träger einer Protestbotschaft gegen eine Gesellschaft, die stets alles, was danach verlangt, sich auf der Ebene des Wunsches zu Gehör zu bringen, auf das Niveau des Bedürfnisses zurückstuft. Die Arbeit, die ausgehend von Alice mit ihnen vollzogen wurde, zeigt deutlich genug, wie gut sie in der Lage sind, mit dem, was sie sind, ein Sinneffekte produzierendes Sprechen hervorzubringen, an das so mancher Zuschauer sich noch lange erinnern wird.

Anläßlich dieser Arbeit fanden sie einen Zugang zu ökonomischen[87], kulturellen[88], sozialen[89] und politischen[90] Zusammenhängen. Für beide, Erwachsene und Kinder, war diese Erfahrung zugleich eine Gelegenheit, die Möglichkeit ins Auge zu fassen, sich in die »Engführung« ihres eigenen Wunsches zu begeben.

86 Pierre Voltz, »L'Onirisme et l'Insolite dans le théâtre français contemporain«, in: *Actes et colloques* Nr. 14, 1974, S. 63.

87 Das Geld, das mit den Theateraufführungen verdient wurde, wurde für die verschiedenartigsten Käufe verwendet, über die alle Kinder und Erwachsenen von Bonneuil gemeinsam entschieden.

88 Jetzt machen manche Kinder eigene Vorschläge, welche Stücke man sich ansehen und welche man selbst in Szene setzen könnte. Andere empfangen uns, nachdem sie eine Woche zuvor irgendein Stück ein einziges Mal gehört haben, indem sie Verse daraus aufsagen.

89 Insbesondere Kontakte zu Leuten aus anderen Institutionen und der Theaterwelt.

90 Im Laufe der Diskussionen haben die Zuschauer häufig zum Ausdruck gebracht, wie sehr eine derartige Arbeit dazu beiträgt, eine Bresche in die Segregation zu schlagen, der diese Kinder zum Opfer fallen; dies wurde auch mit den Kindern wieder aufgenommen.

13. Die Ferien

Gespräch zwischen Francine Muel, Gilles Van Hove, Hélène Marchadier, Dominique Misset, Claire-Lise Grandpierre, Jean-Jacques Bouquier und Maud Mannoni.

Francine Muel: In der Schweiz wohnten wir in einer Sennerei, die im traditionellen Stil gebaut war. Unten befand sich ein riesiger Raum mit einer ausladenden Feuerstelle, auf der die Milch für den Käse erhitzt wird. Dahinter lag ein großer Viehstall, ein zum Waschraum umgebauter Schweinestall und darüber ein Boden, auf dem fast alle Erwachsenen schliefen. Dieser Boden war ziemlich muffig, weil dort das Heu getrocknet wurde. Die meisten Kinder zogen Zelte vor. Wasser bekam man an einem Wasserhahn draußen, da wo die Kühe normalerweise zur Tränke gehen; das Wassertragen war eine wichtige Arbeit. Das ganze Leben dort unten richtet sich nach der lokalen Wirtschaft, das heißt nach dem Vieh und der Weidearbeit. Die Tiere werden von einer Alm auf die andere geführt, die Kühe müssen herausgelassen und wieder eingetrieben werden, und dann wird natürlich auch noch Käse hergestellt.
Wir hatten gehofft, an der Käseherstellung teilnehmen zu können. Doch das war nicht möglich; denn der Käse wird aus Mengen von jeweils 300 Litern Milch gemacht, und wenn der Vorgang mißlingt, bedeutet das einen enormen Geldverlust. Die Einheimischen konnten dieses Risiko nicht auf sich nehmen. Beteiligen durften wir uns allerdings an der Entsteinung der Weideflächen, und dann auch an der Heuarbeit.
Armand und Rolland lebten in großer Höhe bei einem Freund von Claire-Lise, der eine Herde zu betreuen hatte. Für sie war dieses Leben, das in absoluter Stille ausschließlich nach dem Rhythmus der Tiere verlief, etwas absolut Außergewöhnliches.
Claire-Lise Grandpierre: Im Verhältnis zu den Sennhütten (wo das Kind allein mit dem Hüter der Viehherde lebte) war die Anzahl der Erwachsenen im Dorf viel zu hoch. Der Aufenthalt war für die Kinder nur in den Momenten wohltuend, wo es ihnen gelungen ist, sich in kleinen Gruppen abzusondern. Dann fand man auch wieder einen Rhythmus und ein Gefühl für die verstreichende Zeit.
Gilles Van Hove: Die Erwachsenen, die mitgekommen sind, sonst aber

nicht zu Bonneuil gehören, bringen immer, wenn man sich an eine Arbeit macht, als erstes den Gedanken der Ausbeutung ins Spiel. Für das Kind geht damit die Dimension des Wunsches verloren, die ja bei der Möglichkeit einer wahren Arbeit inmitten einer nicht segregativen Welt gerade entsteht.

Hélène Marchadier: In der Aude ist es uns gelungen, einem ganzen imaginären Diskurs über Bonneuil und über die Arbeit wieder zu entkommen. Am Anfang sahen wir uns nämlich mit einer ähnlichen Schwierigkeit konfrontiert, der Feindseligkeit der Leute (Bauern, etc.). Wir mußten täglich unsere Milch aus 7 km Entfernung holen; und erst durch das Reden mit den Leuten jenes kleinen Weilers haben wir ganz allmählich Arbeit und Gastlichkeit gefunden. Wir haben die Leute erobern können, weil sie erfahren hatten, daß wir zusammen mit den Kindern den Förstern bei ihrer Arbeit, der Pflege der Wälder halfen. Sie sagten: »Was sind denn das für Hippies, die unsere Wälder schützen, in unserem Heu arbeiten und den verrückten Kindern aus dem Schlamassel helfen?« Und da haben wir gespürt, daß wir etwas gewonnen hatten. Schließlich hat man uns sogar ein Haus für das nächste Jahr angeboten.[91]

Jean-Jacques Bouquier: In Landes hatte jedes Kind einen Arbeitsort; es war ein richtiges Netz[92] eingerichtet worden. Wenn es für ein Kind an einem bestimmten Ort nicht klappte, konnte man sicher sein, daß es an einem anderen besser gehen würde.

Dominique Misset: Was die Gruppe betrifft, war es besonders hart, daß die Erwachsenen die ganze Zeit über ständig mit den Kindern zusammen waren ... Die Erwachsenen, die mitgekommen waren, aber sonst nicht zu Bonneuil gehören, konnten es kaum ertragen, wenn ein Kind, das für seine Arbeit bezahlt wurde, einen Teil seines Verdienstes in eine Gemeinschaftskasse tat; genausowenig konnten sie es ertragen, wenn die Erwachsenen des Ortes ein Kind »gratis« für einen Abend zu sich einluden. Als müßte immer alles zu Geld gemacht werden. Im Zusammenhang mit dem Preis für den Gesamtaufenthalt in einer Familie fanden einige dieser Erwachsenen, die nicht aus Bonneuil sind, man müsse so viel wie nur möglich dafür zahlen, als könne man dem Handicap »normalerweise« nur durch seine mögliche Ausbeutung beikommen. Die Einheimischen wurden auf diese Weise in einen verrückten Diskurs verwickelt: den der Städter!

[91] Ein Angebot, das tatsächlich realisiert wurde (M. M.).

[92] In diesem Zusammenhang danken wir Anne-Marie Gioux für ihre Hilfe und dem Grafen von Armaillet für seine Gastfreundschaft.

Maud Mannoni: Die Frage, die die Erwachsenen immer wieder aus den Augen verlieren, ist die Frage, was es eigentlich bedeutet, sich in den Dienst des anderen zu stellen. In einer Schweizer Zeitung war von dem Glück der Schweizer die Rede, dort, genau vor ihrer Türe, die Leute aus Bonneuil zu haben. Aber auch Bonneuil hat dort etwas gefunden, die Kieselsteine nämlich, die in der Pariser Umgebung nicht vorhanden sind. Wenn die Arbeit dort einen Sinn gewinnen und bestimmten Kindern einen narzißtischen Wert verleihen konnte, so nur deshalb, weil man es mit einer wahren Arbeit zu tun hatte, einer Arbeit mit den Einheimischen, einer Arbeit, die unter dem Kommando der unerbittlichen Unbilden des Wetters, der klimatischen Notwendigkeiten und der Ansprüche der Tiere stand ... und nicht unter dem irgendeiner Ergotherapie. Es hängt alles von dem Kontext ab, in dem die Arbeit angesiedelt ist ...

IV. Diskussionen

14. Die Eltern

Auszüge aus verschiedenen Montagsversammlungen mit Michel Polo, Maud Mannoni und den Eltern (gelegentlich auch einem Kind) von Bonneuil.

Die Lust ist stets Vergangenheit oder Zukunft, sie ist nie Gegenwart, wie auch das Glück immer das des anderen ist und nie eine Einheit, die niemandem gehört; es ist stets bedingt, nie absolut . . .
Ein jeder hat die Lust empfunden oder wird sie empfinden, doch niemand empfindet sie. Ein jeder hat das Leben genossen oder wird es genießen, doch niemand genießt es im gegenwärtigen Moment . . .
Sehr viele Lustempfindungen bestehen überhaupt nur aufgrund der Hoffnung und der Absicht, von ihnen zu erzählen. Wäre uns dies genommen, fänden wir nur noch eine große Leere.

Vitaliano Brancati, *Don Juan en Sicile*[93]

I.

Sandrines Mutter: Der Film *Vivre à Bonneuil* hat mich stark beeindruckt. Er war mir wie eine Offenbarung, eine Offenbarung der unendlichen Traurigkeit von Sandrine (15 Jahre). Sie ist stehen geblieben . . .
Maud Mannoni: Sie ist stehen geblieben, seit ihr Vater fort ist.
Sandrines Mutter: Ihre Augen sind hohl und leer. Die anderen leben. Aber sie, das ist wirklich die große Debile.
M. M.: Nicht die große Debile, sondern eher die zukünftige Schizophrene, würde der Psychiater sagen.
Sandrines Mutter: Ja genau. Ihre Augen sind tot.
M. M.: Wenn viele Leute da sind, ist sie immer abwesend.
Michel Polo: Seit der Geschichte mit Armand ist sie wieder lebendig geworden.
M. M.: Die ganzen Jahre hindurch ist Sandrine ohne Körper gewesen.

[93] Vitaliano Brancati, *Don Giovanni in Sicilia,* Mailand/Rom 1941.

Sandrines Mutter: Das ist mir überhaupt nicht klar geworden, weil ich selbst auch ohne Körper war. Erst ging ihr Vater fort, dann der Tod ihres Großvaters und dazu noch die Ausbildung. Sandrine lebt nicht. Im Film drückt sie sich an den Mauern rum. Sie ist abwesend. Im Theater in Paris, da war sie lebendig.
M. M.: Mit dem Fortgehen ihres Vaters, dem Tod des Großvaters, ist eine Wende eingetreten. Die Veränderung dieses letzten Jahres liegt darin, daß sie nun in der Lage ist, Sie als Liebesobjekt zu ersetzen.
Sandrines Mutter: Bei Sandrine läuft eine Regression ab. Ihre Krisen haben größere Ausmaße angenommen. Das macht alle fertig. Heute nacht hat sie kein Auge zugetan.
M. P.: Sandrine geht einkaufen und interessiert sich für die Schule.
Sandrines Mutter: Sandrine konnte lesen. Aber jetzt scheint sie alles zu verlieren.
M. P.: Sie kommt zu mir, um zu lesen. Sie entwickelt sich besser, wenn sie eine Erzieherin ganz für sich allein hat. Sie mag keine Gruppen.
M. M.: Am Anfang hat Sandrine spektakuläre Fortschritte gemacht. Und genau in dem Augenblick, als sie die Kurve kriegte, ging ihr Vater fort. Um nicht zu leiden, hat Sandrine sich isoliert; zur Abwehr gegen eine Außenwelt, die sie als bedrohlich und böse empfindet.
Sandrines Mutter: Sandrine spricht viel von ihrem Vater.

II.

Armands Mutter: Armand ist in ausgezeichneter Verfassung aus Landes zurückgekommen. Was die Berge betrifft, sagte er zu mir: »Die Berge? oh nein – da schäme ich mich.« Ich habe ihm oft erklärt: »Als du noch klein warst, hat deine Mama dich verlassen, weil du krank gewesen bist.« Er war damals ein Jahr alt. Einmal sagte er: »Ich habe Bauchweh.« Er sagte das, als ich zu ihm gesagt hatte, ich hätte ihn immer geliebt.
M. M.: Wir haben ihn nach Landes und nicht (wie Sie es gewünscht hatten) in die Bretagne geschickt, weil es dort eine wahre Arbeit für ihn zu tun gab. Manchmal hat man den Eindruck, daß Armand in Ihrer ablehnenden Haltung gegen Bonneuil gefangen ist; irgend etwas drückt ihm tatsächlich auf den Magen.
Armands Mutter: Ich hing sehr an Frau Guérin und machte mir deshalb Sorgen um ihn.

M. M.: Das hat die Dinge nicht gerade einfacher gemacht; er hat ausgedrückt, was Sie empfunden haben.
Armands Mutter: Und ich, ich habe ausgedrückt, was er empfunden hat; ich habe ihm immer gesagt: Du wirst Frau Guérin bestimmt wiedersehen.
M. M.: Es wäre wichtig, daß Sie in Richtung des Fortschritts gingen. Frau Guérin kümmert sich jetzt um kleinere Kinder. In Landes war er mit Erwachsenen zusammen.
Armands Mutter: Ich habe ihn gefragt: »Was willst du lieber, Frau Guérin, Bonneuil oder die Schule von früher?« Und er sagte: »Bonneuil.«
M. M.: Seltsame Frage; wo er doch weder in die Schule von früher reintegriert noch von Frau Guérin aufgenommen werden kann. Das ist genau die Art von Frage, die man Fangfrage nennt.
Armands Mutter: Er soll sich selbst entscheiden.
M. M.: Aber doch nicht unter Bedingungen, wo er gar keine Wahl hat! Die Würfel sind gefallen. Was er auch sagen mag, Bonneuil bleibt derzeit als einziger Ort übrig, zu dem er überhaupt Zugang hat. Also ist es eine Scheinwahl. Sie ist mystifiziert.

III.

Urbains Mutter: Seit Urbain aus der Bretagne zurück ist, rächt er sich, indem er die ganzen Wände mit Kot vollschmiert. Es war mir ein Segen, daß Sie ihn wegen dem Streik dabehalten haben. Anderswo geht es immer gut mit ihm; aber zu Hause, das ist die Hölle!
M. M.: Gibt es im Badezimmer nicht eine Ecke, die man ihm freihalten kann?
Urbains Mutter: Urbain interessiert nur eines, er will sein Zeug mitten auf die Wände seines Zimmers schmieren. An dem Tag, als ich zur Elternversammlung gekommen bin, hatte er alles vollgemacht. Mein Mann hat zwar auf ihn aufgepaßt, aber er merkt sowieso nichts.
M. M.: Man könnte sich fragen, als Ersatz für was er eigentlich mit seinen Exkrementen spielt.
Urbains Mutter: Mit der Wirkung vom Knetgummi ist es vorbei. Wenn ich ihn zum Schlafen in die Familie bringe, läuft alles bestens. Nur zu Hause, da geht es nicht.
M. P.: Diesen Sommer hatten wir keinerlei Schwierigkeiten mit ihm.

M. M.: Vielleicht müßte ich mich mal mit Ihrem Mann unterhalten.
Urbains Mutter: Meinem Mann geht es gar nicht gut. Er ist sehr depressiv. Wenn Urbain so ist, geht es meinem Mann immer schlecht. Kürzlich hat er zu mir gesagt: »Hier im Haus sind zwei Kranke, Urbain und ich. Du mußt dich für einen von beiden entscheiden.« Es ist fast so, als müßte der eine ausgeschaltet werden, damit der andere leben kann. Meinem Mann würde es sicher gut tun, wenn er in Psychotherapie wäre. Mit allem und jedem hat er Probleme. Zu Hause genau wie mit seiner Arbeit. Er hat überhaupt keinen Rückhalt. Jede Woche nimmt er drei Kilo ab ... Und am Wochenende, wenn Urbain nicht da ist, holt er sie wieder rein. Seinen Direktor kann er nicht ausstehen. Ein totales Unverständnis.
M. M.: Wenn ein Kind spürt, daß einer der beiden Eltern depressiv ist, wird es aggressiv.
Urbains Mutter: Eine Unterbrechung von drei Wochen, das tut gut. Manchmal könnte man geradezu in Versuchung kommen, ihn für das ganze Leben bei den Guérins zu lassen. Obwohl man weiß, daß das nicht richtig ist. Solche Gedanken von Unterbringung, die kommen einem, wenn man deprimiert ist.
M. M.: Und wenn nicht, macht Urbain dann Fortschritte?
Urbains Mutter: Er ist sehr fröhlich. Er sagt Phoneme und singt.
M. P.: Vor der Abreise hatte er einen depressiven Augenblick. Er ist sehr verletzlich.
Armands Mutter: Könnte man Armand nicht Worte beibringen? Wenn man zu ihm sagt: »Schau mal dahinter«, weiß er nicht, was *dahinter* bedeutet.
M. M.: Man kann ihnen helfen, sich in Raum und Zeit anzusiedeln: davor, dahinter, rechts, links, die Vergangenheit, die Gegenwart, der nächste Tag. Man kann ihnen auch helfen, sich in ihrer Genealogie anzusiedeln: zu wissen, inwiefern ein Onkel nicht das gleiche ist wie ein Neffe. Das hat aber nichts mit dem Beibringen von Worten zu tun. Die Worte, die haben sie. Wenn man sie darauf dressiert, welche zu erwerben, wiederholen sie sie als Echo, aber es ist das Sprechen des Erwachsenen, das durch sie hindurchzieht. Für den Sinn bleiben sie verschlossen. Sie ergreifen nicht selbst das gesprochene Wort, sondern sie liefern das gesprochene Wort der anderen ...
Um noch einmal auf Urbains Vater zurückzukommen, ich glaube, in einem bestimmten Moment ist es wichtig, daß den Eltern auf der analytischen Ebene geholfen werden kann.

Urbains Mutter: Ich habe drei Jahre Analyse gemacht; das hat mir gut getan.
M. M.: Immer, wenn das Kind es fast geschafft hat, bricht einer der beiden Eltern zusammen.
Urbains Mutter: Urbain bessert sich; aber daß er es schafft, sehe ich zur Zeit nicht gerade.
M. M.: Er ist nicht mehr der große Autist. Daß er mit seinen Händen tätig sein kann, ist sehr wichtig.
Urbains Mutter: Zu Hause ißt und scheißt er, das ist alles.
M. M.: Zu Hause kann er nicht anders; da ist er nur ein Verdauungsorgan, das sich füllt und wieder entleert.
Urbains Mutter: Obwohl er doch fröhlich ist und seine Augen manchmal lachen und ganz anwesend sind.
M. M.: Es ist nicht leicht mit einem Kind, das anfängt, sich getrennt von einem selbst zu entwickeln.
Urbains Mutter: Ich kann nicht einen Augenblick fort sein, mein Mann braucht mich wie ein Kind. Ich kann Urbain nicht verlassen, und ich kann meinen Mann nicht verlassen; das ist kein Leben mehr. Urbain spürt doch, daß sein Vater wie tot ist.
Pauls Mutter: Jetzt, wo Paul nicht mehr da ist, müßte zu Hause eigentlich alles gut sein; aber nun fängt das Problem mit einem anderen Kind an.
Meine Tochter sagt, sie würde ihrem Vater am liebsten sein Hirn in die Luft jagen.
M. M.: Jetzt, wo Paul nicht mehr zu Hause ist, ist es eine andere, die Pauls Platz einnimmt.
Pauls Mutter: Es ist tatsächlich so ähnlich. Sie ist einfach unverschämt. Vor kurzem hat sie von ihrem Vater eine brutale Zucht gekriegt; mein anderer Sohn war darüber ganz traurig ... Zu mir sagt mein Mann: »Da wird es einen anderen Verrückten im Haus geben.« Und zu meiner Tochter sagt er: »Wenn du Bonneuil willst, schicken wir dich schon hin, zu Frau Mannoni.« Bis der kleine Bruder geboren wurde, hat ihr Vater sie geradezu verehrt. Aber das Leben geht weiter, und mit der Zeit wird trotzdem alles etwas besser.
M. M.: Wenn man ein Kind für alles verantwortlich gemacht hat, und es dann weggeht, nimmt man ein anderes dafür her. Als müßte man um jeden Preis einen Sündenbock behalten.
Théophiles Mutter: So war das auch bei uns. Deshalb habe ich den Sohn anderswo untergebracht.

M. M.: Es sieht alles so aus, als könne die Gruppe nur durch den Ausschluß eines ihrer Mitglieder leben. Und wenn es nötig ist, nimmt der Mann von Frau Th. eben bei seiner Arbeit den Platz ein, der für das Opfer reserviert ist.
Urbains Mutter: Er befindet sich auf dem Posten dessen, der bald gehen wird, weil es unerträglich ist.
Hectors Mutter: Wie kann man diesen Teufelskreis nur unterbrechen?
M. M.: Das ist schwierig. Alles läuft so, als könne die Harmonie nur um den Preis der Gewalt erworben werden. Die Kategorie der Leute, die ausgeschlossen werden, hat sich im Laufe der Zeit geändert.
M. P.: Alles läuft so, als müsse einer von beiden kaputtgehen.
Hectors Mutter: Warum bedroht die Existenz des einen die Existenz des anderen?
Théophiles Mutter: Es ist schwierig, die Kommunikation zwischen zwei Erwachsenen wiederherzustellen. Die Kommunikation von Erwachsenem zu Erwachsenem ist nur schwer zu erreichen. Die Psychotherapie hilft da überhaupt nichts. Die Leute entwickeln sich so, wie sie es für ihr eigenes größtmögliches Gleichgewicht brauchen; aber sie nähern sich deshalb keineswegs ihrem Ehepartner. Das beweist vielleicht eher, daß die Leute nicht für das Zusammenleben gemacht sind.
M. M.: So einfach ist das nicht. Ein jeder hat mitten in seinem Herzen eine ungeheure Aggressivität. Das gehört zur Liebe.

IV.

Henriettes Mutter: Das letzte Wochenende hat Henriette am laufenden Band versucht, uns zu provozieren. Im Jugendhaus stellen die Sozialarbeiter mir immer einen Haufen Fragen in bezug auf Henriette. Sie hätten gern ein paar Ratschläge von Ihnen.
M. M.: Mich ärgert das, die Art und Weise, wie in diesem Jugendhaus alles psychologisiert wird. Hier läuft es prima.
Henriettes Mutter: Henriette stellt sich die Frage, weshalb die Jungen im Jugendhaus unter sich bleiben?
M. M.: Das ist doch keine anormale Frage.
Henriettes Mutter: Die Sozialarbeiter raten Henriette von dem Umgang mit diesen Jungen ab. Sie haben sogar gesagt, sie hätten ihn ihr verboten.
M. M.: Das wird ihr um so mehr Lust machen. Henriette macht eine

ziemlich bemerkenswerte Entwicklung durch. Sie wird allmählich zum jungen Mädchen, kokett. Sie ist uns dankbar, daß wir sie dienstags abends[94] bei uns empfangen. Sie zeigt sich interessiert, stellt Fragen und bleibt auf ihrem Platz. Der Gedanke, daß sie an Erwachsenenversammlungen teilnehmen kann, in denen keine Absonderung stattfindet, berührt sie sehr. Alles, was abgeschlossen ist, ist nicht gut für sie. Ein Jugendhaus sollte ein gastlicher Ort sein und kein Pensionat. Man sollte mich so wenig wie möglich in die Geschichten dieses Jugendhauses hineinziehen.

Henriettes Mutter: Henriette träumt davon, an ihrem 18. Geburtstag die ganz große Sache steigen zu lassen und alle einzuladen, die sie auf der Straße irgendwie auflesen kann. Kinder von Freunden will sie nicht mehr. Henriette fragt . . . und wenn es dann möglich wird, interessiert es sie nicht mehr. Andererseits ist sie auffallend freundlicher als früher. Die ganze Zeit will sie sich vergewissern, daß ich sie noch gern habe. Erst beschimpft sie mich, und dann kauft sie mir eine Kette.

M. M.: Dabei wird einem klar, wie wichtig der Ort ist, an dem sie für die Nacht empfangen wird. Denn was sie verwandelt, ist die Tatsache, daß sie sich so, wie sie ist, empfangen fühlt. Obwohl doch die Wohnverhältnisse in Bonneuil (auf der F 5) recht fragwürdig sind.

Henriettes Mutter: Da sagt sie uns aber etwas anderes. Alles auf der F 5 ist besser als zu Hause.

M. M.: Obwohl dort eine absolute Armut herrscht.

M. P.: Es ist ein Ort für Jugendliche. Henriette fühlt sich dort ausgesprochen wohl.

M. M.: Dort kommen Leute von draußen zu Besuch, und sie nimmt daran teil.

Henriettes Mutter: Bei uns, wenn wir Besuch bekommen, ist sie nicht einverstanden. Sie ist eifersüchtig auf ihre Brüder, insbesondere den älteren.

Martiniens Mutter: Martinien (8 Jahre) geht es jetzt besser, aber er ist immer noch genauso aufsässig. Er will überall zugleich sein. Er nimmt einem die Luft weg. Er macht rasche Fortschritte und einen glücklichen Eindruck. Er beängstigt mich nicht mehr, und mit einem Schlag ist er auch weniger aufsässig.

[94] Eine regelmäßig stattfindende informelle Versammlung mit den Erziehern und Erwachsenen von Bonneuil (M. M.).

M. P.: Es ist immer ein Erwachsener bei Martinien. Zu diesem Preis beteiligt er sich und ist aktiv.
Martiniens Mutter: Martinien hat Komplexe gegenüber seiner Schwester, die malen und lesen kann etc. Wenn er seinen Vater etwas fragt, sagt der ihm immer: »Frag doch deine Schwester«.
M. M.: Das beschreibt recht gut, welche Funktion Martinien in der Familie innehat. Der Schwachsinn gehört ihm, und die Intelligenz ist für den anderen.
Martiniens Mutter: Bis er vier Jahre alt war, hat man mir immer gesagt, Martinien sei schwachsinnig. Das hat uns geprägt.
M. M.: Es kann sein, daß er zu Hause verstecken muß, was er alles weiß. Es gibt Kinder, die vor ihren Eltern verstecken, daß sie lesen können.
Martiniens Mutter: Wir lassen Martinien völlig in Ruhe. Er ist es doch, der uns nicht in Ruhe läßt.

Henriettes Mutter: Sie sagen, Henriette (14 Jahre) würde allmählich zum jungen Mädchen; aber bei uns läßt sie sich nach Lust und Laune gehen. Ihr Vater soll sich unbedingt für sie schämen müssen.
M. P.: Hier ist Henriette kokett und reagiert auf jedes Kompliment, das man ihr nur machen kann.
Henriettes Mutter: Dann geb ich's auf; ich begreif das einfach nicht.
M. M.: Alles dreht sich nur um Sie: Wenn die Eltern sich für einen schämen müssen, ist das die Umkehrung der Angst, nicht geliebt zu werden.

V.

Erzieher: Paul ist bis zur Porte d'Orléans gefahren, und dann wollte er nicht mehr weiter. Er weigert sich, zu Régine (ins Restaurant) zu gehen.
M. M.: Paul ist zu seinen Eltern in die Berge gefahren, obwohl er doch verlangt hatte, über Weihnachten zu arbeiten. Seitdem ist alles aus. Er verweigert das Restaurant und ist völlig ergriffen von einem totalen »Ich hab die Schnauze voll«. Diese drei Tage bei seinen Eltern haben alles zerstört.
M. P.: Vor ein paar Tagen wollte er sich unter ein Auto werfen.
(Paul kommt herein.)

M. M.: Nun mein Kerlchen, setz dich her. Was ist eigentlich los?
M. M. (zu den Eltern): Es lief alles prima. Paul hatte eine Stelle in einem Drei-Sterne-Restaurant. Seit dem Aufenthalt bei seinen Eltern weiß er nun nicht mehr, ob er ein arbeitender junger Mann oder ob er das Baby der Familie ist. Wir selbst sind auch verloren.
Sandrines Mutter: Willst du nicht ins Restaurant zurück, Paul? Das gefiel dir doch gut. Und deine Mutter war so stolz auf dich.
M. P.: Man müßte bei Régine Bescheid sagen und ein ärztliches Gutachten hinbringen, um dein Fehlen zu entschuldigen.
Sandrines Mutter: Das passiert jedem, daß man mal Dummheiten macht. Es gibt eben Tage, wo es für niemanden mehr geradeaus geht. Wenn einem das klar wird, ist man schon einen Schritt weiter.
Paul: Ich will nicht mehr zu Régine. Ich will auf's Land. Ich will nicht mehr Gemüseputzer sein. Das ist monoton.
M. M.: Du wirst ja nicht auf Lebenszeit Gemüseputzer bleiben.
Paul: Ich will weg, egal wohin. Von der Küche wird mir ganz schwindelig. Mein Körper ekelt mich an. Die ganze Stadt ist voller Pollution. In der Metro ist ein Riesenkrach. Die Leute gehen mir auf die Nerven. Ich brauche einfach Landluft.
M. M.: Du hast die Schnauze voll von deinen Eltern, von Bonneuil, von allem. Wir sind einverstanden, daß du deine Abreise organisierst . . .[95]

VI.

Hectors Mutter: Seit drei Tagen fühlt sich Hector nicht recht wohl in seiner Haut. Jetzt hat er mich schon zum dritten Mal zum Teufel geschickt.
M. M.: Wieder dieselbe Frage, wieder das Die-Schnauze-voll-Haben . . . In Hinsicht auf Paul ist uns einiges klar geworden. In dem Wunsch, nichts falsch zu machen, hat man sich an jedem Wochenende so gut um ihn gekümmert, daß ganz vernachlässigt wurde, was eigentlich die Besonderheit von Bonneuil ausmacht, der Begriff der *gesprengten Institution.* Hätte man Paul einfach zu *Tourisme et Travail* oder übers Wochenende in irgendein x-beliebiges Kulturzentrum geschickt, wären sie es gewesen, die Paul als scheußliche Orte, die man am besten wieder ausspuckt, angesiedelt hätte (wie er es übrigens mit Bonneuil in bestimmten Augenblicken getan hat). Aber diese Einheit von Bonneuil, die sich um

[95] Vgl. S. 62 dieses Buches.

Paul herum konstituiert hat, hat ihn einer Zuflucht beraubt; nämlich der, einen Ort dem anderen gegenüberstellen zu können. Wir haben entgegen unseren eigentlichen Absichten im Einvernehmen mit einer bestimmten Familien- und Gesellschaftsideologie gehandelt; wir waren alle dafür, daß die Arbeit aufrechterhalten werden müßte (er hatte gerade eine Stelle und sein erstes Gehalt bekommen ... also wurde ihm ein ärztliches Attest ausgestellt), aber wir haben uns viel zu wenig bemüht, ihm Breschen zu schlagen, durch die er hätte entkommen können.
So brauchten wir erst seine Verweigerung des Restaurants und dann die Phase der Verwirrung, in der er sich anschließend eingerichtet hatte, bis wir verstanden, daß man ihm eine Flucht erlauben mußte. Es wurde ihm gestattet, das Flugzeug nach Nizza zu nehmen, wo er sich einem Jugendlager zugesellen konnte. Und innerhalb von vierundzwanzig Stunden war Paul wieder entspannt. Besser, man nimmt das Flugzeug, als daß man sich eine Kugel durch den Kopf schießt, sagte er uns. Der Begriff der gesprengten Institution muß jeden Tag aufs neue erobert werden.
Henriettes Mutter: Und wie verstehen Sie diesen Begriff der gesprengten Institution in Hinsicht auf die Familien?
M. M.: Pauls Geschichte hat uns gezeigt, daß es nicht der Mühe wert war, ihn seiner Familie (die ihn nicht mehr wollte) zu entziehen, um an ihre Stelle eine andere rigide und in sich selbst geschlossene Familie zu setzen.
Henriettes Mutter: ... und im Fall eines normalen Kindes?
M. M.: Die Familie spielt auf zwei verschiedenen Ebenen eine Rolle:
a) ist es für ein Kind wichtig, irgendwo eine Familie zu haben, als Bezugspunkt die Permanenz eines familialen Rahmens zu haben;
b) muß man aber vermeiden, daß diese Permanenz des familialen Rahmens genauso belastend wird wie die Permanenz des Krankenhaus- oder Strafvollzugsrahmens. Es ist wichtig, daß die Kinder die Freiheit haben, ihr Leben an den Wochenenden selbst zu organisieren.
Henriettes Mutter: Sie sagen, die Administration benähme sich wie die Mutter eines Psychotikers; was ist denn eigentlich die Mutter eines Psychotikers?
M. M.: Es gibt eine Arbeit von Searles, in der die verschiedenen Formen, jemanden verrückt zu machen, erklärt werden. Als Beispiel beschreibt er eine Mutter, die zu ihrem Kind sagt: »Du kannst dich entscheiden, wie du willst.« Aber in Wirklichkeit war es nur eine scheinbare Entscheidung, da dem Kind kein Ausweg angeboten wurde, alle Türen waren versperrt. Das Kind wurde dazu gebracht, ein Verlangen zu for-

mulieren, das nie in einen Wunsch münden konnte. Und in diesem Punkt ist auch die Administration wie die Mutter eines Psychotikers. Sie treibt einen dazu, ein Verlangen, das nicht gehört wird, immer wieder zu erneuern; das Verlangen wird »klassifiziert«, das heißt es geht verloren, es wird jedem Gehör entzogen.

VII.

M. M.: Paul soll uns anrufen, um uns mitzuteilen, wann er seine Arbeit bei Régine wieder aufnehmen will. Als Régine das ärztliche Attest sah, hat sie gesagt: »Ja ja, ein Nervenzusammenbruch.« Wichtig ist eigentlich nur, daß man ihm die Möglichkeit gegeben hat, sich aus dem Staub zu machen. Als es noch beides gab, zu Hause und Bonneuil, war es immer entweder zu Hause scheußlich oder in Bonneuil. Und dann, als er nur noch in Bonneuil war, gab es für ihn keine Ausgangstür mehr, und das hat er sich selbst übel genommen. Wir hätten ihm die Möglichkeit einräumen müssen, einen anderen Ort zu haben, den er hätte ausspukken können.
Pauls Mutter: Es ist hart für uns, unseren Rückzug zu akzeptieren.
M. M.: Nicht wir sind es, die ihn aus der Familie ausgeschlossen haben; sondern die Familie wollte ihn loswerden und ins psychiatrische Krankenhaus abschieben, weil die Wochenenden so unglückselig verliefen.
Pauls Mutter: Aber die Drohungen mit dem psychiatrischen Krankenhaus, das waren doch nur Worte.
M. M.: Worte prägen.
Pauls Mutter: Jetzt brauchen wir Paul. Jetzt wird er bald achtzehn, er wird sich ganz allein durchschlagen, und wir sind dann überhaupt nicht mehr auf dem laufenden. Und was wird sein, wenn Sie eines Tages nicht mehr da sind, wo er dann doch schon gelernt hat, ohne uns auszukommen?
M. M.: Wenn die Eltern bei jeder Gelegenheit, wo irgend etwas schiefgeht, sofort von seinem Ausschluß ins psychiatrische Krankenhaus reden, ist es besser, daß das Kind lernt, auf sich selbst zu zählen, und keine Abhängigkeit pflegt, die unglückliche Auswirkungen haben könnte.
Als Paul letztes Jahr nach Bonneuil zurückgekommen ist, war der ganze Kontext ein einziges Drama, da beschlossen worden war, daß man ihn ins Krankenhaus abschieben würde. Alle fürchteten seine Gewalttätig-

keit und man sprach nur noch von den Geschwistern, die es zu schützen galt. Die Eltern hatten ihr Vertrauen in Paul verloren. Für sie gab es auf ihn bezogen keine Zukunft mehr.

Pauls Mutter: Aber er spielte dauernd mit dem Messer und bedrohte uns.

M. M.: Ausschlußdrohungen helfen da überhaupt nicht weiter.

Pauls Mutter: Aber das alles, das waren doch Worte.

M. M.: Eben auf diese Worte muß man zählen können. Im Juli war Paul überzeugt, daß er nur auf sich selbst zählen konnte und seinen Unterhalt selbst verdienen mußte. Er war wie die normalen Achtzehnjährigen, die ihre Familie verlassen haben. Und dann, im August, starb das Baby, das Sie erwarteten. Sie haben sich daraufhin wieder an Paul gewandt und ihn aufgefordert, vierzehn Tage Ferien mit Ihnen zu verbringen. Nach kürzester Zeit war wieder alles verdorben. Paul wußte nicht mehr, ob er der arbeitende junge Mann war, der seine Eltern verließ, oder aber das eigensinnige Baby. Bis er zum guten Schluß seinem Vater eine Ohrfeige versetzte. Zum zweiten Mal mußte Paul ein totes Baby in der Familie ersetzen und irgend etwas aus der Ordnung der Trauer bei den Eltern zustopfen. Wenn Paul da ist, braucht man die Trauer um einen Toten nicht mehr zu leisten. In einem bestimmten Moment hat Paul selbst gesagt, zu Hause gäbe es keinen Platz für ihn. Sie selbst haben mich mehrmals angerufen, um mir zu sagen: »Es geht schlecht; entweder wird Paul seinen Vater umbringen, oder der Vater bringt Paul um.«

Pauls Mutter: Das war ein Spiel, mit dem Telephon. Ich habe es als Mittel benutzt, um der Gewalt ein Ende zu machen.

M. M.: Anfälle von Gewalttätigkeit können immer noch erfolgen. Die Geschichte, wo Paul sich an der Waschmaschine zu Hause fast den Arm abgeschnitten hätte, muß man als einen Selbstmordwunsch verstehen. Das Verhältnis zwischen Paul und seinem Vater läuft so ab, daß Paul, wenn er nach Hause kommt, äußerst schnell in Gefahr gerät. Aus all diesen Gründen ist auch das Problem von Pauls Rückkehr nach Hause wiederaufgetaucht. Im übrigen hat Paul das Alter erreicht, selbst eine Familie zu gründen. Es ist viel wichtiger, die Familie auf einer symbolischen Ebene zu bewahren (in dem Sinne, daß man auf sie zählen kann), als sie auf der Ebene der realen Anwesenheit zu erhalten. Auf seine Eltern zählen können heißt, darauf zählen können, daß sie auch weiterhin dafür zahlen, daß ihr Sohn nicht zugrunde gerichtet wird. Genau in dem Moment, in dem die Eltern in ihrer realen Anwesenheit verschwunden waren, hat sich die Frage gestellt: Kann ich auf sie zählen? Damit haben wir gearbeitet, und das war wichtig. Die Art und Weise, wie Paul einen neuen Anlauf nehmen konnte, weil er am Wochenende nicht mehr in einer unhaltbaren Situation gefangen war, ist doch immerhin eine wichtige Sache.

Weihnachten hätten wir Pauls Weigerung, seine Eltern zu sehen, respektieren müssen; denn diese Weigerung war keine Ablehnung der Eltern, sondern die Forderung, ihn als arbeitenden jungen Mann zu betrachten.

Pauls Mutter: Das habe ich schon verstanden.

M. M.: Es geschieht doch nicht aus reiner Mutwilligkeit, wenn er nicht mehr zu Ihnen kommt, obwohl er Sie gern hat. Ihm ist es wichtig, daß er seinem Vater in einem Moment, wo dieser das Vertrauen in ihn verliert, Ehre machen kann. Und dieser Erfolg darf ihm nicht entzogen werden.

Pauls Mutter: Und wenn mein Sohn nur für eine Stunde käme?

M. M.: Die Frage stellt sich nicht auf dieser Ebene. Das Problem liegt in dem Platz, der Paul in seiner Familie zugestanden wird. Man akzeptiert ihn nicht als Erwachsenen. Aber als Baby nimmt man ihn gern. Deshalb ist es besser, wenn Sie sich zurückziehen. Wenn Paul sagt: »Ich will meine Eltern besuchen«, ist das überhaupt kein Problem. Aber es muß von ihm kommen. Wenn es von seinen Eltern angeboten wird, weiß man nicht, in welchen Würgeknoten man ihn drängt.

Pauls Mutter: Fühlt Paul sich denn immer noch abgelehnt?

M. M.: Paul weiß, daß sein Traum, in der Familie den Platz des geliebten Kindes wieder einzunehmen, den er nie innehatte, ein vergebliches Rennen ist, das nirgendwo zum Ziel führt. Immer, wenn Sie ihn wiedersehen möchten, versuchen Sie, auf diese Weise mit Ihrem Kummer klarzukommen; Paul soll etwas zuschütten, was in Ihnen schmerzt. Aus einem Mißgeschick kann immer noch ein Erfolg herauskommen.

Pauls Mutter: Ich vertraue Ihnen ja, aber ich will mir durch den Gedanken, daß ich mich nicht mehr um dieses Kind zu kümmern habe, keine Schuldgefühle mache. Ich denke die ganze Zeit daran.

M. M.: Das wichtige ist, daß Sie verstehen, auf welcher Ebene Sie ihm Hilfe geben können.

Pauls Mutter: Im Augenblick bin ich deprimiert. Meine Mutter hat Krebs und liegt im Sterben. Ihr bleiben höchstens noch zwei Monate. Sie ist zu Hause. Für sie ist Paul alles. Sie wollte so gern seinen achtzehnten Geburtstag feiern.

M. M.: Warum ist es immer Paul, der die Leere eines Toten füllen muß?
Pauls Mutter: Ich habe eben Kummer. Erst habe ich meinen Vater verloren, und jetzt meine Mutter, und Paul ist auch nicht da.

VIII.

Léons Mutter: Gestern habe ich eine gute Freundin mit ihren vier Kindern aufs Land eingeladen. Ich hatte einen Tisch für die Kinder und einen Tisch für die Eltern gedeckt. Als die beiden Kleinsten erfuhren, daß Léon mit ihnen essen würde, gab es ein Riesengezeter. Schließlich habe ich noch einen anderen Tisch hingestellt. Er hat ganz allein mit dem Hund zu Mittag gegessen. Sie verstehen schon, die Geschichte mit der Segregation. Jedes Mal, wenn ich Freunde einlade, wird Léon ausgeschlossen; oder aber man toleriert ihn aus christlicher Barmherzigkeit. Ich versuche immer wieder aufs neue, Leute einzuladen. Diese Kinder von meiner Freundin waren lebendig. Und Léon war glücklich; an dem Sonntag gab es keinen Zwischenfall.
M. M.: Es ist wichtig zu betonen, daß Léon trotz der Ablehnung einen »normalen« Tag ohne Krisen verbracht hat. Das Publikum muß erzogen werden. Der Versuch, den wir im Café d'Edgar unternehmen, ist genau das. Das Ansprechen eines Publikums, das lernt, eine von ihm unterschiedene Welt anzuerkennen. Dieses Publikum kommt ohne Vorwarnung. Sobald der Augenblick der Beunruhigung vorbei ist, passieren die ungewöhnlichsten Dinge zwischen dem Publikum und den Kindern.
Léons Mutter: Es ist ganz normal, daß die Leute sich aufregen. Sandrine spricht. Léon stößt Schreie aus. Ein Kind ohne Sprache, das macht Angst. Bernadette, meine älteste Tochter, konnte überhaupt nichts mehr essen, so sehr war sie von der ablehnenden Haltung, die ihrem Bruder widerfahren ist, traumatisiert.
M. M.: Trotzdem, für Bernadettes Gesundheit ist es dennoch besser, wenn Sie Ihre Freunde empfangen. Die Schwierigkeiten, auf die sie dabei stoßen wird, sind in ihrer Wirkung weniger schlimm als sie Segregation, die eine ganze Familie von der Welt abschneidet.
Léons Mutter: Das Leiden ist untragbar. Es reicht schon, daß irgend jemand uns angreift, schon werden wir bösartig.
Théophiles Mutter: Wenn ich einen Kleinen von zwei Jahren sprechen sehe, fange ich an zu weinen.

M. M.: Aber Sie nehmen Ihren Sohn mit in den Club Méditerranée.
Théophiles Mutter: Ja, ich nehme ihn sogar mit ins Kino. Im Club Méditerranée habe ich ihn in den Mini-Club gebracht. Dort habe ich einen großartigen Freizeitleiter kennengelernt. Er hatte den Kindern erklärt, wenn Théophile nicht spräche, so läge es daran, daß ich ihm das Sprechen nicht beigebracht hätte. Ich war dauernd den Angriffen der Kinder ausgesetzt, die mich als entartete Mutter beschimpften.
Sandrines Mutter: Bis sie zwölf Jahre alt war, bin ich immer mit ihr ausgegangen. Erst danach wurde die Segregation unerbittlich.
M. M.: Wenn die Eltern jener Kinder, die in Schwierigkeiten sind, einen Kampf zu führen haben, so ist es der Kampf gegen die Segregation, die sich gegen ihre Kinder richtet.
Sandrines Mutter: Man ruft mich extra an, um zu fragen, an welchen Tagen Sandrine nicht bei mir zu Hause ist.
Théophiles Mutter: Mein Sohn spielt nicht mehr im umliegenden Viertel. Er geht erst in der Dunkelheit nach draußen, wenn die anderen wieder zu Hause sind.
M. M.: Und wie läuft das an den Ferienorten?
M. P.: Es gibt Möglichkeiten gegenseitiger Hilfe mit den Leuten von außerhalb. Ihnen ist es zu verdanken, daß die Kinder ein gewisses Stück ihres Weges zurückgelegt haben.
Théophiles Mutter: Es sind die Erwachsenen, die sich ablehnend verhalten. Die Kinder sind nur das Abbild der Positionen ihrer Eltern. Im letzten Jahr waren wir in einer Familienpension. Théophile wurde dort sehr freundlich empfangen.
Sandrines Mutter: Mitten auf dem Lande, bei den Bauern, ja.
Théophiles Mutter: Außerdem ist die Hilfe der Fremden auch noch wichtig. Sie merken es nicht, wenn die Kinder nicht richtig sprechen oder zurückgeblieben sind. Sie verbuchen diese Zurückgebliebenheit nicht auf das Konto der Psychologie. Das ändert alles.

Francis' Mutter: Wie kann ein von Liebe umgebenes Kind autistisch werden?
Sandrines Mutter: Meine Tochter war ein Wunschkind. Mit dem Elternpaar ging alles bestens. Und sie ist anormal geworden. Ihr Bruder wurde in einem Moment geboren, als das Paar sich gerade getrennt hat. Sein Leben war hart, und er ist normal. Warum sich Schuldgefühle aufladen?
Francis' Mutter: Ja, in der Tat, warum eigentlich? Wir können doch nichts dafür, für die Psychose unseres Kindes.

M. M.: Sie sind unbewußt, die Schuldgefühle. Sie sind auch dann da, wenn einem überhaupt keine Vorwürfe gemacht werden.
Léons Mutter: Frau Mannoni hat mir aber Schuldgefühle gemacht. Als ich das erste Mal zu Ihnen kam, haben Sie mit mir über meinen Vater gesprochen. Ich habe mir daraufhin gesagt: Aha! Hätte ich nicht so sehr gewünscht, daß er lebt, wäre mein Sohn nicht wie ein Scheintoter geworden. Lange Zeit habe ich diese Gewissensbissen wiedergekäut.
M. M.: Wenn ich versuche, im Zusammenhang eines Dramas, das Sie überschwemmt, eine Wahrheit aufzudecken, so geschieht das nicht, um ein Verdikt zu erlassen, sondern um einen Weg zu bahnen, auf dem eine Kommunikation mit dem Kind wiedergefunden werden kann.
Sandrines Mutter: Diese Kommunikation war nicht verloren gewesen.
M. M.: Auf der Seite ihres Kindes, doch.
Léons Mutter: Aber auf der Seite der Mutter auch. Nach einem Unglück wie dem, bildet man nur noch eine einzige Abwehr gegen alles, gegen sich und gegen die Welt.
Théophiles Mutter: Wenn man wieder lernt, zu sprechen und zu leben, ist das ja immerhin etwas mehr als nichts. Deshalb kommt man doch überhaupt hierher. Man geht verantwortlicher wieder weg.

IX.

M. M.: Letzte Woche haben wir Paul in einem »Zustand der Verwirrung« gesehen, wie die Psychiater zu sagen pflegen. Er war wieder genauso krank geworden, wie in den schlimmsten Augenblicken, die wir erlebt haben, als er dreizehn Jahre alt war. Innerhalb von vierundzwanzig Stunden erfolgte eine spektakuläre Besserung, und zwar nur deshalb, weil wir ihm eine Bresche angeboten haben, durch die er entwischen konnte. Wir haben ihm erlaubt, eine Gemeinschaft von Jugendlichen in der Nähe von Nizza aufzusuchen, eine Gemeinschaft, die gleichzeitig Arbeitslager ist. Dort kann Paul sich in eine Arbeit integrieren oder sich entziehen, je nachdem. Bei der Versammlung am Dienstag hat Paul zu uns gesagt: »Besser ich nehme das Flugzeug, als daß ich mir eine Kugel durch den Kopf schieße.«
M. P.: Paul ist in Cap-d'Ail. Die besagten Jugendlichen machen ein Lager. Ein Mitglied der Gemeinschaft ist Mechaniker, ein anderes Koch und noch ein anderes Architekt. Man kann sie dort anrufen. Paul wandert von einer Aktivität zur anderen. Das Milieu insgesamt ist ausgespro-

chen gastlich. Man hat ihm gesagt, er könne so lange bleiben, wie er Zeit braucht, ehe er wieder anfängt zu arbeiten.

Hectors Mutter: Glauben Sie nicht, daß er Lust hatte, diesen Beruf als Koch endgültig aufzugeben?

M. M.: Das hat er jedenfalls gesagt; aber man kann seine Krise nicht von dem Kontext trennen. Die von den Eltern im November formulierte Drohung (mit dem psychiatrischen Krankenhaus) zeitigt heute ihre Wirkungen. Paul will seine Eltern auf die Probe stellen, um zu sehen, ob man ihn wirklich fallen läßt. Das steckt stillschweigend in der ewigen Frage: Werde ich geliebt oder nicht? mit drin.

Bei den Versammlungen mit den Kindern hat Paul das Drama, das ihn so sehr in Gegensatz zu seinem Vater gebracht und ihn veranlaßt hatte, das Haus zu verlassen und sich in der F 5 einzurichten, zur Sprache gebracht. Er stellte folgende Frage: »Ich sehe meine Eltern nicht mehr, aber kann ich trotzdem noch auf sie zählen?«

Es war der wesentlichste Punkt überhaupt, dieses »Ich kann auf einen Anderen zählen« aufrechtzuerhalten. Und eben das wäre nicht der Fall gewesen, wenn der Jugendliche in der Realität bei Eltern geblieben wäre, die von einer unhaltbaren Situation völlig überschwemmt waren. Wir haben also an der Frage des »Für einen Anderen zählen« gearbeitet. Was anschließend auftauchte, war das Problem des achtzehnten Geburtstags; es ging darum, daß bald die Zeit käme, wo er lernen müßte, ganz allein für sich selbst zu sorgen. Für ihn war es ein äußerst bedeutender Schritt, daß es ihm gelungen war, in seiner Ausbildung akzeptiert und für seine Arbeit in einem Drei-Sterne-Restaurant bezahlt zu werden. Aber es fiel noch etwas anderes ins Gewicht. Paul war ursprünglich auf Probe in dem Restaurant genommen worden. Seine Arbeit war so gut, daß er schon angestellt wurde, ehe noch die Probezeit von einem Monat abgelaufen war. Aber *es wurde ihm nichts davon gesagt,* und so behielt er seine Unruhe in Hinsicht auf die Angst vor einem Rausschmiß, seine Unruhe in Hinsicht auf die Angst vor einem wiederholten Ausschluß, für sich.

Später hat er uns gegenüber seine Zufriedenheit darüber ausgesprochen, daß er sich in einer Berufsausbildung befand, doch die Zeit als Gemüseputzer (sechs Monate) schien ihm sehr lang. Es wäre ihm lieber gewesen, sofort in den Genuß des Privilegs einer Funktion als Koch zu kommen. Während dieser Phase der Ungewißheit in bezug auf seine Anstellung geriet er auf der F 5 mit einem Kind aneinander, das das Zimmer mit ihm teilte. Dieses andere Kind, das selbst eine Schule besucht, beschimpfte ihn als Idioten. Paul interpretierte dies als Denunzierung seines »Schwachsinns«. Hyacinthe indes versucht sich durch die Erniedrigung Pauls zu verteidigen, weil dieser ihm physisch überlegen ist. Als Hyacinthe sagt: »Ich will, daß Paul hier verschwindet«, antwortet ihm Paul: »Du Königssohn, ich werde dir das Zimmer überlassen und von hier fortgehen.« Das Problem der Segregation ist das universelle Problem. Und genau daran muß man arbeiten. Der Ausschluß ist überall. Der Kampf gegen den Ausschluß ist ein täglicher Kampf. Das »Ich will vom Restaurant nichts mehr wissen« war nicht buchstäblich zu nehmen. Man hätte zunächst sein Vertrauen in das setzen können müssen, was sich für Paul als Verlangen nach Anerkennung auf einer symbolischen Ebene abspielte.

Wenn Paul eine Prüfung schafft, ist er unglaublich glücklich! Es ist hier wichtig zu betonen, daß er sicher nicht auf Lebenszeit Gemüseputzer bleiben wird. Ja sogar, daß eine Ausbildung zum Koch ihm die Möglichkeit gibt, sich danach für etwas anderes zu entscheiden. Diese Krise, bei der sich alles in der Berufswahl zu kristallisieren scheint, ist möglicherweise auch eine Krise, die damit zu tun hat, daß er von dem Moment an, in dem er sich in seiner Großjährigkeit als Erwachsener realisiert, auf eine Berufung der Kindheit verzichten muß. Das Wesentliche ist, auch hier alle Öffnungen für alle Möglichkeiten freizuhalten.

X.

Martiniens Mutter: Als Martinien vier Jahre alt war, bin ich zum ersten Mal zu einem Spezialisten gegangen. Ich war aus Algier geflohen und habe damals Dr. Dumézil aufgesucht. Vier Jahre lang hatte ich unzählig viele Ärzte konsultiert, die die Spannung, unter der wir beide standen, immer nur verstärkt haben. Als der Arzt mir dann sagte: »Ihr Kind ist psychotisch; es ist vom psychischen Tod bedroht; nur die Psychoanalyse (Ihre Psychoanalyse) kann es retten«, brachte mich das völlig aus dem Gleis.

Das Schwierigste für mich war, den Stempel des Schocks, daß Martinien nun »der« Psychotiker war, wie er vier Jahre lang »der« Schwachsinnige gewesen war, wieder loszuwerden. Es ist schwierig, danach wieder ohne Angst zu leben. Jetzt könnte man mir sagen, was man will. Ich weiß, daß wir es alle beide geschafft haben; man könnte mir ruhig sagen »Das ist ein Schizophrener«, das würde überhaupt keine Wirkung auf mich machen. Ich habe lange gebraucht, um den Stempel dieses ersten Verdikts wieder loszuwerden. Vorher war es nämlich *die Psychose, Martinien und ich*. Ich war wie im Koma. Bei seiner Geburt hatte Martinien einen Nabelstarrkrampf. Der Arzt hatte seine Instrumente nicht sterilisiert. Und als ich dann wegen irgendwelcher Diätsachen mit Martinien wieder zum Arzt ging, sagte er: »Was machen Sie bloß mit diesem Kind? Sehen Sie denn nicht, daß es Ihnen unter den Händen wegstirbt? Schnell, Sie haben keine Sekunde zu verlieren. Es wird noch in den nächsten Stunden krepieren. Es kam als prächtiges Baby zur Welt, und innerhalb von Stunden ist es zu einer Holzpuppe erstarrt.« Der Starrkrampf hatte sein Werk getan. Im Flugzeug hat der Steward eine Ambulanz benachrichtigt, die mich abholte. Sonst wäre ich verloren gewesen, da ich gar nicht wußte, wohin ich gehen sollte. Er hätte in Orly sterben können. Ich habe Jahre gebraucht, um mich davon zu erholen. Die Ambulanz brachte mich nach Saint-Vincent-de-Paul; er war schon ganz blau. Man legte ihn unter ein Sauerstoffzelt. Der Arzt sagte mir: »Ihr Kind ist gerettet, aber es wird unter neurologischen Spätwirkungen zu leiden haben.« Ich antwortete ihm: »Kann ich denn noch andere kriegen, normale?« Er sagte: »Ja.« Aber seit diesem Augenblick war Martinien der *Anormale*, er hatte seinen Status als Anormaler erhalten, in dem ich dann mit ihm gefangen war.

Es ist einfach fürchterlich; man fragt sich, wie man es eigentlich gemacht hat, das alles zu ertragen. Um so mehr noch, als man sich sechs Jahre später darüber klar geworden ist, daß es *gar keine* neurologischen Spätwirkungen *gab*. Aber dieses Verdikt hat gleich am Anfang zwischen mir und meinem Sohn etwas kaputtgemacht.

Martinien war ein Fall, durch den der Arzt, der ihn gerettet hat, berühmt geworden ist. Ich kehrte danach nach Algier zurück. Ich wollte den Arzt, der den Starrkrampf durch reine Nachlässigkeit verursacht hatte, umbringen. Aber er sagte: »Sie übertreiben wohl etwas.« Alle Leute in Algier kehrten mir den Rücken. Man fand es nicht gut, daß ich so anständige Leute angreifen wollte. In Algier leben, für mich ist das der Tod. Fast hätte es mich meine Haut gekostet.

M. M.: Sie scheinen sagen zu wollen, daß es bei diesem Drama nicht mehr um Ihren Sohn ging, sondern *um einen Fall*.

Martiniens Mutter: Ja genau.

Hectors Mutter: Wenn man einen Arzt konsultiert, hört er nicht, was man sagt.

Urbains Mutter: Man ist Null. Man zählt nicht. Es ist ein Dialog unter

Tauben. Ich selbst habe den umgekehrten Fall erlebt, wie Frau B.. Niemand wollte glauben, daß mein Sohn etwas hatte. Seit er ein Jahr alt war, habe ich einen Haufen Ärzte aufgesucht. Man benahm sich, als wolle man mir sagen, ich selbst sei wohl etwas durcheinander und nicht das Kind. Ich sagte: »Aber er erkennt mich nicht.« Und die ganze Zeit bekam ich nur die Antwort: »Er hat nichts.«
M. M.: Das Problem siedelt sich nicht auf der Ebene an, daß er etwas hat oder daß er *nichts Böses in sich hat.* Danach fragt man nämlich gewöhnlich. Eine Hilfe kann dort gegeben werden, wo in der Beziehung zwischen der Mutter und dem Kind etwas festgefahren ist. Da gibt es einen Knoten. Etwas, was es zu hören gilt. Doch das Kind wird auf den Autopsietisch gelegt. Es wird zu einem Fall. Man sagt einem, seine Organe sind gesund, oder sie sind krank. Das kann in keiner Hinsicht weiterhelfen. Auf der Ebene des »autopsierten« Falles hat das Kind nichts (oder es hat etwas . . . das kommt auf's gleiche raus). Sie dagegen, Sie lassen vom Ort des kindlichen Körpers aus einen Hilferuf ertönen. Man stürzt sich auf den Körper, aber man bleibt taub gegenüber dem, was sich als Ruf in einem Jenseits des Körpers beharrlich bemerkbar zu machen sucht. Ein Ruf auf der Suche nach einer Wahrheit . . ., die nichts mit einem objektivierten Wissen zu tun hat.
Martiniens Mutter: Als ich zu Dumézil gegangen bin, habe ich Martiniens Elektrokardiogramme mitgenommen. Ich sagte nur: »Hier sind die Elektrokardiogramme. Ich brauche gar nichts zu sagen. Sie sprechen für sich.« Aber Dumézil wollte von den Elektrokardiogrammen gar nichts hören, er wollte mein Sprechen hören. Und genau da ist irgend etwas passiert. Er hat zugehört, was ich sagte, ohne sich auf die »Autopsie«, auf den toten Körper zu beziehen.

Théophiles Mutter: Schon ganz am Anfang wurde mir klar, daß Théophile anders war. Ich spürte, daß der Kinderarzt annahm, die Verrückte sei ich selbst und dem Kind ginge es gut. Ich spürte, daß es dem Kind schlecht ging, aber alle sagten, ich würde mir etwas einbilden. Dann kam ein Moment, wo die Ärzte glaubten, er sei taub. Wir haben eine Psychiaterin aufgesucht. Théophile konnte diese Frau nicht leiden. Sie meinte: »Das ist ein Querulant, man muß ihn eben zwingen. Wenn er nicht spricht, muß man ihm eben das Essen verweigern.« Zu jener Zeit sprach Théophile zwar, aber er machte keine Sätze. Nach vierzehn Tagen der empfohlenen Kur sprach Théophile überhaupt nicht mehr.
M. M.: Das ganze ist eine Fehleinschätzung des Wertes der Sprache. Die

Sprache hat überhaupt nichts mit dem Bedürfnis zu tun. Die Sprache gehört zum Register des Wunsches. Wenn man jemandem das Sprechen durch Dressur beibringen will, kommt eine Aufziehpuppe heraus.

Théophiles Mutter: Erst Jahre später hat Théophile angefangen zu sprechen. Aber es kommt immer noch vor, daß er sich nur an den Schrei erinnert . . . Seit den Weihnachtsferien brüllt er wieder.

M. M.: Was ist denn in den Weihnachtsferien passiert?

Théophiles Mutter: In den Bergen hat er sich sehr wohl gefühlt. Er ist viel Ski gefahren. Und dann gefiel es ihm nicht, nach Bonneuil zurückzugehen. Er schreit um des Schreiens willen.

M. M.: Nein. Das hört sofort auf, wenn eine Person da ist, die sich um ihn kümmern kann. Es hat keinen Sinn, ihn einfach eine Stunde lang schreien zu lassen. Es hat insofern keinen Sinn, als er sofort aufhört, wenn er sich gehört fühlt.

M. P.: Wenn man sich um Théophile kümmern kann, schreit er nicht mehr.

Théophiles Mutter: Er schreit, um einen zu stören. Ich sage immer zu ihm: »Schrei, aber ich will dich nicht mehr hören.«

M. M.: Wenn man ihn schreien läßt, schafft man das Asyl zu Hause. Wenn Théophile schreit, reklamiert er etwas. Das Nicht-Gehörte ist gefährlich.

Théophiles Mutter: Wenn er schreit, will er mich immer von jemandem trennen, mit dem ich mich wohlfühle.

M. M.: Ja nun, aber das muß doch gehört werden, und das muß ihm auch gesagt werden. Das soll nicht heißen, man müßte dem Schrei die Macht lassen, über Sie zu befehlen. Aber Théophile reklamiert ein gesprochenes Wort, auch wenn es eine Absage ist. Das Schweigen ist der Tod.

Théophiles Mutter: Es stimmt, manchmal würde ich ihn am liebsten abschaffen. Er zehrt mich geradezu aus. Théophile schafft eine verrückte Situation, eine Ausschlußsituation, wo er die Normalen vor die Tür setzt. Er tyrannisiert mich.

M. P.: Théophile sucht Grenzen; und wenn das Sprechen des anderen seine Schreie unterbricht, erlaubt ihm dies, Bezugspunkte wiederzufinden. Von dort aus sagt er dann auch recht häufig: »Ich möchte dieses oder jenes tun.« Manchmal braucht er eine Verweigerung mit Worten, um in einem Tun ja sagen zu können.

M. M.: Wenn Théophile sich auf eine Aktivität einläßt, entschlüpft ihm gelegentlich ein gesprochenes Wort; »es« sagt, daß er kochen will, aber in Wirklichkeit handelt es sich um einen Befehl. In einem zweiten Anlauf sucht Théophile dann eine Möglichkeit, wie er sich von diesem Befehl befreien kann, indem er ein persönliches Sprechen aufkommen läßt. Das Hindernis bei diesem Sprechen kann der Schrei sein, jenseits dessen er durchaus in der Lage ist, die Dinge in Worte zu fassen – unter der Bedingung, daß man jener inneren Stimme, die ihn tyrannisiert, nicht noch einen Befehl hinzufügt.

Théophiles Mutter: Er will und will nicht. Wo ist denn der gute Wille?

M. M.: Das, was er zuerst anbietet, enthält zwar einen Satz, der Théophile aber vollständig entgeht. In dem, was er als zweites anbietet, versucht er, ein Subjekt einzuführen. Wer möchte was? Ist es er, seine Mutter oder ein anderer?

Théophiles Mutter: Es ist schon wahr, er spricht nur auf der Ebene, »Théophile tut dies, und Théophile tut jenes.« Gleichwohl befehlige ich ihn keineswegs. Er lebt nur auf der Ebene des automatischen Befehls. Ich habe ihn nie gezwungen; und dennoch lebt er in einem Terror. Ich habe ihn nicht tyrannisiert. Ich habe versucht, die Außenwelt vor ihm zu schützen, aber die Geschichten, die er sich selbst erzählt, sind schlimmer als die Realität.

Hectors Mutter: Wir selbst sind terrorisiert. Man kämpft gegen seinen eigenen Terror.

Armands Mutter: Man schützt sie viel zu sehr. Wir sind es, die die Gefahren heraufbeschwören.

Théophiles Mutter: Théophiles Autismus hat sich schon vor seiner Geburt angebahnt. Mir ging es nicht gut, und man hatte mir gesagt, eine Schwangerschaft wäre gefährlich für mich. Als ich dann tatsächlich schwanger war, hat man mir gesagt, es bestünde die Gefahr, daß das Kind, das ich erwartete, *tot* zur Welt käme. Was ich erwartet habe, war ein totes Kind. Ich fühlte mich schuldig, selbst anormal zu sein. Die Schuldgefühle sind einfach da, da kann man sagen, was man will, die stecken einem unter der Haut.

Armands Mutter: Man dürfte sich nicht mehr zum passiven Objekt der Ereignisse machen lassen. Dann wird man nämlich verantwortlich und nicht mehr schuldig. Wir alle sind verantwortlich, wir sind Teil eines Ganzen.

Théophiles Mutter: Also ich, ich fühle mich schuldig; aber das ist mir nützlich, um etwas wiedergutzumachen. Frau V. fühlt sich weder schuldig noch verantwortlich. Weshalb kommt sie dann eigentlich hierher?

M. M.: Jemanden durch Schuldgefühle zum Handeln veranlassen, das hilft überhaupt nichts. Und zum Wiedergutmachen verurteilt sein, ich kann das nicht leiden.

Martiniens Mutter: Ich habe jedenfalls Schuldgefühle, daß ich von meiner Schwangerschaft nichts wissen wollte. Ich sage mir, wäre das anders gewesen, wäre er auch anders geworden.

Théophiles Mutter: Ich glaube, das kann einem helfen, ein Stück seines Wegs kennenzulernen und sich mit einer Wahrheit zu konfrontieren.

M. M.: Mit einer Wahrheit, ja; aber nicht mit einer objektiven Wahrheit. Es geht nicht darum, eine Ursache aufzuspüren, wie man einen Virus sucht.

XI.

Prosper: Das Wochenende ist nicht gut verlaufen. Es waren dreißigjährige Typen da. Paul war nicht auf der Höhe. Er sprach dauernd vom Selbstmord. Gestern sind wir zurückgekommen. Es war wirklich nicht gerade komisch.

M. M. (zu den Eltern): Für Paul ist seine Depression eine Wende. Erst von dort aus wird er ein Verlangen formulieren können. Man kann sich nun fragen, ob man Paul, indem man ihn seiner Familie entzog, nicht in einem bestimmten Moment behindert hat. Er arbeitete *gegen die Familie*, um unabhängig sein zu können. Als er keinen Ort mehr hatte, den er dem anderen entgegensetzen konnte, war Paul verloren. Er hatte deshalb von sich selbst die Schnauze voll. Er braucht einen Ort, den er ausspucken kann.

... Für die Eltern ist all das besonders hart zu ertragen, was bei dem Kind als gegen sie gerichteter Todeswunsch aufkommt. Das Kind muß ihnen bis auf den Tod grollen können, ohne daß die Eltern deshalb zusammenbrechen. Das Problem der Großjährigkeit schafft eine Panik, denn das, was Paul an ihre Stelle setzt, ist die Hoffnung, auf Lebenszeit eine Hilfestellung zu bekommen. In diese Falle dürfen wir nicht hineintappen. Paul ist genauso depressiv, wie normale Leute auch depressiv sein können. Er stellt sich jetzt Fragen. In gewisser Weise ist es für uns viel schwerer, das alles zu tragen.

Er sagt zu uns: »Entweder bin ich ein Clochard oder ich verdiene sofort eine Million im Monat. Er weigert sich, die normalen Etappen einer Lehre zu durchlaufen. Er definiert sich entweder in bezug auf seinen Vater, »der alles hat«, oder in bezug auf dessen Bruder, »der nichts hat«. Er will die Etappen überspringen. In gewisser Weise befindet sich Régine nicht genug am Rande. Es wäre besser gewesen, man hätte ein kleines Restaurant gefunden, das ihm von Anfang an erlaubt hätte, in der Küche Hand anzulegen.

Henriettes Mutter: Henriette hat mich gefragt: »Werde ich nun aus dem Morin-Kurs rausgeschmissen?« Sie beklagt sich, keine Freunde zu haben.
M. M.: Sie hat Liebeskummer wegen einer Lehrerin.
Henriettes Mutter: Es ist wirklich ein Unglück, daß sie an dieses Fräulein R. geraten ist. Sie ist nicht von ihrer Art. Henriette versucht sie nachzuahmen, indem sie Krankenbesuche in den Krankenhäusern macht. Letzte Woche hat sie sich tatsächlich mit Arabelle zusammen Eintritt in ein psychiatrisches Krankenhaus verschafft. Man fragt sich, wie sie das bloß angestellt haben mögen. Sie haben Geisteskranke gesehen.
M. M.: Es stört doch nicht, daß sie einen ausgesprochen konventionellen Lehrer hat. Sie versucht, Bonneuil gegen den Morin-Kurs auszuspielen. »Ich bin gegen die katholischen Schulen«, sagte sie einmal.
Henriettes Mutter: Also zu mir sagt sie, es sei ganz prima, einen katholischen Kurs zu besuchen.
M. M.: Henriette hat sich zwischen Bonneuil und dem Morin-Kurs geradezu gevierteilt. Sie hat auch nicht um das Baby getrauert, das sie haben wollte. Sie hat Ihnen als Ersatz eine Katze mitgebracht, und Sie haben diese Katze abgelehnt.
Henriettes Mutter: Aber sie tut auch wirklich alles dafür, auf Ablehnung zu stoßen. Sie hat mir die Katze genau an dem Tag gebracht, an dem ich auf Reisen ging. Henriette hat zu mir gesagt, wenn sie psychotisch wäre, sei das meine Schuld. Ich habe ihr geantwortet: »Vielleicht schon, man tut eben, was man kann.«
M. M.: Es war Arabelle, die im Zusammenhang mit ihrer Katze zu Henriette gesagt hat, sie benähme sich, wie die Mutter eines Psychotikers. Sie sperrte sie den ganzen Tag in einen Korb um zu verhindern, daß sie entflieht . . . unter den Kindern läuft eine Art Ansteckung. Pauls Unwohlsein hat sich wie ein rollender Schneeball ausgedehnt. Eines Morgens weigerte sich Michel, zu seiner Arbeit zu gehen. Henriette hat die Schule verweigert.
Henriettes Mutter: Jetzt schreibt sie Briefe an ihre Katze. Ihre Arbeit fesselt sie nicht mehr, sie verliert ihre Sachen.
M. M.: Solche Momente gibt es eben . . .

Francis' Mutter: Die Eltern der Autisten sind dauernd in Wartehaltung. Sie fragen sich, ob wohl irgendwann etwas passieren wird. Die anderen Eltern dagegen müssen ständig dem Unvorhergesehenen ins Gesicht sehen. Da fragt man sich, was besser ist.

Théophiles Mutter: Es passiert so manches. Freitag zum Beispiel habe ich François mitgenommen. Er hat mich geführt, nicht umgekehrt. Wenn ich den falschen Weg einschlug, ließ er es mich wissen. Seine Orientierung ist ausgezeichnet. Vorher brachte er nichts von sich zum Ausdruck.

M. M.: Und von Armand können Sie doch nicht behaupten, es passiere nichts.

Armands Mutter: Sobald ein Wochenende nicht ganz gut verläuft, sind wir in Katastrophenstimmung. Vor allem haben wir eine fast zwanghafte Angst, in die Höllenjahre zurückzufallen. Inzwischen reicht schon die kleinste Kleinigkeit, damit wir die Hoffnung verlieren.

Léons Mutter: Bei der letzten Versammlung habe ich meine Brille aufgesetzt und mir die Väter angeschaut. Sie sind viel mitgenommener als wir. Sie haben graue Haare oder gar keine Haare, sie sehen müde aus. Ihre Empfindlichkeit liegt völlig offen. Sobald man ihnen auch nur das geringste sagt, reagieren sie schon von der tragischen Seite her. Die Väter sind viel angegriffener als wir.

Théophiles Mutter: Die Männer fühlen sich in ihrer Männlichkeit angegriffen.

Armands Vater: Das interessiert mich.

Théophiles Mutter: Die Väter sind stolz auf ihre Kinder, und ein anormales Kind ist ein Kind, auf das sie nicht stolz sein können.

Armands Vater: Und die Mütter sind nicht stolz auf ihre Kinder?

Théophiles Mutter: Die Mütter haben immer auch eine Seite der gutmütigen Schwester, und sie akzeptieren das Kind so, wie es ist.

Léons Mutter: Man kann eine Menge Sachen tun, die ein Mann nicht machen kann. Ich habe alle Tränen geweint, die mein Körper nur hergeben konnte. Mein Mann kann nicht weinen, das gehört sich nicht.

Armands Vater: Für die Krankheit ist man doch nicht verantwortlich.

Francis' Mutter: Für einen Vater ist das Problem die Zukunft. Solange wir da sind, geht es ja, aber danach?

M. M.: Also was mich erstaunt, ist folgendes: Wenn es hier einen gibt, der sich auf eine Arbeit außerhalb wirklich eingelassen hat, ist es doch wohl Armand. Und genau Armands Vater beklagt sich ... Man braucht eben die nötige Zeit. Man muß bis zum Alter von fünfundzwanzig oder

dreißig Jahren rechnen. Wenn man sie schneller einfügen will, macht man sie zu Automaten. In dem Maße, in dem Pauls Vater nicht daran glaubt, und in dem Maße, in dem er das Problem bei der geringsten Schwierigkeit auf das seines eigenen mißratenen Bruders abwälzt, steckt das Kind in einer Falle und bleibt in einer Abgeschlossenheit gefangen, die ihm angeboten wird. Wenn es keinen anderen gibt, der an das Werden des Kindes glaubt, nun ja, dann gibt dieses eben auf.
Armands Mutter: Glauben ist Handeln.
M. M.: Aber auch Worte. Und die Worte sind es, die tragen. Wenn man einem Kind gesagt hat: »Du wirst im Asyl enden«, geht es genau mit diesen Worten seinen Weg und verurteilt sich selbst.

Léons Mutter: Zu Hause ist Léon unausstehlich. Heute nacht wachte er um zwei Uhr morgens auf. Ich habe ihn geschlagen. Ich habe das kleine Ding unter der Bettdecke versteckt gesehen.
M. M.: Dennoch, hier schläft er.
Léons Mutter: Wir leben in einem Mietshaus. Ich habe ihm die Mundharmonika weggenommen, damit er die Nachbarn nicht stört. Da ist er in unser Bett gekommen. Das wirft uns um fünf Jahre zurück. Hélène ist zu gutmütig. Sie läßt die Türen offen.
M. P.: Es ging schon so gut, daß er zu einer bestimmten Zeit mit den anderen Kindern in einem Zimmer schlief. Letzte Woche hat er schlecht geschlafen, aber das war durchaus ungewöhnlich.
M. M.: Er muß mit irgendeinem Übergangsobjekt schlafen dürfen. (Wenn er seine Mundharmonika nicht hat, verlangt er nach einem Erwachsenen, so groß ist seine Angst des Nachts.)
Léons Mutter: Ich hatte Gewissensbisse, weil ich ihm dieses Objekt weggenommen hatte; aber ich hatte auch die Klagen meines Mannes, der völlig am Ende war.
M. M.: Solche Momente, in denen der Schlaf aus dem Rhythmus kommt, müßten sich ohne Katastrophenstimmung wieder geben. Sie müßten sich eine halbe Stunde vor dem Einschlafen um ihn kümmern können, ihm vielleicht irgendeinen Fetzen von Mama geben, mit dem er sprechen könnte. Seine Mundharmonika wird er nachts gar nicht benutzen, er braucht sie wie einen Gefährten.
Léons Mutter: Bei uns ist das Drama sofort da, schon bei der geringsten Abweichung. Wir hätten aufs Land fahren sollen; es war falsch, daß ich in Paris bleiben wollte.
M. M.: Im Unglück und bei Schwierigkeiten muß man etwas durchhal-

ten können. Wenn man ein Kind hat, das in einen ganzen Trupp von Arbeitern integriert und mit seinen Händen tätig ist, und das dann in einem gegebenen Moment nicht mehr schläft, müßte man dem ohne unnötiges Drama und ohne verletzende Worte begegnen können. Worte – die prägen.

Léons Mutter: Als Sie mich auf die Ferien angesprochen haben, habe ich mir gesagt, wie soll denn das möglich sein? Wo er doch um zwei Uhr morgens ins Bett der Erwachsenen kriechen wird.

M. M.: Er wird diese Familie nicht um zwei Uhr morgens wecken. Da liegt doch gerade das ganze Problem.

Léons Mutter: Ich hatte tatsächlich den ganzen Tag auf den Moment gewartet, wo er mich aufwecken würde. Wenn ich auf die Katastrophe warte, kommt sie auch.

XII.

M. M.: Mit Julien befinden wir uns in einer schwierigen Situation. Sie haben ihn, ohne es zu wollen, in die Situation eines Kindes gebracht, das zwischen geschiedenen Eltern steht, zwischen seiner Kleinschen Analytikerin, zu der er weiterhin drei Mal in der Woche geht, und Bonneuil.

Juliens Mutter: Nein, seit Januar geht er dort nicht mehr hin. Allerdings habe ich seinen Bruder wegen psycho-motorischer Störungen hingebracht, und schon hatte ich die Erpressung: man nimmt Ihnen Elie ab, wenn Sie uns Julien wiedergeben.

M. M.: Wenn die Analytikerin die Ärzte mobilisiert (unter uns gesagt, wir haben kein bißchen Lust, Julien der medizinischen Körperschaft streitig zu machen) ... kann Julien nicht als Spielball nach Bonneuil kommen. Der Konflikt der Erwachsenen zieht quer durch ihn hindurch. Anfangs hat diese Analytikerin Julien sehr geholfen; aber dann ist er ihr »Fall« geworden. Sie hatte einen Prioritätsanspruch an ihn, ein Recht, weil sie zuerst da war, und es kam gar nicht in Frage, daß sie ihn wieder »losließ«. Sie sagt sich: »Da habe ich einmal in meinem Leben einen Fall von Demenz, den gebe ich nicht wieder her.« Und wenn sie Julien bis ins Pensionsalter folgen muß ...

Julien hat sich in einem bestimmten Moment seiner Geschichte in einer »wahnwitzigen« Situation befunden. Aber muß man ihn deshalb auf Lebenszeit in einem Etikett erstarren lassen, das derzeit sogar von den Psychiatern selbst beanstandet wird ... Julien will von seiner Analyti-

kerin nichts mehr wissen. Da sie diese Ablehnung nicht hören kann, macht er sie durch Spucken und Kaputtschlagen für sie sichtbar. Doch außerhalb des Analytikersprechzimmers ist Julien völlig normal und in der Lage, nächstes Jahr eine Dorfschule zu besuchen. Die Gegenleistung für die Kostenfreiheit der »ärztlichen Hilfe« kann nicht die sein, daß man sein Kind auf Lebenszeit der Medizin überläßt.
Juliens Mutter: Elie sollte psycho-motorische Übungen machen, weil die Analytikerin gesagt hatte: »Kinder dürfen nicht eifersüchtig sein.« Als ich ihr sagte: »Ich bringe Julien nicht mehr zu Ihnen«, antwortete sie: »Dann behalten Sie auch Elie«. Später ließ sie mich anrufen, damit ich Elie trotz allem doch zu ihr bringe. Aber danach steckte ich in der Klemme. In der Bretagne hat Julien sich einwandfrei benommen; aber sobald er mich sieht, beschimpft er mich, und das ist widerwärtig.

Érics Mutter: Seit er im Internat wohnt, ist Éric wie verwandelt. Er lebt wieder.
M. M.: Das Internat während der Woche (ich denke dabei an das Heim für jugendliche Lehrlinge, in dem Hector wohnt) sollte den Jugendlichen erlauben, die Verantwortung für sich selbst zu übernehmen und in einem Klima, das abends verschiedene kulturelle Aktivitäten bereitstellt, ein Leben mit anderen arbeitenden Jugendlichen zu führen. Hector beispielsweise lebt in einer Gemeinschaft von gleichaltrigen Jugendlichen und entgeht so einer fortgesetzten Segregation. Er wird sich in Zukunft in der Welt der Arbeitenden (und ihrer Kämpfe) befinden, und nicht mehr in der Welt der unangepaßten Jugend.
Die Welt ist im wesentlichen eine segregative Welt. Sobald man von einer Norm abweicht, wird mit dem Finger auf einen gezeigt. Henriette wäre beinahe aus einem Sekretärinnenkurs geflogen, nur weil sie die Teilnehmer (von denen manche schon über dreißig waren) nach ihrem Privatleben ausfragte. Nicht etwa, daß Henriette unerträglich gewesen wäre, aber sie verhielt sich nicht konform zu den Gewohnheiten dieser Welt.
Ein anderer Jugendlicher, Michel, hatte die Zusage für seine Aufnahme in ein Jungarbeiterheim schon in der Tasche. Sobald sie dort erfahren haben, daß dieser Junge »ein Kind der DDASS« war, wie man so sagt, wurde seine Aufnahme wieder in Frage gestellt. Man forderte sein »Dossier« bei uns an. Ein durchaus beeindruckendes »Dossier«, das ihm seit seiner zartesten Kindheit auf den Fersen war. Für uns kam es gar nicht in Frage, dieses Dossier jetzt, wo Michel gerade seinen Eintritt in

die Arbeitswelt vollzog, hinterherzuschicken. Wir haben Michel geholfen, an Ort und Stelle in dem Heim selbst ein »Dossier« anzufertigen; mit dem Effekt, daß dadurch für ihn ein Einschnitt gegenüber seiner Vergangenheit als Hilfsbedürftiger erfolgte. Zum ersten Mal hielt dieser Jugendliche Einzug in einen Ort, der von dem »Stempel« seiner Vergangenheit »befreit« war. Von dort aus war er in der Lage, seine Geschichte in seinem eigenen Namen in die Hand zu nehmen. Er wurde *im allerletzten Moment* angenommen ... Auch hier hätte der Bruch mit der Ideologie von der medizinischen Vereinnahmung des Lebens anderer fast dazu geführt, einen »geheilten« Jugendlichen in die Segregation, die ihm seit seiner Geburt zuteil geworden war, zurückzustoßen. Die Segregation des »Unangepaßten« kam in diesem Fall als Verdoppelung zu der gesellschaftlichen Segregation hinzu, der das Kind von Anfang an zum Opfer gefallen war.

Théophiles Mutter: Noch an etwas anderem haben wir schwer zu tragen; nämlich an der Wirkung der »Geisteskrankheit« auf die Geschwister. Mein anderer Sohn ist von der Geschichte seines Bruders stark gezeichnet. Er macht sich immer zum Verteidiger der Witwe und des Waisen. Er ist einer, dem man bei lebendigem Leib die Haut abgezogen hat. Ich habe den Eindruck, daß er um seine Jugend beraubt worden ist. Er wird sein ganzes Leben lang leiden und unglücklich sein.
Léons Mutter: Das ist nicht sicher.
Francis' Mutter: Eine Familie muß solidarisch sein.
Urbains Mutter: Mein Sohn ist übermäßig sensibilisiert *(sie weint)*. Er ist viel zu reif.
Francis' Mutter: Das kann doch schließlich auch ein Vorteil sein.
Urbains Mutter: Mein Sohn wischt den Kot seines Bruders auf, er ist die Entsagung selbst. Er lebt nicht. Er hat Angst, daß ich nicht durchhalte. Was außerdem schwer auf uns lastet, ist die Depression meines Mannes.
Luciens Mutter: Was mich betrifft, ich halte mich an das Motto, jedem das Seine. Die Geschwister dürfen nicht die Wirkungen eines Anormalen ertragen müssen.
Théophiles Mutter: Man kann den Geschwistern keinen Behinderten aufzwingen.
Henriettes Mutter: Eine kinderreiche Familie lernt die Solidarität, und das bedeutet eine Stütze.
Théophiles Mutter: Da braucht man aber einiges Talent, um sich mit

einer kinderreichen Familie wirklich abzufinden. Das einzige, was man in der Schule nicht lernt, ist Eltern zu sein.

Francis' Mutter: Bei jedem Kind ist es wieder anders. Jedes Mal macht man es genauso wie mit einem Einzelkind.

Théophiles Mutter: Das einzige, was uns auf das Elternsein vorbereiten kann, ist die Art und Weise, wie man selbst erzogen worden ist. Man macht es genauso, oder man macht das Gegenteil. Diejenigen, die eine wohlige Harmonie erlebt haben, geben sie instinktiv auch ihren Kindern.

XIII.

Armands Mutter: Jetzt macht Armand wieder in die Hosen. Dabei war er mit einem Jahr schon sauber.

M. M.: Dann war er aber außergewöhnlich früh sauber. Man könnte sagen, daß er zur Zeit eine Verwirrung zum Ausdruck bringt.

Sandrines Mutter: Sandrine ist sauber. Jetzt ist Armand Sandrine. Sandrine sagt es übrigens selbst: »Er ist nicht mehr sauber, aber dafür bin ich sauber.« Das war ungefähr vor drei Monaten.

M. M.: Da gibt es ein Identifikationsproblem, damit zu leben ist für den einen wie für den anderen nicht gerade angenehm.

. . . .

Sandrines Mutter: Denken Sie auch daran, was diese Kinder mit zwanzig Jahren sein werden?

Léons Mutter: Wenn man an die Zukunft denkt, springt man aus dem Fenster.

M. M.: Was uns von den traditionellen Tageskliniken unterscheidet, ist die Tatsache, daß wir den Gedanken, uns in einem vorgeschriebenen Alter (mit vierzehn oder achtzehn Jahren) von den Kindern zu trennen, nicht akzeptieren. Wir denken vielmehr an Lösungen eines autonomen Lebens auf dem Dorf, wenn es einmal soweit ist.

Léons Mutter: In den Städten ist die Feindseligkeit gegenüber dem Anormalen besonders ausgeprägt. In manchen Dörfern findet der Idiot immer noch seinen Platz.

M. M.: Unsere Bemühungen laufen im Grunde darauf hinaus, eine ganze Kette von Freundschaften herzustellen. Das fordert von uns eine weitgehende Verfügbarkeit. Es impliziert, daß auch wir uns zu Aufenthalten aufs Land begeben. Diejenigen, die die Kinder von Bonneuil bei sich empfangen, verlangen viel Aufmerksamkeit. Es ist ihr Problem, das sich durch das Kind hindurch Gehör verschafft.

Das Kind seinerseits verlangt nach einem Ort, der den Eltern unbekannt bleibt. Wenn die Erwachsenen sich untereinander allzu gut verstehen, ist das Kind eifersüchtig, und dann verliert es sein Interesse; das gibt es den Gastgebern, die es empfangen, zu spüren.

Andererseits induzieren die Eltern Verhaltensstereotype, indem sie der Gastfamilie »Rezepte« liefern: wie man es machen muß, damit es mit dem Kind auch klappt. Die Nützlichkeit der institutionellen Sprengung liegt unter anderem auch darin, daß dem Kind die Chance gegeben wird, in einen anderen Diskurs einbezogen zu werden und sich selbst mit einem anderen neu erfinden zu müssen.

Es kommt vor, daß die Eltern die Orientierung, die ihr Kind eingeschlagen hat (wie etwa das Gemeinschaftsleben in einem Dorf), nicht ertragen. Taub gegenüber seiner Wandlung (man könnte sogar sagen, gegenüber seiner Wieder-Geburt), bedienen sie sich in einem bestimmten Moment ihrer Autorität, um es seinem Dorf zu entreißen und in einer psychiatrischen Institution zu »plazieren«. Wenn seitens des Analytikers auf der Ebene der Symbolisierung irgend etwas fehlgeschlagen ist, kommt es (beim Patienten oder bei dessen Eltern) zu einem Ausagieren. Unsere Verantwortung ist durchaus an all dem beteiligt. Es passiert, daß wir es nicht verstehen, den Eltern während der Abwesenheit ihres Kindes hinreichend gegenwärtig zu sein (diese Gegenwärtigkeit bei den Eltern ist in den Fällen um so notwendiger, in denen der Jugendliche sich entschieden hat, »im Bruch« mit unserer Ideologie von der »Norm« zu leben).

Paradoxerweise kommen die Eltern immer gerade in dem Moment, in dem ein Jugendlicher sich aus der Klemme zieht (so daß es ihm sogar gelingt, für seine eigenen Bedürfnisse zu sorgen), in die Versuchung, Internierungslösungen durchzusetzen; sie geben zu verstehen, daß sie es nicht zulassen könnten, wenn ihr *Kind ihnen entkommt* (aber jetzt erst erfolgt bei ihm die Geburt zu einem Wunsch außerhalb von ihnen).

Noémies Mutter: Diese Situation haben wir selbst erlebt ... Mein Mann ist wieder einmal so weit, daß er überhaupt nichts mehr erträgt. Wenn seine Tochter nicht da ist, geht es ihm gut. Aber wenn seine Tochter nicht da ist, spricht er auch nicht mehr, und dann bin ich es, die depressiv wird. Da kann man so stark sein, wie man will, man wird einfach schwach.

Hectors Mutter: Es stimmt, daß die Mutter die Schwierigkeiten des Kindes besser akzeptieren kann als der Vater.

Urbains Mutter: Mein Mann ist ebenfalls depressiv. Die Frau trägt beide, ihren Mann und ihre Kinder. Sie ist es, die zum Oberhaupt der Familie wird.

Patrices Mutter: Mein Sohn hat ein Taxi von Paris nach Reims genommen; Kostenpunkt 400 Frs. Er kam an und führte nichts als Beschimpfungen im Mund. Ich wollte ihn nur zum Schlafen bringen.

M. M.: Patrice kam hier an, als wäre er jahrelang psychiatrisiert gewesen, völlig gefangen in den Effekten seiner Drogen. Als er dann andere Medikamente bekam, wurde er wieder zugänglich. Er hat geweint, man konnte mit ihm sprechen. Man hat ihm gesagt, er müsse die Leere ertragen können, ohne sofort mit einem Medikament alles wieder zuzustopfen. Man muß eine Zwischenlösung finden. Patrice hat seinen Schlaf wiedergefunden.

Patrices Mutter: Patrice hat sich entschuldigt; aber ich fühle mich trotzdem weniger beunruhigt, wenn er völlig unter Drogen steht, wie Sie immer sagen.

M. M.: Patrice wird sich so einrichten, daß er die Familie in Gegensatz zu Bonneuil bringt. In seinen Klagen ist ein Anklang von Wahrheit, aber man muß sich hüten, alles wieder zu glätten, indem man auf der denkbar naivsten Ebene mit Medikamenten antwortet.

M. P.: In der ersten Zeit beklagte sich Patrice über die fehlende Schule. Also hat man Schulstrukturen für ihn hergestellt. Daraufhin hat er sich heimlich davongestohlen und seine Klagen auf die Probleme mit den Medikamenten verschoben. Er muß ständig aufspüren, was bei dem Erwachsenen nicht stimmt. Ständig ist er auf der Suche nach Fehlern. Alles Brennbare setzt er in Brand.

M. M.: Patrice hat Angst, selbst Angst zu machen. Und wenn er der Angst begegnet, bricht in ihm die Gewalt aus.

Patrices Mutter: Ich habe Angst vor ihm. Ich kann diese Angst nicht beherrschen; und es ist wirklich wahr, ich will von meinem Sohn nichts mehr wissen. Ich liebe ihn, aber ich will nichts mehr von ihm wissen.

Sandrines Mutter: Ich mußte zum Amtsarzt gehen, um eine Bescheinigung über die 100prozentige Invalidität für die Sozialversicherung zu bekommen. Er fragte mich: »In welche Schule geht sie denn?« Als ich dann von Bonneuil erzählte, sagte er: »Aha, und haben Sie Fortschritte bemerkt?« Ich antwortete: »Ich hoffe, ja, und ich glaube, ja.« Er meinte daraufhin: »Es gibt andere Orte.« Ich habe ihm geantwortet: »So, dann gibt es also viele, die so alt sind wie meine Tochter?« Ich empfand das als ungeheure Unterschlagung.

Théophiles Mutter: Die Sozialversicherung hat mir alles gestrichen, zur Strafe, weil Théophile keine Medikamente mehr nahm. Man muß Medikamente kaufen, damit man die Leistungen der Sozialversicherung in Anspruch nehmen kann.

M. M.: Das ist eine wichtige Beobachtung.

Théophiles Mutter: Es dürfte nicht sein, daß die Kinder den Preis für die Ansprüche der Sozialversicherung zahlen.

Hectors Mutter: Und wenn die Eltern von unangepaßten Kindern sich um die Einrichtung eines Ortes kümmern, läuft dann die Sache nicht?

M. M.: Nein, sie läuft in der Tat nicht. Man beginnt mit einer Gruppe von Eltern, die schon ein gewisses Stück des Wegs zurückgelegt haben, und dann arbeitet man plötzlich mit anderen zusammen, denen man es nicht ersparen kann, diesen Weg auch zurückzulegen. Sie werden ihre Ängstlichkeit an der Institution ausleben, indem sie eine Protektionsmaschine gegen den Wahnsinn daraus machen. Und das kann nicht ohne repressive Wirkung bleiben. Das Verlangen nach einem asylartigen Ort kommt paradoxerweise immer von den ängstlichen Eltern.

Sandrines Mutter: Die Eltern können besser helfen, wenn es um die Kinder anderer geht. In bezug auf die eigenen hat man Angstreflexe.

Théophiles Mutter: Am Anfang hatte ich Angst, Théophile würde nur allzugut von Bonneuil versorgt; ich hatte Angst, mich von Bonneuil nicht mehr betroffen zu fühlen.

Léons Mutter: Genau diese Reaktion macht Maud Mannoni unmöglich. Das Kind, das gibt sie einem rundweg zurück.

Théophiles Mutter: Wenn man das alles jahrelang ertragen hat und endlich Hilfe und Entlastung spürt, na ja, dann ist man auch bereit, dieses Alptraumkind herzugeben.

Léons Mutter: Ich persönlich habe mich nie erleichtert gefühlt.

Théophiles Mutter: Die eigentliche Gefahr besteht darin, daß man sich weniger betroffen fühlt.

Sandrines Mutter: Je weiter es geht, um so härter wird es. Wenn das Kind es nicht schafft, ist es schrecklich anzusehen, wie es zu einem behinderten Erwachsenen wird.

Théophiles Mutter: Ein vierjähriges Kind in Schwierigkeiten ist nicht das gleiche wie ein fünfzehnjähriges.

Sandrines Mutter: Ich stelle mich immer auf das Schlimmste ein.

Théophiles Mutter: Théophile erträgt es nicht, wenn man sich um einen anderen kümmert als ihn. Wenn er da ist, kann man unmöglich in Frieden essen.
M. M.: Eines ist sicher, mit den Eltern wird es immer weniger gut gehen, so als ob der Rest an »Boshaftigkeit« für sie reserviert werden müßte. Diese Kinder bereiten Ihnen ein hartes Leben.
Léons Mutter: Je mehr sie uns lieben, um so mehr tun sie uns weh, um so gehässiger sind sie. Wenn Léon jemanden schlägt, ist das ein Zeichen von Freundschaft.
Hectors Mutter: Man fühlt nicht den Augenblick, in dem man in die Angst hineingerät.
Théophiles Mutter: Aber das Kind, das spürt die Angst bei einem selbst.

XIV.

Juliens Mutter: Für Julien ist die Bretagne wunderbar.
M. M.: Ja, aber es wäre wichtig, daß Sie sich nicht dort niederlassen, sonst muß er sich wieder einen anderen Ort suchen, um sich vor Ihnen zu retten ...
Juliens Mutter: Glauben Sie? Ich wollte mich eigentlich mit seinem Zwillingsbruder für eine Weile dort einrichten.
M. M.: Wir haben Glück gehabt, einen Ort zu finden, der Julien gefällt, an dem er zugleich seine Ablehnung gegen die Familie und seine Ablehnung gegen Bonneuil spielen lassen kann. Das ist sein eigener Ort, an dem weder seine Mutter noch sein Bruder ist. Das alles ist doch immerhin symbolisch von einiger Bedeutung. Da stehlen Sie ihm etwas.
Juliens Mutter: Ich hatte sogar schon erreicht, daß die Gastfamilie auch den Zwillingsbruder aufnimmt.
M. M.: Sie schaffen die Gefahr eines sicheren Mißerfolgs. Sie wissen genau, daß es rapide bergab geht, sobald er mit Ihnen zusammen ist.
Juliens Mutter: Es dauert kaum eine viertel Stunde, und schon fängt er an, mich zu beschimpfen, während er sich mit den anderen ganz ruhig und normal verhält.
M. M.: Und genau diese Hölle wollen Sie aufs neue schaffen.
Juliens Mutter: Nein. Aber warum sollte er denn mit den anderen normal und mit mir anormal sein?
M. M.: Warum sollte man ihm dort nachstellen, wo er sich ohne Familie wohl fühlt?

Juliens Mutter: Am liebsten wäre ich selbst an seiner Stelle.

M. M.: Als wenn Sie eifersüchtig auf ihn wären. Sie sind in der Lage, spüren zu lassen, welche Hölle entsteht, sobald Sie auftauchen, und dennoch tragen Sie dem keinerlei Rechnung. Er ist »allergisch« gegen seine Familie.

Erst als eines Tages ein gleichaltriges Kind nach Bonneuil kam, wurde uns klar, wie ernst das Problem ist, das sich Julien im Zusammenhang mit seinem Zwillingsbruder stellt. Die beiden waren nie fähig, sich miteinander wohl zu fühlen. Der eine konnte nur dann tätig sein, wenn der andere verschwand. In der Bretagne findet Julien nun eine Gastfamilie, in der er sich wohl fühlt, bei der er so gut lesen und rechnen lernt, daß er in der Dorfschule anfangen kann, und Sie wollen in das alles eingreifen; wozu eigentlich? Das Stück des Wegs, das das Kind hier zurücklegt, bietet Chancen, die man ein Mal, aber nicht zum zweiten Mal ergreift.

Juliens Mutter: Es geschieht nicht absichtlich, wenn ich alles kaputtmache. Es ist stärker als ich selbst.

M. M.: Wir hatten hier den Fall eines Kindes, das nach England gegangen war. Einen sogenannten hoffnungslosen Fall. Auf dem Schulbauernhof, der ihn empfangen hatte, war ein prima Kerl aus ihm geworden; ein so prima Kerl, daß sein Vater ihn wieder zurückgeholt hat. Heute ist er im Asyl. Es gibt Fehlgriffe mit irreversiblen Effekten.

Juliens Mutter: Den Zwillingsbruder wollte ich deshalb wieder einbringen, weil Julien wieder lebendig geworden ist.

M. M.: Und das obwohl Sie genau wissen, wie sehr er an dieser Situation kaputtgeht.

Patrices Mutter: Für Patrice ist alles gut verlaufen.

M. M.: Patrice hatte es geschafft, das psychiatrische Krankenhaus mit nach Bonneuil zu schleppen. Wir haben ihm sagen müssen, daß er nie nach England gehen könnte, wenn er weiterhin daran festhielte, alle Gespräche durch die Rezitation seiner physischen Leiden oder psychiatrischen Störungen zu monopolisieren. In England spräche man über die Gesundheit der Königin, aber nicht über seine eigene. Damit war so etwas wie ein neues Spiel eingeführt. Patrice hat eine Woche lang geschlafen ... statt auszuagieren. Und dann hat er angefangen, sich für Musik zu begeistern und sich für die Arbeit der Großen zu interessieren. Man kann sagen, er hat seinen Einzug in Bonneuil mit einer Vorstellung als Geisteskranker gehalten. An dieser Identität hielt er fest. Als er dann eingesehen hat, daß er keine Angst machte ... und daß das Ausagieren verboten war, kam es zu einer Veränderung. Am Anfang brachte er in Form einer *Wiederholung* all das nach Bonneuil, was ihm im Krankenhaus das Etikett »gefährlich« verschafft hätte. In Bonneuil begegnete er *Worten* an Stelle der Zwangsjacke, und von dort aus konnte etwas aufgeknüpft werden.

XV.

M. M.: Wie geht es bei Ihnen zu Hause?
Games Vater: Paterne ist allem Anschein nach auf dem besten Wege. Aber uns, uns geht es überhaupt nicht gut. Meine Frau will sich scheiden lassen. Das Kind bleibt bei mir. Sagen wir, ich bin dann verfügbarer für das Kind.
M. M.: Was die Frauen in der letzten Zeit alles abkriegen, mit Paterne!
Paternes Vater: Man kann wohl sagen, daß ich einigermaßen geladen bin gegen die Frauen. Das ist eine Pleite, die schwer zu schlucken ist. Meine Frau hat ja recht, wenn sie weg will. Ich, ich hätte mich immer noch geduldet. Wir werden finanzielle Probleme miteinander bekommen, weil ich den Anteil meiner Frau an dem Appartement zurückzahlen muß. Sie geht weg, und ich, ich muß die Scheidung einreichen.
M. M.: Diese Geschichte mit der Scheidung, die da aufbricht, hat die etwas mit der Rückkehr von Paterne zu tun?
Paternes Vater: Es ist eine Frage der Geduld. Jetzt wird uns erst klar, daß man da gar nichts machen kann. Meine Frau hat nie etwas von diesem Kind wissen wollen. Sie will frei sein. Und ich kann nicht-mütterliche Frauen nicht ertragen.
M. M.: Man kann niemanden zwingen, zu sein, was er aus dem Zusammenhang der eigenen Schwierigkeiten heraus nicht sein kann.
Paternes Vater: Sie ist krank. Ihre Geschichte wird sechs oder acht Monate dauern, und dann wird sie wieder rückfällig. Aber wenn ich sie aufhalte, was halte ich dann eigentlich auf? Ich habe schon einmal gewonnen, aber dieses hier, das wird mich fertig machen.
M. M.: Das eigentliche Problem ist, daß alles so verläuft, als wenn es nur mit einem von beiden, der Mutter oder dem Kind, gehen könnte, nicht aber mit beiden zugleich. Seit Paterne zwei Jahre alt war, war das immer wie ein Handel; entweder die Mutter bleibt oder das Kind geht

weg. Das Kind hat all die Jahre hindurch im Schatten gestanden. Es ist keine Kleinigkeit, wenn jetzt, wo es zurück ist und es ihm gut geht, seine Mutter plötzlich fortgeht. Als müßte einer zugrunde gehen, damit der andere leben kann.

Paternes Vater: Meine Frau ist kindisch. Sie ist eifersüchtig auf den Sohn und lehnt ihn ab.

M. M.: Konnten Sie nicht für beide verfügbar sein, für die Mutter und den Sohn? Wie kommt es, daß immer nur eine homosexuelle Beziehung der Männer untereinander möglich war, und die Frau im Abseits gehalten wurde?

Paternes Vater: Das Leben mit meiner Frau war genauso, als das Kind nicht da war. Nur fühle ich mich besser, wenn das Kind da ist. Und in seiner Beziehung zu mir versucht das Kind, seine Mutter zu ersetzen, das stimmt auf jeden Fall. Aber ich habe nie darauf hingearbeitet, daß das Kind für seine Mutter nicht zählt.

Sandrines Mutter: Es ist nicht richtig, wenn man von ihr nicht akzeptiert, was man von jedem Mann akzeptiert, nur weil sie eine Frau ist. Wenn ein Mann fortgeht, findet man das normal. Man braucht große Kraft, um fortzugehen.

Paternes Vater: Das ist wahr, man braucht dazu wirklich große Kraft.

M. M.: Kinder auf die Welt zu bringen ist eine Sache; sie aber aufzuziehen ist eine andere Sache. Es stimmt schon, es führt zu nichts Gutem, wenn man um jeden Preis beisammen bleiben will und nichts als die Hölle schafft. Das Kind gerät in dieser Auseinandersetzung unter den Erwachsenen nur in die Zwickmühle. Es findet darin nichts, womit es leben könnte.

Sandrines Mutter: Wenn ein Paar sich verändern will, ist es nicht immer in der Lage, sich gemeinsam zu verändern. Die Zeit des einen ist nicht immer die Zeit des anderen.

M. M.: Was wurde denn zu Paterne gesagt?

Paternes Vater: Alles mögliche. Aber trotz allem wurde ihm gesagt, daß wir nicht dieselben Vorstellungen haben, und daß eine gelungene Scheidung kein Drama zu sein braucht. Ich muß versuchen, die Dinge von der besten Seite zu nehmen. Zum Glück gibt es noch den Hund. Eigentlich wollte ich gar nicht, weil meine Frau in Fragen der Reinlichkeit so fürchterlich autoritär war. Aber schließlich hat Paterne ihn doch gekriegt, diesen Hund. Der Hund ist eine zentrale Figur. Im Zusammenhang mit ihm wirft Paterne eine Menge sexueller Fragen auf; für ihn dreht sich alles um das Problem der Paarung von Hunden.

Paternes Mutter hat zur Zeit einen Liebhaber. Sie will einen Strich unter ihre Vergangenheit ziehen. Einen Strich unter das Kind. Sie sagt zu mir, sie schäme sich wegen des Kindes. Sie will mit einem anderen Mann ein neues Paar machen, ohne Kind.

Angenommen, meine Frau würde ihr Leben mit einem anderen Mann ins Gleichgewicht bringen und dann das Kind von mir verlangen, ich würde es ihr geben.

Francis' Mutter: Aber dieses Kind ist doch kein Spielball. Man könnte es doch auch nach seiner Meinung fragen. Wenn es bei seinem Vater wohnen will, sehe ich nicht ein, weshalb man den Launen der Mutter nachgeben sollte. Als müßte alles nach dem Gesetz ihrer, und nur ihrer Lust und Laune gehen.

Sandrines Mutter: Ich habe immer geglaubt, die Schwierigkeiten müßten ein Paar näherbringen. Erlebt habe ich dann das Gegenteil. Wenn eine Frau ein Kind hat, fällt es ihr schwer, Frau und Mutter zu sein ... Ich will nicht zulassen, daß mein Mann eine andere Frau lieben könnte.

Paternes Vater: Aber Gnädigste, es kann doch nicht wahr sein, daß Sie nach fünf oder neun Jahren immer noch auf Kriegsfuß mit Ihrem Mann leben, weil er eine andere Frau hat!

Sandrines Mutter: So! Das nenne ich eine männliche Sicht.

Paternes Vater: Nein, das ist eine menschliche Sicht.

Francis' Mutter: Immer zahlt das Kind für eine solche Situation.

Sandrines Mutter: Erst hatte Frau Mannoni die Trennung der Eltern gutgeheißen, und dann fand sie, der Vater fehle Sandrine.

M. M.: So kann man die Sachen nicht zusammenfassen. Bei Ihnen zu Hause war das Leben zu einer Hölle geworden. Da war nicht mehr viel zu machen. Der Vater war schon fort. Sie wollten nicht, daß das Kind zu seinem Vater ging, weil der eine andere Frau hatte. Alles war dermaßen blockiert, daß dem Kind kein anderes Mittel mehr blieb, als sich auf der Stelle in eine Mumie zu verwandeln. Sandrine wurde wie tot. Den Vater zu zwingen, seine Tochter zu »besuchen«, das hat keinen Sinn. Diese Komödie wollte der Vater auch nicht spielen. Er ist sich des Dramas vollständig bewußt. Er sagt: »Wenn ich das Gesetz (im juristischen Sinne) ausspiele, ist es meine Frau, die zusammenbricht.« Ehe er das Risiko einging, selbst für den Tod des einen *oder* des anderen verantwortlich zu werden, hat der Vater sich lieber absentiert. Tatsächlich hat er sich dafür entschieden, seine »sowieso schon behinderte« Tochter zu opfern. Eine »gelungene« Scheidung wäre für alle Beteiligten von Vorteil gewesen.

V. Weiterführende Bemerkungen

Die sogenannte ›medizinische Ethik‹ ist zu großen Teilen ein Satz von Fürsorgeregeln, die letztlich auf eine fortdauernde Infantilisierung des Patienten hinauslaufen und ihn unterwerfen sollen.

Thomas Szasz, *Geisteskrankheit. Ein moderner Mythos?*

15. Die Ausbildung der Erwachsenen, die »Behandlung« und die administrative Ordnung

Von Maud Mannoni

Kein Diplom, keine universitäre oder technische Ausbildung kann dem Erwachsenen die Gewißheit verschaffen, daß er seine Beziehung zu dem sogenannten behinderten Kind mit aller Gelassenheit oder gar mit Kompetenz in Angriff nehmen wird (insbesondere dann nicht, wenn es sich um ein psychotisches Kind handelt).

Jedes Wissen, das ihn zu einem Spezialisten macht, bringt im Gegenteil sogar die Gefahr mit sich, die Abwehr des Erwachsenen in der ersten Zeit zu schüren und einen dem Symptom-Diskurs des Kindes inhärenten Wahrheitseffekt zu verschleiern. Das Stück des Wegs, das der Erwachsene mit einem in Schwierigkeiten geratenen Kind zurücklegen muß, ist eine Strecke, die er zunächst *mit sich selbst*, das heißt mit dem Kind in ihm, bewältigt. Nur eine persönliche Analyse kann nach Freuds Worten dem Erwachsenen zur gegebenen Zeit helfen, sich in der Situation zurechtzufinden, in die ihn das »verrückte« Kind mitreißt. Doch in den Genuß einer persönlichen Analyse gekommen zu sein, bedeutet noch lange nicht, daß man Analytiker wird oder sich dem Kind gegenüber als Analytiker zu benehmen hätte (dies wäre nicht einmal wünschenswert).

Das Kind braucht ein Zusammenleben mit Subjekten, die, um den Ausdruck eines dieser Kinder zu gebrauchen, »natürlich« sprechen; das heißt, es braucht Erwachsene, die es aus dem Zusammenhang ihrer eigenen Bezugspunkte verstehen, die Worte zu finden, welche der Angst, der Furcht und dem Haß eine Antwort geben. Diese Worte lernt man nicht auf der Schulbank. Möglichkeiten, sie zu erfinden, ergeben sich allein aus dem eigenen, persönlichen Drama.

Die »einfachen« Leute, die die autistischen Kinder empfangen und mit ihnen zu sprechen verstehen, besitzen die Fähigkeit, sich auf ein in Schwierigkeiten geratenes Subjekt einzustellen; dies ist eine Fähigkeit, die in unserer Zivilisation langsam verloren geht. Bestimmte Erwachsene indes sind immer noch in der Lage, selbst in schweren Fällen von Autismus »der andere zu sein« und sogar dort einen Diskurs zu hören, wo die Worte sich bei dem Subjekt noch nicht haben ereignen können.

»Hören Sie doch«, sagte die Pflegemutter zu der Mutter eines autistischen Kindes, »hören Sie, was er dem Feuer alles erzählt. Ich glaube, jetzt sagt er ihm gerade, daß er morgen mit mir zum Kühemelken auf die Weiden geht ...«
»Aber er sagt doch gar nichts«, entgegnete die Mutter.
»Richtig geschwätzig ist er, Ihr Sohn, er hört gar nicht wieder auf.«
Für die eine war das Kind wie tot, für die andere war es das blühende Leben. Aus diesem Grunde öffnete sich zwischen der Pflegemutter und dem Jungen dieser durch das Spiel repräsentierte Erfahrungsbereich. Alles, was der Mutismus des Kindes an Verleugnung enthielt, wurde von der Pflegemutter gehört; und eben dadurch wurde auch ein Begriff von der Zeit, von der Dauer und ihren Grenzen eingeführt. Wenn die gute Bäuerin auch nicht wußte, was hinter ihrem Handeln stand, hörte sie doch äußerst aufmerksam eine ganze Sprache ohne gesprochenes Wort, die der Mutter vollständig entging, weil sie dem Leben zu fernstand.
Aber wie soll man dieses Wissen übermitteln?
»Ich kann mich anstrengen, wie ich will«, sagte die Mutter, »auch wenn ich alles genau mache wie die Pflegemutter, bei mir ist Ronald wie tot.«
In der Tat, bei ihr subsistiert-existiert Ronald ausschließlich auf der Ebene von Exkrementen, mit denen er die Wände bestreicht. Irgend etwas zwischen ihm und seiner Mutter ist nicht vorhanden; irgend etwas, was nötig wäre, damit aus diesem Exkrement der Wunsch nach den Farben des Lebens, mit denen er die Wände hätte bedecken können, entspringt.
Um die auf die Außenwelt projizierte Panik unter Kontrolle zu bringen, muß man, wie Winnicott[96] sagt, »handeln«; und er fügt hinzu: »Handeln braucht Zeit.« Heutzutage nehmen sich die von dem städtischen Lebensrhythmus absorbierten Mütter nicht mehr die Zeit, mit ihrem Kind zu lachen, zu spielen und zu singen. Eine auf dem Begriff der »Rentabilität« gründende Erziehungsideologie läßt den Begriff der »verlorenen Zeit« nicht zu. Nun besteht aber die Qualität der Beziehung zwischen dem Erwachsenen und dem Kind gerade aus einer solchen mit der »verlorenen Zeit« verwebten Verfügbarkeit.
Diese in der Gegenwart verlorene Zeit ist für die Zukunft gewonnene Zeit. Denn, wie Neill[97] schon zu Anfang des Jahrhunderts (im Zusam-

96 D. W. Winnicott, *Vom Spiel zur Kreativität,* Stuttgart 1971, S. 52.
97 A. S. Neill, *Theorie und Praxis der antiautoritären Erziehung – Das Beispiel Summerhill,* Reinbek 1969.

menhang mit seinen Bemerkungen über eine ganze Reihe klinischer Fälle) gesagt hat, ist für die Gesellschaft nichts gefährlicher, als ein Kind, das nicht spielen kann; ein solches Kind wird zum Zerstörer des anderen. Da es keine Gelegenheit gehabt hat, die dem Menschlichen inhärente Grausamkeit in Szene zu setzen, agiert es den Haß im Realen aus und verschließt sich hinfort jeder Möglichkeit der Transposition, der Verschiebung und des Spiels. Nichts ist mehr dialektisch zu fassen. Es ist das Universum der Gegnerschaft, das heißt, eine Welt, in der kaum mehr Platz ist als für den Tod des anderen.

Wenn eine Erzieherschule ihren Studenten Unterricht in jenen gymnastischen Bewegungen geben kann, welche sie später den Kindern beibringen sollen (damit sich deren Körper unseren Vorstellungen von der Norm anpaßt), wird sie ihnen dennoch keine Rezepte für die Aufgeschlossenheit gegenüber Spiel und Spaß liefern können. Die Widerstände des Erwachsenen, den Bereich des Spiels überhaupt zu betreten, hängen mit der Art und Weise zusammen, wie er selbst durch seine eigene Erziehung deformiert worden ist. Er kann hinfort nur die Effekte dieser Deformation wiederholen; es sei denn, ein persönlicher Weg (über die Analyse oder auch über die Effekte einer auf die Ideologiekritik konzentrierten theoretischen Arbeit) brächte ihn dazu, seine Beziehung zur Welt umzuwandeln. Die Erzieherschulen und die Kontrollorgane der Sozialversicherung legen den Akzent in zunehmendem Maße auf die »Gesundheitspflicht«; Resultat: die Beziehung zum Kind läuft immer stärker in Richtung einer Dressur (und man kultiviert geradezu die Vorstellung »Zeit-Verlieren« sei eine Plage).

Wenn ein Erfahrungsbereich zwischen dem Kind und dem Erwachsenen bewahrt werden soll, muß der Erwachsene unbedingt auf die Position der totalen Beherrschung verzichten können und akzeptieren, etwas *nicht zu wissen*. Dies wird in zahlreichen Erzieherschulen vollständig verkannt; sie gehen sogar so weit, daß sie »Kontrolleure« in die Praktikumsbereiche entsenden, damit sie die Gesten ihrer Studenten »sehen« und sie gegebenenfalls wegen Nicht-Konformität zurechtweisen. So wird es dem Erzieher-Praktikanten unmöglich gemacht, vom Unvorhergesehenen aus eine neue Situation mit dem Kind zu erfinden. In der Falle der Stereotype, welche seine »Ausbildung« ihm aufzwingt, läuft der Erzieher Gefahr, jede Entdeckung seitens des Kindes zu verhindern; und schlimmer noch, er läuft sogar Gefahr, selbst von dem Psychotiker als »gefährlich« empfunden zu werden (da er taub ist gegenüber der nicht kodierten Botschaft des anderen). Der rigide Erwachsene wird das Kind daran hindern, das objektiv Wahrnehmbare durch das Subjektive zu überlagern; auf diese Weise stört er das Kind bei seiner möglichen spontanen Entdeckung des Objekts. Bekanntlich ist jedes Objekt ein *gefundenes Objekt*. Aber um es zu finden, darf das Kind natürlich nicht von vornherein durch das Wissen des Erwachsenen behindert werden; ein Wissen, das jedes Auftauchen seiner Entdeckung verbietet. Manche Kinder müssen Monate, wenn nicht sogar Jahre in der Gesellschaft von Kieselsteinen verbringen. Erst viel später können sie dann ihre eigene Geburt zu der Entdeckung eines Körpers vollziehen und die Lust am *Tun* mit einem anderen entdecken.

Es ist allgemein bekannt, daß unsere Schulen jeden künstlerischen Ausdruck abtöten. (Mein eigener Sohn bemalte im Alter von 3 Jahren alle Wände mit Fresken, eines schöner als das andere; sein Schuleintritt besiegelte den Tod jedweder Möglichkeit zur künstlerischen Schöpfung. Für die Malerei war er von dem Augenblick an verloren, in dem man ihm das Zeichnen beibrachte, genau wie man den Kindern beibringt, »sich auszudrücken« – als wäre die Sprache der Académie française reicher als die Sprache des Argot! Wo doch eben das Argot (genau wie die Malerei) diejenige Wahrheit sagt, die die Sprache der Herren Lehrer verschleiert oder unterdrückt . . .)

In der pädagogischen Ideologie ist kein Platz für die *Lust*. Man vergißt, daß jede Lehre auf Regeln stößt, die unvermeidlich sind; und daß diese Regeln nur dann eine Chance haben, zu etwas anderem als zur bloßen Ablehnung zu dienen, wenn die dem Kind angebotene Situation das, was Winnicott als einen *potentiellen Raum* (zwischen Mutter und Kind) definiert, bestehen läßt. Einen Raum, in dem das Kind ausgehend von einem Gefühl gegenseitigen Vertrauens in der Lage ist, sich während der Trennung Möglichkeiten der Symbolisierung zu erarbeiten.

So wie die pädagogische und die medizinische Kontrolle derzeit in Frankreich ausgeübt wird, ist ihr Ziel die Gewährleistung der »korrekten« Reproduktion eines bestimmten Systems. Die Situation (des Pädagogen und seines Schülers; des Arztes und seines Patienten) wird dadurch nicht gerade verständlicher – ganz im Gegenteil.

Der Konflikt, durch den Bonneuil eine Zeitlang in einen Gegensatz zur Regionalkasse der Sozialversicherung geriet, ist ein bezeichnendes Beispiel.[98]

98 Die Regionalkasse der Sozialversicherung hat eine Zeitlang versucht, vermittelt über die ihr zugehörigen Ärzte die Ansicht zu vertreten, daß ihre Bestimmung in der Subventionierung psychiatrischer Krankenhäuser liege und nicht in der

Bonneuil setzte in diesem Konflikt seine Überlebensmöglichkeiten aufs Spiel; und zwar sowohl in *finanzieller* Hinsicht – es war unmöglich, den Hauptteil der gesamten Aktion weiterhin auf freiwillige Mitarbeit zu gründen – als auch in *therapeutischer* Hinsicht – eine finanzielle Hilfe konnte nur akzeptiert werden, sofern nicht als Gegenleistung ein Verzicht auf den experimentellen Status und die Strukturen der gesprengten Institution verlangt wurde. Das von uns (und vor uns schon von Bettelheim in Amerika) gestellte Problem hatte nichts *Politisches* im Sinne einer Parteipolitik an sich. Das Problem war im wesentlichen ein *ideologisches;* denn der Erfolg von Bonneuil hing unmittelbar davon ab, daß dieser Ort nicht medizinisch vereinnahmt wurde.[99] Und genau diese Nicht-Vereinnahmung einer »Lebensschwierigkeit« durch die Medizin bildete das Hindernis. Es scheint, daß Bonneuil eine ganze französische Tradition in Frage stellte; eine Tradition, die auf dem beruht, was man als »Administration der Medizin« bezeichnen könnte. Eben diese administrative Macht suchten die Ärzte-Funktionäre der Regionalkasse der Sozialversicherung unbewußt durch administrative Maßnahmen zu verteidigen. Die hohen Funktionäre (und die DDASS von Val-de-Marne) dagegen nahmen den Begriff des *öffentlichen Dienstes*, das heißt, die Bedeutung der Tatsache, die Erfahrung von Bonneuil in den Dienst der Patienten zu stellen, sehr viel ernster. Sobald man aber in der administrativen Hierarchie weiter nach unten kam, drohten die Interessen der Patienten aus dem Blickfeld zu geraten. Und in höchst seltsamer Weise wurde dort »im Namen der Arbeiter« eine »Psychiatrie für alle« gefordert – eine Psychiatrie, die nichts anderes war, als die der psychiatrischen Krankenhäuser in ihren rigidesten Strukturen.

So werden die Patienten zu einem Spielball, um den man sich streitet (oder den man sich teilt). Auch wenn es bei der Sozialversicherung Ärzte gibt, die sich der Gefahren deutlich bewußt sind, denen man das Kind und seine Familie durch den Zwang, sich einer psychiatrischen »Kontrolle« zu unterwerfen, in manchen Fällen aussetzt, so gibt es doch immer noch andere, die diese Kontrolle fordern; genau wie man in den traditionellen Institutionen (von der Sozialhelferin bis zum Arzt) das

Unterstützung von Experimenten im Stil Bonneuils. Was die Regionalkasse der Sozialversicherung hier zu verteidigen suchte (ohne daß ihr ganz bewußt gewesen wäre, was sie tat), war im Grunde die *medizinische Macht* (in ihren denkbar traditionellsten und hierarchisiertesten Strukturen).

99 Was keineswegs die Möglichkeit ausschloß, außerhalb von Bonneuil eine ärztliche Bezugsperson für pädiatrische, gynäkologische oder neurologische Fragen zu haben.

Recht fordert, ein »Stück vom Körper« des Patienten zu bekommen. Dabei geschieht die Aufteilung des Patienten (und seiner Familie) weniger in dessen Interesse als vielmehr in der Sorge um den Bestand der Harmonie innerhalb eines Teams.[100] Diese Position (ein kleines Stück des Kindes für sich zu fordern) ist in Wirklichkeit ein durch den Patienten vermitteltes Liebesverlangen. Da aber jedes Liebesverlangen seiner Struktur nach leidenschaftlich ist, erleichtert dies weder den Dialog noch den Informationsfluß.

Man müßte sich die Frage stellen können, in wessen Dienst eigentlich die angebliche Kontrolle durchgeführt wird.

Und die Antwort müßte lauten, im Dienste des Patienten. Die administrativen und ökonomischen Zwänge müßten derart konzipiert sein, daß sie sich nicht auf die therapeutischen Pflichten auswirken. Das ist nicht einfach. Und außerdem ist es für einen Verrückten manchmal wichtig, daß man ihn in Frieden läßt.

Wenn die Antwort aber lautet, im Dienste der *Ausübung einer bestimmten Macht*, verdient sie auch, daß man darüber nachdenkt. (Übrigens ertragen die Ärzte der Sozialversicherung bestimmte Einstellungen, die ihnen die administrative Ideologie aufzwingt, häufig selbst nur unter größten Schwierigkeiten und empfinden sie als repressiv.) Wie Gentis[101] schon sagte, siedelt sich das bewußte Ziel ihres Handelns keineswegs in einer Perspektive des Zwangs an; es verhält sich vielmehr so, daß sich das, was ihnen auf einer unbewußten Ebene entgeht, quasi entgegen ihren Absichten den Kräften der Verdrängung hinzugesellt und auf diese Weise (zwischen der Verwaltung und ihren Benutzern) ein Klima schafft, das sich als *Klima der Gewalt* qualifizieren läßt. Gewalt[102] entsteht immer dann, wenn die Dialektik fehlt und wenn die zwischen einem öffentlichen Dienst (hier der Sozialversicherung) und seinen Untergebenen sich herausbildende Beziehung eine *Zwangsbeziehung* ist. Mag es

100 Maud Mannoni, »*Scheißerziehung*«, Frankfurt 1976, S. 56-67.

101 Vgl. S. 41 dieses Buches.

102 »Was sie (die Maschine) mir statt dessen vorschlägt, ist zu versuchen, den inneren Frieden durch die Beachtung der Vorschriften zu finden. Aber können wir uns wirklich damit zufrieden geben, Herr Direktor? Ist das nicht zuviel von uns verlangt? Sie wird notwendigerweise scheitern und mir dann nur noch eine von der Polizei sanktionierte maschinelle Ordnung anbieten können. Wir sehen, wie sich vor unseren Augen die Entfesselung der Gewalt anbahnt – selbstverständlich durch die Vorschriften gerechtfertigt. Und die nächste Stufe läßt sich schon absehen, die nämlich, wo die Vorschriften selbst nur noch durch die Gewalt gerechtfertigt sein werden.« Octave Mannoni, *Lettres personelles à Monsieur le Directeur,* Paris 1951, S. 112.

sich nun um *körperliche Zwänge* handeln, indem man die Familien zwingt, sich an einen anderen Ort zu begeben und sie manchmal über vier Stunden warten läßt ...; oder um *ökonomische Zwänge*, indem man für den Fall, daß sie von einer gegebenen Linie abweichen, die Gefahr einer Streichung der Kostenübernahme über ihnen schweben läßt; oder auch um *moralische Zwänge*, indem man die Eltern unter Druck setzt, damit sie ihr Kind diesem und nicht jenem Ort zuführen. All diesen Fragen täte es nur gut, wenn sie *öffentlich* diskutiert würden. Die Regionalkasse der Sozialversicherung weiß in der Tat so gut wie nichts von all den pathogenen Wirkungen ihrer Interventionen. Sie weiß nicht, daß ein auf einer Kraftprobe beruhender Austausch (wie schon Basaglia gezeigt hat) gar nichts anderes produzieren kann, als Mutismus, Gedächtnisverlust oder Ausagieren ... Sie erfaßt nicht einmal, wie hilflos sich die von ihr Verwalteten manchmal angesichts ihrer Haltung fühlen.

Es gibt zahlreiche Fälle, in denen die medizinische Kontrolle durch die Krankenversicherung von dem Patienten wirklich als eine medizinische Intervention interpretiert wird. Die Effekte dieses Akts wirken dann stets in Richtung eines Wiederauftauchens oder einer Verschlimmerung des Symptoms.

Ein Kontrollarzt, der sich ausgebeten hatte, ein bestimmtes Kind von Bonneuil und dessen Mutter zu sehen, sagte beispielsweise nur folgende Worte: »Ah, ich sehe schon.« Wo es übrigens gar nichts zu sehen gab. Doch seither gibt das Kind wieder etwas zu sehen; es hat seine epileptischen Anfälle wieder aufgenommen. Die besagte Kontrolle war völlig unnötig, da das Kind schon von einem Neurologen und von R. Lefort betreut wurde. Es ist schwierig, die Bedeutung solcher zur Unzeit erfolgenden Interventionen, die in einem anderen Rahmen als ganz belanglos und harmlos durchgingen, verständlich zu machen.

Den geringsten Schaden[103] richtet die medizinische Kontrolle dann an, wenn der Kontrollarzt bereit ist, dem Analytiker (oder dem Arzt) in dem, was dieser über den Weg eines Patienten sagen kann, Gehör zu schenken. Dann ist die Schädlichkeit begrenzt; aber dennoch bringt die Existenz einer Kontrolle an sich schon die Gefahr mit, alles, was an einem gegebenen Ort geschieht, in andere Bahnen zu lenken. (Man wird

103 Diese Praxis des »geringsten Schadens« wird zur Zeit in Bonneuil angewandt; der Kontrollarzt wird übrigens durchaus als »vorübergehender Gast« empfangen. Er lebt einen ganzen Tag in Bonneuil, einen Tag, den er mit Gemüseputzen beginnt ...

beispielsweise schwere Fälle ablehnen, um weiterhin in den Genuß jener Hilfsgelder zu kommen, die einem bei »erfolgreicher Arbeit« gewährt werden; wobei sich der »Erfolg« an einer bestimmten Art gesellschaftlicher »Reintegration« bemißt, die uns heutzutage Anlaß gäbe, alle »Unheilbaren« vom Typ eines Artaud ins Asyl abzuschieben.)

Der »Wahnsinn« sagt die Wahrheit über die »Ordnung«, in die man ihn zu »reintegrieren« sucht. Die »große Verweigerung« einer Jugend auf der Suche nach einem anderen Leben (auf dem Lande, bei Handwerkern und in verschiedenen Formen von Gemeinschaften) muß, auch wenn man diese Entscheidung nicht für richtig hält, als Symptom eines Unbehagens (eines Unbehagens in der Kultur, wie Freud sagte) betrachtet werden.

Glücklicherweise konnte Bonneuil infolge von Diskussionen und Vergleichen sowie dank des Verständnisses der höheren Instanzen der Administration den Auswirkungen der konservativen Haltung jener Dienststellen entkommen, mit denen es anfangs unmittelbar zu tun hatte.[104]

104 Zweimal haben die von der Sozialversicherung gewählten Verwaltungsbeamten es abgelehnt, Bonneuil unter Vertrag zu nehmen (im Juli 1975 und im Juli 1976). In der Tat stehen die Gewohnheiten im Gegensatz zu jeder Innovation – insbesondere zu dem Prinzip der gesprengten Institution und unserem Konzept von »Behandlung«, die gerade den Experimentalcharakter dieses Ortes ausmachen. Eine Verwaltung ist tatsächlich nicht in der Lage, die Vorteile zu erkennen, die die Patienten in Wirklichkeit daraus ziehen können. Ihr ist nur eines wichtig, daß nämlich die Gewohnheiten und Vorschriften in ihrer Form gewahrt werden. Als wüßte sie von sich aus schon im voraus, was für diese Patienten gut ist. Bekanntlich wurden die Mütter von Psychotikern ganz genauso beschrieben.

ren bekommen, und dem, was gesagt wird und schließlich in ein wahnsinniges Lachen mündet. Sollte durch das Lachen und den Wahnsinn, welche daselbst im Signifikanten miteinander verbunden sind, eine Markierung des Unbewußten und des Stützpfeilers des Subjekts in Form eines auf immer verlorenen Objekts – der Haut oder des Mastes, von dem er gefallen ist – erfolgt sein?
Vielleicht deutet sich hier filigranartig jenes Genießen an, welches von dem Diskurs der Psychiatrie vollständig ausgeschlossen worden war. Man hatte ihm den Mund zugenäht. An Stelle eines Zuhörens und eines Schweigens hatte er als Antwort auf seine angstvolle Frage nur ein Wissen gefunden, das ihn mit einem doppelten Köder lockte; indem es nämlich ihn, der in dem anderen schwindende Ankerpunkte suchte, faszinierte und ihn zugleich von jenen körperlichen Quellen, die seine Versuchung geblieben war, abschnitt.
»In unserem schönen Abendland haben die Herren die alte Angewohnheit, ihren Sklaven die Weltordnung beizubringen. Dann zwingt man sie, diese mit ihren Wunden zu entziffern, Wunde zu sein. Lippen, die das Gesetz des Despoten, die Sprache der Vernunft stammeln.«[107]

Das Psychiatrische und das Administrative

Es geht hier nicht allein um den Diskurs der Psychiatrie; denn der der Gesundheitspolitik hängt unmittelbar mit ihm zusammen. Beide zusammen stellen das Prinzip einer Norm her, in der das Symptom auf ein Zeichen reduziert wird, das Zeichen eines Unterschieds, welches sich in einer Kategorie fassen oder auf sie beschränken läßt.
Patrice sagt ganz genau, welche Falle dem Subjekt gestellt wird, wenn es versucht, durch die Identifikation einige Beherrschung über sich selbst wiederzugewinnen. Es ist eine Tatsache, daß jene Klienten, die schon häufigeren Umgang mit »psy«-Milieus hatten, oft einen psychiatrischen oder psychoanalytischen Diskurs liefern. Es ist nicht nur ihre Besorgnis, die sie dazu treibt, einer Interpretation zuvorzukommen, die zu hören sie befürchten. Sondern es ist auch eine bestimmte Art, vor dem anderen denjenigen Diskurs zu produzieren, den sie für die Antwort auf dessen Wunsch halten; eine bestimmte Art, sich als Objekt seines Wunsches anzubieten. Die Botschaft ihrer eigenen Frage wird mehr oder weniger lange brauchen, um sich von diesem Diskurs des Wissens freizumachen.

107 André Glucksmann, *Köchin und Menschenfresser,* Berlin 1976, S. 149.

In den meisten Fällen wird sich, wie etwa bei den Eltern behinderter Kinder, etwas festsetzen; und zwar einerseits in Form einer an die Prognose gebundenen medizinischen Diagnose, von der man keinesfalls wieder abgehen wird, und andererseits in Form einer administrativen Schutzmaßnahme, der Einsperrung oder dem Invaliditätsausweis.

Es ist das Orakel, das Verdikt, welches das Subjekt und seine Angehörigen zur Hoffnungslosigkeit oder zur Passivität verdammt.[108]

Bei diesem medizinischen und administrativen Vorgehen wird das Symptom *ausgeschlossen*. Es wird ausgeschlossen, da das gesprochene Wort, welches sich von dem, was sich an Realem in das Symptom einschreibt, freimachen könnte, nie ans Tageslicht kommen kann; man läßt ihm keine Chance. Es bleibt verworfen; auf diese Weise wird das Symptom zum Objekt einer Einrichtung in der Realität, die es perpetuiert. Entweder zielen die Neuroleptika darauf ab, es zu verschleiern, oder aber die Gefangenschaft isoliert das Subjekt, welches sein Träger ist. In beiden Fällen kommt es zu einer Verringerung jenes Risikos und jener Gefahr, die dem Symptom inhärent sind. Die Frage ist nun, ob das Subjekt unter diesen Bedingungen noch den Weg zu dem finden kann, was es zu sagen hat, und ob es sein Symptom noch ausspielen kann, was recht oft nicht ohne Risiko vonstatten geht (wie etwa bei Patrice).

Nun ist aber dieses Risiko um so größer, je härter das seiner Natur nach beharrliche Symptom auf die Schranken der Umgebung stößt; denn diese hinterlassen notwendigerweise ihre Spuren im Subjekt selbst; entweder in Form von Spannungen, die dem Ausagieren nahekommen, oder auch in Form neurotischer oder hysterischer Umgestaltungen. Mit anderen Worten, eine Politik, die darin besteht, das Symptom abzuwürgen, um so die ihm innewohnende Gefahr zu vermeiden, drängt diese Gefahr bei gleichzeitiger Verstärkung nur bis zu dem Augenblick zurück, in dem das Subjekt nicht mehr psychiatrisiert sein wird. Für Patrice, der zu seinem eigenen Psychiater geworden war, und der eben dazu geworden war, weil der Psychiater für ihn mit seinem Vater zusammenhing, war dies ein zusätzlicher Konflikt.

All das, was der administrierende politische Diskurs zurückzuweisen und auszuschließen sucht – das heißt, all das, was nicht in die von ihm defi-

108 Für die Kostenübernahme bei den Kindern verlangt die Administration die Vorlage einer psychiatrischen Diagnose. Nach eigenen Bemühungen, wieder für sich selbst und ihre Kinder zu sorgen, haben mich einige Eltern gebeten, dies, wenn möglich, nicht in den Formularen zu vermerken, die sie ihrer Kasse regelmäßig zuschicken müssen; es kam ihnen vor wie die ununterbrochene Wiederholung eines Sprechens, das sie verurteilt.

nierte Norm paßt –, wird das analytische Zuhören wieder aufnehmen, indem es sich von dem Symptom ansprechen läßt.

Nun stellt sich allerdings die Frage nach den Bedingungen, unter denen die Psychoanalyse hinzugebeten wird und funktionieren soll. Heutzutage geschieht dies meist in einem institutionellen Milieu; und dieses Milieu ist bei weitem nicht neutral. Selbst wenn das Symptom die Tendenz zeigt, sich dort zu reproduzieren, repräsentiert es dennoch die Gesellschaft und die sie umgebende Ideologie, welche das Subjekt ausgeschlossen hat. Die Psychoanalyse wird notwendigerweise davon markiert und behindert. Ob sie will oder nicht wird sie zum Träger dessen, was die Institution umfaßt.

Eben dort erlebt das Subjekt seinen Ausschluß im Namen des störenden Symptoms.

Die institutionelle Forschung hat zumindest den Versuch gemacht, diesen Ausschluß zu überwinden, indem sie der Institution ein soziales Leben nach dem Bild der Außenwelt zurückgegeben hat; als wolle sie das Subjekt wieder eingliedern und es auf die Rückkehr zum normalen gesellschaftlichen Leben vorbereiten. In anderen Fällen wird die Institution durch Auseinandersetzungen zwischen Erwachsenen verunsichert, die all das zu erschüttern suchen, was die institutionelle Struktur aus der gesellschaftlichen Realität mit ihrer Hierarchie und ihren Zwängen übernommen hat.

Die Politik in der Institution

Mit dieser Frage der institutionellen Reform beginnt der Bereich der Politik im eigentlichen Sinne. Das soll nicht heißen, daß wir uns vorher außerhalb dieses Bereichs befunden hätten; der weiter oben erwähnte Begriff der »Gesundheitspolitik« sagte es schon. Doch der vorherrschende administrative Aspekt und der medizinische Diskurs verschleierten in unserem bisherigen Zusammenhang jede Möglichkeit der Infragestellung durch ihre Berufung sowohl auf das Instituierte als Gesetz als auch auf das wissenschaftliche Wissen. Es ist in der Tat unmöglich, den Wunsch jener beiden Diskurse zu befragen, da sie das, was mangeln könnte, ununterbrochen zustopfen. Auf diese Weise erklären sie den Wunsch des Subjekts wie auch sein Symptom für null und nichtig. Die Politik des Administrativen und des Medizinischen wird nur in ihren Wirkungen spürbar: wenn es nämlich keine Wahl mehr gibt.

Die eigentlich politische Frage im Bereich des Gesundheitswesens stellt sich also erst mit der Wiedereinführung einer Wahl durch die Kritik des Instituierten. Unter dieser Bedingung brauchen der Wunsch des Subjekts und sein Symptom nicht mehr für null und nichtig erklärt zu werden; sie lassen sich wieder befragen, und zwar in jenem Register des Imaginären, welches sich auf die Politik bezieht, ganz gleich ob sie reformistisch ist oder auf eine Infragestellung des Medizinischen überhaupt abzielt.
In beiden Fällen allerdings werden die mit dem Imaginären oder dem beharrlichen Schein der früheren Strukturen zusammenhängenden Klippen zu den Ursachen eines Mißerfolgs. Alles was sich, ob man will oder nicht, von der umgebenden Ideologie wieder einschleicht, führt zu Wiederholungseffekten.

In seinem Aufsatz »Selbstverwaltung: Mythos und Realität« hat Antonio Slavich[109] die Widersprüche, denen die Praxis der reformistischen Politik begegnet, genau analysiert.
Ihr Ziel besteht darin, »eine neue, freiere und ›demokratischere‹ Herrschaftsform (...)« zu entwickeln, »an der sogar der Geisteskranke beteiligt ist ... Eine Konzeption, die (...) dem Kranken nun grundsätzlich ein größeres rationales Entscheidungsvermögen einräumt, in einer Art ›psychiatrischer Republik‹.«
Aber schon kommt mit der Tatsache, daß die Gruppe eine »Mikrogesellschaft« bildet, die »von der jeweiligen sozialen Realität (...) willkürlich abgetrennt wird«, der Realität nämlich, welche das Subjekt bei seiner Entlassung wiederfinden wird, auch der Widerspruch auf.
Gelegentlich, so sagt Slavich, bleibt die Reform unter dem Vorwand, die Macht des Kranken sei kaum vertrauenswürdig, bei diesem Schein stehen, so daß der Kranke in der reinsten Form des traditionellen Anstaltsstils gefangen bleibt.
Meistens jedoch geht man davon aus, daß »eine spontane Überwindung der inneren Widersprüche durch eine vernünftige Intervention von *außen*, durch eine *technische* (ärztliche oder soziologische) *Führung* zu erwarten« ist. Wenn auch feststeht, daß dies eine Verbesserung gegenüber dem klassischen Schema bedeutet, bleibt der fundamentale Widerspruch dennoch bestehen. Diejenigen, die als »Vernünftige« für die Gruppe zu sorgen haben, erhalten ihren Auftrag von der Administration; und zwar entweder als Verwalter oder als Ärzte, d. h. als Träger

109 Antonio Slavich, »Selbstverwaltung: Mythos und Realität«, in: F. Basaglia, a.a.O., S. 183-202.

eines wissenschaftlichen Wissens. Dabei handelt es sich um einen sozialen Auftrag, der »immer und ständig *weitergegeben* wird, in einer Kette, die erst endet im direkten Kontakt mit dem Gegenstand des Auftrags: dem Kranken«.

Vor diesem von Slavich derart bloßgestellten Hintergrund stellt sich dann die Frage nach der Mitbestimmung des Kranken bei den Gruppenentscheidungen, obwohl er doch ganz offenbar jenseits aller Absichten »Gegenstand eines Auftrags der Pflege und der Überwachung« bleibt. Behandeln, Helfen und Überwachen, dies ist der Auftrag der Institution, innerhalb derer kein Versuch, den Wunsch des Subjekts oder sein Symptom zu befragen, den grundlegenden Ausschluß verschleiern könnte, dem es zum Opfer fällt.[110] Dies ist übrigens kein Widerspruch, der sich allein auf die behandelnde Institution beschränkt. Es ist vielmehr das Prinzip der Institution selbst, die wie eine Karikatur erzeugt, was mit dem Menschen als verwaltetem Menschen[111] los ist – etwa deshalb, weil sie mit dem Wahnsinn und jenem Teilchen Wahrheit, welches dieser enthüllt, in Berührung kommt?

110 Im vorliegenden Buch finden sich konkrete Elemente einer Auseinandersetzung mit der Administration, die schließlich mit der Ablehnung eines Vertragsabschlusses seitens der Sozialversicherung endete (im Juli 1975).
Die Gründe für die Ablehnung sind nicht klar benannt worden und kamen erst durch verschiedene Kontakte zu einzelnen Personen Stück für Stück zum Vorschein. Schließlich kam heraus, daß sie auf einem Mißverständnis beruhten, das vielleicht eigentlich gar nicht so mißverständlich war; es wurde nämlich vermutet, daß Bonneuil die Überwachung, d. h. die ärztliche und die Verwaltungskontrolle, ablehnen würde. In der Tat hatte Bonneuil Auskünfte für eine Umfrage verweigert, die von den Eltern wie eine polizeiliche Nachforschung empfunden wurde und herausfinden sollte, was aus den Kindern, die einen Aufenthalt in der Experimentalschule hinter sich hatten und inzwischen anderswo lebten, geworden war.
Der Vorwurf gründete weniger auf einer Realität als vielmehr auf dem, was über Bonneuil gesagt und geschrieben wird oder was man in einem Fernsehfilm gesehen hatte: wie es hier um das Subjekt und seine Überwachung bestellt ist.
Die medizinische Vorgehensweise entspricht der Forderung nach Etikettierung zumindest durch eine Nosologie, die im Dossier den Platz des Subjekts einnimmt. Die Psychoanalyse dagegen nimmt wieder ihre eigene Dimension an und verweigert sich einer Kontrolle der Subjekte; ihre in ein Dossier eingetragene Vergangenheit ist hier ihre Geschichte, die Gegenwart ist ihr Körper und die Zukunft ist ihr Wunsch.

111 »Hier handelt es sich nicht um die Ideologie der freien Persönlichkeit und des Menschen als Schöpfer der Geschichte, sondern um die Ideologie der Überwachung und Hilfeleistung. Der *Mensch* der Bourgeoisie ist in seinen grundlegenden Zügen nicht das erobernde Subjekt des *Humanismus,* sondern vielmehr der Mensch der Philanthropie, der Menschlichkeiten und der Anthropometrie, der Mensch, der geformt, unterstützt, überwacht und gemessen wird.« Jacques Rancière, *La Leçon d' Althusser,* Paris 1975, S. 21.

Slavich kommt zu dem Schluß: »Wenn wir den fundamentalen Widerspruch zwischen der Institution (mit ihrem Auftrag der Ausschließung, Pflege und Überwachung des Kranken) und dem Kranken selbst (als Gegenstand dieser Pflege und Ausschließung) beiseite lassen; wenn wir vom Kranken verlangen, daß er das alles *de facto* akzeptiert, und ihn auf die Möglichkeit hinweisen, im Rahmen der Institution durch seine Beteiligung an einer geordneten, formalen Verwaltung aller internen Widersprüche seine ›Bürgerrechte‹ zurückgewinnen zu können, dann konstruieren wir letztlich einen eigenartigen, unkomplizierten Mechanismus, mit dem jedoch nicht zu spaßen ist.«
So erscheint der institutionelle Reformismus als die Einführung eines Liberalismus, der sich dem Wahnsinn als adaptive Pädagogik anbietet. Das Subjekt wird schnell ins Wanken kommen, sobald es das abgeschirmte Milieu verläßt und mit den Normen der sozialen Gruppe konfrontiert wird. Die ihm zuteil gewordene Lernerfahrung der Wiedereingliederung hat es dazu gebracht, seine wahre Frage einzuebenen. Doch die Beharrlichkeit seines Wahnsinns wird das Subjekt nun ohne sein Wissen mit noch größerer Sicherheit zur Denunzierung jenes Köders treiben, welcher dank der Sackgasse, die seinem Symptom bereitet wurde, überhaupt zum Köder werden konnte.
Im Hinblick auf das Problem des Zwischenfalls, das, sobald es um den Wahnsinn geht, stets in den Vordergrund geschoben wird, und zwar sowohl von den Psychiatern als auch von der öffentlichen Meinung, stellt Basaglia[112] die Frage mit folgenden Worten: »Vor welcher Alternative steht denn wohl ein entlassener Patient, wenn er von den eigenen Angehörigen, vom Arbeitgeber, von seinen Freunden abgewiesen, von der Gesellschaft als *überzählig* brüsk verstoßen wird? Was bleibt einem solchen Menschen anderes übrig, als sich selbst zu töten oder den ersten besten, der sich ihm im Gewand der Gewalt, die an ihm verübt wird, zeigt? Kann man bei diesem Vorgang ernsthaft wirklich nur von Krankheit sprechen?«

In anderen Behandlungsstätten, meist in kleinen medizinisch-pädagogischen Einheiten, entwickelt sich ein allem Anschein nach revolutionärer Prozeß. Ein Versuch der Machtergreifung durch das Team der Erzieher und Pfleger an der Basis, gegen alle Repräsentanten der hierarchischen oder administrativen Autorität. Am Anfang entsteht dabei gewöhnlich ein neuer Mai 68 und rüttelt den Funktionsablauf der Institution aus

112 Franco Basaglia, a.a.O., S. 337.

seinem Tran. Aber schon sehr bald erliegt die Gruppe der Notwendigkeit, neue interpersonelle Beziehungen einzurichten, die die Szene in Zukunft beherrschen sollen und das ganze Unternehmen in einen Prestigekampf mit allem Drum und Dran stürzen. Nach kürzester Zeit kommt es zu Resultaten, die sich zu dem selbstgesetzten Ziel der Gruppe völlig paradox verhalten.

Dies hat verschiedene strukturelle Ursachen. Denn die Gruppe ist ein Reales und kann sich als solches durch keinen gemeinsamen Signifikanten in positiver Weise artikulieren, wenn man das so sagen kann; statt dessen bleibt sie hängen am Signifikanten des Diskurses des Herrn; eben jenes Herrn, den sie gerade abzuschaffen sucht. Sie ist übrigens so stark von ihm durchtränkt, daß sie sich sogar in einem Führer wiederzuerkennen vermag, welcher der Repräsentant des mangelnden Signifikanten ist. Dieser Führer wird dann von der herrschenden Macht auf diesem seinem Platz bestätigt und forthin als Zielscheibe benutzt; sie stellt ihm nach, trachtet ihn zu eliminieren und umgibt ihn gleichzeitig mit dem Nimbus der Todesgefahr. Die Bedingungen dieses Kampfes auf Leben und Tod, ohne irgendeine Vermittlung, führen zu einem paranoischen Klima, einem Unbehagen, das mit heftigen Auseinandersetzungen, Aggressionen, Projektionen, falschen Unterstellungen und gar Gewalttätigkeiten gespickt sein wird. Vor diesem Hintergrund laufen dann die fassungslosen Diskurse der individuellen neurotischen Komponenten ab, wo ein jeder, sich selbst überlassen, genötigt ist, die entstandene Leere »durch seine Symptombildungen zu ersetzen«.[113] Und nun kann sich ein Gruppeneffekt entfalten, der sich, so Lacan[114], nach dem bemißt, »was er dem Effekt des Diskurses an imaginären Obszönitäten hinzufügt«. An das Unbewußte jedes einzelnen ergeht die Aufforderung zu einer Umsetzung in Handlung, bei der sich jeder in einem Phänomen von spiegelbildlicher Verstärkung und Suggestion auf alle stützen kann.

Und das Kind? Als instituierte Ursache des Dramas wird es sich auf dem Platz des Abfallprodukts wiederfinden, und man wird es wieder zum Gegenstand der Pflege und der Überwachung machen, den es zu erforschen, zu psychologisieren, zu klassifizieren und zu orthopädisieren gilt.

Die Politisierung der Situation selbst droht diese ganze Dynamik zu verschleiern. Sie erfolgt dort, wo die Diskussion auf die gewerkschaftliche Ebene gehoben wird. Was bislang individuelle und Gruppenforschung

113 Vgl. S. Freud, *Massenpsychologie und Ich-Analyse,* a.a.O.

114 J. Lacan, »L'Étourdit«, in: *Scilicet* Nr. 4.

war, verschiebt sich und maskiert sich mit der Berufung auf die Arbeitsgesetzgebung. Was bislang Todestrieb gegen den Repräsentanten der Autorität war, nimmt die Allüren von Klassenkampf an und macht es sich jenseits jeder Spur von Schuldgefühl, dem Signal für das Neurotische, bequem, um sich forthin mit einer perfekten Rechtfertigung in einer politischen Dimension zu bewegen. Die Verwechselung des *Gesetzes*, der Beziehung des Subjekts zum Signifikanten, mit der *Vorschrift* endet schließlich für die in behandelnden Institutionen arbeitenden Teams in absoluten Sackgassen.

Die behinderten Kinder werden wie Unterdrückte, mit denen sich all diejenigen, die den Kampf in Gang gebracht haben, identifizieren. In diesem Moment zählen sie nur noch als Pfand, das heißt, sie befinden sich wieder auf genau dem gleichen Platz, der sie zu Schwachsinnigen und Psychotikern gemacht hatte. Die Sackgasse der Politisierung der Diskussion wirkt um so absoluter, als das beschriebene Abgleiten nicht nur auf seiten der Protestierenden erfolgt, sondern auch auf seiten derer, die ihnen antworten und die sich schließlich selbst auf dem Rechtswege ersticken, indem sie sämtliche bezifferten Texte und Dekrete der Gesetzgebung zu Hilfe rufen ... es sei denn, die *Sach*verwalter und Verantwortlichen starten einen Gewaltakt und entlassen schlichtweg alle, um ganz allein zurückzubleiben – auf die Gefahr hin, daß die Ziele, die die Basis des ganzen Unternehmens ausgemacht hatten, vollständig plattgewalzt werden.

Die Politik und das Genießen

Trotz allem bleibt die Politisierung für jede institutionelle Gruppe eine ständige Versuchung.

Das Verlangen nach Anpassung seitens der sozialen Gruppe, welches nur allzu oft von der auf eine Parallelschule für behinderte Kinder reduzierten institutionellen Praxis wiederaufgegriffen wird, wirft notwendigerweise die Frage auf: Gibt es in einer solchen Praxis überhaupt etwas anderes als ein segregatives Ziel, auch wenn dieses unter dem Deckmantel einer Schutzmaßnahme auftritt?

Der Widerspruch, den wir bislang innerhalb der Institution gesehen haben, siedelt sich in Wirklichkeit außerhalb an, im gesellschaftlichen Milieu. Wir konnten sagen, in diesem Widerspruch liege ein gesellschaftliches Problem, welches sich in seinem punktuellen Zustand innerhalb der Institution wiederfindet. Letztere ist offenbar, sofern das Gehörtwerden des Wahnsinns dort als Katalysator dient, als Ort besonders dafür geeignet, daß die Fragen sich stellen können. Der im Vergleich zum allgemeinen Diskurs der Vernunft völlig außer der Reihe stehende Wahnsinn befragt das Feld der Wahrheit sowie all das, was mit dem unbewußten Wissen zu tun hat, ohne daß das verrückte Subjekt selbst davon wüßte.

Genau genommen hat dieser Diskurs des Wahnsinns mit dem Genießen zu tun und befragt unser Genießen. Nun gibt es aber »kein Genießen, welches nicht das Genießen des Körpers wäre« (Lacan). Hier verschwindet die Dimension des Körpers als Signifikant hinter der des Körpers als Genuß im Jenseits der Opposition Lustprinzip – Realitätsprinzip. Die vom Signifikanten abgetrennte Begegnung mit dem Realen des Körpers führt dazu, daß hier der Körper ohne das Subjekt genießt. Der Wahnsinn hinkt auf seiten des Körpers als Signifikant, das heißt auf seiten des wünschenden Körpers; er manifestiert sich auf seiten des Realen, das heißt auf seiten des genießenden Körpers. Im äußersten Fall kann er eine enthüllende Wirkung haben, im Wiederfinden des verlorenen Objekts, des Objekts aus dem Primärprozeß. Aber ein solcher Durchbruch bleibt nicht ohne die damit verbundene Folge: den Todestrieb. Eine beunruhigende Begegnung; wie wir gesehen haben, begegnet Patrice in der Beziehung zu seinem Objekt seinem eigenen Tod. Der Mast ist der Preis für sein Genießen in der Verwechselung mit dem Genießen des Anderen.

Während der Neurotiker in seinem individuellen Mythos das Genießen des Anderen nicht erreichen kann und darin keine Anerkennung findet, bleibt der Psychotiker vollständig darin verhaftet; er verliert sich im Genießen des Anderen und bäumt sich dagegen auf (es ist das grausame Genießen des Schreberschen Gottes oder auch das Genießen des Höchsten Wesens in der Ordnung des Bösen bei de Sade). Unser Schrecken vor dem Wahnsinn rührt aus dem Wahnwitz unseres eigenen Genießens, welches uns durch seine Spiegelung im Bild des Verrückten mit einem Gefühl von Fremdheit zurückläßt.

Darin steckt etwas, was außerhalb des Diskurses liegt und mit dem Fehlen des Geschlechtsverkehrs zu tun hat. Dieses Außer-Diskurs-Liegende ist gleichzeitig auch das, was der Wahnsinn von dem, was bei jedem Subjekt mit dem Genießen zu tun hat, sichtbar macht. Die Vorzeitigkeit des verlorenen Objekts als Objekt des Genießens zeitigt darin ihren Wahrheitseffekt. Auch hier geht es um eine Wahrheit, die sich unmöglich sagen läßt, die jedoch im Grenzfall, angesiedelt an dem Horizont jeder Psychoanalyse, befreiend sein könnte.

Was nun den politischen Diskurs betrifft, so bleibt er in seiner Begebenheit als Diskurs auf der Ebene des Paares Lustprinzip – Realitätsprinzip. Er bezieht sich auf den Kampf um die Aufhebung aller der Realität inhärenten Zwänge; und wenn das Genießen des anderen in diesem Zusammenhang angegriffen wird, so geschieht dies stets in Hinsicht auf den anderen, der »etwas genießt« und nie in Hinsicht auf den anderen, der »genießt«.[115] Wie könnte es denn auch? Wo doch der politische Diskurs entweder in Wahrheit gar nicht existiert, oder, wenn er existiert, nicht die Dimension einer Ethik[116] erreicht.

Er ist ein systematisierter Diskurs und verfehlt das Register des Genießens; er kann gar nicht umhin, jenen Ort zu verkennen, den er selbst, indem er sich »rational« und »organisatorisch« gibt, defensiv ausschließt, – wie er auch den Devianten ausschließt, welcher eben davon zeugt und alles sprengen würde, hielte man ihn nicht in Grenzen.

115 J. Lacan, *Séminaire 1965-1966,* »L'Objet de la psychanalyse«, unveröffentlicht; J. Lacan, *Séminaire 1966-1967,* »La Logique du fantasme«, unveröffentlicht. Das Genießen wird von Lacan in den genannten Seminaren als Einrichtung umrissen, »die aus den Effekten der Einführung eines Signifikanten in das Reale resultiert«.
Die Verbindung beider Glieder geht im Grenzfall bis zur Begegnung mit dem Objekt »a«, dem Objekt des Körpers, und dieser Körper ist der Ort des Genießens.
Der politische Diskurs denunziert das Genießen des Herrn, und zwar nicht als das eines Herrn, der in seinem Körper genießt, sondern als das eines Herrn, der die Arbeit des Knechts genießt. Da wird also die Entfremdung buchstäblich genommen, ohne daß das Genießen des Knechts, der genau wie der Herr einen Körper hat, berücksichtigt würde.

116 Eine Ausnahme bildet hier der politische Diskurs Chinas, der durch den Diskurs seiner Tradition sowie durch den Maos die Dimension einer Ethik erreicht. Die Chinesen haben keine Philosophie, sie haben keine Religion, sie haben eine Ethik. Eine Ethik mit drei Flügeln, Taoismus, Konfuzianismus und Legismus.
Es ist kein Denksystem, welches die offenen Stellen zunäht; es hat vielmehr mit dem Genießen zu tun, und wenn der zuletzt hinzugekommene Marxismus auch so tut, als sei eine Entscheidung zwischen Konfuzius und den Legisten unumgänglich, bleibt er selbst doch außerordentlich stark vom Taoismus geprägt; und dieser ist eine Askese, eine Ethik, das heißt, ein Reales in seiner Struktur, und nicht so sehr in seinen gedanklichen Inhalten. Diese Ethik mündet in eine Politik und jenseits derselben in eine bestimmte kosmische Konzeption. Die Autonomie und die Spontaneität jedes einzelnen Individuums müssen respektiert werden, damit die Individuen sich in eine Weltordnung integrieren können.

Bonneuil und die Sprengung

Bonneuil ist eine »gesprengte Institution«. Schon die antinomische Form dieses Begriffs zeigt an, was von dem Instituierten und dem herrschenden Diskurs, auf den er sich stützt, an diesem Ort von jedem Subjekt, ja sogar von dem, das sich Außer-Diskurs ansiedelt, dem Psychotiker, angerufen werden kann. Das gehörte und zu hörende Sprechen kann sich an diesem Ort in jeden Diskurs einschreiben – bis hin zu »dem sinnentleertesten Diskurs, den es nur geben mag«, um eine Formulierung von Lacan[117] zu benutzen.

Die Metapher der Sprengung zielt ab auf die Öffnung eines Lebensortes gegenüber der Außenwelt; eines Ortes, der, obwohl instituiert, sich dennoch weigert, als Ersatz für das gesamte Netz von Institutionen zu dienen, in welche das Subjekt sich integrieren muß: zunächst die Familie, dann die schulischen, die beruflichen und die sozio-politischen Institutionen etc. Die Institution selbst nimmt die Sprengung auf sich; und zwar nicht nur, indem sie sich einer pädagogischen Absicht verweigert, sondern auch, indem sie auf den gesetzgeberischen Zusammenhalt eines institutionellen Diskurses verzichtet. Ein solcher gesetzgebender Diskurs würde sich dem Subjekt in der Tat in Form eines Befehls und eines Imperativs aufzwingen und auf diese Weise nicht nur die Teilung eben dieses Subjekts (bis hin zur Dissoziation) verschärfen, sondern auch dessen Gesprengtsein auf der Ebene des Körperbildes. Nur auf jenem anderen Niveau der Sprengung – auf dem Niveau der gesprengten Institution – kann etwas von dem wiederaufgenommen, oder vielmehr suspendiert werden, was unter anderen Bedingungen Zwang und Verstopfung bedeuten würde. So läßt man die Chance, zu einem anderen Diskurs zu gelangen, jenem Diskurs, »auf den sich die Realität des Phantasma gründet«; die Chance, »daß alles, was diese Realität an Realem enthält«[118], in diesen Diskurs eingeschrieben ist.

Das alles sagt schon genug darüber aus, wie nahe der Platz einer »gesprengten Institution« an den des Analytikers heranrücken kann. Wie der Analytiker möchte sie ein Ort des Sprechens sein; wie der Analytiker setzt sie ihren eigenen Narzißmus unter Berücksichtigung dessen, was er an Imaginärem, an Prestige- oder Verführungsreaktionen produzieren könnte, in Klammern. Die Funktion des Einschnitts wird repräsentiert durch wechselnde Aufenthalte zwischen Bonneuil und gastlichen

117 J. Lacan, *L'Étourdit,* a.a.O.
118 Ibid.

Orten in der Provinz oder im Ausland; eine Maßnahme gegen die Versuchung des abgeschlossenen Zufluchtsmilieus, in dem sich Eingeschlossenheit und Ausgeschlossenheit der Subjekte immer nur wiederholt. In das Spiel von Anwesenheit in und Abwesenheit von Bonneuil kann ein Symbolisierungseffekt eindringen.

Die Arbeit und Bonneuil

> Das Unbewußte als Wissen, welches nicht denkt, nicht rechnet und nicht urteilt, aber dennoch arbeitet (beispielsweise im Traum). Sagen wir, es ist der ideale Arbeiter, derjenige, den Marx in der Hoffnung, er würde den Diskurs des Herrn ablösen, zur Krone der kapitalistischen Ökonomie erhoben hat ...
> J. Lacan, *Télévision*[119]

Die Zuhilfenahme der Arbeit in Bonneuil gibt Anlaß zu Überlegungen über den strukturellen Platz der Arbeit.

Bekanntlich ist die Berufung auf die Arbeit eine universelle Erscheinung, in gesellschaftlicher Hinsicht (die Eingliederung der Jugendlichen in den Arbeitsprozeß und alles, was es dazu zu sagen gibt) ebenso wie in therapeutischer Hinsicht innerhalb der behandelnden Institutionen (Ergotherapie). Beide Punkte treffen sich in einer bestimmten Mythologie, welche die Arbeit einerseits zu etwas Wohltuendem, ja für das Allgemeinverständnis (den »gesunden« Menschenverstand) sogar zu einer »Freiheit« erhebt, sie aber gleichzeitig zu einem Fluch erklärt, dessen Geruch stets zu spüren ist, wenn die ältere Generation die Jugend über die Notwendigkeit der Arbeit aufklärt. Zwischen Regeneration und Strafe nimmt die Arbeit auf jeden Fall in der Welt des Strafvollzugs und im Bereich der Politik einen außerordentlich großen Platz ein (vgl. die Arbeitslager).[120]

Die politische Theorie, welche auch immer gemeint sein mag, kann nicht

119 J. Lacan, *Télévision,* Paris 1973, S. 26.

120 A. Glucksmann zitiert in *Köchin und Menschenfresser,* a.a.O., S. 23-24, eine Darstellung von W. Schalamow: »Wir mußten (nach der Arbeit, A. d. Ü.) in die Lagerzone zurück und wieder durch das Tor gehen, über dem ein Schild mit der Aufschrift angebracht war: ›Die Arbeit ist eine Sache der Ehre, eine Sache des Ruhms, eine Sache des Mutes und des Heldentums (Berija).« Vgl. W. Schalamow, *Artikel 58,* Köln 1967, S. 52-53.

umhin, zur Frage der Arbeit Stellung zu beziehen. Schon das *Gothaer Programm* legte dogmatisch fest, wie es um das Wohl des Menschen bestellt ist: »Die Arbeit ist die Quelle alles Reichtums und aller Kultur.« In seiner *Kritik des Gothaer Programms* empört sich Marx[121] über eine derartige Behauptung; er betrachtet sie als »Phrase der Bourgeoisie«, die den Produktionsverhältnissen, das heißt der Beziehung zwischen den Arbeitern und den Besitzern der Produktionsmittel, keinerlei Rechnung trägt. Wenn man vom Verhältnis des Menschen zu seiner Arbeit spricht, genügt es nicht, die Sackgasse der »objektiven Bedingungen« darzustellen, unter denen er arbeiten muß. Nun haben diese »Bedingungen« aber weniger mit dem Verhältnis zur Arbeit zu tun als vielmehr mit dem eigentlich politischen Bereich, das heißt dem Klassenkampf und den zwischenmenschlichen Beziehungen, äußerstenfalls mit der Frage von Herr und Knecht.

Marxens Argumentation läuft genau darauf hinaus, zunächst Klarheit über diese politische Frage zu schaffen, um so das Verhältnis des Menschen zur Arbeit innerhalb einer wirklich gerechten und auf Gleichheit beruhenden Gesellschaft von allen Belastungen zu befreien, um es sozusagen zu läutern. Dann, sagt er, »nachdem die knechtende Unterordnung der Individuen unter die Teilung der Arbeit, damit auch der Gegensatz geistiger und körperlicher Arbeit verschwunden ist; nachdem die Arbeit nicht nur Mittel zum Leben, sondern selbst das erste Lebensbedürfnis geworden; (...) – erst dann kann (...) die Gesellschaft auf ihre Fahnen schreiben: Jeder nach seinen Fähigkeiten, jedem nach seinem Bedürfnis!« Auch wenn uns streng genommen das Wort »Bedürfnis« Probleme bereitet, fühlt man sich doch berührt von jenem Ziel, das Marx als guter Revolutionär nicht aus den Augen verliert: die Perspektive des Glücks. Das *»Bedürfnis«* könnte leicht etwas ganz anderes sein, nämlich das *Genießen*; das, was zwischen dem Töpfer und seinem Topf entsteht ... sofern es einen Dritten gibt, den Käufer vielleicht, auf jeden Fall aber einen anderen, einen, der diesen Topf mit dem Kennzeichen seines Wunsches versieht und auf diese Weise den Töpfer »töpfert«, wie Lacan[122] sagt. Es muß ihn schon jemand wollen, seinen Topf, damit er ihn nicht ewig auf dem Arm hat; sonst ist Schluß mit dem Genießen, das immer über das Genießen des Anderen läuft.

Der Sprung vom Bedürfnis zum Genießen ist mir nur so aus der Feder geflossen; doch nun befrage ich mich über diesen Sprung. Logisch ist er

121 Karl Marx, *Kritik des Gothaer Programms,* Berlin (DDR) 1965, S. 24-25.
122 J. Lacan, *Séminaire 1973-1974,* »Les non-dupes errent«, unveröffentlicht.

schon für den Fall, daß das Verhältnis des Menschen zur Arbeit zu guter Letzt tatsächlich von den politischen Bedingungen der Knechtschaft des Menschen befreit ist. Aber es bleibt immer noch die Frage, ob sich das Verhältnis des Menschen zur Arbeit nicht auch unter den denkbar schlimmsten Lebensbedingungen noch durchsetzt (wir werden es sehen) und sich gar nicht einfach den Motiven, doch endlich die Revolution zu machen, hinzuschlagen läßt – weil es eben gar kein politisches Verhältnis ist. Zwischen dem Politischen und dem Verhältnis zur Arbeit besteht eine Heterogenität.

Die Objektbeziehung dagegen geht unbedingt und vollständig in das Verhältnis zur Arbeit und ihrem Produkt mit ein.
Befragen wir noch einmal unseren Töpfer, wie er dasteht, mit seinem Topf auf dem Arm und dem davongeflogenen Genießen. Was von seinem Töpferkörper Tauschwert geworden war, hier: der Topf, bricht nun wie ein totes Teil auf diesen Körper herein, ein Teil, das zerstört werden muß und selbst zerstörerisch ist. Dieses Produkt ist nicht mehr das Objekt einer Chiffrierung, es hat nichts mehr mit dem Paar Objekt/Nicht-Objekt, der Quelle des Genießens zu tun; sondern es ist ein reales Produkt, welches keinen Sinn hat und zum Verfolger wird.
Der Topf als Körperprodukt ist das gleiche, was beispielsweise in der Beziehung zwischen Mutter und Kind als Spiel auftaucht. Die Psychose in der Kindheit illustriert deutlich genug, was von diesem Körperprodukt unter Abstoßung des Symbolischen ins Reale abrutschen kann; sei es, weil die Mutter in sich selbst blockiert ist, ihrem Produkt durch einen Dritten (den Vater) Geltung zu verschaffen; sei es, weil dieser Dritte – der Arzt oder die Hebamme zum Beispiel – dies im Namen einer Norm ablehnt. Die zur Unzeit gestellten Diagnosen spielen vor allem in der Kinderheilkunde häufig die Rolle der Ablehnung des Kind-Produktes durch den Anderen und verweisen dieses Kind wieder auf die Mutter, für die es dann ein totes Teil im Realen zu werden droht. Natürlich müssen auch noch andere Komponenten hinzukommen. So etwa eine Überdetermination bei der Mutter, die sie im Falle der Ablehnung durch den Vater in eine Grenzsituation bringt; das heißt, sie war von vornherein daran gehindert, ihrem Produkt Geltung zu verschaffen; nur wußte sie es nicht, und jetzt weiß sie es. Der Andere selbst sagt es ihr ... ohne es zu wissen. (Die Mutter eines psychotischen Kindes hat diesen Vorgang eines Tages folgendermaßen für uns ausgedrückt: »Ich weiß, daß meine Tochter mit ihrem Körper sagt, was ich nicht sage und was

ich nicht mehr weiß.« Und der Vater desselben Kindes sagte: »Meine Frau und ich, wir haben ein gemeinsames Kind, meine zweite Tochter; aber diese da (die ältere) ist allein das Kind meiner Frau, ich stehe außerhalb des Kreises, in dem sie sich bewegen.«) Dieser ausgeschlossene Dritte ist die mißlungene Symbolisierung; die Unmöglichkeit, das Subjekt-Objekt in die Dimension des Signifikanten hineinzuholen.

Auf genau dieselbe Art und Weise hat das *Produkt* der Arbeit mit dem Genießen zu tun – oder auch nicht, je nachdem. Wenn wir dagegen die Arbeit *als solche* befragen, müssen wir möglicherweise eben die Formulierung von Marx wiederaufnehmen: »das Lebensbedürfnis«.

Bruno Bettelheim[123] beweist in seinem Buch *Aufstand gegen die Masse* besondere Klarsicht bei der Beantwortung dieser Frage; eine Klarsicht, für die er den Preis seiner eigenen Erfahrung in den nationalsozialistischen Konzentrationslagern zahlen mußte:

»Im Lager habe ich mich selbst und meine Mithäftlinge nicht deswegen beobachtet und befragt, weil ich die Absicht gehabt hätte, völlig distanziert ein Problem zu untersuchen, das mein wissenschaftliches Interesse erregt hatte. Ganz im Gegenteil: nicht distanzierte Neugier, sondern mein Selbsterhaltungstrieb veranlaßte mich, mein eigenes Verhalten und das der Menschen um mich herum zu beobachten.« Wie er sagt, suchte er in dieser Arbeit eine Möglichkeit, sich »selbst davon zu überzeugen, daß sein eigenes Leben noch immer einen bestimmten Wert hatte«. Aber die Fortführung seiner Analyse sollte ihn zu einem radikaleren Standpunkt bringen. Er liefert uns nämlich zuerst das Bild eines um des schlichten Überlebens willen auf eine rein reale Funktion reduzierten Körpers; und dann die Beschreibung der neu entstehenden Gesellschaft mitsamt einer Hierarchie, einer Elite, einer mit der SS kooperierenden Macht und der Herausbildung von Gruppen, die sich untereinander bekämpfen.

Jenseits aller möglichen Formen der Identifikation mit dem Verfolger zeichnet sich die Rolle der Gefangenenarbeit ab. Hier ist die psychologische Analyse mit ihrer Motivforschung am Ende ihres Lateins und überläßt das Feld einer nackten Tatsache: Menschen, die unter den denkbar schlimmsten materiellen und moralischen Bedingungen leben müssen, Menschen, denen ihre Subjektivität durch entwürdigende Behandlung genommen wurde, diese Menschen arbeiten. Und viele von ihnen arbeiten gut; manche sagen, »es sei wichtig, gut zu arbeiten, um sich als Mensch zu fühlen«. Über diesen Umweg, über das Verhältnis zur Ar-

123 Bruno Bettelheim, *Aufstand gegen die Masse,* München 1964.

beit, hatte sich eine Organisation außerordentlich harter Beziehungen, wo Leben und Tod ständig ins Spiel gebracht wurden, hergestellt; und je besser sie funktionierte, »um so besser diente sie der SS«. Mehr als die Repression diente die Arbeit dem Spiel der Verfolger. Bettelheim beharrt ausdrücklich auf dieser Funktion der Arbeit als Abwehr gegen eine »Desintegration der Persönlichkeit«. Seitens der Verfolger, der SS, erscheint die Arbeit übrigens in genau derselben exzentrischen Funktion in Hinsicht auf ihr Wertsystem. Bettelheim zitiert den Fall des Kommandanten von Auschwitz, Höß, der als reiner Techniker von massenhafter Vernichtung berichtet und seine Vorgesetzten in Berlin unablässig drängte, ihm bessere Mittel für seine Vernichtungsarbeit bereitzustellen.

In beiden Fällen, in dem der Deportierten ebenso wie in dem der Henker-Funktionäre, verdoppelt sich die Beziehung zur Arbeit durch eine Beziehung zum Anderen. Die Subjektivität in dieser Beziehung ist mit paradoxen, kontra-phobischen Identifikationen verbunden, ohne daß ethischen Werten in irgendeiner Weise Rechnung getragen würde; ihre Perspektive ist reine Abwehr, und ihr einziger Wert »die gut ausgeführte Arbeit«.

Die SS-Schergen in den Lagern und die Herren in Berlin bedienten sich dieser Beziehung zu Arbeit, die in so manchen Situationen der einzige Wert sein kann. Welch wirksamer Köder!

Es erübrigt sich, hier noch zu betonen, mit welcher Ausdauer ein solches Verhalten sich der Veränderung jeder wie auch immer gearteten gesellschaftlichen Ordnung widersetzt.

Wir haben uns hier auf eine Grenzsituation bezogen, um den Platz der Arbeit innerhalb der Struktur genau ausmachen zu können und sie von jedem nur scheinhaften Sinn zu befreien.

Die Arbeit konstituiert ein Reales und als solches steht sie jedem imaginären Sinn offen, den man ihr anhängen mag. Als Reales befindet sie sich im gleichen Register wie der Geschlechtsverkehr. Und wie der Geschlechtsverkehr trägt auch sie zu der radikalen Teilung des Subjekts bei; das Subjekt des Diskurses kann sie zwar umreißen, aber nicht das Wahre von ihr sagen.

Wie wir schon gesagt haben, kann nur die Produktion eines (materiellen aber auch jedes sonstigen) Objekts im Realen in der Begegnung mit dem Anderen als wünschendem Anderen das Genießen aufkommen lassen. Unter dieser Bedingung kann das Objekt als Spur dieses Genießens in ein anderes Register aufgenommen werden, in das – *symbolische* –

Register des Austauschs, und der Arbeit ihre gesellschaftliche Dimension verleihen.

Dennoch wird die Arbeit stets die ihr eigene Dimension des *Realen* bewahren, nämlich als eine Dimension des Körpers jenseits aller Bedeutung. Und nun geht es um den Status des geteilten Subjekts in dem ungewissen Gleichgewicht zwischen seinem Körper und seinem Diskurs. Daß es darin eine gewisse Genugtuung findet, ist nur allzu sichtbar, wenn man nur die Schwierigkeiten betrachtet, die in materieller Hinsicht am stärksten benachteiligten Subjekte für einen politischen Kampf zu mobilisieren.

So ist Paul bei seiner Arbeit in der Universitätsmensa der Anerkennung durch den Anderen begegnet. Der Chefkoch hat sich zu einer bestimmten Zeit mit zukunftsträchtigen Worten über ihn geäußert. In dieser Phase seines Lebens hat Paul sich gewandelt; er hat aufgehört, ein Familienpfand im Realen zu sein; stattdessen ist seine Arbeit das Reale geworden.

Vielleicht wurde etwas zuviel Hoffnung in die Möglichkeit gesetzt, daß Paul durch diese Beziehung zu seiner Arbeit und zum Anderen aus seiner Lebensschwierigkeit herausfinden könnte. Denn außerdem gab es ja noch Pauls Beziehungen innerhalb der sozialen Gruppe, und all das, was sich dort, genau wie in jedem Körper, sofern die Gruppe nur ein klein wenig organisiert ist, an Spannungen und Eliminierung von Abfallprodukten abspielt. Und genau dazu, zu einem Abfallprodukt, war Paul an dem Tage geworden, an dem er, nach einem wohltuenden Empfang und sogar etwas übertriebener Protektion, als vollbeschäftigter Lohnarbeiter zum integrierenden Bestandteil der Gruppe geworden war. Er war nun ein Lehrling wie alle anderen, und eben die Lehrlinge sind in den Berufsgruppen häufig die Leidenspuffer. Kurz, er nahm jenen Platz, den er sehr wohl kannte, wieder ein und wurde für die Gruppe zu dem namenlosen Teil, den es zu eliminieren gilt. Er verstrickte sich in dieser Wiederholung und bestätigte die Gruppe in ihrer Feindseligkeit, indem er versuchte, über den Umweg des Diskurses einer anderen gesellschaftlichen Klasse, der seiner Familie, seinen Abstand zu wahren. Die Arbeit spielte für ihn nicht mehr die Rolle des Realen. Paul nahm den Diskurs des Verfolgten wieder auf und erfuhr die deprimierende Blockierung seines Wunsches. Er sollte die Voraussetzungen für diesen seinen Wunsch erst nach seiner Depression, und zwar durch jene Einschnitte wiederfinden, welche in Abstimmung mit dem Milieu von Bonneuil in seinem Spiel von Anwesenheit und Abwesenheit erfolgten – außerdem auch durch die Möglichkeit, sich wieder an einem Arbeitsplatz zu befinden ... anderswo.[124]

Psychose und Politik – Schlußbemerkung

In dem vorliegenden Buch betont Maud Mannoni unter Bezugnahme auf Lacan, daß »die Psychose bei weitem kein krankhafter Prozeß (ist), sondern zunächst und vor allem eine Reaktion der gesamten Persönlichkeit auf eine außerordentlich konflikthafte Lebenssituation«.
Diese konflikthaften Situationen sind nicht ohne Zusammenhang mit der Beschaffenheit der Gesellschaft. In jeder Zeit und in jedem Land stellt sich eine bestimmte Beziehung zum Wahnsinn oder zur Devianz her, eine Beziehung, die abhängig ist von der Struktur des ideologischen Überbaus. Auf diesem Wege kann eine gewisse Brücke vom Bild des Wahnsinns zur Politik geschlagen werden. Aber diese Brücke wäre eher ein *Negativbild* des umgebenden politischen Diskurses. Durch das, was der Wahnsinn in seinen Manifestationen ist, sagt er, was im gemeinen politischen Diskurs *nicht* gesagt werden kann.
Der politische Diskurs selbst verdeckt dieses Reale, das nicht gesagt werden kann; das Reale des Subjekts, welches hier den Platz der Ursache[125] innehätte. Dieser Diskurs entspringt aus einem Imaginären, nicht aus dem Imaginären des Subjekts, sondern aus dem des Seins, welches sich theatralisch auf einer Bühne zur Schau stellt und seine Unmöglichkeit zu Sagen durch Ideologien[126] bemäntelt.

124 Es gibt kein gemeinsames Maß zwischen der Art und Weise, wie die Frage nach der Arbeit in Bonneuil und wie sie von dem Gesetz »Royer« gestellt wird, das sich auf den Arbeitseinsatz von Kindern im Alter unter 16 Jahren (wo die Schulpflicht aufhört), die keinen Schulabschluß geschafft haben, bezieht. In Bonneuil geht es um die Problematik des Subjekts in einer analytischen Perspektive. Das Gesetz »Royer« dagegen ist das Zeichen einer allgemeinen Politik, die noch unlängst zur Folge hatte, eine unqualifizierte und billige Arbeitskraft auf den Markt zu bringen.

125 Das heißt, das Subjekt würde hier als Ursache der Geschichte begriffen und nicht als Subjekt mit dem Objekt »a« als Ursache des Wunsches. Auf das gleiche Problem sind wir schon im Zusammenhang mit dem Genießen eingegangen, wo wir unterschieden haben zwischen »genießen« und »etwas genießen«.
Im politischen Diskurs ist die Entfremdung des gespaltenen Subjekts nicht mehr die seiner individuellen Subjektivität, sondern die des Platzes des »a« der Geschichte, welchen das Subjekt in diesem Diskurs einnimmt.

126 An der Beziehung dieser Ideologien zum Realen läßt sich ihre Konsistenz bemessen; wenn das Reale die Struktur ist, wendet sich die Ideologie davon ab,

Das Reale ist im vorliegenden Falle unwiderruflich aus der Ordnung des Diskurses ausgeschlossen, da es sich gewissermaßen durch das Außer-Diskurs-Liegende konstituiert. Das Subjekt hat folglich mit einem doppelten Feld zu tun; zum einen als Subjekt, das sich in einem Effekt des Diskurses konstituiert, und zum andern, an der Grenze dieses Feldes, als Subjekt, das auf der Seite des Realen genießt. Der Andere ist stets sowohl als Ort des Sprechens, als Ursprung des Diskurses, wie auch als Dritter jedes Genießens betroffen.

Unter diesen Bedingungen genügt es schon, daß eines der Elemente versagt, um eine außerordentlich konflikthafte Situation zu schaffen. Es mangelt nicht an individuellen Fällen mit all ihren Besonderheiten (Versagen in der Beziehung zum Anderen und ein Riß in der Beziehung zum Signifikanten); aber auch auf der sozialen Ebene kann der Riß Situationen nach sich ziehen, die sich als nicht weniger konflikthaft erweisen (hier steht das Versagen eher auf seiten des Realen und des Genießens). Wenn die Antwort in einem derartigen Fall keine psychotische Struktur ist, so kann die symptomatische Reaktion auf dem Niveau der gesamten sozialen Gruppe anschwellen, zumindest jedenfalls so weit, daß sich der soziale Mißstand daran ermessen läßt.

Ganz gleich, ob sich der politische Diskurs totalisierend oder gar totalitär oder einfach nur administrierend gibt, als Diskurs bleibt er stets allein schon um seiner Mittel willen fehl am Platz; der Imperativ, der Befehl und das Verbot multiplizieren sich im Namen einer fragwürdigen Realität wie von selbst. Fragwürdig deshalb, weil sie jeden Augenblick durch das Genießen, welches nicht unter ihr Ressort fällt, in die Enge getrieben werden kann. Es ist unmöglich, das Genießen zu administrieren; das Subjekt indes kann die Administration sowohl als verwaltendes wie auch als verwaltetes Subjekt genießen. Hier verwischen sich die Grenzen zwischen dem einen und dem anderen.

Kafkas[127] Fiktion *In der Strafkolonie* liefert uns das Maß für einen bestimmten Aspekt der Wahrheit. Es geht um die Haut-Schreibmaschine:

um sich nur an die logische Gedankenkette zu binden, die dazu neigt, das System zu schließen; ein System, das auf alles eine Antwort haben muß und je nachdem mal das große libertäre Phantasma und mal die Verteilungsgerechtigkeit predigt. Doch auf seiten der Macht, mag sie liberal sein oder nicht, herrscht stets die Sorge um die Achtung vor der in der Realität obsiegenden Ordnung (man muß schon Chinese sein, um dies anders zu handhaben).

127 Franz Kafka, »In der Strafkolonie«, in: *Erzählungen*, Frankfurt 1961, S. 94–123.

»Dieser Apparat ist eine Erfindung unseres früheren Kommandanten. ... Wir, seine Freunde, wußten schon bei seinem Tod, daß die Einrichtung der Kolonie so in sich geschlossen ist, daß sein Nachfolger, und habe er tausend neue Pläne im Kopf, wenigstens während vieler Jahre nichts von dem Alten wird ändern können ...
Bis jetzt war noch Händearbeit nötig, von jetzt aber arbeitet der Apparat ganz allein.«

Es folgt die Beschreibung des Apparats:

»Sowohl das Bett, als auch der Zeichner haben ihre eigene elektrische Batterie ... Sobald der Mann festgeschnallt ist, wird das Bett in Bewegung gesetzt. Es zittert in winzigen, sehr schnellen Zuckungen gleichzeitig seitlich, wie auch auf und ab. Sie werden ähnliche Apparate in Heilanstalten gesehen haben ...
Dieser Egge aber ist die eigentliche Ausführung des Urteils überlassen ... Unser Urteil klingt nicht streng. Dem Verurteilten wird das Gebot, das er übertreten hat, mit der Egge auf den Leib geschrieben. Diesem Verurteilten zum Beispiel wird auf den Leib geschrieben werden: Ehre deinen Vorgesetzten! – Kennt er sein Urteil? – Nein, es wäre nutzlos, es ihm zu verkünden. Er erfährt es ja auf seinem Leib. – Aber daß er überhaupt verurteilt wurde, das weiß er doch? – Auch nicht ...
Der Grundsatz, nach dem ich entscheide, ist: Die Schuld ist immer zweifellos.
Die Egge sticht zitternd ihre Spitzen in den Körper ein, der überdies vom Bett aus zittert. Um es nun jedem zu ermöglichen, die Ausführung des Urteils zu überprüfen, wurde die Egge aus Glas gemacht ... Es darf natürlich keine einfache Schrift sein; sie soll ja nicht sofort töten, sondern durchschnittlich erst in einem Zeitraum von zwölf Stunden ... Es ist nicht leicht, die Schrift mit den Augen zu entziffern; unser Mann entziffert sie aber mit seinen Wunden.«

Der Offizier, der Herr des Apparats, bietet sich ihm dar, als wolle er ihn retten. Er soll ihm »Sei gerecht!« auf seinen Leib schreiben. Doch plötzlich spuckt der Apparat all seine Zahnräder aus, eins nach dem andern.

»Die Maschine ging offenbar in Trümmer; ihr ruhiger Gang war eine Täuschung ... Die Egge schrieb nicht, sie stach nur, und das Bett wälzte den Körper nicht, sondern hob ihn nur zitternd in die Nadeln hinein ... Da hob sich aber schon die Egge mit dem aufgespießten Körper zur Seite, wie sie es sonst erst in der zwölften Stunde tat ...«

Eine Haut-Geschichte; eine Oberfläche, in die sich etwas einschreiben läßt, die Löcher haben kann.
In dieses Außer-Diskurs-Befindliche, in dieses Reale des Körpers entgleitet die Kastration, wenn das Subjekt nichts von ihr wissen will.[128] Die klinische Erfahrung mit Psychosen illustriert genau, wie stark jene Subjekte, die der Dimension des Mangels in einem symbolischen Rahmen beraubt sind, zwanghaft getrieben werden, diesen Rahmen im Realen wiederzufinden. Sie finden ihn wieder in Form der verstümmelnden Selbstaggression, deren bevorzugter Ort häufig die Haut oder die Phaneresen (Haare, Nägel etc.) sind. Die fehlende Distanz zwischen dem Psy-

128 Vgl. die Halluzination vom abgeschnittenen Finger bei Freuds Wolfsmann.

chotiker und seinem Anderen, seiner Mutter zum Beispiel, kann ihn aber auch ebensogut zur Aggression gegen den Körper dieses Anderen veranlassen. Manche Mütter von Psychotikern tragen die Stigmata dieser undifferenzierten Beziehung zu ihrem Kind auf der Haut (Kratzer im Gesicht und auf den Händen, Hämatome, etc.). Umgekehrt kann die Mutter, wenn sie es unbewußt ablehnt, diese undifferenzierte Position des Anderen, welche ihr Kind ihr zuschreibt, einzunehmen, um sich dennoch als Anderer zu bestätigen, in eine höchst seltsame Erzieherposition gegenüber dem psychotischen Kind abgleiten. Wir haben beispielsweise eine solche Mutter kennengelernt, die ihrem Kind beibringen wollte, sich vor brennenden Dingen zu hüten und ihm zu diesem Zwecke die Hand auf eine elektrische Herdplatte gelegt hatte. Dem Kind waren sämtliche Finger sowie die innere Handfläche verbrannt.

So findet der Diskurs des Anderen, um sich zu Gehör zu bringen, Ausdruck in der reinen Gewalt. Es erübrigt sich, noch länger auf dieser Dimension zu beharren, die übrigens über den besonderen Rahmen der Psychose weit hinausgeht und vielmehr jene Grenze ausmacht, die bei jeder Beziehung von Subjekten zu einer sozialen Gruppe erreicht werden kann.[129] Es ist übrigens schwer zu sagen, wo in den von uns erwähnten Fällen der Ausgangspunkt dieser Gewalt liegt; ob bei dem Subjekt und seinem Verlangen nach Grenzen oder beim Anderen, der völlig ergriffen ist von seiner Verantwortung für die Ordnung und die Erziehung. Der a-dialektische Aspekt dieser Beziehung im Realen führt schließlich dazu, daß, genau wie in der Fiktion von Kafka, am Ende beide, sowohl der Verwaltete als auch der Verwaltende, die Bürgschaft für die Ordnung im Realen übernehmen.

Dieses Reale wird uns von der dazugehörigen Struktur als eine bestimmte Seite des Genießens gezeigt. Der Körper oder ein Teil des Körpers erscheint dabei als Überrest der Teilung des Subjekts, als »jener Rest *(a)*, in den sich das Genießen flüchtet, welches der Herrschaft des Lustprinzips nicht anheimfällt«.[130] Und eben auf diesem Niveau des *(a)* läßt sich das Genießen als Körper bei jedem Wesen befragen; nur liefern uns die Psychose und die Perversion in unserer Praxis Illustrationen von einer Deutlichkeit, als könne man sie durch Vergrößerungsgläser hindurch betrachten.

Wenn Voltaire zu seiner Zeit sagte, wir seien die Maschinen der Vor-

129 Polizeipressionen, die Welt der Konzentrationslager, rassistische Ausbrüche, Sklavenausbeutung . . . wo das Angebot die Nachfrage erzeugt.

130 J. Lacan, *Séminaire 1965-1966,* »L'Objet de la psychanalyse«, unveröffentlicht.

sehung, sind wir heute die Maschinen der Bürokratie und des Staates. In dieser Maschinerie eines verkannten und delirierenden Genießens sind die Rollen zwischen dem Anderen und dem *(a)* zwar verteilt, aber niemals fixiert.
In diesem Sinne sagt der Verrückte in seinem Wahn und in seinem Körper, vermittelt durch ein paradoxes Genießen, etwas von der Wahrheit.

Anhang Auszug einer Diskussion in der Universität von Bologna[131]

Teilnehmer: Bonneuil ist nichts anderes als eine Institution, das heißt, etwas, was in irgendeiner Weise isoliert. Warum das? Einverstanden, das Handicap wird als ein ... Spiel angesehen. Aber es ist vorhanden, es ist in genau dem Maße vorhanden, in dem man die Notwendigkeit empfindet, sich von ihm zu befreien. In Wirklichkeit befreit man sich gar nicht davon; denn auch der Exorzismus, der mit den Komödien und den Festen betrieben wird, schafft das Handicap nicht weg. Ja, einverstanden, der Behinderte wird nicht an den Rand verstoßen; sondern man spielt mit ihm, in einem Film oder einem Theater; aber er bleibt eben doch ein Behinderter. Selbst seine Integration in verschiedene Orte ist nur eine Integration auf der experimentellen Ebene, keine reale Integration. Beispielsweise ist sogar die Tatsache, sie auf einer Theaterbühne spielen zu lassen, 100prozentig mystifizierend, denn wer in einer Gesellschaft wie der unsrigen auf diese Art und Weise spielt, ist ein Verrückter. Und diese Leute bleiben Verrückte. Sie haben gesagt, Madame, daß Sie die politischen Wirkungen Ihrer Arbeit nicht kennen. Entschuldigen Sie, aber das ist wirklich höchst seltsam. Wie kann man sich jemanden vorstellen, der auf der Ebene der Person handelt, der in die Gesellschaft einbegriffen ist, und dennoch nicht weiß, welche Wirkung auf die Gesellschaft er produziert? Der Fehler der Psychologen besteht darin, daß sie auf der individuellen, auf der pädagogischen Ebene intervenieren, und nicht auf der sozialen und politischen Ebene; auf der Ebene der Wirkungen und nicht auf der Ebene der Ursachen (denn in Wirklichkeit ist das Handicap eine Wirkung, keine Ursache; die Wirkung einer Segrega-

131 Februar 1975.

tion, die schon a priori existiert und genau genommen eine Klassenselektion ist). Sie haben doch sicher auch Marx und Althusser gelesen, wo gesagt wird, daß das Reale die Realität des Klassenkampfes ist; jede Bewegung ist Klassenkampf. Und so verschiebt sich der Diskurs vom Kranken auf die Gesellschaft, vom Institut auf das Milieu. Und nur in einer solchen Perspektive kann man eine Lösung für das Problem der Behinderten finden.

M. M.: Sie haben wichtige Fragen aufgeworfen.[132] Ich habe gesagt,

[132] Derjenige, der mich hier angesprochen hatte, war ein an allen Extremitäten Gelähmter, der im Rollstuhl gekommen war.

Anmerkung vom 11. 3. 1975.

Die Schwierigkeiten im Zusammenhang mit Sprache, Übersetzung und Improvisation haben es an manchen Stellen unmöglich gemacht, auf die interessanten Fragen aus dem Auditorium in Bologna genau zu antworten. Eine regelrechte Lektion in Hinsicht auf das Verständnis der geistigen Behinderung durch Schwachsinnigkeit war für uns schon vor der Entstehung von Bonneuil die Entdeckung, daß der Begriff der geistigen und in diesem Fall der *intellektuellen* Behinderung gar nicht so einfach ist. Daß Kinder, deren Intelligenzquotient sich dank der Therapie kaum verändert hat, ohne (nach der in den Tests gemessenen Intelligenz) sehr viel intelligenter geworden zu sein, dennoch in der Lage sein können, sich mit der Intelligenz, über die sie verfügen, besser zurechtzufinden, weniger *dumm* zu handeln und fester auf dem Boden der Realitäten der Welt zu stehen, ist keine Frage der Reedukation, sondern etwas ganz anderes. Denn diese Kinder leiden nicht nur unter der Behinderung, sondern auch unter dem Satz: »Du, du hast ein Handicap, du kannst nicht machen, was die anderen machen, du stehst abseits, du bist zu bemitleiden, wünsche nicht mehr, als du nach unserer Ansicht kannst, etc.« Die Ergebnisse von Bonneuil lassen keinen Zweifel, daß sich die Mittel der Behinderten in ganz überraschender Art entwickeln können. Wenn ein Kind sagt: »Da ist nichts zu machen, ich kann eben nicht rechnen«, wiederholt es, was man ihm gesagt hat. Erst wenn die realen Umstände ihm verständlich machen, zu was ihm das Rechnen – in Wirklichkeit – dienen kann, kommt ihm der Wunsch und es rechnet. Obwohl sich sein IQ vielleicht gar nicht verändert hat. Wir sind uns dessen allerdings nicht ganz sicher, da in Bonneuil Kinder aufgenommen werden, denen schon ein bestimmter IQ zugeschrieben worden ist, in Bonneuil selbst jedoch nie ein IQ gemessen wird.

Octave Mannoni erzählte folgende Geschichte: Die Kinder eines Dorfes im Süden von Madagaskar waren in der Schule absolute *Nullen.* Als die Eltern erfuhren, daß in der Schule das Dezimalsystem unterrichtet wurde und daß dieses dazu dienen konnte, die Rechnungen der Käufer, die ihnen das im Dorf produzierte Rizinusöl abkauften, zu überprüfen, baten sie die Kinder, bei diesem Thema gut aufzupassen. Die Kinder lernten das Dezimalsystem in einer Rekordzeit und brachten es dann – zum großen Schaden der Rizinusölkäufer – ihren Eltern bei. Danach glaubten die Eltern, nun genügend Vorteile aus der Schule gezogen zu haben, und meldeten ihre Kinder ab. Für das Dorf war dies immerhin eine *politische* Frage.

Die Politik, wie sie aus der Sicht von Bonneuil erscheint, besteht darin, daß die Gesellschaft den Kindern, die nicht in der Lage sind, irgendeinen beliebigen Platz einzunehmen, ohne Mildtätigkeit und Altruismus angemessene Plätze bereitsteldaß Bonneuil sich nicht als idealen Ort ausgibt, den man nachahmen sollte. *Man befreit sich von seinem Handicap genausowenig, wie man sich von seiner Negritude zu befreien hat; es ist eine Identität.* Und nur von dieser Identität aus kann man seinen Kampf siegreich führen. Unsere Hauptsorge bei dem Stück des Wegs, welchen die Kinder zurücklegen, ist die, daß sie es schaffen, für sich selbst aufzukommen, indem sie sich eben vom Ort ihrer Schwierigkeit aus mit ihrem Wunsch ansiedeln. Insgesamt geht es darum, etwas von der Ordnung einer Entinstitutionalisierung der Symptome zu inaugurieren. Was wichtig ist, ist jene beidseitige Beteiligung, die Beteiligung des Publikums und die der Kinder an einer gegenseitigen Befragung. Die Art und Weise, wie man von dem anderen angesprochen wird, ist nicht unerheblich. Der »Normale« wird von jemanden angesprochen, der dafür gehalten wird, es nicht zu sein; und darin liegt eine Bemühung, die gegenseitige Einsamkeit zu durchbrechen. Wenn ich von politischen Fakten spreche, *habe ich in keiner Weise den Anspruch, die Politik zu beherrschen;* mir ist nur sehr bewußt, in welcher Art und Weise Bonneuil die bestehenden Institutionen stört und daß es von diesem Ausgangspunkt her eine Dialektik und Veränderungen ermöglicht, die nicht ohne politische Wirkung bleiben.

len kann. Diese Kinder werden beispielsweise weder die Schule noch die Fließbandarbeit ertragen. Aber sie werden dennoch lernen, was man in den Schulen lernt, sofern sie eine Nützlichkeit darin entdecken, und sie werden auch eine handwerkliche Arbeit ertragen. Man muß zugeben, daß diese Art des Erfolgs nicht für alle gewährleistet ist.
Die *politische* Wirkung von Bonneuil ist aus verschiedenen Gründen nicht so leicht genau festzustellen. Wir könnten sagen, ohne uns auf diese Aussage zu versteifen, daß Bonneuil, wenn man ihm etwas Zeit läßt, vielleicht dazu führen wird, die exzessiven, unnötigen (und darüber hinaus wenig wirksamen) segregativen Einstellungen der traditionellen Behandlungszentren zu revidieren.

17. Klinische Fragen

Von Maud Mannoni

> Wenn Ihr von den theoretischen Physikern etwas lernen wollt über die von ihnen benutzten Methoden, so schlage ich Euch vor, am Grundsatz festzuhalten: Höret nicht auf ihre Worte, sondern haltet Euch an ihre Taten!
>
> Albert Einstein, *Mein Weltbild*

Psychoanalyse und Psychiatrie

»Wir alle«, schreibt Winnicott, »die wir psychotische Kinder dieser Art behandelt haben, wissen, wie verrückt wir sein müssen, um es in dieser Welt auszuhalten, und doch müssen wir dort eindringen und fähig sein, lange dort zu bleiben, um irgendeine Heilung zu bewirken.«[133] Dieses Geständnis über unsere eigene »Verrücktheit« benennt genau, was die Position des Analytikers von der des Psychiaters unterscheidet. Für den Analytiker besteht die Begegnung mit dem Patienten ausschließlich in der Möglichkeit, die dem Erwachsenen gegeben (oder nicht gegeben) ist, sich mit dem anderen zu identifizieren (das heißt, sich von dem Unglück des anderen so sehr betroffen zu fühlen, daß aus diesem Unglück ein *gemeinsames Drama* gemacht werden kann). Für den Psychiater besiegelt die Begegnung mit dem Patienten eine Trennung. Kaum fühlt sich das Subjekt in seiner Fremdheit anerkannt, wird es von der Medizin implizit schon wieder aus der Subjektposition vertrieben, zugunsten der »nosographischen Objektivität«. Es verläßt also den Platz des »anderen Ich-Selbst«, um die (unpersönliche) Position eines Studien- oder Pflegeobjekts einzunehmen. Es wird zu einem Fall (der Medizin) und verliert darüber das gesprochene Wort. In der Falle einer Beziehung, die es von dem Platz des dem Wunsch preisgegebenen Subjekts vertreibt (in einer Falle, wo das Sprechen des Patienten nicht mehr als »verrücktes Sprechen« gehört wird), wird der Patient nun den Diskurs der Psychiatrie zu Gehör bringen und forthin selbst die Abwehrmechanismen des Psychiaters übernehmen. Das Subjekt droht sogar, als »sein eigener Psychiater« Karriere zu machen (auf seiten der Internierten)[134], wobei

[133] D. W. Winnicott, *Von der Kinderheilkunde zur Psychoanalyse,* München 1976, S. 122.

[134] Wie wir gesehen haben, gehen manche so weit, daß sie ihre eigenen Rezepte

es in der Übung von »Wortgefechten« Stoff für eine zusätzliche Entfremdung findet.

Sobald der »psychiatrisierte« Patient einen anderen findet, zu dem er (über etwas anderes als die »Krankheit«) sprechen kann, verläßt er die Bezugspunkte der Psychiatrie und verliert damit die Stereotype seiner Symptome und seines Diskurses. Das ist dann der Anfang eines langen Weges, der von Erwachsenen getragen sein will, die in der Lage sind, sich von den Effekten dessen, was von dem Unerträglichen eines Dramas nicht benannt werden kann, ansprechen und markieren zu lassen. Die Begegnung (dessen, der spricht, mit dem, der zuhört) kann nur am Ort einer gemeinsamen Ohnmacht erwartet werden. Von dort aus wird das Subjekt den Versuch machen können, von der Szene des Dramas zu der der Komödie überzuwechseln. Indem die Psychiatrie die »Krankheit« isoliert, verschreibt sie dem Subjekt ein *Modell*, das den von den »Schicksalsgestalten« eingenommenen Platz zusätzlich festschreibt und die Ausübung jenes Spiels verhindert, das Lewis Carroll anspricht, wenn er die Personen in *Alice* sagen läßt: »Du bist ja nichts weiter als ein Kartenhaus«; das heißt, deine Wut, deine Depression und deine Zwänge, all das kann man einfach wegpusten und ganz anders wieder von vorn anfangen. Wenn man indes ein bestimmtes Bild des Patienten zum (wissenschaftlichen) Monument erhebt, das sich als genauso leicht gebaut erweisen könnte wie ein »Kartenhaus«, lockt man das Subjekt und seine Familie in die Falle jener Vorstellung, die sich die Medizin von seinem Zustand macht. Die Praxis sollte uns zeigen, in welchem Maße die schlimmsten Prognosen Lügen gestraft werden können; dafür braucht man nur ein wenig Glück, nämlich die Qualität der Begegnung mit einem Subjekt, das Zeit hat, einem zuzuhören und mit einem zu sprechen.[135]

diktieren, was der Psychiater in seiner Naivität für einen Fortschritt hält, der seinem Liberalismus zu verdanken wäre! Derjenige, der seine eigenen Rezepte diktiert, kann nicht mehr ohne die Psychiatrie auskommen (seine Krankheit ist zu seiner einzigen Leidenschaft geworden).

135 Die Briefe, die Bonneuil nach der Ausstrahlung des Films von Guy Seligmann aus allen Regionen Frankreichs bekommen hat, bezeugen alle dasselbe Unbehagen. Es sieht so aus, als hätten sich die Spezialisten alle Rechte vorbehalten, über die »Lebensschwierigkeit« der Bürger zu urteilen, die sie hilfloser denn je zurücklassen. Was man in diesen Briefen von uns verlangte, war ein Echo auf eine Verzweiflung; das Verlangen nach einem Sprechen, das auch einen Platz für das Sprechen des anderen läßt. Zur Zeit finden die Franzosen nur in der Administration jemanden, zu dem sie sprechen können, aber gerade die Administration nimmt sich selbst vollständig zurück und läßt nur noch die Vorschriften sprechen. Das alles produziert eine Situation kollektiver Blockierung, aus der so manche Mißverständnisse, Depressionen und »paranoische« Reaktionen resultieren.

Das Publikumsinteresse an den Filmen von Bettelheim enthüllt nicht zuletzt den Wunsch der französischen Patienten, anders behandelt zu werden. Daß Bettelheim in Amerika und Melanie Klein in England die beiden Persönlichkeiten sind, die die wichtigsten Beiträge zur Psychosentherapie bei Kindern geleistet haben (obwohl beide Nicht-Mediziner sind), mag gewisse französische Ärzte beunruhigen; doch das Publikum der Patienten, das nach einem neuen Ansatz in Hinsicht auf sein Problem verlangt, wird hierdurch mit Hoffnung erfüllt. Die Autoritätskonflikte (zwischen Medizinern und Nicht-Medizinern) erscheinen diesem Publikum angesichts der Fülle ungelöster Fragen, die es hier und jetzt für Tausende von psychotischen Kindern zu lösen gilt, lächerlich (oder gar deplaziert). Dem englischen Pädiater und Psychoanalytiker Winnicott kommt das Verdienst zu, auf zwei wichtige Dinge hingewiesen zu haben; zum einen darauf, daß sich klinisch keine klare *Demarkationslinie* zwischen der Gesundheit und der erwiesenen Schizophrenie feststellen läßt[136]; und zum anderen darauf, daß die Psychoanalytiker bei ihrem Umgang mit dem Problem der Psychose dem Faktor der *Umwelt* zu sehr ausgewichen sind. Die Psychose ist bei weitem kein krankhafter Prozeß, sondern zunächst und vor allem eine Reaktion der gesamten Persönlichkeit auf eine außerordentlich konflikthafte *Lebenssituation*[137]. Und diese Lebenssituation, die aus gegenseitigem Austausch besteht, aus Antworten des Erwachsenen, die den Rufen des Säuglings (in der ersten Zeit) angepaßt oder nicht angepaßt sind, erinnert zwangsläufig an die Strategien bei Spielen. In seiner Beziehung zum anderen ist ein jeder in gewisser Weise der Gefangene seines eigenen Spiels, der Gefangene jener Regeln, die er sich selbst setzt, um innerhalb eines schutzbietenden Abwehrsystems Zugang – oder keinen Zugang – zum Wunsch des Partners zu finden; das kann so weit gehen, daß ihm sogar die Lust vergeht, überhaupt einen Ruf an jemanden zu richten.

Sich dem Kind anpassen

Das Kind braucht folglich in seinen ersten Lebensmonaten einen Erwachsenen, der fähig ist, *sich ihm anzupassen.* Diese Anpassung an den anderen findet sich auch im therapeutischen Feld wieder; denn eben

136 D. W. Winnicott, *Vom Spiel zur Kreativität,* a.a.O., S. 79.
137 Lacan hat diese These schon im Jahre 1932 in seiner Schrift *De la psychose paranoïaque dans ses rapports avec la personnalité,* Paris 1975, entwickelt.

durch die Fähigkeit, sich dem Patienten anzupassen, ermöglicht der Analytiker, daß sich zwischen ihm und dem Patienten ein Feld öffnet, das kein anderes ist als das des Spiels. Es ist »die Überschneidung zweier Spielbereiche (. . .), dem des Patienten und dem des Therapeuten«[138]; mit dem Unbewußten des einen und dem Unbewußten des anderen wird eine Annäherung an den anderen versucht, die entweder gelingt oder fehlschlägt. Von Gelingen kann man in dem Maße sprechen, in dem sich eine *Erfahrung* inauguriert. Alles, was sich dort als Beziehung entspinnt, besteht aus gegenseitigem Vertrauen, aber auch aus Gefühlen von magischer Allmacht, Omnipotenz, Feindseligkeit, Liebe und Furcht. Am Anfang gefällt es dem Kind, vor jemandem zu spielen. Erst nach und nach gewinnt es Lust daran, sich mit dem Spiel des anderen auseinanderzusetzen. Dann wird das Spiel ein Mittel zur Beherrschung beängstigender Situationen, und schließlich dient es dem Erwachen zur Kultur.

Mehr als jeder andere machen die Psychotiker uns sensibel für die unvermuteten Quellen kreativer Produktion in jedem Individuum, auch in dem »allerkränksten«. Damit diese Produktion Möglichkeiten zur Realisierung findet, muß sie von dem anderen als Lebensproduktion aufgenommen werden und nicht als Zeichen einer Krankheit. (Falls das Sprechen auch hier »verrücktes Sprechen« bleiben muß, wird das Subjekt schnell darauf verzichten, sich zu Gehör zu bringen, und sich in einem Diskurs von Stereotypen in der Schreibweise, der Malerei etc. verschließen.) In Bonneuil haben wir versucht, dieser schöpferischen Möglichkeit besondere Aufmerksamkeit entgegenzubringen. Aber schon nach kürzester Zeit wurde klar, daß jede Form des Ausdrucks an einen bestimmten Kontext gebunden war, der sein Aufkommen begünstigen oder hemmen konnte. Dem Kind ist ein Werkzeug gegeben, das ihm helfen kann, seine »Lebensschwierigkeit« umzusetzen; aber gelungen ist diese Umsetzung erst dann, wenn das Kind es schafft, *sich selbst zu überraschen.*

Claude Halmos hat weiter oben[139] genau gezeigt, welchen Anteil sie selbst anfangs an Sandrines Hemmung angesichts der Malerei hatte. Solange sie als Pädagogin auftrat, war jede Begegnung mit Sandrine zum Scheitern verurteilt. In ihrer Ansiedlung außerhalb von Zeit und Raum war Sandrine nur auf der Flucht faßbar – und so geschah es eines Tages auch genau am Ort dieser Flucht (bei einem gewalttätigen Ausagieren), daß Sandrine endlich ein Gehör fand. Claude fragte sie, ob sie nicht viel-

138 D. W. Winnicott, op. cit., S. 66.
139 Vgl. S. 101 ff. dieses Buches.

leicht jetzt, wo alle Farbtöpfe (von ihr selbst) kaputtgeschlagen waren, etwas zu malen hätte? Und tatsächlich fing Sandrine an, ihr erstes Bild zu malen; sie benutzte Farbe, die sie mit ihren Fingerspitzen aus der Hand des Erwachsenen nahm, entdeckte langsam ihren eigenen Raum und stimmte ihre Zeit nach und nach mit der der anderen ab; was aus dem Drama hervorgegangen war, konnte erst in dem Augenblick auf ein anderes Niveau verlagert werden, in dem etwas von dieser unsagbaren Gewalt vom anderen aufgenommen worden war. Es war Sandrine-die-Empörte, die anfing zu malen; Sandrine-die-Unterworfene hatte nur umherirren können, mit fernem, grenzenlosem Blick und leeren Händen.
Armand, ein anderes Kind, zeugte in seinen Angstanfällen von einer ausgesprochenen Allergie gegen die anderen Kinder. Ganz unvermittelt kam in ihm ein unüberwindlicher Schrecken auf; er brüllte die Nacht an, den Tag und die Sonne. Er rächte sich an den Elementen, und dies in einer Bewegung, wo er nicht mehr wußte, wem eigentlich die Sprengung, der Zusammenbruch mehr drohte, ihm oder ihnen. Armand, herzzerreißend in seiner Verzweiflung, suchte immer ein menschliches Wesen, gegen das er seine Aggressionen richten konnte; ein menschliches Wesen als Grenze für das, was ihn ins *»Außerhalb-der-Körper-Grenze«* schleuderte – eine Situation, in die er sich gelegentlich versetzt fühlte. Allein die Isolierung erlaubte ihm, seinen Frieden wiederzufinden und die Figuren seiner phantasmatischen Welt als Fiktionen zu erkennen. Die Erfahrung mit dem Theater *(Alice verwundert sich)* ermöglichte ihm die Entdeckung einer Art Verdoppelung zwischen dem Spiel und der wahrgenommenen Realität; zwischen ihm, dem Jugendlichen, und der Theaterfigur, die er inkarnierte. Der aufs Theater verlagerte Text war jedes Mal wieder eine Wiederholung-Umsetzung seiner Ängste. Er brüllte »ich habe Angst«; nur konnte ihm hier, auf der Bühne, geantwortet werden, dieses »ich« sei nicht er, sondern Alice, der König oder die Zwerge. So lernte er, seine Ängste auf der Bühne zu spielen, indem er einen (imaginären) anderen zum Träger seines Dramas machte – bis er nicht mehr wußte, wo er war, wenn er seinen Haß und seine Verzweiflung hinausschrie. Die Wende kam eines Tages, als ich gerade im Garten mit ihm spazierenging. Plötzlich fing er wieder an »ich habe Angst« in den Himmel zu brüllen und suchte in seiner Panik ein Messer, um sich gegen den möglichen Aggressor zu verteidigen. Doch dann *überraschte er sich plötzlich selbst dabei, sich zu hören,* beruhigte sich auf der Stelle und sagte mir mit gesetzter Stimme: *»Aber ich spiele doch nur, Angst zu machen, ich spiele, Angst zu haben«.* Von da an öffnete

sich Armand dem Witz, und er konnte von all den Identifikationen sprechen, die ihn bislang so sehr überschwemmt hatten, daß sie ihn sogar seines Seins beraubten. Manchmal begleiteten ihn nun auch die Worte aus Alice: »Kopf ab mit ihr« – eine beruhigendere Begleitung, als es zuvor die Stimmen seiner auditiven Halluzinationen gewesen waren. Lange Zeit schwankte er noch zwischen einer wiedergefundenen Einheit (von sich und dem anderen) und der Gefahr, den Zerfall der Welt zu erleben. Doch mit der Verwendung des *Spiels von Alice* (und des Repertoires von Lewis Carroll) gelang zumindest ein erster Schritt in Richtung auf eine Beherrschung seiner Phantome. Er konnte sich der Negativität öffnen, ohne daran zu sterben. Er ließ uns ganz klar wissen, daß er Bonneuil verlassen wollte. Wir fanden für ihn einen Ort bei einem Hirten. Dort hütete er die Herde, stellte den Käse her und verkaufte ihn auf dem Marktplatz. Dann wurden wir ihm in unserer Abwesenheit gegenwärtig. Er fing an, uns schreiben zu wollen, um sich in seinen Aktivitäten anzusiedeln und die verschiedensten Bezugspunkte für seine Gegenwart und sein Werden zu finden. Bis dahin war er stets vor unmögliche Entscheidungen gestellt worden. (»Entscheide dich, wo du hinwillst«, sagte seine Mutter; und als sie ihm glauben machen wollte, er könne entweder in seine alte Schule zurückkehren oder in Bonneuil leben . . . entschied sich Armand für Bonneuil, wohlwissend, daß die alte Schule ihn nicht mehr wollte.) Die ihm nun möglich gewordene Ablehnung von Bonneuil erlaubte ihm zum ersten Mal, die Illusion, die man ihm bislang in Hinsicht auf seine Entscheidungsfreiheit vermittelt hatte, zu durchbrechen. Nun konnte ein eigener Diskurs von ihm gehalten werden, ein Diskurs, der nicht von den Befehlen der Erwachsenen schmarotzt war.
Die *institutionelle Sprengung* spielte hier die Rolle einer in die Permanenz des Rahmens (der als Widerstand gegen jede Veränderung dient) geschlagenen Bresche. Nach dem Spiel von Alice sah er sich nun mit einem anderen Spiel (im Realen) konfrontiert; einem Leben außerhalb der Institution, mit Schafen, Hunden, dem Raum und dem Schweigen der Erde als Gefährten. Eine in sich geschlossene Institution hätte in ihrer Wirkung das Stereotyp des Schutzes noch vermehrt, indem sie den Jugendlichen auf immer von den Fluktuationen der Zeit ferngehalten hätte. Wichtig in diesem Zusammenhang war nicht etwa, von dem Kind zu verlangen, sich unserer Welt anzupassen (die es, wie Bettelheim betont, aus Verzweiflung verlassen hat), sondern ihm zu erlauben, sich ein eigenes Universum zu schaffen, das dem unsrigen fremd sein mag, in dem es sich aber ertragen kann.

I.
Das Mißlingen der Symbolisierung

Wie Winnicott[140] zeigt, *weiß* der Säugling ganz zu Anfang *nicht*, daß sein Gefühl des Wohlbefindens nicht nur ihn, sondern auch seine Umwelt umgibt. Erst wenn diese Umwelt sich durch Übergriffe so stark innerhalb seines Gebietes bemerkbar macht, daß ihm dort unbehaglich wird, setzt der Säugling Ablehnungsmechanismen ein, um das »*verlorene Selbst*« wiederzufinden. (Der Eindruck, die Welt greife ihn an, kann beispielsweise leicht durch die »physische Aggression« einer organischen Krankheit entstehen.) Im Prinzip erlaubt eine hinreichend gute Anpassung der Mutter an ihren Säugling diesem, die Illusion der Zugehörigkeit als ersten Kontaktmodus mit der wahrgenommenen Realität (der Brust, etc.) zu benutzen; der in Frieden mit sich selbst lebende Säugling hat den Eindruck, das andere (die Brust, etc.) sei eine Verlängerung seiner selbst. Nur ganz allmählich wird er unterscheiden, was er ist und was er nicht ist (diese Unterscheidung trifft er mittels der Realitätsprüfung). Die liebevolle mütterliche Fürsorge in den ersten Lebensmonaten ermöglicht dem Säugling eine Oszillation zwischen zwei Bewegungen; einer, die ihn dazu bringt, die Umwelt zu entdecken, und einer, die ihn dazu bringt, sie abzulehnen (oder auch sie zu halluzinieren). Die Suche nach der Isolierung stellt beim Säugling stets einen Versuch dar, etwas Sicherheit wiederzugewinnen. Ist die besagte Oszillation (zwischen einer Rückkehr in die Isolierung und einer Suche nach der Umgebung) nicht glücklich verlaufen, wird der Säugling sich von den ersten Lebensmonaten an von einer als feindlich erlebten Außenwelt überschwemmt und verfolgt fühlen. Und eben diese verfolgende Feindschaft des in einem etwas späteren Alter psychotisch gewordenen Kindes umgibt auch uns, wenn wir mit ihm zu tun haben.

Das angesichts einer als bedrohlich empfundenen Außenwelt in Unsicherheit lebende Kind »*trägt die verlorene Erinnerung einer unglaublichen Angst mit sich*«[141]; und seine Symptome sind nichts anderes als eine verzweifelte Art und Weise, sich gegen die Rückkehr dieser Angst zu verteidigen. Wenn die Unordnung sich zu früh entwickelt hat, kommt es sogar vor, daß das Kind gar nichts mehr zu verteidigen hat und vollständig in sich gekehrt in seiner magischen Welt lebt, wo es in einem

140 D. W. Winnicott, *Von der Kinderheilkunde zur Psychoanalyse,* a.a.O., S. 115.
141 D. W. Winnicott, »La schizophrénie infantile en termes d'échec d'adaptation«, in: *Enfance aliénee,* Paris 1972, S. 77.

maximalen Stereotyp Schutz sucht. Für ein Kind dieser Art ist die Zeit stehengeblieben; forthin herrschen das Kind und sein »Gesetz« in einer unbeweglichen Ordnung über die Menschenwesen.

In dem, was Winnicott die *psychotische Depression* nennt, erreicht das Kind einen Zustand, wo es das Gefühl für bestimmte Teile seines Körpers verliert (sein Mund ist ihm fremd geworden, und zugleich scheitert jede Symbolisierungsmöglichkeit in Hinsicht auf die Mutter). Die Symbolisierung setzt in der Tat voraus, daß das Kind Äquivalenzen zwischen seinem eigenen Körper und den äußeren Objekten hat herstellen können. Indem es die größtmögliche Anzahl von Äquivalenzen realisiert, gelingt dem Kind eine Beherrschung der Objekte. Die Errichtung des Symbolischen erlaubt das Spiel der Phantasie (und die Kreation).

In unserer Beziehung zu autistischen Kindern stoßen wir uns an der Tatsache, daß die Realität für diese Kinder in der ersten Zeit nicht symbolisierbar ist. Man kann sogar sagen, daß es für sie eine Art und Weise ist, sich vor der Beunruhigung zu schützen, wenn sie nach einem Leben im unberührten Zustand der Realität trachten. Denn sobald sich das Subjekt auf die Suche nach Bezugspunkten macht, kommt die Unruhe auf; deshalb bemüht es sich, möglichst ohne Affekte zu leben. Die Wende in der Evolution des autistischen Kindes vollzieht sich, wenn es die Möglichkeit wiedergefunden hat, mit Affekten zu leben, ohne daß diese die Gefahr der Vernichtung mit sich bringen. Aber in dem gleichen Augenblick, in dem das Kind seine Panzerung verliert, besteht auch das Risiko von Selbstmordepisoden. Der Zugang zu einer Symbolisierungsmöglichkeit ist nichts anderes als die von dem Kind erreichte Möglichkeit, *mit einem anderen über ein benanntes Wesen zu sprechen* (Lacan). Erst dann wird die Realität symbolisierbar. Das Unbewußte ist nicht im Subjekt (wie Lacan betont)! Es ist der Diskurs des Anderen, der als Unbewußtes funktioniert und in einem bestimmten Moment erlaubt, die Ich-Trägheit des Kindes in Bewegung zu bringen (das heißt, daß in die *Verwachsenheit des Imaginären und des Realen,* die für das autistische Kind äquivalent sind, ein *drittes* Element eingeführt wird).

Wenn das Symptom weichen soll, muß das Sprechen des Analytikers auf der Ebene der Dezentrierung des Subjekts[142] ertönen, nicht aber auf der Ebene einer Rekonstruktion jener Etappen der Vergangenheit, von denen man annimmt, das Kind habe sie in seiner Entwicklung verfehlt. Wir haben gesehen, daß sich genau in dem Moment, in dem Armand sich dabei überraschte, daß er *Angst zu haben spielte*, etwas Entscheidendes,

142 J. Lacan, *Séminaire* vom 8. Dezember 1954 (unveröffentlicht).

eine Art Wende vollziehen konnte. Wichtig ist nicht etwa, die Abwehrmechanismen des autistischen Kindes in Angriff zu nehmen, sondern vielmehr, der Wahrheit dieser Abwehrmechanismen fortwährend Gehör zu schenken.

Emile verbrachte seine ersten Lebensjahre in Bonneuil in einem Wechsel von zwanghafter Masturbation und nicht weniger zwanghaften Reparaturarbeiten an Objekten. Ständig schleppte er kilometerweise Tesafilm hinter sich her, das dazu diente, aufgelöste Körperteile aus gefaltetem Papier zusammenzuhalten. Der geringste Luftzug brachte dieses unstabile Gebilde in Gefahr, und sofort brüllte das in einem namenlosen Schrekken verlorene Kind: »Kaputt! Ab! Es muß repariert werden.« In anderen Momenten war die Angst um den Verlust seines Pimmels so groß, daß er inständig darum bat, man möge ihn zu einem Chirurgen bringen, damit er ihn davon befreie und man dann kein Wort mehr darüber verlieren müsse (lieber wollte er kastriert sein, als sich dem Risiko auszusetzen, ihn möglicherweise zu verlieren). Dann fing er an, Riesenpimmel herzustellen und aggressiv mit seinem Kot gegen irgendwelche Leute vorzugehen, »um sie kaputtzumachen«. Das Theaterspiel, das eine Differenzierung zwischen Fiktion und Realität einführte, erlaubte ihm alle möglichen Arten der Umsetzung. Emile hatte sich eine Maske gebastelt, die er mit zwei Brillen übereinander zu tragen pflegte. Die Frage: »Ist mein Pimmel denn noch da?«, hatte sich auf das unsichere, aus Maske und Brillen bestehende Gleichgewicht verlagert. Geschützt vor den Blikken der anderen schrie Emile seinen Schmerz heraus, von einem fremden Körper bewohnt zu sein, der ihn innerlich verfaulen ließ. In bestimmten Momenten stürzte ihn der Verlust der Brillen, des Klebebandes oder der Maske in unkontrollierbare Wutanfälle; bis zu dem Tag, an dem man endlich in Umrissen erkennen konnte, was ihn bei der *Trennung* von einem geliebten Wesen so sehr bedrohte, daß sein Leben selbst auf dem Spiel stand. Zu jener Zeit war Emile unfähig zur *Depression*; seine Überschwemmtheit von dem Gefühl der Verfolgung machte jede Trauer (und jede Trennung) unmöglich. Man kann sogar sagen, daß die Überlagerung durch die unerträgliche Furcht vor einem verfaulten, zerbrochenen oder in Auflösung befindlichen Körper eine bestimmte Art war, den Verlust des geliebten Wesens zu leugnen.

Alles, was sich der Kontrollmöglichkeit entzog, wurde von Emile als böse bezeichnet. Aber im Phantasma war das Böse auch das Gute; und das Theaterspiel erlaubte Emile bei seiner Suche nach Bezugspunkten auch nach einem Sinn für die Abwesenheit, den Mund, das Geschlecht und die Brust zu suchen. Es gab irgend etwas jenseits der vereinfachenden Opposition gut/böse, selbst/nicht-selbst, was er begreifen mußte. Verloren in einer Reihe von Identifikationen stellte er seine Beziehung zum Wunsch über die Angst her. Was von seinem Körper als sexuelle Erregung aufkam, machte ihn völlig schutzlos, genau wie ihn all das, was sich von ihm trennte, völlig schutzlos machte; als würde das, was sich von ihm abtrennt, seinen eigenen Körper in die Gefahr bringen, zu explodieren. Wenn er das böse Objekt zerstörte, vernichtete er sich selbst, der getragen war von der Frage: »Ist Emile dieses böse Objekt oder hat er noch den guten Penis?« Was bedeutet dieses Rätsel eines Objekts, das auf der Ebene des Habens als böse erfahren worden ist, während die Frage, die Emile auf der Ebene des Seins mitschwingen läßt, die wäre, ob Emile böse ist oder nicht?

Das »Ab! Kaputt!« interpunktierte ein langwieriges Stück Wegs, in dessen Verlauf der Erwachsene zu einem bestimmten Zeitpunkt als Träger der Furcht des Kindes diente (eines Kindes, das so von seinen Allmachtsvorstellungen ablassen konnte).

Eines Tages wurden die Maske und die immer wieder reparierten, immer wieder zerschlagenen Brillen-Objekte von dem Kind ganz hinten im Garten beerdigt, an einem Ort, wo es mit Vorliebe seine Exkremente hinterließ. Zu diesem Begräbnis der Objekte kam es, nachdem alle graphischen Produkte in Brand gesteckt worden waren; es markierte den Beginn eines Trauerprozesses, den die Symbolisierung der Abwesenheit möglich machte. (Jenes etwas, das in einem bestimmten Moment zwischen dem Kind und seiner Mutter fehlgeschlagen war, drehte sich im wesentlichen um den *Geruch* und ihre Ablehnung der Exkremente des Säuglings, oder gar ihre Ablehnung seines Körpers. In seinen Anfängen im Leben wurde diesem Kind gewissermaßen etwas von der Ordnung der *menschlichen Realität* verweigert. Es antwortete darauf mit der Negation jegerlicher körperlicher Realität und klammerte sich vollständig an das, was sich von seinem Körper zu trennen und ihn zu vernichten drohte.)

Erst als die Symbolisierung der Abwesenheit auf diese Weise möglich geworden war, wurde das Kind auch zu Aufenthalten in der Provinz ermutigt, wo es als Maurer seine Hände entdeckte; hier konnte es seinen Zwang zu reparieren und zu bauen ins Reale umsetzen.

Das autistische Objekt

Gewöhnlich schleppt das autistische Kind ein Objekt mit sich herum, das als integraler Bestandteil zu seinem eigenen Körper gehört und die Funktion hat, jedes Auftreten eines als bedrohlich empfundenen Nicht-Selbst zu bemänteln.

Dieses Objekt (dabei mag es sich um einen Papierschnipsel, ein Kleidungsstück der Mutter, um Kieselsteine oder ausgewählte Spielzeuge handeln) hat die Funktion der *Einfriedung*.[143] Immer wenn das Kind sich in seinen Bezugspunkten besonders verloren fühlt, appelliert es an das autistische Objekt, als wolle es von ihm eine Unterstützung verlangen (eine Unterstützung im Sinne des mütterlichen »holding« bei Winnicott, das der Säugling braucht, um sich in Sicherheit zu fühlen). Das Stoffstück, welches das Kind mit sich herumschleppt, hat die Funktion, seine Trennung vom anderen zu leugnen. Genau genommen ist es der *Mangel*, der hier geleugnet wird; und das macht den Zugang zur Verwendung eines *Übergangsobjekts*[144] unmöglich. (Das Übergangsobjekt repräsentiert das Objekt der allerersten frühkindlichen Beziehung, die noch vor der Einrichtung der Realitätsprüfung liegt; es dient dem progressiven Abzug der Besetzung zugunsten einer Öffnung gegenüber der Kultur. Wenn das innere Objekt zu stark die Züge des Verfolgers trägt, hat das Übergangsobjekt keinen Platz mehr.)

Für das autistische Kind sind die Objekte der Außenwelt Teil seiner selbst. Das Fehlen der Leere (oder des Raums) zwischen ihm und dem anderen führt dazu, daß für das Sprechen des anderen kein Platz ist; da der Mund des anderen als der eigene Mund empfunden wird, ist jeder Austausch unmöglich.

In seiner ersten Zeit in Bonneuil verbrachte Urbain seine klarsten Stunden damit, sich den Mund mit Knete vollzustopfen. Wie leblos, den Blick in grenzenlose Weiten gerichtet, durfte er eine ganze Reihe kleiner Objekte, mit denen er sich den Mund füllte, niemals verlassen. Nur zerbrochene Objekte zogen ihn an. Wenn man ihm die Erde, mit der er seine Zähne und seine Zunge verkleisterte, aus dem Mund entfernte, setzte er sich brüllend zur Wehr. Erst viel später konnte er uns verständlich machen, welche Notwendigkeit für ihn bestand, alle Löcher zuzustopfen und zwanghaft an allem zu lutschen, was ihm zwischen die Finger

143 Frances Tustin, *Autism and Childhood psychosis,* London 1972.

144 D. W. Winnicott, *Von der Kinderheilkunde zur Psychoanalyse,* a.a.O., S. 25 ff.

kam. Diese magische Aktivität bewahrte ihn nämlich vor der Katastrophe, die ihn permanent bedrohte. Diese Objekte waren nicht etwa der Anfang irgendeines Spiels, sondern sie wurden dazu benutzt, ihn von dem Unheil fernzuhalten und jede Trennung zu leugnen.
Der Autist ist stets ein Attribut des Seins seiner Mutter geblieben[145], jeder Möglichkeit verschlossen, sich selbst in einem eigenen Körper zu *haben* und ohne irgendeine eigene Stütze auf der Ebene des *Seins*. Für ihn kann es forthin kein verlorenes Objekt geben, denn in seinem Fall ist das *verlorene Objekt* das Subjekt selbst. Die Beziehung solcher Kinder zur Arbeit kann in nichts münden, solange sie einzig und allein in einer *Ich-Du*-Beziehung zum anderen verharren.
Corine brauchte lange Zeit, bis sie ihre reine Voyeurposition bei dem Polsterer, der sie angestellt hatte, verlassen konnte. Sie fühlte sich nur durch die Hände des anderen selbst arbeiten. Die Hände der mit ihr zusammen arbeitenden Arbeiterin wurden wie »Stücke« wahrgenommen, die zu ihr selbst gehörten. Erst an dem Tage, an dem es Corine gelang, sich auf ein *Tun mit einem anderen* einzulassen, wurde ihr die Form ihres Körpers bewußt, und sie verlangte nach Kleidungsstücken, die sich von denen ihrer Schwestern unterschieden (vorher hatte sie immer genau die gleiche Kleidung gebraucht; erst an dem Tag, an dem Corine ein Gefühl dafür bekam, sich in ihrem eigenen Körper *zu haben*, verlangte sie den Unterschied).

Über eine Ungewißheit

Die angelsächsischen Autoren unterscheiden gewöhnlich zwischen einem *primären Autismus,* bei dem es dem Kind schwerfällt, seinen eigenen Körper von dem der Mutter abzugrenzen, und dem *sekundären Autismus,* bei dem die Mutter wahrgenommen und unverzüglich wieder für null und nichtig erklärt wird. Im Zusammenhang mit dem zuerst genannten Fall weisen die Autoren immer wieder auf die Gefahren eines irreversiblen Schadens hin; während im Fall eines späteren Autismus eine spontane Heilung möglich sein soll, die einen glücklichen Ausgang markiert. Beim primären Autismus ist nie irgendeine Erfahrung des anderen möglich gewesen; während beim sekundären Autismus die Erfahrung eines anderen als derartige Leidprüfung erlebt worden ist, daß das Kind daraufhin eine autistische Barriere zur eigenen Verteidigung

145 Françoise Dolto, op. cit.

aufgebaut hat; eine Barriere, deren Beschaffenheit mittels einer Analyse verstanden und die als Hindernis behoben werden kann. Allerdings ruft jede schwere Störung, wie Winnicott betont, beim Kleinkind eine anscheinend organische (und unvermeidliche) Krankheit hervor. Erst wenn das Kind aus seiner Psychose herausfindet, stellt man fest, daß es sich um etwas ganz anderes gehandelt hat, als um eine organische Krankheit. Wenn man zu einer Mutter sagt: »Ihr Kind ist erledigt« oder »Ihr Kind ist nicht wiederherzustellen«, interveniert man ganz unmittelbar in den Austausch zwischen Mutter und Kind und unterbindet jede Kommunikationsmöglichkeit. Dem verstoßenen Kind bleibt kein anderes Mittel mehr, als sich selbst zu vernichten (manche Kinder machen dies durch Selbstverstümmlungsversuche deutlich sichtbar). *Statt das Kind durch eine Prognose, die keinerlei Hoffnung mehr läßt, zu verdammen, sollte der Arzt lieber seine Ohnmacht bekennen.* Denn möglicherweise akzeptieren Eltern und Kind gerade von dieser Ohnmacht aus, das Wagnis eines Abenteuers außerhalb der eingefahrenen Wege auf sich zu nehmen.

Die Hypothese einer autistischen Barriere wurde aus der vom Kind ausgehenden Verneinung der Außenwelt abgeleitet. In Wirklichkeit liegt diese Barriere vor allem bei uns; sie besteht in erster Linie aus unseren Abwehrmechanismen gegen das, was uns in den Wutausbrüchen des Kindes anspricht, sobald wir versuchen, einen Kontakt zu ihm herzustellen.

Manche dieser vom Schrecken beherrschten Kinder machen den Eindruck, als seien sie taub und blind. In bestimmten Momenten lassen sie sich vom Urin, den Exkrementen und den Tränen überschwemmen. Ehe man mit ihnen spricht, muß man lernen, ihre Gesten zu lesen und zu verstehen, was in ihrer Sprache ohne gesprochenes Wort gesagt wird. Diese Kinder brauchen vor allem »Wasser- und Hautspiele«.[146] Von dort aus findet man Zugang zu all dem, was hinter dem Schein des Todes von ihnen lebendig geblieben ist.

[146] Vgl. *Histoire de deux mères,* Paris 1970, S. 191-287. »Die Mutter einer kleinen Oligophrenen schreibt: Wir haben alles mögliche, wir haben die Hautspiele
die Luftspiele und die Wasserspiele
die Spiele mit Sachen
die Ich-wag's-ich-wag's-nicht-Spiele
die Wortspiele und die Hundspiele
die Lautspiele
die Spiele des Alles und die Spiele des Nichts
und die Noch-mal-Spiele.«

In Bonneuil haben die Wasserspiele außerordentlich viel Platz im Leben dieser Kinder eingenommen. Und manche von ihnen brauchten eine Wegstrecke von fünf Jahren, bis endlich in Worten heraussprudeln konnte, was bis dahin in der Verzweiflung und den klastomanischen Krisen verloren geblieben war. Erst dann erkennt das Kind sich als getrennt vom anderen an und erwirbt im gleichen Zuge einen Begriff vom Raum, von einem Innen und einem Außen.

Angeregt von einem Gefühl der Omnipotenz hat der Autist den Eindruck, diejenigen, die ihn umgeben, seien von ihm geschaffene »Kreaturen«, über deren Tod und Leben er die Macht habe. Sobald diese Kinder anfangen zu sprechen, sagen sie, daß sie sich verloren fühlen. In gewisser Weise sind sie weniger in Gefahr, solange sie den Schutz genießen, der sie vom Sprechen fernhält und ihnen die Illusion verschafft, daß sie mit der Außenwelt eins sind. Sobald die Illusion von der Einheit durchbrochen ist, führt das Kind die Gegensätze von gut/böse, männlich/weiblich, Empfang/Zurückweisung ein. Und das geht nie ohne einen vollständigen Umbruch vonstatten, in dessen Verlauf sich die Schwierigkeiten (ehe sie weichen) manchmal so sehr verschlimmern, daß das Kind schließlich jedes sensorielle Angebot der Außenwelt ablehnt. So bezeugt das Kind in seinem Wahn die Gefahr, mit der man ihm droht (eine Gefahr, die häufig in der Überfürsorglichkeit der Erwachsenen beruht).

Die Trennung

Die Trennung zwischen dem autistischen Kind und seiner Mutter (oder Bonneuil) darf natürlich nicht in irgendeinem beliebigen Moment eingeführt werden. Und die Dauer dieser Trennung, die von einem Kind zum anderen stark variiert, darf nicht länger sein, als das Kind effektiv ertragen kann. Eine überlange Trennung bringt die Gefahr mit sich, daß bei dem Kind (in Abwesenheit der Eltern) jegliche Gegenwart des elterlichen Imaginären verschwindet und im gleichen Zuge die Möglichkeit der Symbolisierung erschwert wird. Wenn das Kind die Trennung nicht erträgt, macht es dies unverzüglich auf der organischen Ebene sichtbar (das Kind ist in der Lage, in einem ausgesprochen kurzen Zeitraum und auf spektakuläre Art und Weise eine ganze Reihe Somatisierungen anzuhäufen, die an den »Marasmus« oder den physiologischen Verfall erinnern, von denen Spitz[147] im Zusammenhang der frühkindlichen

147 René A. Spitz, *Vom Säugling zum Kleinkind,* Stuttgart 1967, S. 279-295.

Hospitalisierung spricht). Das einzige Heilmittel in solchen Fällen besteht darin, das Kind nach Hause zu holen.

Wenn man sich sorgfältig darum bemüht hat, die Trennung progressiv einzuführen (wenn das Kind am Anfang seiner Wegstrecken von einem ihm bekannten Erwachsenen begleitet wird), kann man eine Art »Befreiung« beobachten, eine »Befreiung«, die sich nicht zuletzt in der Geburt zu einem anderen Körper manifestiert (das Kind verläßt den Anstaltskörper, in dem es sich seiner Familie zu zeigen pflegte).

Dimitri, der völlig abwesend für die Menschen und die Dinge in Bonneuil umherirrte und sich immer nur mit den Händen auf die Ohren schlug, entdeckte seinen Körper ganz oben auf einem zwei Meter fünfzig hohen Heuhaufen, wo er lachend die Heubündel in Empfang nahm, die ihm hochgeworfen wurden; von dort aus war er der Welt gegenwärtig. Armand nahm einen ganz anderen Weg; er lernte auf einem Gestüt die Pflege der Pferde (und das Reiten) und kam dann völlig verändert zu uns zurück. Allerdings sind das Land und die Handwerker nicht etwa in sich schon magische Lösungen. Manchmal reservieren die ländlichen Gegenden dem Behinderten einen Platz, nur um ihn auszubeuten. Uns schien der springende Punkt in der Möglichkeit zu liegen, freundschaftliche Bindungen zu den Handwerkern und Bauern auf dem Lande herzustellen; sie sensibel zu machen für den Sinn einer mit solchen Kindern vollzogenen Arbeit; erst von da an wurden die Kinder von Bonneuil in jenem *Netz* menschlichen Austauschs empfangen. Die Metamorphose der Kinder vollzog sich dank der Art und Weise, wie sie am Leben der Erwachsenen teilhaben und dort einen Platz finden konnten.

All das verlangt von uns sehr viel Zeit und Verfügbarkeit. In der Aude war es ein aus dieser Gegend stammender Krankenpfleger, der uns Tür und Tor geöffnet hat. Da er den heimischen Dialekt sprach, gelang es ihm, das Mißtrauen der Bauern abzubauen, so daß schließlich jedes Kind (auch wenn es mit ganz leeren Händen kam) einen Ort hatte, wo es empfangen wurde und wo es während einer Periode von manchmal mehr als zwei Monaten tagsüber bleiben konnte. Die Kinder lernten, im Rhythmus der jeweiligen Jahreszeit zu leben (während der Aprikosenernte begann der Tag beispielsweise morgens um halb fünf). Alles richtete sich nach den Ansprüchen der Natur und der Tiere. Den im Treibhaus großgewordenen und von der Welt abgeschnittenen Städtern half dieser Kontakt zu der Rauheit eines radikal anderen Lebens, aus ihrem Schneckenhaus herauszukommen. Ausnahmslos alle haben ihre Hände außerhalb von Paris entdeckt – und das blieb nicht ohne Wirkung auf ihre spätere Entwicklung. Für sie übersetzte sich diese Erfahrung in die Möglichkeit einer Geburt zur Symbolbildung (denn die Übergangsobjekte nahmen allmählich den Platz der autistischen Objekte ein).

Die Kommunikation

Der erste Fortschritt des autistischen Kindes erfolgt in dem Augenblick, in dem es auf den Ruf eines anderen antworten kann. Dieser Vorgang setzt einen Anderen voraus, der von dem Kind nicht mehr als ein totes Objekt benutzt wird, einen Anderen, der letztlich in seinem Sprechen als lebendiger Bezugspunkt dienen könnte.

Zwischen dem Kind und dem Erwachsenen, der sich besonders um dieses Kind kümmert, entsteht eine Zone gegenseitiger Abhängigkeit. In diesem gemeinsamen, geteilten Erfahrungsbereich liegt der Ursprung der Kommunikation. Doch diese Kommunikation vermag uns nicht jene Schrecken, Wahnvorstellungen und Depressionen zu ersparen, die in bestimmten Etappen der Evolution des Kindes von dem Erwachsenen geteilt werden. Manchmal skandiert die Schlaflosigkeit das Unerträgliche an einem bestimmten Stück des Weges, das heißt, das Unerträgliche eines *Verlustes*, dessen Symbolisierung dem Kind nicht gelingt (und den es erlebt, indem es seinen Schrecken auf seine Organe projiziert, als liefe es Gefahr, mit einem Körper, dem Penis, Arme oder Beine verloren gegangen sind, wieder aufzuwachen). Die Verwechslung der verschiedenen Register (des Imaginären, des Realen und des Symbolischen) macht die Worte, welche den Ort eines Mangels, einer Leere oder eines Dramas bezeichnen, unmöglich. Auf dem Höhepunkt einer verzweifelten Situation versucht das autistische Kind, alle Löcher zuzustopfen. Es erträgt beispielsweise nicht, wenn eine Badewanne sich entleert, als bestünde die Gefahr, daß es mit dem abfließenden Wasser selbst in die Kanalisation mitgerissen würde. Es fühlt sich beruhigt, wenn das Wasser überläuft; man könnte sagen, es ruft geradezu nach der Überschwemmung, als könne nur sie allein sein eigenes Überleben garantieren (das heißt, die Trennung leugnen; das Wasser funktioniert unter anderem auch als Element einer Schutzbarrikade gegen eine als feindlich oder bedrohlich empfundene Außenwelt).

II.
Die Jugend

Die »in einer Krise steckenden« Jugendlichen, mit denen wir zu tun haben, haben alle miteinander (auch wenn es sich um Delinquente handelt) eines gemeinsam: eine *unerbittliche moralische Strenge,* die sie dazu treibt, jeden Kompromiß abzulehnen und pausenlos dem »Wahren« nachzujagen; das heißt, die *Falschheit* der Erwachsenenwelt zu denunzieren. Dieses geschlossene Verhalten ohne irgendeine Konzession zeigt sich in Form einer permanenten Herausforderung des Erwachsenen, der fortwährend in seiner Autorität und seinen moralischen Bezügen für unzuständig erklärt wird. Der Jugendliche setzt ihm seine aus Gewalt, Großzügigkeit ... und sehr großer Abhängigkeit gegenüber dem geliebt-abgelehnten Erwachsenen bestehende Moral entgegen.

Die Jugend ist keine *Krankheit,* sondern eine Etappe zwischen den Träumen der Kindheit und den Realisationen der Erwachsenen; eine Etappe, in deren Verlauf der Jugendliche enthüllt, was in der Generation vor ihm schiefgelaufen ist.

Wenn der Erwachsene es nicht erträgt, für unzuständig erklärt zu werden, und der Gewalt des Jugendlichen seine Autorität entgegensetzt, wird der letztere mit doppeltem Unverständnis und doppelter Gewalt antworten, eine Antwort, die (mit ihren Komponenten von Verfolgung) in ihrer Wirkung häufig an die ganze Liste der sogenannten schizophrenogenen Störungen erinnert (Störungen, die eine Lebensschwierigkeit widerspiegeln und die von den Jugendlichen in Form von Schwierigkeiten, sich real zu fühlen, erfahren werden). Der Film *Uhrwerk Orange* macht anschaulich, wie der Jugendliche *mangels eines imaginären Lebens* dazu übergeht, die Phantasmen der Grausamkeit ins Reale umzusetzen und sich im Extremfall nur noch mittels des Mordes am anderen existieren fühlt, eines Mordes, der ihn allem Anschein nach gleichgültig läßt, aber doch unbedingt notwendig ist, um sein Sein zu bewahren (was er in dem anderen tötet, ist sein eigenes »böses« Bild).

Die Durchführung der Lobotomie bei solchen Jugendlichen (wie sie in den USA praktiziert wird und wie man sie in Frankreich einführen möchte) bringt keinerlei Lösung für das besagte Problem (die Praxis zeigt, in welchem Maße diese chirurgische Verstümmelung über kurz oder lang zu einem echten Verlust der intellektuellen Lebhaftigkeit führt. Die Jugendlichen werden zu Schwachsinnigen gemacht und auf diese Weise quasi nutzlos für die Gesellschaft).

Die medizinische Gewalt als Antwort auf eine Lebensschwierigkeit löst überhaupt nichts. Je anfälliger sich der Jugendliche (in Hinsicht auf seine Selbstmord- oder Mordimpulse) erweist, um so notwendiger muß man ihm Toleranz und Verständnis entgegensetzen (und darf dabei nicht vergessen, daß er unsere Lebensbezüge hinterfragt und jeden Ausdruck von Autorität seitens eines Erwachsenen, der irgendeine Macht zu benutzen sucht, zurückweist).

Paul ist gegenüber jeder Ausübung von Gewalt besonders verletzlich geblieben. Er antwortet völlig blind darauf und ist bereit, den jeweiligen Feind des Augenblicks »zusammenzuschlagen«. Dennoch ist er zu großer Stabilität bei der Arbeit und auch zu großer Geduld fähig; als Voraussetzung dafür reicht es ihm, sich in Sicherheit zu fühlen. Die Unsicherheit und die Ungerechtigkeit bringen ihn dazu, auf »unangepaßte« Art und Weise auf Ereignisse zu reagieren, die ihn überschwemmen. In diesen Momenten sagt er die Wahrheit jener Gewalt, der die Jungarbeiter zum Opfer fallen. Von solchen empörten Jugendlichen kann man nicht erwarten, daß sie sich der Ungerechtigkeit anpassen. Aber man kann versuchen, eine Lebensart außerhalb der traditionellen Gesellschaftsstrukturen für sie zu finden, wo sie in einem affektiv befriedigenderen Netz menschlichen Austausches aufgefangen werden. (Während die Gemeinschaften von Jugendlichen in ihrer Mehrzahl eine Situation reproduzieren, die das Ausagieren der Gewalt begünstigen, trifft dies auf eine bestimmte Arbeitswelt wie etwa die des Handwerks, die nicht vollständig auf »Rentabilität« ausgerichtet ist, nicht zu. In diesem Beziehungsgewebe findet das Kind Möglichkeiten zu leben und sich schöpferisch zu betätigen.)

Als Prosper nach Bonneuil kam, galt er als Katatoniker. Dieser Jugendliche stellte in der Tat eine einzige Ablehnung dar; das ging so weit, daß er von sich selbst nur die äußere Hülle eines mumifizierten Kadavers zu sehen gab. Zu Hause weigerte er sich, sein Zimmer zu verlassen, und dann lehnte er es sogar ab, sich zu ernähren. Ihn in einem Sommerlager von Bonneuil zu empfangen war keine einfache Sache. Er wollte nicht mehr aus seinem Zelt herauskommen und war allem Anschein nach gleichgültig gegenüber allem, was um ihn herum passierte. Es war ein anderes Kind, dem es schließlich gelang, ihn aus seinem Mutismus herauszulocken, und das ihm half, aus seinem Schlaf, in dem er eine Zuflucht gefunden hatte, wieder aufzutauchen. Die wichtigste Hilfe für Prosper war die Möglichkeit gewesen, sich gegen alles aufzulehnen, ohne daß er oder wir daran starben. Der Wunsch, in der Schule (ein im Schlaf verlorengegangenes Jahr) wieder aufzuholen, überkam ihn nur deshalb, weil wir in dieser Hinsicht nichts von ihm verlangten. Unser einziger Anspruch war der, daß er die anderen nicht störte und sie nicht am Leben hinderte. Auf diese Weise wurde der Kern eines Wahns sichtbar (den er sorgfältig versteckt gehalten hatte), in dessen Mittelpunkt seine Magerkeit stand. Er sagte, er könne sich nicht in der Öffentlichkeit zeigen, da sonst die Gefahr bestünde, daß man sähe, *woran es ihm mangelt.* Von diesem Mangel am Realen seines Körpers konnte Prosper erst von dem Tag an sprechen, an dem er verstand, daß man ihn in Bonneuil deshalb nicht als »Verrückten« etikettieren würde. So hat sich Laings Behauptung: »Ich bin ganz sicher, daß eine nicht geringe Anzahl ›Heilungen‹ von Psychotikern darin besteht, daß der Patient sich aus dem einen oder anderen Grund entschlossen hat, noch einmal *gesund sein zu spielen*«,[148] am Fall von Prosper gewissermaßen verifiziert. Solange er von seinem Körper nicht sprechen konnte, mimte er seine Verzweiflung somatisch (indem er für das Leben tot war); sobald er aber davon sprechen konnte, war es ihm auch möglich, mit seinen Händen tätig zu sein und sich mit Begeisterung seinen Studien zu widmen – bis auf die Tatsache, daß er sich in seiner Beziehung zur Außenwelt von Bonneuil lange Zeit vorwiegend damit beschäftigte, *gesund sein zu spielen.* Vom Arzt verlangte er eine unwiderrufliche Diagnose, während er gleichzeitig versuchte, sich durch eine ganze Reihe von Beschwörungsriten gegen diese Diagnose zu schützen. Hätte Prosper die von ihm geforderte (und zugleich abgelehnte) medizinische »Behandlung« bekommen, wäre er der Karriere des Schizophrenen, wie sie die Psychiatrie in einer bestimmten Zeit für ihn vorgesehen hatte, mit Sicherheit nicht so leicht entgangen.

Prospers spektakuläre Krise erfolgte nicht ohne Zusammenhang mit dem *Nicht-Gesagten* einer Depression bei einem seiner beiden Eltern. So drückte dieser Jugendliche seine Ablehnung einer bestimmten Erwachsenenwelt aus, deren Werte er nicht anerkannte.

Patrice, ein anderer Jugendlicher, war von der Medizin als paranoider Schizophrener etikettiert worden. Der Vater war als Anstaltsinsasse gestorben. Seine Brüder und Schwestern waren allesamt irgendwann wegen »Schizophrenie« hospitalisiert gewesen. Patrice, der nach Bonneuil gekommen war, um dem psychiatrischen Krankenhaus zu entfliehen, hatte nichtsdestoweniger seinen Anspruch, *sein eigener Psychiater zu sein,* mit dorthin gebracht. Aus Enttäuschung über die ausbleibende medizinische Vereinnahmung in Bonneuil und die geringen Wirkungen

148 R. D. Laing, *Das geteilte Selbst,* Köln 1973, S. 183.

seiner Gewaltausbrüche auf die Erwachsenen, entschloß er sich, zu schlafen. Acht Tage lang weigerte er sich, zu essen, sich anzuziehen und hütete das Bett. Dann hielt er den »Blöden« von Bonneuil die *Normalität* entgegen; eine Normalität, die die eines grausamen familialen Über-Ichs war. Nachdem er sich mit der Psychiatrie identifiziert hatte, identifizierte Patrice sich in der Folgezeit mit der Pädagogik, bis er schließlich die Geburt zu einem eigenen Sprechen erleben konnte. Wie soll man in diesem Universum, wo der geringste Fehltritt einen ins Asyl bringen kann, ein eigenes Sprechen bewahren? Das schwierige Stück Wegs, das dieser Jugendliche zu bewältigen hatte, bestand in der Ablehnung jener »Zuflucht«, ohne deshalb Gefahr zu laufen, von den Göttern verlassen zu werden (und er schaffte es, obwohl er mit seinem provozierenden Anspruch, interniert zu werden, immer wieder seine Unheilbarkeit beschwor).

Arabelle, die von einer Pariser Tagesklinik abgewiesen worden war, machte sich in Bonneuil daran, unablässig unsere Grenzen zu befragen; ständig war sie den Unstimmigkeiten bei den Erwachsenen auf der Spur und zeugte so von der Wahrheit der jeweiligen Situation. Eine bestimmte Zeit nahm sie den Platz des Staatsanwaltes ein, indem sie die Risse der Erwachsenen permanent in Frage stellte. Der Erwachsene kann eine solche Infragestellung seiner selbst häufig kaum ertragen – und eine Möglichkeit, dieses Unbehagen wieder loszuwerden, besteht darin, denjenigen, der es verursacht hat, auszuschließen (oft findet dieser Ausschluß unter Berufung auf therapeutische Notwendigkeiten statt, obwohl es, um wieder zur Ruhe zu kommen, schon genügte, einfach nur zu hören, was sich als Wahrheit des Symptoms bei dem betreffenden Jugendlichen enthüllt, den wir gewöhnlich als »gestört« bezeichnen, während er für Winnicott zu Recht zu den »gesunden« Widerstandleistenden gehört). Winnicott[149] zufolge wendet sich die Gefahr, die der Jugendliche repräsentiert, an jenen Teil in uns, der nicht wirklich seine Jugend gehabt hat, was dazu führt, daß wir es denen, denen dieser Übergang gelingt, übel nehmen und *wir am liebsten Lösungen für sie finden möchten.*

Die »Lösungen« sind meistens *Scheinlösungen,* und nicht selten besteht die beste Therapie in der Abwesenheit jeder Therapie; das aber ist schwerlich realisierbar, wenn die »Behandlungsstrukturen« absolut medizinisch vereinnahmt sind. Ein Kind wie Prosper hätte leicht eine Anstaltskarriere machen können, wäre es lange Zeit im psychiatrischen Milieu festgehalten worden. Die Bezugspunkte für seine Identität hätte

149 D. W. Winnicott, *Von der Kinderheilkunde zur Psychoanalyse,* a.a.O.

er schließlich dort (auf seiten der Internierten) gefunden. Und bei einem Jugendlichen wie Paul ist gar nicht so sicher, ob er auch weiterhin der Hospitalisierung entkommt; ein bißchen Pech würde schon genügen, eine unglückliche Situation, die ihn realisieren ließe, wie es um das Schicksal der Familie steht – denn im Diskurs der Familie hat man ihm nach dem Vorbild des väterlichen Onkels einen Platz im Krankenhaus reserviert, als müsse von Generation zu Generation der Platz eines Ausgeschlossenen bewahrt werden, damit der Rest der Familie in Frieden leben kann. Zur Zeit hat Paul in einem Leben am Rande der Gesellschaft ein Gleichgewicht und Erfolg in einem Beruf gefunden; aber er bleibt dennoch in einer labilen Stimmung, bereit, mit extremen Lösungen (einschließlich des Selbstmordes) auf Frustrationen zu antworten. Obwohl er das Alter der gesetzlichen Großjährigkeit erreicht hat, ist er aus der Adoleszenz noch nicht heraus. Was Paul braucht, sind keine medizinischen Überwachungsmaßnahmen, sondern ein Platz, an dem er nach seinem eigenen Rhythmus (frei) leben kann. Die Tatsache, daß Paul in bestimmten Momenten aus Bonneuil fliehen kann, um an einem anderen Ort zu leben und zu arbeiten, konstituiert mit Sicherheit das wichtigste Element im Zusammenhang mit dem Verschwinden seines selbstmörderischen Ausagierens (besser, sagte er, man nimmt das Flugzeug, als daß man sich eine Kugel durch den Kopf schießt). Und eben solche *Flucht*situationen müßten wir kontinuierlich für die Jugendlichen bereitstellen. Wir müßten ihnen Lösungen bereitstellen, die uns von ihnen eingegeben und nicht von uns induziert worden sind. Die Flucht *löst im übrigen nichts*, aber sie erlaubt dem Jugendlichen, seinen Weg weiter zu verfolgen und sich dabei besser zu ertragen (in einem Alter, in dem es im Selbstmord seinen Ausdruck finden kann, daß man sich selbst schlecht erträgt).

Dem Jugendlichen fortgesetzt Gehör zu schenken bedeutet nicht, daß wir deshalb unsere eigenen Bezugspunkte verlieren müßten oder daß wir besser daran täten, das laisser-faire zum Dogma zu erheben. Was uns wichtig erscheint, ist die Tatsache, daß jede unzeitgemäße Intervention des Erwachsenen die Konfliktsituation zu verschärfen droht. Die therapeutische Enthaltung dagegen kann häufig die einzige Haltung sein, die die Möglichkeit einer späteren Therapie offenläßt.

Der gesuchte Bruch mit der Umgebung vollzieht sich stets vor dem Hintergrund der Abhängigkeit; die absolute Unabhängigkeit stellt immer eine Täuschung dar. Das Subjekt trachtet auf mehr oder weniger konfuse Art und Weise danach, einer gegebenen sozialen Gruppe anzugehören (oder aber es fordert eine Einsamkeit, die im Gegensatz zu jeder sozialen Gruppe steht). Meistens aber leben die Jugendlichen (und die Älteren) ihr Leben in Stellvertretung durch andere, das heißt, sie lassen sich durch einen anderen, dem es gelingt, zu leben, dolmetschen und gelangen so zu einer Form eigener Verwirklichung. Die persönliche Verwirklichung erfolgt innerhalb einer gegebenen sozialen Einheit, einer Einheit (oder in Strukturen), die unaufhörlich aufgebaut und rekonstruiert werden müssen. Winnicott[150] weist darauf hin, daß die phantasmatische Welt des Jugendlichen stets einen Platz für *den Tod irgendeines Menschen* bewahrt. Eine Tatsache, die sich nicht nur im Sprechen, sondern am stärksten in den Werken der Imagination (Theater und Malerei) äußern können müßte. Dem Jugendlichen müßte jeder nur denkbare Spielraum für den Zugang zu allen möglichen Arten kreativer Umsetzung freigehalten werden. Und eben diese Möglichkeiten werden gebremst, wenn man von einem Jugendlichen verlangt, zu früh erwachsen zu werden, wenn man ihn unter der Last von Verantwortlichkeiten, die auf sich zu nehmen er gar nicht in der Lage ist, erdrückt. Wenn er dagegen die Arbeit mit dem Erwachsenen teilt und Geld verdient, kann dies von ihm als ein Spiel angesiedelt werden. Damit setzt man ihn nicht etwa der Gefahr aus, ihn zu früh zum Erwachsenen zu machen, sondern man verschafft ihm im Gegenteil Möglichkeiten, im Rahmen einer Aktivität, die ihm erlaubt, empfänglich für das eigene Erfinden zu bleiben, über sich selbst hinaus zu gelangen.

Ein doppelter Diskurs

Der weiter oben wiedergegebene faschistische Diskurs von Jacques hat zahlreiche Fernsehzuschauer regelrecht schockiert. Sie konnten meine Ungerührtheit nicht verstehen und haben es mir übel genommen, daß ich lächelnd sitzenblieb und den Eindruck machte, für alles zu bürgen, was hier entwickelt worden war, und zwar nicht nur als »Anti-Mädchen-Rassismus«, sondern auch als a-politische Position (die gar nicht vertretbar war, da Jacques sich zugleich als »neutral« und als »Poujadist« vorstellte, ohne der Beziehung zur ethischen Dimension des Problems auch nur den geringsten Platz einzuräumen).
Man schrieb mir: »Sie hätten diesem Jugendlichen vorhalten sollen, daß er sich wie ein ›Kind Pétains‹ benimmt und ihn nach dem Verhalten seiner Eltern während des letzten Weltkrieges fragen sollen.«

150 D. W. Winnicott, *Vom Spiel zur Kreativität,* a.a.O., S. 164.

Im großen und ganzen verlangte man von mir, auf Jacques' Provokation vom Ort einer *Autoritätsposition* aus zu antworten und auf diese Weise etwas in dem suffisanten Diskurs des Jungen zu »zerschlagen«. Das aber hätte bedeutet, zu vergessen, daß der nazistische Diskurs von Jacques auf Todesphantasien gegenüber dem Vater verwies, Phantasien, die gleichermaßen bei jedem »normalen« Jugendlichen existieren. Nur weil er mit diesen Phantasien (die ihn im Alter von 12 Jahren in die Anstalt brachten) nicht genügend hatte spielen können, war Jacques zu einem frühzeitigen Diktator geworden, der sich mit den gleichaltrigen Jugendlichen (insbesondere den Mädchen) in Konflikt befand. Der aufschneiderische Diskurs verwies ihn in Wirklichkeit auf ein tragisches Gefühl der Ohnmacht (und die Befürchtung, daß möglicherweise nie ein Mädchen etwas von ihm wissen wollen würde). Diese Art Diskurs stammt aus der gleichen Ordnung wie die kontraphobische Abwehr jenes dreijährigen Kindes, das eine Schildkröte geschenkt bekam, sich daraufhin eine ganze Kriegsausrüstung verschaffte, um dann wohlbewaffnet zu uns zu sagen: »Ich habe keine Angst«. Auf der besagten Stufe seiner Entwicklung hatte Jacques seine Ängste noch nicht vollständig überwunden; Ängste, die ihn in bestimmten Momenten sogar veranlaßten, sich unter Drogen zu setzen. Die Droge konnte, genau wie die Nazi-Ideologie, zu einer anderen Zeit aufgegeben werden, als er es nicht mehr nötig hatte, den Erwachsenen zu provozieren, um sich selbst real zu fühlen.

Was mich betrifft, so hatte ich mich (auf der signifikanten Ebene) von *dem Spiel mit dem Wahnsinn* ansprechen lassen. Und eben weil sich mein Zuhören nicht auf das Bedeutete (und die geradezu sich anbietende politische Ausschlachtung desselben) bezogen hat, wurde diesem Jungen die Möglichkeit gelassen, nacheinander verschiedene Metamorphosen und Umsetzungen durchzumachen, ohne daß ihn eine denunzierende Interpretation jemals auf eine Identität (die Identifikation mit dem »Verrückten«, dem »Perversen« oder dem »Nazi«) festgelegt hätte. Das Vertrauen in eine dynamische Annäherung an die Situation bringt uns als Analytiker in die Position des Trägers eines Diskurses (der auf einen anderen Diskurs verweist). Und wenn dieser Diskurs gehalten werden kann, wird er schließlich vom Ort des Anderen eine Antwort auf seine Frage erhalten. In solchen Fällen richten übereilte Interventionen, die sich auf den *bewußten Inhalt* beziehen, weitaus mehr Schaden an, als die *Enthaltung* (denn diese hat zumindest den Vorteil, dem Ablauf des Diskurses seine Zeit zu lassen, auch auf die Gefahr hin, die Hunde von der

Fährte abzubringen[151]; die Zeit des Verstehens ist gewährleistet worden, wenn der Moment des Abschließens gekommen ist).
Erst an dem Tag, an dem der Analytiker (Octave Mannoni) zu Jacques sagen konnte: »Du bist kein Drogenabhängiger, sondern die Droge ist dein ›System‹, genau wie deine Anti-Mädchen-Theorien und dein nazistischer Diskurs«, vollzog sich bei Jacques eine wirkliche Wende (und das unverzügliche Ablassen von der Droge). Eine Wende, die übrigens nur durch eine dem Abbau der Abwehr entsprechende depressive Episode hindurch möglich gemacht wurde.

Die Eltern

Die Gespräche mit den Eltern, wie sie weiter oben zu lesen sind, unterscheiden sich insofern von den »Gesprächen mit Müttern« bei Bettelheim, als ich dort nicht von einer Autoritätsposition aus spreche. Gerade indem ich mich mit den Müttern identifiziere, mache ich sie sensibel für die Dimension des Kampfes (jenseits ihrer Kinder und jenseits ihrer selbst) und ermögliche so den Ablauf eines Diskurses, in dem sich die Eltern gelegentlich untereinander zu Betreuern machen. Nur von Zeit zu Zeit spreche ich von meinem Platz des Analytikers aus (wenn die Zeit des Abschließens und der Moment, die Hunde von der Fährte abzubringen, gekommen ist ...). Ansonsten bleibe ich auf dem Platz des Nicht-Spezialisten, um möglich zu machen, daß sich jenseits meiner selbst eine Frage stellen kann. Wenn der Diskurs sich an einen Spezialisten wendet, dem unterstellt wird, er verfüge über die Antwort, wird jedes Sprechen unmöglich. Dann bleibt man auf der Ebene von Rezepten und verliert die Dimension der Wahrheit, wie sie jeder Konfliktsituation inhärent ist. Der Leser sollte sich nicht wundern, wenn meine Interventionen gelegentlich wenig analytisch erscheinen.
Die Eltern, insbesondere die Mütter von Bonneuil, fühlen sich auch jenseits des speziellen Problems ihres Kindes von der Existenz von Bonneuil betroffen. Bonneuil hat sie aus einer (aus Resignation bestehenden) Passivität herausgerissen und sie dazu gebracht, dem Unvorhergesehenen, so wie es gerade kommt, zu begegnen, ohne sich dabei isoliert zu fühlen. Das Nützlichste, was Bonneuil ihnen gebracht hat, ist ein Zuhören und eine Solidarität; diese Solidarität ist nichts anderes als ein kollektiver

151 J. Lacan, »Le temps logique et l'assertion de certitude anticipée«, in: *Écrits*, Paris 1966, S. 206.

Versuch, auch den hoffnungslosesten Fällen ins Gesicht zu sehen, ihnen von einer Position aus zu begegnen, die an die Erfindungsgabe jedes einzelnen appelliert und ihm anheimstellt, das Leben neu zu erfinden (oder dem Kind zu gestatten, sein Leben *ohne Bezugnahme auf die Eltern* neu zu erfinden).

18. Am Schnittpunkt von Psychoanalyse und Antipsychiatrie

Von Maud Mannoni[152]

Obwohl das Experiment von Bonneuil seit nunmehr sieben Jahren eher zufriedenstellend abläuft, kann es immer noch, wie jedes andere Experiment, an unglücklichen technischen oder administrativen Hindernissen scheitern. Wichtig ist weniger der Erfolg oder Mißerfolg, als vielmehr das, was man daraus hat lernen können. Das eigentlich Wesentliche ist folglich die in diesem Zusammenhang geleistete theoretische Arbeit.

Als theoretische Grundlagen standen uns zu Anfang die der Psychoanalyse, die von Freud und von Lacan, aber nicht zuletzt auch die von Winnicott zur Verfügung. Darüber hinaus gibt es in unserer Praxis Elemente, die direkt aus der Erfahrung selbst stammen, aus unseren Versuchen und unseren Irrtümern, Elemente, die wir theoretisch umzusetzen versuchen müssen, von denen aber ein Teil voraussichtlich, wenn auch nur vorläufig, einen empirischen Aspekt beibehalten wird.

I. Die Funktion der Therapie

Wir wollen hier die Praxis von Bonneuil noch einmal hinterfragen. Es scheint uns nicht unwichtig, in diesem Zusammenhang daran zu erinnern, daß Bonneuil aus einer Begegnung zwischen der Psychoanalyse und der derzeitigen Antipsychiatrie (Laing und Cooper) hervorgegangen ist.

Was wir aus Laings Beiträgen gelernt haben, ist seine reine Klinikerposition; das heißt, genau das, was er in seiner Praxis Winnicott zu verdanken hatte. Beide haben uns übrigens die gleiche Frage gestellt: Weshalb sprechen Sie immer von einer Kur? Nun verfügt die englische Sprache in der Tat über zwei Begriffe, um unser Wort *Behandlung (traitement)* zu bezeichnen; der eine bezieht sich spezieller auf die Frage der Kur, während der andere eher an die gewöhnliche »Pflege«

[152] Diesem Beitrag liegt ein Gedankenaustausch mit Octave Mannoni im Sommer 1975 zugrunde.

und an die Möglichkeit erinnert, daß das Subjekt im anderen eine Stütze findet.

Der Widerstand der Ärzte gegen Freud resultierte aus der Tatsache, daß er die Kluft zwischen dem Normalen und dem Anormalen verringerte. Für ihn war die Normalität eine ideale Fiktion[153], während das normale Ich ihm in vielerlei Hinsicht dem Ich des Psychotikers zu ähneln schien (ein Gedanke, den Lacan übrigens in seiner Studie über die Paranoia wieder aufnimmt).

Diese Vorstellungen, die wir heute gut und gern als »antipsychiatrisch« bezeichnen würden, wurden also von Freud schon in den dreißiger Jahren vertreten. Aber dann hat Amerika Freud derart massiv aufgenommen, daß man ohne Übertreibung sagen kann, es habe ihn um den Preis seiner Ausmerzung aufgenommen. Die Entwicklung der Psychoanalyse wurde in den USA vom Ärztestand vereinnahmt und den Zwecken einer Spezialistenausbildung unterworfen, deren Kandidaten übrigens später die »Super-Psychiater« genannt wurden. Es ist daher kein Wunder, daß von Freud nur das beibehalten wurde, was sich in die psychiatrische Denkart integrieren ließ. In der Psychiatrie gibt es, das liegt auf der Hand, keinen Platz für die Vorstellung, daß in uns das Normale mit dem Anormalen koexistiert.

Nun sollte aber gerade die besagte Weigerung, eine strenge Grenze zwischen dem Normalen und dem Anormalen zu ziehen, die wesentliche Antriebskraft für den Fortschritt der Praxis darstellen; und heute wissen wir, daß man es besser vermeidet, vom Psychotiker eine Anpassung an unsere Welt zu *verlangen*.

Die Umgebung

Freud vertrat die Ansicht, der Analytiker habe nicht die Aufgabe, den Rahmen zu verändern, in dem der Patient lebt. »Man kann (diese Welt) umschaffen wollen, anstatt ihrer eine andere aufbauen, in der die unerträglichsten Züge ausgetilgt und durch andere im Sinne der eigenen Wünsche ersetzt sind. Wer in verzweifelter Empörung diesen Weg zum Glück einschlägt ... wird ein Wahnsinniger.«[154] Das beste Mittel, nicht

153 S. Freud, *Die endliche und die unendliche Analyse,* in: *GW,* Frankfurt 1968, Bd. XVI, S. 59-99.

154 S. Freud, *Das Unbehagen in der Kultur,* in: *Studienausgabe,* Frankfurt 1974, Bd. IX, S. 212/213.

verrückt zu werden, ist die dem Individuum gegebene Möglichkeit, eine Situation durch die Arbeit, die Wissenschaft, die Kunst, etc. zu beherrschen und sich so den Täuschungen des Ich zu entziehen. Jene Bemerkung Freuds, der Analytiker habe das Milieu nicht zu verändern, ist eine technische Bemerkung. Sie darf nicht so interpretiert werden, als bedeute sie, die Umgebung *(das heißt, der Diskurs, in dem das Subjekt gefangen ist)* sei völlig unwichtig; erst recht nicht, wenn es um die Psychose geht. Gerade im Zusammenhang mit der Psychose haben Lacan und Winnicott[155] den Akzent auf die Bedeutung der Umwelt gelegt, die übrigens in ihrem Verhältnis zur Sprache behandelt werden sollte (das heißt, in Termini von *Orten* und *Beziehungen*). Im Fall der Psychose schien es ihnen sinnlos, der Organisation der Abwehrmechanismen des Subjekts ein vorrangiges Gehör zu schenken. Das Zuhören beim Drama des Subjekts ist nur dann möglich, wenn es einem gelingt, jenseits dessen, was dieses Subjekt sagt, herauszufinden, inwiefern die Umwelt in ihrer gestaltenden Rolle versagt hat (und dabei natürlich den jeweiligen Anteil des Imaginären, des Realen und des Symbolischen berücksichtigt).

Die Situation wird von Winnicott genau auf den Kopf gestellt; er verlangt nicht mehr von dem psychotischen Patienten, sich einer Welt anzupassen, die in seinem Phantasma als feindlich wahrgenommen wird (als so feindlich, daß er bereit wäre, sie durch Selbsttötung zu verlassen). Er stellt vielmehr die Frage: Was in der Geschichte dieses besonderen Individuums war in einem bestimmten Moment blockiert, was hat bei seiner Begegnung mit dem anderen versagt? Auch die *Krise* eines Subjekts, ja sogar die *regressive Episode*, die es durchläuft, wird von Winnicott als ein (gesunder) Versuch interpretiert, aus einer eingefrorenen Situation herauszukommen. Daher die Idee, daß die Psychose unter der Bedingung, daß sie einer günstigen Gelegenheit begegnet, mit etwas Glück spontan heilen kann. In diesem Punkt sieht Winnicott sogar das Unterscheidungsmerkmal zwischen Psychose und Neurose. Bei der Neurose, sagt er, erlebt man keine spontane Heilung. *Die Psychose dagegen ist eng mit der Gesundheit verbunden.*[156]

Aus dieser Konzeption ist auch die Theorie der Metanoia hervorgegangen; damit es zum Auftauen (einer blockierten Situation mit einem anderen) kommt, muß eine neue Situation geschaffen werden, die das Unvorhergesehene wieder möglich macht und »verschiedene heilsame

155 D. W. Winnicott, *Von der Kinderheilkunde zur Psychoanalyse,* a.a.O., S. 186; vgl. auch J. Lacan, *De la psychose paranoïaque,* Paris 1975.
156 D. W. Winnicott, ibid., S. 187.

Phänomene des gewöhnlichen Lebens wie Freundschaften, Pflege bei körperlicher Krankheit, Dichtung usw.«[157] wieder ins Spiel bringt. Übrigens darf man nicht glauben, daß die Frage dadurch einfacher würde; denn wie die Forscher von Palo Alto[158] gezeigt haben, *ändert es sich immer dann, wenn man am wenigsten damit rechnet.* Wenn man die Veränderung lenken will, erhält man nichts als Starrheit (bestehend aus der Abwehr gegen jede Veränderung). Die Kunst liegt darin, den Widerstand des Patienten selbst für die Veränderung zu benutzen, so daß sich von ihm aus eine neue Spielmöglichkeit ergibt, die das alte Spiel hinfällig macht; diese neue Spielmöglichkeit ist zugleich auch die *Gelegenheit* für eine Begegnung.

Ganz genau genommen ist diese Gelegenheit der Begegnung die dem Subjekt gegebene Möglichkeit, durch den, der ihm zuhört, andere Worte für die Gestaltung seiner Geschichte zu entdecken, als die, die es bislang benutzt hat. Eine Mutter hat niedergeschrieben[159], wie sie die Geschichte ihres Lebens (und die ihres Sohnes) achtzehn Jahre lang immer und immer wieder zahllosen Ärzten erzählt hatte, bis zu dem Tage, an dem sie auch bei Lefort die hundertfach wiedergekäute Anekdote (von der Hebamme, die es nicht ertragen konnte, wenn sie rauchte, und die ihr deshalb einfach ins Gesicht gesagt hatte: »Wir machen uns Sorgen um das Leben Ihres Babys«, was nichts anderes heißen sollte als: »Es könnte durchaus daran sterben«) wieder aufnahm. Wenn es hier zu einer Begegnung gekommen ist, so nur deshalb, weil Lefort, als er diese Geschichte hörte, aufschrie: »Aber sie, die Hebamme, *hat es* Ihnen doch *getötet*«. Aus dieser Nicht-Einwilligung in das heimliche Einverständnis mit der medizinischen »Körperschaft« entsprang plötzlich für die Mutter ein Raum, in dem alles möglich wurde. Was für das Subjekt die Unerträglichkeit seines Dramas ausgemacht hatte, war gehört worden. Wie ein Tonband hatte sie ihre Anekdote im Laufe der Jahre immer wiederholt – bis eines Tages jemand kam, der es stoppte, indem er sagte: »Diese Worte haben Sie umgebracht, diese Worte haben ein ganzes Schicksal geschmiedet; Ihr Leben ist es, um das es geht.« Ihr Leben hatte, genau wie das des Sohnes, einen wichtigen Platz in den medizinischen Dossiers eingenommen, bis sie schließlich vergessen hatte, daß sie selbst ein eigenes Leben besaß. Je mehr Informationen die medizini-

157 D. W. Winnicott, ibid., S. 187.
158 P. Watzlawick, J. H. Weakland, R. Fisch, *Lösungen,* Bern 1974.
159 Paule Giron, »A Bonneuil, j'ai compris que mon fils n'était pas un cas«, in: *Elle,* 19. Mai 1975.

schen Dossiers akkumulieren, um so stärker konfiszieren sie den Subjekten die Wahrheit ihrer Geschichte. Eben diese Wahrheit konnte ihr in einem Moment zurückgegeben werden, in dem sie gar nicht damit gerechnet hatte. Aber im gleichen Zuge, in dem ihr diese Wahrheit zurückgegeben wurde, wurde ihr auch die Flucht in die Gesundheit[160] unmöglich gemacht. Sie konnte sich nun (wie jeder andere auch) gehen lassen und depressiv sein, ohne daran zu sterben. Und der Sohn konnte mit einem Schlage sein Sprechen wiederfinden sowie auch den Wunsch, seinem Leben eine andere Orientierung zu geben.

Ein Ort zum Leben

Bonneuil hat den Kindern und Jugendlichen (und in gewisser Weise auch ihren Eltern) einen *Ort zum Leben und zum Sprechen* geboten.
Bei seiner Ankunft in Bonneuil suchte Patrice herauszufinden, wer dort der Arzt, wer der Psychologe und wer der »Verrückte« war. Er hatte gelernt, stets nur »dem Spezialisten seinen Diskurs« zu liefern. Das »Mit jedem Sprechen« hingegen hatte er so weitgehend verlernt, daß er, um es wiederzufinden, eine außerordentlich regressive Periode durchmachen mußte (er lebte eingeschlossen in seinem Zimmer, ließ sich als Kranker behandeln und suchte eine Möglichkeit, hospitalisiert zu werden, was ihm anderswo mit Sicherheit gelungen wäre), ehe er schließlich das Risiko einging, sich zu irgendeiner Authentizität hinreißen zu lassen. Ein eigenes Sprechen fiel ihm (so verloren, wie er sich in all den aufeinanderfolgenden Identifikationen fühlte) nicht leicht. Was für ihn die Rolle einer Gelegenheit zur Begegnung spielte, war die wiedergefundene Möglichkeit, ein gewöhnliches Leben mit jungen Erwachsenen zu teilen, die selbst mit ihren eigenen Fragen beschäftigt waren. Manchmal bedarf es nur der kleinsten Kleinigkeit, um einen persönlichen Fortschritt zu ermöglichen; es genügt eine gewisse Gastlichkeit, eine Verfügbarkeit, vor allem aber die Gewißheit, einen Erwachsenen zu finden, *der nicht verlangt, daß man sich verändert*. Das Subjekt, das sich bislang in seiner Abwehr verbarrikadiert hatte, kann sich forthin ohne Gefahr auf das Risiko eines Registerwechsels und eines anderen Spiels einlassen. So ist die beste Intervention angesichts des sogenannten Psychotikers

160 D. W. Winnicott, *Von der Kinderheilkunde zur Psychoanalyse,* a.a.O., S. 156.

zunächst *die Enthaltung*; allerdings muß diese Enthaltung in einen Rahmen eingebettet sein, der keine Verlassenheit bedeutet.[161]

Es muß noch hinzugefügt werden, daß man selbst analysiert worden sein muß, um das psychotische Kind hören zu können und es nicht im gleichen Zuge einer wilden und verfehlten Analyse auszusetzen.

Die Verfügbarkeit des Erwachsenen und der Nicht-Formalismus sind zugleich auch die Punkte, an denen in Bonneuil eine Begegnung zwischen Psychoanalyse und Antipsychiatrie stattgefunden hat, ohne daß man jemals versucht hätte, die eine der anderen hinzuzufügen, wie man einem Medikament seine Zutaten hinzufügt.

Gelegenheiten zur Begegnung

Wenn man sagt, die Psychoanalyse habe nicht die Aufgabe, den Kindern etwas zu bringen, das ihnen gefehlt hat, wenn man sagt, sie solle keine Lücken füllen, so ist das vollständig richtig. Die Psychoanalyse ist kein Heilmittel, das Fehlendes ersetzt; und zwar insofern nicht, als das, woran es den Kindern mangelt, nicht notwendigerweise etwas Zusätzliches ist, zusätzliche Liebe, zusätzliches Sprechen oder zusätzliches Verständnis; es sind vielmehr *Gelegenheiten,* die den Kindern fehlen, genauer gesagt, eine bestimmte Art der Öffnung, die es diesem oder jenem beispielsweise erlaubt hätte, seine Wut voll auszuleben oder bis auf den Grund seines Verlangens zu gehen. Diese *verlorengegangenen Gelegenheiten* haben auf das Subjekt wie eine Einfriedung gewirkt, von der aus es in einem (es selbst und die anderen umwickelnden) Knoten gefangen wurde, eingeschlossen in der Vorstellung, verrückt, böse oder zu nichts nutze zu sein. Seine Identität ist die, die ihm von einem anderen gegeben worden ist; von einem Mißerfolg aus hat man es in seinen Unzulänglichkeiten benannt. Forthin wird das Subjekt in seiner Beziehung zum Anderen häufig eine Antwort provozieren, die ihm bestätigt, daß es tatsächlich verrückt, böse oder zu nichts nutze ist. So entsteht ein Kreislauf, aus dem man nur mit Gewalt wieder ausbrechen kann.

Als Prosper (für die Medizin ein Katatoniker) nach einem Aufenthalt in einem Sommerlager von Bonneuil[162] an einen Ort kam, wo zwei Paare lebten, die sich in allem gegen die bestehende Ordnung auflehnten, und als diese Menschen ihm ihre Verweigerung erklärten, eine Verweigerung,

[161] Vgl. S. 270 f. dieses Buches.
[162] Vgl. S. 268 dieses Buches.

die sich nicht nur auf die Arbeit bezog, die sie zur Gewährleistung ihres bloßen Überlebens auf zwei Tage in der Woche reduziert hatten, sondern auch aufs Waschen und Anziehen (sie lebten im größten Schmutz und ohne jegliche Hygiene), befand Prosper dies für gut. Was aber führte dazu, daß er nach einem Monat nicht nur genug von dieser Art zu leben hatte, sondern sich von dort aus auch sein Wunsch entwickelte, wieder an die Schule anzuknüpfen? Es war ihm dort eine Gelegenheit gegeben worden (und das läuft allen herkömmlichen pädagogischen Vorstellung entgegen), junge Erwachsene zu finden, die »im Bruch« mit den traditionellen sozialen Normen lebten und deren Lebensart im großen und ganzen seiner eigenen Lebensart, die von der Medizin als pathologisch etikettiert worden war, recht ähnlich sah. Weil er dort Erwachsenen begegnet war, die sich genau wie er für die Bremsung jeglicher Aktivität entschieden hatten, konnte er sich von einer bestimmten Form familialer Opposition freimachen, in der er am Ende wie in einer Falle gefangen gewesen war . . . und einen Wunsch, zu leben, auf sein eigenes Konto nehmen (während seine Wahrheitssuche ihn vorher nur zu einer Lähmung hatte führen können, in der ein Trachten nach dem Unmöglichen . . . das heißt, nach dem Tode zum Ausdruck kam).

Aber wenn doch eben dieser Ort mit den »im Bruch« lebenden Jugendlichen auch Paul jedes Mal wieder die Möglichkeit gibt, aus einer akuten Krise (mit Selbstmordgedanken) herauszufinden und innerhalb von vierundzwanzig Stunden das Register zu wechseln, weshalb kann Paul dann niemals längere Zeit dort »leben«? Genau wie Prosper erträgt sich Paul dort kaum länger als einen Monat. Aber im Unterschied zu Prosper läuft er Gefahr, diesen Ort stets mit einem gewalttätigen Ausagieren zu verlassen; einem Ausagieren, welches im großen und ganzen die Wahrheit seiner Situation innerhalb einer ihn *ausschließenden* Welt sagt. Denn im Gegensatz zu Prosper kann Paul, der gegenüber den kulturellen Interessen der dort lebenden Jugendlichen gleichgültig ist, keinen Weg finden, sich in die dennoch bestehende *Norm* einer Gruppe, die sich ohne Norm glaubt, einzufügen[163] (in diesem Fall bestand nämlich die Norm darin, Begeisterung für die Literatur, die Musik, die Kunst und ähnliches mehr aufzubringen). Seltsamerweise macht man genau daran Pauls Status des »Verrückten« mitsamt den entsprechenden Wirkungen in der Realität

163 Wir konnten diese Überlegungen zum Aufenthalt von Paul und Prosper in der Provinz nur deshalb so weit vorantreiben, weil Gilles van Hove, der eine Zeitlang mit den Kindern dort gewesen ist, einige Sackgassen beschrieben und bestimmte Fragen aufgeworfen hat.

fest (die vornehmen Berufe auf der einen, und die Behinderten-Berufe auf der anderen Seite). Man legt seine Grenzen fest (genau wie in der Mensaküche, wo man ihm gesagt hatte: »Du bist nicht gut genug, um Koch werden zu können«). Und in diesem Moment gibt Paul in der Sache denen recht, die ihn kurz als »verrückt« oder »debil« bezeichnen. Die Gewalt des Ausagierens sagt die Wahrheit einer »rassistischen« Situation, die ihn von jedem symbolischen Austausch ausschließt. Der Akt des Austausches[164] ist unmöglich, wo die Reziprozität der Anerkennung abhanden gekommen ist. Das in seinen symbolischen Bezugspunkten verlorene Subjekt wird eingefangen im Spiel einer rein imaginären Auseinandersetzung.

In ständiger Wiederholung gelingt es Paul, die segregative Ideologie jener Gruppen, denen er begegnet, zu enthüllen; so wird er zum Zeugen der Funktion des Unbewußten, welches von einer Kollektivität erzeugt und getragen wird, und sich im gleichen Zuge gegenüber dem Kollektiv manifestiert. Das Unbewußte ist nicht im Subjekt, es konstituiert vielmehr die dritte Position, durch welche jede an einen Anderen gerichtete Botschaft gewissermaßen mit ihrem eigenen Empfänger ausgestattet wird (Lacan). Wichtig ist weniger der *Inhalt* der Botschaft, als vielmehr der Wunsch zu kommunizieren (Deine Besorgnis, so sagt Lacan, ist mit dem Anderen, im Diskurs); und eben dieser Wunsch Pauls, zu kommunizieren, ruft in ständiger Wiederholung den Ausschluß herbei. Wenn er bislang noch nicht im psychiatrischen Krankenhaus gestrandet ist, so nur deshalb, weil Bonneuil jeweils im Augenblick seiner depressiven Krisen intervenieren konnte und ihm erlaubt hat, anderswohin zu gehen. In den anderen Momenten, in denen alles gut geht, spielt Bonneuil die Rolle des Trägers einer Sicherheit, die es Paul ermöglicht, Arbeit zu finden und sich dort eine gewisse Zeit zu halten.

II. Der antipsychiatrische Aspekt

Wir wollen nun versuchen, uns Bonneuil aus der antipsychiatrischen Sicht zu nähern. Der antipsychiatrische Aspekt, das heißt auf jeden Fall schon einmal, daß *die Psychiatrie nicht das bringt, was nötig wäre*. Sie entscheidet darüber, was der Patient braucht und gibt ihm keine Gelegenheiten (welcher Art auch immer), in denen sich etwas ereignen könnte.

164 Marcel Mauss, *Die Gabe. Form und Funktion des Austauschs in archaischen Gesellschaften,* Frankfurt 1968.

Die Psychiatrie wünscht an Stelle des Kindes; sie befiehlt im Namen der Vernunft, der Logik, der Furcht vor der Unordnung, und das bringt zahlreiche Schwierigkeiten mit sich.

Was sind das eigentlich für Schwierigkeiten?

Sie hängen mit dem Wunsch des Psychiaters zusammen, sein Wissen (ein Wissen, das ihn zur Autorität macht) für sich zu behalten, und zwar angesichts eines Patienten, der dazu verurteilt ist, nichts zu wissen. Im Unterschied zu Winnicott, der dem Pädiater empfiehlt, sich zum Assistenten der Mütter zu machen (um ihnen zu helfen, an ein in ihnen gegenwärtiges Wissen wieder anzuknüpfen), erhebt sich der Psychiater zum Schulmeister oder zum Beichtvater. Indem er das tut, interveniert er in das Leben des Patienten, ein Leben, das er (oder die Vormundschaftsorgane) von nun an verwalten und administrieren wird. Manche Familien müssen regelrecht darum kämpfen, eines Tages wieder frei über die Wahl des Arztes und die Schuleinrichtung ihres Kindes entscheiden zu dürfen. In anderen Fällen werden die Kinder in irgendeinem Internat in der Provinz vergessen[165], wo sie irgendwann wegen charakterlicher Schwierigkeiten hingeschickt wurden, die es den Eltern unerträglich gemacht hatten, sie zu Hause zu behalten. Und wenn solche Eltern ihr Kind dann später »wiedernehmen« müssen, sind die Schwierigkeiten oft so groß, daß sie das Gleichgewicht des Paares bedrohen (ein Gleichgewicht, das sich einst auf den Ausschluß des Kindes gründete). Auch wenn die Jahre im Internat den Eltern einen Aufschub gestattet haben, ist doch das Familienproblem mit seinen komplexen Wechselbeziehungen zwischen Paar und Kind voll erhalten geblieben. (Hier geht es weniger um das Internat an sich, als vielmehr um das Internat als Lösung in einem Kontext, wo der dialektischen Aufbereitung der Schwierigkeiten keinerlei Platz gelassen worden ist.)

So neigt die psychiatrische Praxis (mehr und mehr) dazu, *Heilmittel* im Konkreten zu finden. Doch wenn man anstelle des Patienten Heilmittel findet, *konfisziert man ihm sein Leben* im Namen des medizinischen Wissens.

165 Christian Flavigny hat unsere Aufmerksamkeit auf dieses, den Kinderpsychiatern allmählich wohlbekannte Problem gelenkt.

Das Alternieren der Aufenthalte

Die Entscheidung, einem bestimmten Kind einen Aufenthalt an einem anderen Ort vorzuschlagen, kann nachträglich den Effekt eines analytischen Aktes gewinnen. Was durch das Alternieren der Aufenthalte (zwischen Bonneuil und einem anderen Ort) eingeführt wird, hat nichts mit einer Verschüttung gegenwärtig dringlicher Probleme zu tun. Diese »Interventionen« funktionieren vielmehr als Einschnitte oder Skandierungen des Diskurses, und ihr Führer ist das Kind. Was durch dieses Hin und Her in Bewegung gesetzt wird, ist in Wirklichkeit der Übergang vom Bedürfnis zum Wunsch, durch die Engführung des Verlangens hindurch. Die Anwesenheit des Erwachsenen, an den das Kind sich gebunden fühlt, wird zur *Abwesenheit*; in diesem Prozeß entdeckt das Kind, daß es in diesem Ersatz- und Umsetzungssystem niemals einen adäquaten Ersatz für das ursprünglich verlorene Objekt finden kann. Es ist die Vorherrschaft der symbolischen Ordnung, die die Ordnung des Realen erzeugt – genau wie im Spiel des *Fort! Da!*, bei dem man beobachten kann, wie sich die Geburt eines Subjekts über die imaginäre Abwesenheit eines Objekts und über das signifikante Merkmal (die Oszillation der Spule), welches seine Abwesenheit bezeichnet, vollzieht.[166] In diese Oszillation zwischen einem Hier und einem Dort schiebt sich ein signifikanter Raum, in dem das Kind sich (und seine Mutter) verliert, um sich die Illusion einer Wiedergeburt zu verschaffen, während es sich gleichzeitig durch das Spiel der Skandierung von Anwesenheit und Abwesenheit als Subjekt trägt. Bei einer gelungenen Trennung wird das Kind als abwesendes Objekt zum Subjekt. Und damit spielt es bei seiner Entscheidung für oder gegen eine Rückkehr zum früheren Ort.

Eben diese Skandierung in den alternierenden Aufenthalten hier und dort bringt – beim Psychotiker – etwas Wesentliches ins Spiel; insofern nämlich, als es dem Kind nun gelingt, einen bis dahin von ihm unbewohnten Platz in einem imaginären Raum einzunehmen. Man darf nicht vergessen, daß dieses Alternieren der Orte, da es auch die *Verneinung* benutzt (das ausgespuckte Bonneuil), später die Anerkennung eines Sprechens[167] möglich machen wird und so alle Möglichkeiten der Transformation erschließt.

166 S. Freuds Werk *Jenseits des Lustprinzips*, in: *GW*, Frankfurt 1968, Bd. XIII, S. 3-69, enthält Freuds berühmte Beobachtung des Spiels eines achtzehn Monate alten Kindes; vgl. auch den Kommentar dazu in: Maud Mannoni, *»Scheißerziehung«*, S. 73-75.

167 Die Tatsache, daß dieses Sprechen manchmal nur in einer fremden Sprache

Die negative Therapie

Neben dem, was man als positive Therapie bezeichnen könnte, gibt es noch die negative Therapie, die darin besteht, sich jeder überstürzten Intervention zu enthalten und dem Kind zunächst ganz einfach nur Gehör zu schenken, aufmerksam gegenüber dem ihm eigenen Rhythmus. Dem Kind zuhören bedeutet (im Fall des Autismus), es leben zu lassen, ohne ihm unsere Gegenwart aufzuzwingen. Nur ganz langsam, Schritt für Schritt, werden wir in seine Welt eintreten können, nachdem wir ihm einen Raum sichergestellt haben, in dem es sich wohl fühlt.

Weshalb fällt es dem Spezialisten so schwer, sich dem Kind anzupassen? Das ist eine Frage, die nicht leicht zu beantworten ist. Trotzdem waren es in Bonneuil immer die jungen Assistenzärzte, die sich am unbehaglichsten gefühlt haben (sie haben es nie länger als zwei Monate ausgehalten). Die *Funktion* des Spezialisten (die auf den anderen *einwirkt*) schirmt den Erwachsenen zu sehr ab.

Das alltägliche und gewöhnliche Leben mit dem Kind zu leben, scheint so etwas wie eine Heldentat zu sein, zu der nicht jeder fähig ist. In der Beziehung, die sich durch die ganz gewöhnlichen Dinge des Lebens (wie das Kartoffelschälen) entspinnt, befragt das Kind die Bezugspunkte des Erwachsenen. Nun stößt man aber in diesem Zusammenhang auf eine ganz andere Art von Schwierigkeiten; wenn es auch insgesamt wünschenswert erscheint, daß die Erwachsenen selbst analysiert worden sind, ist es doch denkbar unselig, wenn sie sich als Analytiker (und Spezialisten) benehmen. Eine Haltung reiner »analytischer Neutralität« könnte möglicherweise der Anfang einer perversen Komplizenschaft (auf der Ebene des Ausagierens) sein. In der Konfrontation, die das Kind braucht, ist immer auch Platz für die *Erziehungs*instanz (welche auch immer, und sei es nur zu dem Zwecke, sich gegen sie aufzulehnen). Nur im Verhältnis zu bestimmten Bezugspunkten kann der Begriff der *Freiheit* für das

(die nicht die Sprache der Mutter ist) eine Funktion gewinnt, wirft eine andere Frage auf, die offen bleibt.

In *Le Schizo et les Langues* zeigt Louis Wolfson (der Schwierigkeiten mit seiner Mutter hat) sehr anschaulich, wie er jedes Mal, wenn er eine zu intime Beziehung zu einer anderen Person hergestellt hat, die Sprache wechseln muß. Er ist gewissermaßen auf der Suche nach immer neuen Möglichkeiten der Maskerade. Es sind die Worte, die von einem Imaginären besetzt werden und sich schließlich zu den blutrünstigsten und bedrohlichsten Figuren entwickeln. In der Realität des Neurotikers gibt es die Möglichkeit eines Rückgriffs auf die Phantasie. Diese Phantasie ist eine Funktion, die in der Psychose sozusagen wiedergefunden werden muß (daher läßt Bonneuil auch dem Theater einen so wichtigen Platz).

Kind einen Sinn gewinnen, auch wenn er nur dazu dienen sollte, die Grenzen oder gar Zwänge dieser Freiheit und ihren grundlegenden Täuschungscharakter zu entdecken.
Die Erwachsenen von Bonneuil, die sich eine Weile in jener »Alternativkommune«, wo Prosper und Paul empfangen worden waren, aufgehalten haben, waren erstaunt über den voluntaristischen Charakter, den die Idee, »das Leben zu genießen und sich in der Arbeit nicht zu entfremden« dort angenommen hatte. Letzten Endes kehrte die Welt auch in diese Gruppe wieder ein, und jene Kinder, die dort empfangen worden waren, hatten nur dann einen Platz, wenn sie dem gehorchten, was sehr schnell als Norm sichtbar wurde (das Leben genießen). Dieses von einem Anderen verordnete Genießen bedeutete einen derartigen Zwang, daß die Jugendlichen nach einer gewissen Zeit genau diesem (in seiner Wirkung entfremdenden) Zwang zu entkommen suchten. Hier kann man erfassen, wie groß die Kluft zwischen dem *Bedürfnis* und dem *Wunsch* ist.
Wenn dem Kind in Bonneuil der Spielraum für eine totale »Regression« gewährt wird (so daß es sogar Monate ganz allein in der Gesellschaft von Kieselsteinen verbringen kann), so darf diese »Regression« keinesfalls mit einem Verlassensein verwechselt werden. Die Schwierigkeiten, denen wir gelegentlich im Zusammenhang mit vorübergehend anwesenden Praktikanten (insbesondere denen, die nur für die Sommerlager kommen) begegnet sind, drehten sich immer um eine Befragung der letzteren in Hinsicht auf die Freiheit und das Genießen, bei der sie es den Kindern überließen, die Antwort zu geben (was die Kinder zwangsläufig ohne irgendeinen Halt zurückließ). Wenn wir den Gedanken eingeführt haben, das Kind in den Dienst einer Arbeit zu stellen (etwa bei einem Handwerker), so deshalb, um zwischen das Kind und den Erwachsenen ein drittes, als Vermittlung funktionierendes Element zu stellen. Von dort aus kann das Kind seine Geburt zu einem Wunsch (sei es in Form von Ablehnung, Zurückweisung und Wunsch nach etwas anderem) vollziehen. Würde man dem integralen laisser-faire (welches eine Form des Verlassens wäre) den Vorzug geben, vergäße man, daß sich das Subjekt nur vom Ort des Anderen aus als Subjekt fassen kann[168]; vom Ort eines anderen aus, der an das Subjekt denkt, eine Grundlage, auf der sich jene Beziehung herstellen kann, die gemeinhin Vertrauensbeziehung genannt wird und die das Kind auf die Probe stellen wird, um zu überprüfen, ob es *auf einen Anderen zählen* kann oder nicht.

[168] J. Lacan, *Séminaire* vom 20. Mai 1959 (unveröffentlicht).

Sich als Subjekt zu konstituieren ist gar nicht so einfach; man kann sogar sagen, daß genau in diesem Punkte die Begegnung zwischen dem Kind und den noch mit ihren Fragen in ihrer persönlichen Analyse beschäftigten jungen Erwachsenen von Bonneuil stattfindet.
Wenn die beim Kind vorhandene »Schwierigkeit zu Sein« auf die metaphysischen Fragestellungen junger, in Analyse befindlicher Erwachsener trifft, hat dies nicht gerade glückliche Wirkungen (denn unter diesen Umständen wird dem Kind die Aufgabe zugeteilt, die Frage des Erwachsenen zu lösen). Außerdem wäre es im Idealfall wünschenswert, daß die jungen Erwachsenen in der Analyse schon so weit fortgeschritten sind, daß sie es nicht nötig haben, Bonneuil als Ersatz für die Analytikercouch zu benutzen.
Das Kind braucht die Begegnung mit einem Erwachsenen, der seine eigenen Bezugspunkte hat und zugleich bereit ist, sich dem Kind auszusetzen. Die Anwesenheit (hinreichend »natürlicher«) junger Erwachsener, die sich nicht in Analyse befinden, ist sogar wichtig für das Gruppengleichgewicht, und es ist wahr, daß das Kind nicht zuletzt auch mit dem Nicht-Hören des Erwachsenen auf seinem Weg vorankommt.
Das »Authentizitätsspiel«, das sich die jungen Erwachsenen manchmal untereinander liefern, ist hochgradig mörderisch und basiert auf einer völlig falschen Vorstellung von dem, was in einer Analyse auf dem Spiel steht. Es gibt ein Phantasma über Bonneuil (welches außerhalb von Bonneuil in Umlauf ist), das besagt, der Erwachsene käme nach Bonneuil, »um dort seine Affekte auszuleben«! Als wären das »Ausgelebte« und »der Affekt« so leicht und ohne Schwierigkeiten faßbar. Im Grunde geht es hier um eine Position des Subjekts im Verhältnis zum Sein, das heißt im Verhältnis zu einer *symbolischen* Dimension, in die ein störendes Reales einbricht.[169] Und das hat nicht das geringste mit der *imaginären* Beziehung gemein, die ein Subjekt zum »Ausgelebten« haben mag. Wenn hier eine ethische Dimension im Zusammenhang mit der Anwesenheit junger Erwachsener in Bonneuil zum Vorschein kommt, so ist es die, daß es niemals das Kind sein darf, welches den Preis für den Zugang zum Wunsch (der Erwachsenen) zu zahlen hat. Und genau darin liegt die Gefahr bestimmter Gemeinschaften (immer braucht man einen, der den Preis für das Aufblühen des anderen bezahlt). Man stößt auf einen Schaden in der Struktur, der die Missetaten der Psychotikerfamilien reproduziert. Dieser Schaden, auf den die Mitglieder der Gemeinschaft stoßen, ist das von einem Erwachsenen

169 J. Lacan, *Séminaire* vom 14. Januar 1959 (unveröffentlicht).

inkarnierte *Gesetz der Laune* (was zur Wirkung hat, daß beim anderen jedes aufkommende Sprechen vernichtet wird und in Ermangelung von Bezugspunkten nur eine mörderische Auseinandersetzung bestehen bleibt).

Die in Bonneuil gewährte Freiheit ist vor allem die Freiheit des Sprechens und der Respekt gegenüber allen Positionen der Ablehnung. Erwachsene und Kinder können sich gemeinsam einer Aufgabe hingeben oder die Begeisterung für ein bestimmtes Projekt (kulinarischer, kultureller oder künstlerischer Art) miteinander teilen; doch dem Kind wird stets die Möglichkeit gelassen, sich allem, was auf diese Weise eingerichtet worden ist, wieder zu entziehen; sich so weit zu entziehen, daß es sich überhaupt weigert, den Erwachsenen und den Kindern Gesellschaft zu leisten.

Die Verneinung

In einem Kontext, der weder Verlassenheit noch spontaneistisches laisser-faire bedeutet, wird eben diese Möglichkeit zur *Verneinung* dem Kind erlauben, sich im Verhältnis zu dem anzusiedeln, was es will. Die in Bonneuil eingerichteten Aktivitäten (Wasserspiele, Malerei, Küche etc.) sind im wesentlichen *Gelegenheiten der Begegnung* (und der Transformation von Einstellungen) unter dem Einfluß der Übertragung.

Wir wissen nicht, weshalb die Wasserspiele in Bonneuil derart wichtig sind, oder vielmehr wissen wir nicht, wie sie genau wirken; wir wissen nur, daß die Kinder eine ganze Kleinsche Phantasmagorie dort einbringen, und daß sie dies in Gegenwart eines Dritten tun, der das, was sich dort abspielt, wie in einer Analyse interpunktiert.

Was die Malerei (die kein Zeichnen ist) betrifft, so gibt es auch dort eine Übertragungssituation, in der etwas gesagt, etwas gelebt und etwas aufgeknüpft wird. Es wäre etwas übereilt, wollte man den Wasserspielen die Äquivalente des Urins und der Malerei die Äquivalente der Fäkalien zuordnen. Es liegt auf der Hand, daß die Frage danach, was sich an diesen verschiedenen Orten abspielt, weitaus komplexer ist. Weiter oben wurde mehrmals die Geschichte von Sandrine erzählt bei der in dem Augenblick, als sie alle Farbtöpfe zerschlagen hatte, eine Enthemmung einsetzte. Diese Enthemmung hing damit zusammen, daß eine Verzweiflung beim Erwachsenen Gehör fand. Aber dieses Zuhören hätte genauso gut auch in der Küche stattfinden können, und zwar in einer Si-

tuation, wo Sandrine beispielsweise das ganze Geschirr auf den Boden geschmissen und kaputtgeschlagen hätte, um nun aus der Hand des Erwachsenen zu essen.
Das Theater dagegen funktioniert anders; um es genauer zu sagen, es funktioniert durch die Theatralisierung der Identifikationen. Wir haben gesehen, wie Armand in diesem Zusammenhang die Verneinung entdeckte, wie er sich von dort aus ein Imaginäres schaffen und sagen konnte: ich konnte mir vorstellen, daß ich Angst hatte und anerkennen, daß das nicht wahr war, das heißt, ich konnte es verneinen. Das Theater funktioniert möglicherweise auch als Identifikation mit dem Aggressor. Wenn das Kind Angst vor Phantomen hat, sagt man, es selbst sei das Phantom. Dann gehen die Dinge, die Angst machen, in ein anderes Register über (vom Realen ins Imaginäre, durch die Vermittlung des Symbolischen), und so werden Strukturen eingerichtet. Melanie Klein handelte auf diese Art und Weise, ohne es zu wissen. Sie sagte einfach: das werden wir nicht machen, das wäre unangenehm; wir werden nur so tun als ob. In Ermangelung anderer Bezugspunkte tat sie das Richtige, ohne es erklären zu können.

Spiel und Arbeit

Was die Kinder an der Arbeit beim Handwerker anzieht, siedelt sich an den Grenzen zwischen der realen Arbeit und der Arbeit als Spiel an. Wir haben berichtet, in welchem Maße sich Jacques zu einer bestimmten Zeit in Verlegenheit gebracht, ja sogar zwischen der realen Arbeit und der Arbeit als Spiel hin und her gerissen fühlte.[170] Sobald er nicht mehr der Herr des Spiels war, hat es ihn nicht mehr interessiert. Hier stoßen wir auf ein politisches Problem; wer ist der Herr der Arbeit? Wenn gestreikt wird, versuchen die Arbeiter zu verstehen zu geben, daß sie die Herren der Arbeit sind. Und wenn nicht gestreikt wird, erscheint der Chef als Herr der Arbeit. Genau diesem Problem war auch Jacques begegnet, aber auf eine unangemessene Art und Weise. Er selbst wollte der Herr der Arbeit sein, während sein Chef ihm sagte, letzten Endes sei der Kunde der Herr der Arbeit. Jacques hat nichts davon wissen wollen. Und weshalb? Weil es ihm nicht wirklich gelungen war, die Arbeit vom Spiel zu trennen. Diese Trennung kann ohne die nötige Reife gar nicht

170 Vgl. Maud Mannoni, »*Scheißerziehung*«, a.a.O., S. 177; vgl. auch S. 142 dieses Buches.

vollzogen werden. Die Lehre ist nichts anderes, als jener unmerkliche Übergang vom Spiel zur professionellen Aktivität. In den primitiven Kulturen *spielen* die Kinder, mit Pfeil und Bogen zu schießen, bis sie es mit wirklichen Bögen *lernen*.

Wie verläuft das bei Kindern, die zu Handwerkern gehen? Auch hier muß der Übergang vom Spiel zur Arbeit ermöglicht werden. Das Kind muß irgendwo einen Verlust ertragen können, gleichzeitig aber darf dieser Verlust nicht zu groß sein (die Fließbandarbeit beispielsweise würden solche Kinder nicht ertragen). Damit die Kinder von Bonneuil in der Gesellschaft leben können, muß die Gesellschaft vielfältig genug sein, so daß sie auf der Ebene des Wunsches auf ihre Kosten kommen können.

Man hat uns vorgeworfen, diese Kinder nicht in die Fabrik zu stecken und uns gesagt, daß wir sie auf diese Weise von einem kämpferischen Syndikalismus abschnitten. Der Syndikalismus jedoch ist ein Mittel, sich gegen die Mißstände der Fabrikarbeit zu wehren. Und man kann den Wert der Fabrikarbeit nicht am Syndikalismus messen! Sonst könnte man auch sagen, die Krankheit ist nützlich, denn sie ermöglicht die Medizin.

Es gibt also eine Schwierigkeit historisch-gesellschaftlichen Ursprungs. In einer Gesellschaft, die alle ihre Mitglieder zur Fließbandarbeit zwingen würde, gäbe es weit mehr Ausgeschlossene, als in einer vielfältigen Gesellschaft mit Bettlern, Künstlern, Clochards, Handwerkern und einem Platz für jeden einzelnen. Früher gab es sogar einen Platz für den Dorfidioten, der diesem zu leben erlaubte. Spuren davon finden sich noch heute in manchen französischen Dörfern, wo sich der dem »Verrückten« reservierte Platz zu dem des Getretenen und Ausgebeuteten entwickelt hat. Aus diesem Grunde ist auch die Vorstellung des Landlebens nicht an sich schon als Allheilmittel[171] für in Schwierigkeiten geratene Kinder zu verstehen.

Man muß aufmerksam verfolgen, was sich zwischen dem Kind und den Einwohnern des Ortes abspielt. Wir haben genau gespürt, wie wichtig es

[171] Das Projekt von Bonneuil läuft Gefahr, von einer Ideologie der »Reedukation und Wiedereingliederung durch die Arbeit« vereinnahmt zu werden, einer Ideologie, die den Wunsch zum Zwecke des Profits verschleiert; hier benutzt man das Handicap (mittels industrieller, landwirtschaftlicher oder kommerzieller Unternehmen) in einem Kontext, der die Segregation, der die Kinder ohnehin zum Opfer gefallen waren, noch verschärft. Diese geschäftstüchtige Position ruft als Reaktion die gegenteilige Position hervor, die auf einer antiautoritären Ideologie der absoluten Nicht-Arbeit beruht; für den Jugendlichen bedeutet dies eine ebenso ausweglose Falle. Das Problem liegt in der Tat anderswo.

für das Kind von Bonneuil war, daß die Erwachsenen von Bonneuil herzliche Beziehungen zu dem Netz derer unterhielten, die bereit waren, die Kinder zu beherbergen und sie in ihrer Arbeit zu begleiten; unter der Voraussetzung, daß dies entsprechend berücksichtigt wird, hat das Kind später, wenn es in jenem Netz von Übertragungsbeziehungen gefangen ist, die Chance, den jeder Gruppe inhärenten »rassistischen« Effekten zu entkommen.

Es ist ein Irrtum auf der ganzen Linie, wenn man die therapeutischen Haltungen von Bonneuil in sozio-politischen Begriffen interpretiert. Bonneuil versucht nicht, das Landleben, die handwerkliche Arbeit und die archaisierenden Mythen über alles andere zu stellen. Aber wir glauben, das, was davon in unserer Gesellschaft noch übrig geblieben ist, zu unerläßlichen therapeutischen Zwecken benutzen zu können. Das kann auf der sozio-politischen Ebene vielleicht zu der Annahme führen, daß dieser Rest eine bestimmte Funktion erfüllt und daß es, wenn dieser Rest in dem Bemühen um Uniformisierung zu sehr eingeschränkt würde, noch mehr Individuen gäbe, denen die Gesellschaft nur noch »Plätze von Ausgeschlossenen« bereitstellen könnte – Plätze in Institutionen, die, welchen Namen man ihnen auch immer geben mag, stets Orte der ganzzeitigen oder teilzeitigen Gefangenschaft sind.

Dem psychiatrischen Krankenhaus entkommen

Ein Ort zum Leben, das ist es, woran es den mittellosesten der Kinder am grausamsten mangelt, obwohl sie doch, wenn sie einmal erwachsen sind, dem psychiatrischen Krankenhaus durchaus entkommen könnten, sofern sie nur eine Möglichkeit fänden, in einem Dorf empfangen zu werden (und Aktivitäten auftun könnten, für die sie sich begeistern, denn diese Kinder sind begeisterungsfähig und offen für alle Formen der Überwindung).

Das Kind, das sich im Erwachsenenalter nicht in den normalen Produktionskreislauf einfügen kann, müßte die Wahl haben zwischen einem Leben, in dem es die Arbeit verweigert (und dennoch für seine Bedürfnisse sorgen kann), was ein Minimum an finanzieller Unterstützung voraussetzt (aber das Leben in den Bergen kostet nur wenig; und manche Schizophrene fühlen sich dort wohl und werden schließlich von einem Dorf aufgenommen) – und einem Leben, in dem es seine Arbeit aus einer ganzen Reihe verschiedenartiger Aktivitäten aussuchen könnte.

Unmittelbar nach dem Mai 68 stellte Winnicott[172] sich die Frage nach der studentischen Agitation und beharrte auf der Notwendigkeit, die Auseinandersetzung zwischen den Generationen weiterzuführen. Es schien ihm, daß die Erwachsenen etwas von der Jugend zu lernen hatten, aber daß die letztere auch verantwortliche Erwachsene brauchte, die nicht einfach abdanken. Die Konfrontation, so beliebte er zu sagen, hat ihre eigene Form und muß aufrechterhalten werden, damit die Gedankenfreiheit bewahrt bleibt. Dies wird, so fügte er hinzu, nicht unbedingt eine reine Lust sein (und er erinnerte in diesem Zusammenhang an das, was im Gegensatz der Generationen auf der Ebene des Phantasma stets als Lebens- und Todeskräfte ins Spiel gebracht wird).

Diese *Zustände der Jugend* braucht die Gesellschaft im gleichen Sinne, wie sie die Weisheit der Alten braucht. Die Randgruppen (einschließlich der Verrückten) stellen eine Frage, die zu hören man bereit sein müßte. Diese Frage richtet sich auf das von ihnen geforderte Recht auf *Unterschiedlichkeit*. Wie kann man ihnen die Mittel zum Leben geben, ohne ihnen eine »gesellschaftliche Wiedereingliederung« um jeden Preis abzuverlangen? Dieses Problem ist eines der Probleme unserer Zeit.

172 D. W. Winnicott, *Newcastle Upon Tyne,* 18. Juli 1968, British student health association, in: Jeu et Réalité, Paris 1975, S. 206 f.

Literaturverzeichnis

Artaud, Antonin, *Oeuvres complètes,* Paris 1956-1974; dt. *Das Theater und sein Double,* Frankfurt 1969.

Baruk, Stella, *Échecs et Maths,* Paris 1973.

Basaglia, Franco, *L'istituzione negata,* Turin 1968; dt. *Die negierte Institution,* Frankfurt 1973.

Bettelheim, Bruno, *The Empty Fortress,* New York 1967; dt. *Die Geburt des Selbst,* München 1977.

– *The Informed Heart, Autonomy in a Mass Age,* New York 1960; dt. *Aufstand gegen die Masse,* München 1964.

Brancati, Vitaliano, *Don Giovanni in Sicilia,* Mailand, Rom 1941.

Carroll, Lewis, *Alice in Wonderland,* New York 1971; dt. *Alice im Wunderland,* Frankfurt 1967.

Cooper, David, *Psychiatry and Anti-Psychiatry,* London 1967; dt. *Psychiatrie und Antipsychiatrie,* Frankfurt 1971.

Dolto, Françoise, *Le cas Dominique,* Paris 1971; dt. *Der Fall Dominique,* Frankfurt 1973.

– Difficultés d'une cure de psychothérapie analytique dans le cadre le l'établissement scolaire où vit l'enfant«, in: *Coq Héron,* Nr. 48/49, Sept. 1974.

Einstein, Albert, *Mein Weltbild,* Zürich 1953.

Faugère, M., d'Argentre, M., *Histoire de deux mères,* Paris 1970.

Foucault, Michel, *Histoire de la folie,* Paris 1961; dt. *Wahnsinn und Gesellschaft,* Frankfurt 1969.

Freud, Sigmund, *Aus der Geschichte einer infantilen Neurose, GW.* Bd. XII, S. 29-157, Frankfurt 1968.

– *Das Unbehagen in der Kultur, GW.* Bd. XIV, S. 421-506, Frankfurt 1968.

– *Die endliche und die unendliche Analyse, GW.* Bd. XVI, S. 59-99, Frankfurt 1968.

– *Jenseits des Lustprinzips, GW.* Bd. XIII, S. 3-64, Frankfurt 1968.

– *Massenpsychologie und Ich-Analyse, GW.* Bd. XIII, S. 73-161, Frankfurt 1968.

– *Über Triebumsetzungen, insbesondere der Analerotik, GW.* Bd. X, S. 402-410, Frankfurt 1968.

Freudenthal, Hans, *Mathematics as an educational task,* Dordrecht 1973.

Giron, Paule, »A Bonneuil, j'ai compris que mon fils n'était pas un cas«, in *Elle,* 19. Mai 1975.

Glucksmann, André, *La cuisinière et le mangeur d'hommes,* Paris 1975; dt. *Köchin und Menschenfresser,* Berlin 1976.

Grotowsky, Jerzy, *Towards a poor theatre,* London 1968.

Jaulin-Mannoni, Francine, *La Rééducation du raisonnement mathématique,* ESF, Paris 1965.

– *Les Quatre Opérations, base des mathématiques,* ESF, Paris 1965.

– *Rééducation pratique du calcul,* ESF, Paris 1966.

– *Entraînement pré-mathématique progressif,* ESF, Paris 1970.

– *Pédagogie des structures logiques élémentaires,* Paris 1973.

Kafka, Franz, *In der Strafkolonie,* in: *Die Erzählungen,* Frankfurt 1961, S. 94-124.

Klein, Melanie, *Die Psychoanalyse des Kindes,* München 1973.

Kandinsky, Wassily, *Rückblick,* Baden-Baden 1955.

Lacan, Jacques, *Écrits,* Paris 1966; dt. (Teilsammlung) *Schriften* I und II, Olten 1975.
- *De la psychose paranoïaque dans ses rapports avec la personnalité,* Paris 1932-1975.
- *Le Séminaire,* Buch I, Paris 1975.
- *Le Séminaire,* Buch II, Paris 1978.
- *Le Séminaire,* Buch XI, Paris 1976.
- *Séminaire 1955-1956,* unveröffentlicht.
- *Séminaire 1958-1959,* unveröffentlicht.
- *Séminaire 1965-1966,* unveröffentlicht.
- *Séminaire, 1966-1967,* unveröffentlicht.
- *Séminaire 1973-1974,* unveröffentlicht.
- »Discours de clôture des journées sur les psychoses de l'enfance«, in: *Enfance aliénée,* Paris 1972.
- »L'Étourdit«, in: *Scilicet* Nr. 4.

Laing, Ronald D., *Self and Others,* London 1969; dt. *Das Selbst und die Anderen,* Köln 1973.
- *The Divided Self,* London 1960; dt. *Das geteilte Selbst,* Köln 1972.

Lavalle, Pierre, in: *Coq Héron,* Nr. 2.

Mannoni, Maud, *Éducation impossible,* Paris 1973; dt. *»Scheißerziehung«. Von der Antipsychiatrie zur Antipädagogik,* Frankfurt 1976.

Mannoni, Octave, *Lettres personnelles à Monsieur le Directeur,* Paris 1951.
- *Clefs pour l'imaginaire,* Paris 1969.

Mannoni, Bruno, »Le Sens interdit«, in: *Impascience* Nr. 4/5.

Matisse, Henri, *Farbe und Gleichnis,* Zürich 1955.

Mauss, Marcel, *Essai sur le don,* Paris 1923; dt. *Die Gabe. Form und Funktion des Austauschs in archaischen Gesellschaften,* Frankfurt 1968.

Neill, Alexander S., *Summerhill,* New York 1960; dt. *Das Beispiel Summerhill. Theorie und Praxis der antiautoritären Erziehung,* Reinbek 1969.

Piaget, Jean, *La Genèse des structures logiques élémentaires,* Paris 1959; dt. *Die Entwicklung der elementaren logischen Strukturen,* Düsseldorf 1973.
- *La Genèse du nombre chez l'enfant,* Paris; dt. *Die Entwicklung des Zahlbegriffs beim Kinde,* Stuttgart 1965.

Pirandello, Luigi, *Die Narrenkappe,* in: *Dramen,* Bd. I, S. 85-132, München 1960.
- *Heinrich der Vierte,* in: *Dramen* Bd. I, S. 273-343, München 1960.

Rancière, Jacques, *La Leçon d'Althusser,* Paris 1975.

Samuel, P., *Porquoi la mathématique,* Paris 1975.

Searles, Harold F., »The Effort to Drive the Other Person Crazy«, *Brit. Journ. of Med. Psych.,* Nr. 32.

Spitz, René A., *The First Year of Life,* New York 1965; dt. *Vom Säugling zum Kleinkind,* Stuttgart 1967.

Szasz, Thomas, *The Myth of Mental Illness,* New York 1961; dt. *Geisteskrankheit – Ein moderner Mythos?,* München 1975.

Tustin, Frances, *Autism and Childhood Psychosis,* New York 1972.

Voltz, Pierre, *L'Onirisme et l'Insolite dans le théâtre français contemporain,* Paris 1974.

Watzlawick, Paul, Weakland, John H., Fisch, Richard, *Change,* New York 1974; dt. *Lösungen,* Bern 1974.

Winnicott, D. W., *Playing and Reality,* London 1971; dt. *Vom Spiel zur Kreativität,* Stuttgart 1973.
- *Through Paediatrics to Psycho-Analysis,* London 1958; dt. *Von der Kinderheilkunde zur Psychoanalyse,* München 1976.

La schizophrénie infantile en termes d'échec d'adaptation, in: *Enfance aliénée,* Paris 1972.
Wittgenstein, Ludwig, *Philosophische Bemerkungen,* Frankfurt 1964.
Wolfson, Louis, *Le Schizo et les Langues,* Paris.